世界历史有一套
－白金版－

法兰西

卢浮宫里的断头台

FRANCE

杨白劳
——作品

中国出版集团　现代出版社

图书在版编目（CIP）数据

法兰西：卢浮宫里的断头台 / 杨白劳著 . — 北京：现代
出版社，2020.10
（世界历史有一套）
ISBN 978-7-5143-8823-7

Ⅰ . ①法… Ⅱ . ①杨… Ⅲ . ①法国—历史—通俗读物
Ⅳ . ① K565.09

中国版本图书馆 CIP 数据核字 (2020) 第 160968 号

法兰西：卢浮宫里的断头台（世界历史有一套）

作　　者：杨白劳
责任编辑：张　霆　姚冬霞
出版发行：现代出版社
通信地址：北京市安定门外安华里 504 号
邮政编码：100011
电　　话：010-64267325　010-64245264（兼传真）
网　　址：www.1980xd.com
电子信箱：xiandai@vip.sina.com
印　　刷：固安兰星球彩色印刷有限公司

开　　本：710mm×1000mm　1/16
印　　张：22.75　　　　　　　　字　　数：348 千字
版　　次：2020 年 10 月第 1 版　　印　　次：2024 年 2 月第 3 次印刷
书　　号：ISBN 978-7-5143-8823-7
定　　价：50.00 元

目　录

引　言

今天，老杨会带大家回到法国。

为什么是"回到"法国？因为老杨和读者这一场意外的缘分，奇妙的旅程，几乎可以说，是从法国开始的。

2008年，为了配合奥运前各种激动或者躁动的情绪，老杨随手写了一部简单、潦草关于法国历史的作品发在网上，很不严肃，但还是有读者阅读，还有读者评价，大家一直鼓励、督促着老杨。一转眼多年过去了。

感谢读者的不离不弃，重写这部关于法国历史的作品时，老杨一直怀着感恩的心，也希望让大家更满意。

都知道西欧诸国的历史纠结得很紧密，英国和德国两家的故事已经出版，部分相关重复的内容，在法国卷中老杨就不再赘述；而有些故事也许在英国和德国卷中没有讲全面，加上法国这一块，拼图就完整了，所以建议读者将三本书放在一起阅读。

出发吧！

看到"法兰西"这个名字，大家第一反应就是法国香水。在老杨看来，香水之香，太过肤浅，无论是CHANEL5号还是大蒜，要刺激感官并不难，如果不巧患了感冒，再好的香水也是白搭。

香味是一朵花的精髓，香水是这种精髓的提纯；思想和创意是人类发展的精髓，文化艺术则是人类精髓的提纯。所以说，文化艺术才是世界上最深沉最浓郁的香氛，这种香味能穿越我们的器官直接浸润心灵，晕染我们的意识和灵魂，而且历久弥新，永不消退。

说到法国，有两个得到全世界承认的关键词，一个是浪漫，一个是艺术。浪漫是无影无形没有痕迹的，法国人的浪漫跟咱们文明古国的标准恐怕还是有点不同，让我们在未来法国史的进程里慢慢体会。而艺术之香是最容易感觉到的，在法国，它无处不在，从每个毛孔中渗透出来。

我们第一个要造访的法国景点是卢浮宫，全世界艺术的圣殿。

老杨组织的是精华游，拣重点的说，讲讲卢浮宫三件镇馆之宝：

第一件，"米洛斯岛的维纳斯"。我们通常叫的名字是"断臂的维纳斯"。这是一件我们熟悉得不能再熟悉的雕塑品，随便走进一家路边工艺品店，花200元就可以买一尊非常精致的仿品，摆在家里慢慢看。

在罗马卷，老杨介绍过维纳斯，她是罗马神话中的爱神与美神，在希腊神话中，她叫阿佛洛狄忒，天上地下最美的女人，金苹果的获得者。传说她是宙斯背着老婆在外勾搭大洋女神生下的孩子，诞生在海洋上的浪花中。

阿佛洛狄忒一出生就是成年美女，光芒四射，没有经历过不美的婴幼儿时期。她在塞浦路斯上岸，此后这个岛屿成为她的圣岛，塞浦路斯岛是世界上最信奉维纳斯的地方，现在还随处可见维纳斯的庙宇和雕像。

在奥林匹斯山，阿佛洛狄忒的美艳让所有的男神为她疯狂，所有的女神嫉妒成狂。为阿佛洛狄忒倾倒的神里，当然少不了最大的色鬼宙斯（整个希腊神话，宙斯最大的工作业绩就是跟各色女人私通），希腊神话中不用研究亲缘关系，宙斯追求自己的女儿不算人伦悲剧，最悲剧的是，阿佛洛狄忒居然还拒绝了这位神仙老大。宙斯恼羞成怒，就将她许配给了自己的儿子，火神和工匠之神赫淮斯托斯。

赫淮斯托斯心灵手巧，和善友爱，为奥林匹斯山修建了精美的宫殿，还帮诸神配置了神奇的兵器，深受各神好评。不过他面目丑陋兼瘸腿，是古希腊神话中最丑的神，美女俊男聚集的奥林匹斯山上最不协调的风景。宙斯将阿佛洛狄忒嫁给他，分明是带着报复的恶意。

阿佛洛狄忒可不是那种屈服于包办婚姻的弱女子，她要走出家门勇敢地寻找自己的爱情。于是，这个大美女在希腊神话中留下了大量可以和宙斯媲美的私通故事。

在神界，阿佛洛狄忒最大的相好就是战神阿瑞斯，还生下了小爱神（在罗马神话里，被叫作丘比特，光着屁股，背着一副弓箭，到处乱射。地球人被他的金箭射中，就产生爱情；被铅箭射中，就产生仇恨。根据历史上那些

2

泛滥的爱情悲剧，可以看出这小孩眼神儿不算太好）。赫淮斯托斯风闻老婆和阿瑞斯的故事，怒不可遏，但他佯装不知，偷偷制造了一张金网。有一天，趁老婆和奸夫在床上鬼混，将二人一网打尽。赫淮斯托斯背着这张网来到神殿，将二人丢在诸神面前，供大家参观。这成为古今中外最漂亮的一起捉奸行动，载入史册。

除了战神阿瑞斯，阿佛洛狄忒还勾搭凡人。在《罗马帝国：霸主养成记》中，我们说过，阿佛洛狄忒跟凡人私通，生下了后来特洛伊人的驸马爷埃涅阿斯。埃涅阿斯被罗马人奉为始祖，阿佛洛狄忒自然就是祖奶奶了。

在希腊文化中，阿佛洛狄忒这种密集地背夫私通，可以理解为"多情"，所以她除了是美神，还是爱神。

美丽而多情，那就是女性美的象征。当希腊罗马人开始玩人体雕塑的时候，阿佛洛狄忒就成为他们首选的主题了。

到底什么是美女，古往今来，古今中外，标准各异。不过在世界艺术界，美女标准可以用数学方法统一。这要感谢天才的古希腊人，公元前4世纪左右，古希腊的雕塑家利西普斯在自己的青铜雕塑作品中，将人体的头部与身体的比例设定为1∶8，根据这个比例雕刻出来的人体，修长而优美，得到所有人的认可，从此，这个比例就成为西方人体美的最高标准。这个身材比例，就是我们现在常说的"九头身"，娇滴滴的台湾美眉林志玲和吴佩慈，就是经典的"九头身美女"。

除了头身比例，还有一个重要的美女比例就是黄金分割。公元前300年，"几何之父"——古希腊著名的数学家欧几里得在前人研究的基础上，创立了黄金分割的理论，后来的数学家将其发扬光大，让0.618这个数字跟圆周率一样，成为数字界的大明星。

黄金分割大约就是说，一个物品如果要分成两部分，最完美的分法就是整体与较大部分的比为1∶0.618。自从这个比例横行于世，大家就对这个数字怎么看怎么美，最后结论，美女的脸型五官也要符合这个比例才是美的。所有人拿尺子一通量，终于发现，好莱坞的杰西卡·阿尔巴是最符合这个比例的美女，几乎接近完美了。

数学家认为，"九头身"美女或者是黄金分割的美女都还是能找到的，可是既符合九头身的比例又符合黄金分割的美女就找不到了，活的没有，石头的还是有一件，那就是卢浮宫里的"米洛斯岛的维纳斯"。

这就是为什么维纳斯号称世界上最美，是数学家研究出来的。用数学知识寻找美女，肯定比在华尔街研究怎么骗钱更有意义。

这尊维纳斯雕塑的材料是白色大理石，就是我们一般说的汉白玉。在中国，它经常被用来做台阶和栏杆，再深加工就是雕刻两头大狮子，面目狰狞，守着大门，显得主人家很有钱。而在古希腊，这些白色的大石头，却经常用来被雕琢成温暖鲜活的人体。

"米洛斯岛的维纳斯"高204厘米，身材丰腴温润。她腰部微拧，整个身体呈现一种螺旋形的上升状态，被人们称为有"音乐的律动感"；而下半身系在腰部的裙裾，皱褶细致，质地垂坠，平衡了维纳斯略微丰满的上半身，让本来有点微胖的女神显得轻盈柔美。雕塑脸部有着无与伦比的完美五官，希腊人特有的挺直鼻梁和圆润下巴。最了不起的是，这位女士几乎什么也没穿，可她脸上的表情却是如此圣洁安详，娴静端庄。

都说这尊雕塑是完美的，即使她没有双臂。维纳斯是女神，而且是最美的女神，至少应该是四肢俱全吧，怎的去了法国在卢浮宫住下后，把两条玉臂整没了呢？关于雕塑双臂之谜，也有很多故事。

最多人认可的版本是：1820年春天，爱琴海的米洛斯岛，有个叫伊奥尔科斯的希腊农民挖地，挖出了这尊维纳斯。当时考古学正逐步盛行，有艘法国军舰停靠在米洛斯岛的码头，船上的一位法国军官正好想在这座文明悠远的爱琴海名岛上淘点宝贝带回家。

法国军官虽然是个初级考古爱好者，可维纳斯的光芒太耀眼了，她一离开泥土，就让人感觉到了她的价值。法国人要求购买，伊奥尔科斯也知道这是个好东西，于是开了个价。法国军官感觉到，这绝对不是可以放在自己院子里的东西，于是找到米洛斯岛上的法国领事，希望他能够买下。

法国驻米洛斯岛的领事薪水也不高，手上没有现钱，两人商量应该通知法国驻土耳其的大使（当时的米洛斯岛在土耳其的统治之下），这笔钱由法国政府支付。好在法国人对艺术品的感觉是天生的，法国大使同意购买，可就在筹钱的这段时间，伊奥尔科斯在当地一个土耳其长老的怂恿下，将维纳斯卖给了一位在土耳其上班的希腊官员。

法国人带着钱回到米洛斯岛，维纳斯正要被装上一条土耳其的船。法国人急眼了，他们不是海盗脾气吗？看在眼睛里的东西是拔不出来的，买不到就抢吧。于是，法国人调动了停靠的战舰，预备跟土耳其船只打一仗，据说当时现场还有英国的战舰，听说有宝贝，也想过来踩一脚，海上一片混乱。

后来到底打起来没有，也没个定论。有一种说法是，爱琴海上突然起了风暴，海战没打起来，法国人利用这段时间充分斡旋，许了大把金子，总算将维纳斯带走了。而另一种说法是，小规模海战还是发生了，法国人抢赢了，遗憾的是，维纳斯的胳膊就是在这一场战乱中被打掉了。

那到底伊奥尔科斯挖出来的维纳斯有没有胳膊呢？据说当时维纳斯就没有双臂，可继续发掘，又挖出了两只手，正好能安上。右手提着裙裾，左手举着一个苹果。然而根据后来的研究，这两只手却不是这尊雕塑原装的胳膊。这样就又冒出来一种说法，雕塑的作者估计是古希腊著名雕塑家亚历山德罗，他雕出这件作品后，请人参观。大家都赞美她美丽绝伦，而最受大家称赞的，是那两条玉臂。亚历山德罗可能是觉得细节的过于完美影响对作品的整体欣赏，或者是他辛苦了半天，人家就看两条胳膊让他很不满，于是他就把两条胳膊给卸了。

扑朔迷离，众说纷纭。总之，维纳斯进入卢浮宫被世人看见并惊叹时，就是没有胳膊的。全世界的艺术家都想补上这个遗憾，各路高人各施手段，配了花样繁多的各种手臂，大家欣赏了一圈后，得出结论，就让她维持原状吧，别再费劲了，这个世界上，根本找不到能搭配这个美女的双臂。

从此，这尊"米洛斯岛的维纳斯"又被称为"断臂的维纳斯"。她为艺术世界带来了一种叫"缺陷美"的流派，让后来的很多艺术品瑕疵都变得理直气壮了。到底缺陷美不美，咱们不是艺术家，也不好说，不过这位断臂的美女我们看习惯了，也没觉得不妥，而最神奇的是，这么多年过去了，维纳斯没有双臂，腰上的裙子也没有掉下来。

要说完美无缺的世界级艺术品，卢浮宫不知道有多少，偏偏没有胳膊的维纳斯成为镇宫之宝。同样有趣的是，另一件镇宫之宝，也是个"缺陷美"，更离谱的是，这个宝贝连脑袋都没有。

给大家介绍的第二件珍宝，就是胜利女神。

在希腊神话中，胜利女神的名字叫"Nike"。胜利女神主导着和平与胜利。她貌似没什么强大法力，就是有一对大翅膀，会飞。在战争或者各种竞技比赛中，这位女神降落在哪一方，哪一方就会取得最后的胜利（这个法力是挺牛的）。

公元前200年，当时小亚细亚的统治者为了庆祝一次对埃及托勒密王朝的海战胜利，在爱琴海北部的萨莫色雷斯岛岸边的悬崖凭海临风立起一座两百四十四厘米高的胜利女神像。胜利女神尼可张展双翼，降落在一个船头，裙裾在海风中飞扬。

如果说"米洛斯岛的维纳斯"是一种静穆美，这座胜利女神雕塑则是生机勃勃的动态美。不论是双翼张开的角度，还是薄薄的衣裙下隐约可见的丰满肢体，都可以感觉到女神的蓬勃力量。从任何角度看，雕塑都有一种向上伸展的动感。这已经不是一块冰冷的大理石，这就是一位飒爽的女神，而且她随时会逆风升腾，翱翔于海上的天空。

1863年这尊雕塑在萨莫色雷斯岛出土，此后就被称为"萨莫色雷斯岛的胜利女神"。

经过千年沉寂，再次傲然现身时，女神已经是碎片。费了不少工夫，她才算重新站稳在船头。遗憾的是，脑袋和双臂都找不到了。艺术家这次学聪明了，既然连维纳斯提着裙子的胳膊都配不出来，胜利女神降落在船头那种凛然的威风更是雕刻不出来了，所以，只好就让她没头没手地站立在卢浮宫最醒目的位置。

胜利女神没有头和手也让大家习惯了，因为即使是残缺的，她立在那里，所带来的强大气场也可震慑四周，就算是放在室内，参观的人仿佛都能感觉到强劲吹袭的海风。

美国有个很著名的运动品牌就用了"Nike"的名字，而它那个简洁有力的标志，可以认为灵感来自胜利女神张开的强劲翅膀。咱们国家也有个运动品牌，有个很像它的标志，我们可以理解为，那是胜利女神的另一个翅膀吧。

两位女神都没有胳膊，偌大一个卢浮宫，难道找不到一个有手的美女吗？有啊，还号称世界上最美的一双手呢，第三件镇宫之宝，就是大家都知道的《蒙娜丽莎》。

绘画这东西，也没个标准，一幅画的价值到底取决于什么，我们这些艺术外行也说不清楚。毕加索的画至今把持着绘画拍卖的最高价位，凡·高紧随其后，但是谁也不能说这两个人就是世界上画得最好的人。《蒙娜丽莎》并没有被拿出来公开拍卖过。相信对法国人来说，这绝对是非卖品。它值多少钱，没人知道，可以说是无价。而如果要说到画作在世界上的知名度，我想更是没有一幅画能比得上《蒙娜丽莎》了。说《蒙娜丽莎》是天下第一画，估计大家应该都没有意见。

自从小说《达·芬奇密码》盛行于世，达·芬奇大爷几乎已经是个半仙了。当然，他实际上也是个半仙。作为一个画家、哲学家、音乐家、科学家、机械专家、军事工程师，他在很多领域都有巨大影响。这样一个全才，对他的任何行为都不能粗浅理解。所以，大家都认为《蒙娜丽莎》肯定也不仅仅是一幅肖像画这么简单，尤其是图中的女人还笑得如此古怪。于是，研究《蒙娜丽莎》成了一个挺热门的课题。

第一个谜题，蒙娜丽莎她是谁？最为人接受的说法，蒙娜丽莎是佛罗伦萨一个丝绸商的妻子，这位丝绸商人是达·芬奇父亲的朋友。1500年，他邀请达·芬奇为自己的第三任妻子，时年二十五岁，已经生过五个孩子的丽莎作画。达·芬奇花了四年时间完成了画作（还有一说是画了十多年，应该是指后来的细部修改），将他精湛的技法发挥到了淋漓尽致，以至于画作完工，他自己太满意了，不舍得交出来，带着这幅画跑掉了。

还有种说法被很多人接受，说这根本就是达·芬奇的自画像。江湖传闻，达·芬奇疑似同性恋，很自恋，还有点崇尚女性主义，所以他将自己画成女人，还画成一个完美女人。有一阵传说意大利科学家想开棺验尸，把达·芬奇的头骨挖出来检验，彻底揭穿达·芬奇这个恶作剧（欧洲的考古学家喜欢挖先人的骨头出来摆弄，后面我们会经常说到开棺验骨头的事，咱们中国人有点忌讳这个）。

其他的说法就更离谱了，有人说蒙娜丽莎是达·芬奇的老妈，还有人说她是个名妓，等等。

第二个谜题，蒙娜丽莎有没有笑？为什么笑？说到蒙娜丽莎的微笑，大家都喜欢加上"神秘"二字。是够神秘的，盯着这个女人的脸看，你会发现，她好像在笑，其实又没笑，好像又皮笑肉不笑，等你分不清她到底有没有笑的时候，她的表情又带着些讥诮。

达·芬奇的人物技法出神入化，都说凑近了看，仿佛可以看到蒙娜丽莎的肌理并感觉到她肌肤的温度。她似笑非笑高深莫测的表情，加上背景那种幽深如梦的意境，看久了挺让人发毛的。

根据蒙娜丽莎是丝绸商人妻子的说法，达·芬奇在给丽莎作画时，一直捕捉不到让人满意的笑容，他甚至在现场布置了音乐演奏和小丑表演。这四年，就是用来等待这稍纵即逝的神秘微笑了。

其他的说法包括，蒙娜丽莎这个笑容是因为没有门牙，或者是怀孕后的一脸圣洁。离谱的说法是，这是一个高级妓女的职业微笑。

不管这个笑有什么故事，这么复杂的表情被表现在画板上，不能不说是绘画技法的登峰造极。然而一件艺术品的江湖地位，往往不仅仅是从技术层面分析这么简单。《蒙娜丽莎》的伟大，跟她诞生的背景很有关系。

达·芬奇是文艺复兴的三杰之首。文艺复兴的核心内容，就是人文精神，以人为本。达·芬奇之前的大多数画作，都是以《圣经》故事为原型，画的主角通常是漫天神佛、圣父圣子圣母之类的。《蒙娜丽莎》是绘画史上第一幅在一个虚构背景装饰下的半身肖像画，而将一个普通妇人作为画作的主角，正体现了文艺复兴的精神，表达了该时段的进步人士摆脱宗教和教会对人的禁锢束缚的要求。按照咱中国的说法，不论选材还是画法，都体现了文艺创作的先进性。

《蒙娜丽莎》虽然是绝世好画，有题材有业绩，但是有一个真理亘古不破，再好的东西，没有人炒作也是不行的。《蒙娜丽莎》有今天这个地位，有一个很重要的原因：她曾经被盗。

世界上的事情就是这么古怪，你要是抢了银行，再找个门面将你抢来的钱开放展览，你肯定会被警察当场按住；而你要是开着军舰攻破别国的大门，再抢走里面的金银财宝，找个地方开放展览，基本没人会管你，那个被抢的人还要时常地自掏腰包，过去看看自家的东西。这个事中国人最有感触，咱们去欧洲参观博物馆，很多时候都是看自家的东西，咱们也习惯了，可有些人不习惯。

1911年8月，有个每天去卢浮宫临摹蒙娜丽莎的画家发现，《蒙娜丽莎》不见了。画家告诉卢浮宫的管理人员，他们还不以为意，认为是摄影师拿去拍照了。当时卢浮宫固执地认为，哪怕偷走巴黎圣母院的钟楼，也不会有人偷《蒙娜丽莎》，因为这东西太扎眼，偷走了怎么脱手呢？

经过几个小时的寻找，直到发现被丢在一个走道上，原来罩在蒙娜丽莎画框上的玻璃罩，卢浮宫才不得不承认，这位美丽的夫人，被人拐走了。

《蒙娜丽莎》被盗，法国一片哗然。法国百姓更是质疑卢浮宫的保安。他们认为，卢浮宫的馆长丢了脑袋也不能丢了这幅画。卢浮宫因此关门一周，搜集证据。这个事件在很长一段时间里都占据法国报纸的头条，法国警方遭受空前的压力。

找到了《蒙娜丽莎》的玻璃罩，也找到了画框，在画框上还找到一枚指纹，甚至还有人声称，他跟窃贼照过面。法国警方肯定窃贼是卢浮宫内的工作人员，趁周一闭馆清洁时作案。然而卢浮宫有几百号工作人员呢，尤其是当时正在给所有的名画加设玻璃罩，品种流杂的各种杂工往来频繁，到最后还是没有头绪。面对法国人的质疑，卢浮宫的馆长及保安部门领导被免职，新上任的馆长继续追查。与此同时，世界艺术品黑市上，此起彼伏，全是《蒙娜丽莎》的叫卖声，而经过警方核查，确认都是赝品。

相见不如怀念，《蒙娜丽莎》在卢浮宫的时候，法国百姓也没说总是去参观。这一被盗，勾起了法国人无尽的相思，纷纷挤进卢浮宫，就为看看《蒙娜丽莎》留下的那一片空白和四个冷清的挂钩，多情的法国人还向那片空白献上了鲜花。

一年后，卢浮宫不得不承认，《蒙娜丽莎》找不回来了。那个空白总是提醒法国人的失落，找个其他的画作挂上吧，希望法国人尽快把那个意大利女人忘了。

1913年，也就是《蒙娜丽莎》离开卢浮宫两年后，意大利有个著名的古董商人在报纸上发广告，高价收购各种艺术品。几天后，他收到一封信，写信的人说自己拥有从卢浮宫偷出的《蒙娜丽莎》真迹，希望古董商人能收购，并将之留在意大利佛罗伦萨的乌飞齐博物馆，不能还给法国。

古董商人见来信言之凿凿，虽然打心里觉得这是个骗子，但还是叫上了乌飞齐博物馆的馆长，一起去看个究竟。

在米兰的一个小旅馆里，一个留着小胡子的意大利人从床下拉出来一个箱子，将箱子里的杂物清空后，在箱子的暗格里，拿出了一张由绸布包裹的画板。

乌飞齐博物馆的馆长在这一刹那心脏都停跳了。这伙计做梦都梦不到这一天，神一般的《蒙娜丽莎》真迹，就在他的面前！

这个意大利小胡子叫作佩鲁贾，1908年开始在卢浮宫做油漆匠。佩鲁贾是个爱国者，他知道卢浮宫里很多珍宝都是法国从世界各地掠夺而来的。《蒙娜丽莎》是意大利人的作品，画的也是个意大利女人，怎么会跑到卢浮宫的墙上去呢？佩鲁贾分析，肯定是拿破仑从意大利抢来的。作为一个爱国者，拿回自己国家的国宝是神圣的责任和义务。

1911年8月20日那天，他走过《蒙娜丽莎》，看着左右无人，就上去摘下来，在一个隐蔽的走廊拆掉玻璃罩和画框。因为《蒙娜丽莎》是画在白杨木的画板上，不好卷起来藏着，好在尺寸不大，佩鲁贾塞在自己的外套里，大摇大摆走出了门，路上还亲热地跟保安打了招呼！

作案动机和作案过程都让人听得目瞪口呆。我们在感叹佩鲁贾的爱国热情的同时，也为一个文盲的冲动掬一捧热泪。卢浮宫是有不少赃物，罪行昭彰，可是《蒙娜丽莎》真的不是赃物啊。

话说达·芬奇因为深爱《蒙娜丽莎》，完工后一直将其带在身边。达·芬奇晚年受法王邀请来到巴黎，并在此终老。《蒙娜丽莎》是被法王真金白银买下的，留在法国是合理合法的。所以，真要爱国，就一定要了解自己国家的历史，也要了解别人家的历史，防止闹笑话。

古董商人和博物馆馆长带着激动的心情报了警，佩鲁贾被捕。意大利人举国上下对这个爱国小偷表示了深切的同情，法官也觉得其情可悯。所以，这个被载入史册的世纪大盗服了不到一年的刑就被释放了。

古董商人倒是发了财，他因为追回名画有功，领了一笔不菲的奖金。《蒙娜丽莎》在意大利展览一圈后，被送还卢浮宫，回到了她原来的位置。

迎接《蒙娜丽莎》那天，法国几乎举国狂欢，犹如盛大的国家节日。《蒙娜丽莎》从此正式成为法国的第一国宝。而经过这一轮离奇的失而复得，也让这幅画作名声大噪，被全世界瞩目，上升为世界艺术界最闪亮的头牌明星。

有人不希望佩鲁贾这么个小蟊贼成为 20 世纪最著名的大盗。几年后，有个美国记者公布了这起世纪窃案的惊人内幕。有个专卖赝品的艺术品商人说，佩鲁贾盗窃《蒙娜丽莎》是他一手安排的。据说在真品失窃的两年间，他共卖出去六个赝品。这是一场极其高明的诈骗案，因为真品失窃是大家都知道的事，所以每个买到赝品的人，都以为自己重金买下的，就是卢浮宫丢失的。

研究《蒙娜丽莎》的各种故事，谜团重重，高深莫测。还有一个更狠的流派，一口咬定，卢浮宫里那幅也是赝品，不过卢浮宫拒绝承认罢了。什么是真，什么是假，都是浮云。达·芬奇智商奇高，喜欢谜语谜题，还喜欢玩各种暗号，他要是知道，他留下的这幅画给整出了这么多悬疑故事，他该多有乐趣啊。

卢浮宫收藏了四十多万件世界各地的奇珍异宝，大部分都是来自古希腊、古罗马、古埃及和两河流域的艺术品（法国人拿走的中国宝贝尤其是圆明园的大都藏在枫丹白露宫的中国馆），分散在近两百个展览大厅里，要想仔细看一遍，恐怕要花好几天的工夫。

卢浮宫现在是博物馆中的佼佼者，法国的很多博物馆在世界上都是顶尖的。老杨忍不住非常阿Q地说一句，如果圆明园没有被人烧掉，全欧洲的博物馆又算得了什么呢？

据初步估算，散落在世界各地的圆明园珍宝超过一百五十万件。一直有人呼吁有关嫌疑人将这些东西送回来。这是个美好得有点天真的愿望。如果欧洲那几个案底累累的抢劫犯良心发现，交还所有文明古国的宝贝，那咱们去欧洲旅行时，欧洲人赖以得意的博物馆基本就不用进去了，光剩下华丽的空房子。

　　大致了解了法国旅游最经典的景点——卢浮宫。下一站，我们要去法国的源头，去看另一个经典的景点，另一座卢浮宫……

一　史前的卢浮宫

　　法国人的艺术基因，可以追溯到很久很久以前。多久呢？公元前17000年！这可不是法国人自己吹牛，人家有证据的。

　　1940年，法国西南部的多尔多涅省，韦泽尔河谷四个乡村顽童带着狗追赶野兔，追着追着，狗和野兔一起不见了。四个孩子经过仔细勘察，发现狗和兔子是掉进一个山洞里。法国小孩儿淘气，估计还在家阅读过《鬼吹灯》之类的专业书籍，居然找根绳子，拿着手电就下到这个神秘莫测的山洞里去了。

　　这是一个长达两百多米的洞穴，有的地方宽，有的地方窄，还有大厅。而最让人震惊的是，墙壁和洞穴顶端，有大量色彩艳丽、栩栩如生的岩画。根据碳14的检测，这些岩画诞生于一万七千年前，也就是我们常说的旧石器时代！这是欧洲历史上最惊人的考古发现之一，它就是享誉世界的法国拉斯科岩洞，后来成为世界级的文化遗产。

　　法国的这个韦泽尔河谷，应该是欧洲大陆上最早有人类居住的地区之一。17000年前，正是离现在最近的那一次地球冰河期的末期，地球上三分之一的大陆覆盖着冰雪，韦泽尔河谷的山洞里，住着欧洲的原始居民。所谓旧石器时代，就是我们那些祖宗前辈已经学会用石头兽骨打制成工具，捕杀野兽的时期，在学会直立行走后，再次让人类和兽类分出了高下。

　　天气寒冷，白雪茫茫，欧洲前辈躲在山洞里，用石头和兽骨做成画笔，用红土、动物脂肪油与黏土调制成颜料，在洞顶和洞道两侧画画打发时间。

　　画的内容大部分都是动物，原始人最为熟悉的、每天要面对的野马、野牛和野鹿，线条粗犷，气势磅礴，有强烈的动感以及大量古怪的符号，反映了旧石器时代法国祖先刺激忙碌、丰富多彩的艺术人生。

　　拉斯科岩洞的发现让法国人欣喜，这样一个热爱艺术的国度更加为他们祖先的艺术天赋而自豪。可惜现在去法国，原始法国人的画作是欣赏不到了。早期开放时，进入参观的人太多，原始人没想到他们的画作要保存这么多年，没做防护措施，现代的法国人也没想到要做防护措施，结果大量的细菌侵蚀了画作。

20世纪60年代，法国政府将拉斯科岩洞永久关闭，在旁边复制了一个足以乱真的"山寨"岩洞，居然每天还吸引了几十万人过去看。

因为它的壮观和神奇，很多人都称拉斯科岩洞为"史前的卢浮宫"或者"史前的西斯廷教堂"。

日耳曼人说自家的祖先是神族，罗马人说自己是战神之后。而法国人认可这些在洞里画画的穴居人是祖先，可见其本质非常淳朴。

二 高卢旧事

原来说过，欧洲大陆最早的两帮人就是凯尔特人和罗马人。凯尔特人也不算一个固定的民族或者人种。当时聚居中部欧洲，语言、宗教、生活习惯比较接近的一帮人都被称为凯尔特人。他们向四面八方扩张，让罗马人很头痛。

公元前 600 年，希腊已经有船只在现在法国的普罗旺斯和西班牙的海边穿梭做生意了。当年的某一天，一只希腊的商船停靠在罗纳河口的一个港湾里，这里有一位凯尔特人的首领正在嫁闺女，来自希腊的客人也参加了观礼。

当时嫁闺女非常简单，女儿大了要嫁人，父亲就摆个酒席，把所有的求婚者招来。女孩子端着一个装满水的杯子，递给了哪位，哪位就是她的丈夫，有点像抛绣球，证明当时的女子地位挺高。凯尔特首领的女儿在所有人脸上看了一圈后，走到希腊人身边，将水杯递给了希腊人的首领。

凯尔特人很高兴，跟希腊人联姻是挺好的事啊，首领将希腊船只停靠的这片海滩当作嫁妆送给了希腊人。希腊人就在这里建城，后来就发展为地中海名城马赛。马赛建城期间，吸引了很多希腊人过来移民，并将葡萄和橄榄引入了这个地区。

也就是马赛成形的这段时间，凯尔特人分批进入现在的法国，并定居下来。虽然都是凯尔特人，罗马却将阿尔卑斯山以西，现在的法国、瑞士、比利时、荷兰、德国南部、意大利北部的人称为高卢人。

根据罗马人的记述，高卢人粗放豪迈，大碗喝酒大块吃肉，很早就会做奶酪，并且暴饮暴食的；私生活比较随意，不论是同性还是异性关系都大胆开放，保持着动物一般的随性和天然，让罗马人都有点不能接受。

公元前 2 世纪，罗马征服了阿尔卑斯山以南的山南高卢，后来又征服了地中海沿岸的那尔波高卢。剩下的事，就是恺撒壮丽而惨烈的征服山北高卢

法国地形图

荷兰

比利时

莱茵河

卢森堡

德国

塞纳河

佩尔什丘陵

诺曼底丘陵

卢瓦尔河

弗日山

索恩河（株多山（汝拉山）

瑞士

盖泰高地

奥布拉克山

阿尔卑斯山

多尔多涅河

中央高原

罗讷河

意大利

加龙河

上阿尔卑斯省

普罗旺斯

拉科讷

比利牛斯山脉

西班牙

高卢旧事

16

的战争，应该说，就是高卢成就了后来的恺撒。

公元前 53 年左右，整个高卢被纳入罗马成为一个行省。此后，高卢的发展就在罗马文明的深刻影响之下了。

罗马文明是一种已经充分发展并成熟的奴隶制文明。它进入高卢地区，带来了健全的政治体制、发达的技术和各种方式的贸易。虽然现在很多人设想，如果罗马没有同化高卢，现在的法兰西文明将是什么样子，会不会受希腊移民的影响，成为希腊文化的延伸。这是很没有意义的论题，学术界的大师有的时候实在太闲。

高卢的罗马时代接受了基督教。跟罗马一样，早期的基督徒，一直被屠杀和镇压，一批批的殉道者用生命和热血奠定了基督教在欧洲的统治基础。

262 年，在巴黎传教的主教丹尼斯被斩首。传说行刑后，丹尼斯主教捡起自己的头颅，清洗干净，抱着脑袋向北走了六千步才彻底身亡。为了纪念他，就在那里建造了圣丹尼大教堂，后来的法兰西诸王都尊圣丹尼斯为王室的保护神。公元 6 世纪左右，圣丹尼大教堂成为皇家的陵园，安葬着好几代的国王和王后。

高卢的罗马时代结束于 4 世纪各种蛮夷部落一轮轮的进占和侵袭。公元476 年，西罗马最终覆灭时，高卢大地上混居着两种居民：一种是高度文明带有罗马印记的高卢人，一种是来自日耳曼各部落的形象奇特的蛮夷。

三　罗兰之歌

所谓"法兰西"，大家可以简单理解为法兰克王国的西部，而法兰克王国的主要故事，老杨在《德意志：铁与血的历史》中，已经详细介绍过了。按老规矩，实在没有新内容可以写，我们就讲故事吧，介绍一部法国的史诗——《罗兰之歌》。

《罗兰之歌》讲的是查理大帝对西班牙穆斯林的征战故事。在这篇故事中，查理大帝超过两百岁了，银发飘飘披在后背，长须雪白垂在胸前。看来欧洲人就喜欢这个造型，让我想起了《哈利·波特》中的邓布利多校长。

查理大帝在西班牙征战七年，征服了无数城池，只有萨拉戈萨还没有屈服，查理大帝预备对其用兵。萨拉戈萨的马西里王知道不是大帝的对手，就派了个使者去求和乞降。只要大帝退兵回家，马西里王将送上金银财宝和人质，随后他本人将亲自去面见大帝，并受洗成为基督徒。

大帝的将士分了主战和主和两派，主战的是查理曼旗下最神勇的骑士——他的外甥罗兰伯爵，主和的是罗兰伯爵的继父甘尼仑。从二人的对话来看，父子俩可能原本就不太和睦。

查理曼决定派个人随萨拉戈萨的使者回去面见马西里王，看看他的诚意，试探他是不是要阴谋。这是个很危险的差事，因为马西里王曾经诈降，而查理曼派去的使者被他剁了脑袋。

英勇的法兰西骑士当然不会贪生怕死，都争先恐后地要去。查理曼心疼这些爱将，谁也不放。这时，罗兰伯爵推荐了甘尼仑，理由是这个伙计智商有点高，应该能完成任务。甘尼仑一听就火了，你小子这是想害死我啊！估计是查理曼觉得甘尼仑打仗不顶用，只能当文职干部使，所以就接受建议把他派去了。

甘尼仑智商是挺高的，他一上路就想到了又保全自己又报仇的办法。他在路上就说服萨拉戈萨的来使，说愿意帮他们出一个打击查理曼的妙计。见到了马西里王，甘尼仑就给他上了一课，说查理曼之所以如此好斗，征伐不休还百战百胜，就是因为身边有罗兰这个人。罗兰总挑唆查理曼出门打仗，而且他自己还骁勇异常，只要想办法除掉罗兰，查理曼就相当于丢失了一只右臂。

具体计划是这样：马西里王按约定送出金银珠宝，还有些当地的怪兽如狮子、老虎、熊之类，再加上十几名身份尊贵的人质，并承诺一定会皈依基督教，让查理曼放心撤回家去。但他的大军辎重太多，一定要有人殿后，这么危险的任务，罗兰一定接手。等查理曼大军一过比利牛斯山的隘口，马西里王就集合大军，将罗兰和殿后的部队干掉。

马西里王一拍巴掌，说此计大妙。成了萨拉戈萨的贵客，收受了马西里王和王后的大批贵重礼品，带着约定的贡品和人质，甘尼仑风风光光地回到了查理曼的驻地。

收到东西和人质，就该撤兵了。谁殿后？甘尼仑赶紧推荐了罗兰。谁都看出他是报复，不过罗兰也不介意，本来他就决定接下这项任务的。查理曼预备将十万大军留给他一半，罗兰说两万足矣，然后跟他主公挥泪而别。

查理曼大军刚走，马西里王的四十万大军就集结到了附近，看着对方的军队黑压压望不到边，罗兰的好友奥利维就说，应该吹响号角，召唤查理曼回兵救援。

罗兰伯爵一向托大，自信心爆棚，而且有点病态的冒险精神。他认为，此时吹号求救，那是懦夫和丢脸的行为。他决定以两万人马跟四十万人拼一仗。奥利维共劝了罗兰三次，三次都被拒，没办法了，碰上这么个统帅，这两万人肯定是交待在异乡了。

战斗很惨烈，法兰西的骑士以一当十，不对，要以一当二十才能顶住。罗兰伯爵更是如赵子龙附体，于大军中穿梭自如，杀人无数，血染战袍，还杀掉了马西里王的独子，砍掉了马西里王的一条胳膊。

谁附体也没用，眼看法兰西的战士越来越少，罗兰自己也受了重伤。这时，他开始想要吹号角求救了。奥利维很鄙视他，说该吹的时候你不吹，如今打光了，死绝了，你吹有啥用呢？罗兰的骑士精神回答，不是自己怕死，是让主公过来收拾兄弟的尸首并报仇。

罗兰吹响了号角，查理曼也听到了。不过甘尼仑却说，这肯定是罗兰闲着没事跟手下狩猎玩呢。过了一会儿，号角声再起，查理曼听出了号角声中的凄恻和悲凉，认定是出事了，大军掉头支援。

听到罗兰的号角响起，马西里王的士兵就知道查理曼的军队要杀回来了，赶紧撤兵。罗兰此时已经无力再战，倒在地上。他又想起他的宝剑不能落在异教徒手里，又坚强地爬起来，想在石头上将宝剑砍断。砍了三次，岩石切出一个豁口，宝剑毫发无伤，中世纪的钢铁冶炼技术，那是相当高超。

查理曼回兵后，见到了遍地的尸体，随后他就怀着巨大的伤痛追击敌人，灭了萨拉戈萨。回到法兰西后，甘尼仑被四匹马拉着撕成了碎片，他的三十个亲戚也被吊死。

《罗兰之歌》是法兰西最古老的文学作品，也源自民间的传唱，大约在11世纪时最终成文，是四千零二行的长诗。现存于世的有好几个版本，不过公认牛津大学收藏的抄本为权威。

欧洲所有的史诗几乎都和帝王霸业有关，其实这部《罗兰之歌》背后的史实却不是很体面。大约在公元778年，查理曼进攻萨拉戈萨，后因阿基坦地区叛乱，他不得不撤兵回家，穿越比利牛斯山时被西班牙人和加斯科涅人伏击，后来部队全军覆没，财物辎重也被抢光，布列塔尼边区总督罗兰战死。

《罗兰之歌》不仅是文学作品，更是一部历史。它记述的关于基督教和伊斯兰教的冲突、法兰西君臣之间的关系态度都是中世纪法国社会的重要内容之一。而后来法国的骑士在作战时的鲁莽冲动和个人英雄主义，也是深受这个传说的影响。

作为一部中世纪的史诗，《罗兰之歌》浩大磅礴，据说文辞还相当优美。这个事老杨不好评价，我看的是杨宪益老师的译本，其中的战斗描写颇有画面感，尤其是罗兰临死前，伤痕累累，脑浆迸裂，居然还屡屡爬起来忙这忙那，对着一块石头连砍带剁，还换了好几个倒下的姿势，让人不由得想起了《十面埋伏》里的章子怡。

四　家贼外盗谁更狠

公元 843 年的《凡尔登条约》，查理曼的帝国被他几个孙子撕开分了，接手西法兰克的，是他最小的孙子，秃头查理。

查理曼帝国一被肢解，周围的敌人都乐坏了，小样，现在还收拾不了你吗？于是，各种造型火爆、模样怪异的敌人，像商量好了一样，从四面八方，动作整齐地开始向法兰克王国进攻。

9 世纪，欧洲受到来自三个方向的袭击：在东部，是马扎尔人，也就是后来的匈牙利人，他们的主要攻击目标是东法兰克王国和亚平宁半岛（这部分故事参看《德意志：铁与血的历史》）；来自南方的是穆斯林，不断骚扰西法兰克南部和地中海沿岸；而最狠的，是来自北方的老朋友维京人，又叫诺曼人。

在《英帝国：日不落之殇》中，老杨大致介绍了诺曼人的背景和崛起，以及他们对英伦三岛的攻击和渗透。在 9 世纪至 10 世纪这段维京人组团打劫的黄金岁月，丹麦、挪威、瑞典选择了不同的发财方向。瑞典人选择从北到南贯通了中欧，一直进入了黑海沿岸，并建立了罗斯公国，最后发展成为俄国。丹麦和挪威的重点放在西欧，英吉利海峡成了他们的游乐场，那些线条流畅的龙头战船在这里往来穿梭，气定神闲，想去英国就沿着泰晤士河进入伦敦，想去法国就沿着塞纳河进入巴黎，或是串门或是抢东西，悉听尊便。

诺曼人是职业抢匪，绝对不是乌合之众。这个团伙不仅装备精良，员工素质过硬，最重要的是，每次出手都会经过严格的策划，从不打没有把握的仗。比如，根据他们的情报，西欧大陆，当时当地最有钱的单位就是修道院，天主教的统治地位让修道院敛了不少钱财，金银满屋，而因为自恃有上帝罩着，这种单位几乎没有安保设施，连门卫都没配一个。诺曼人认为，这样的地方，不抢对不住奥丁（奥丁是维京人信仰的大神）。于是乎，修道院首当其冲，损失惨重。诺曼人挺不厚道的，把修道院抢劫一空，还要强奸修女。传说，当年有个修道院看到海盗来了，修道院的女院长割掉了自己的鼻子和上唇，其他的修女看到院长这么刚烈，也跟着将脸割得鲜血淋漓。此举收到了效果，海盗虽然什么大世面都见过了，但一屋子满脸鲜血的女人还是有点让人惊悚。他们拿走了修道院的金银财宝，而后一把火把屋子带修女全部烧掉，让这些女人保住了贞洁。由此我们可以看出诺曼人出手之狠辣。

查理大帝时代，诺曼人就已经对法兰克王国周边动手动脚了，可是碍于大帝的神威，维京人审时度势，比较收敛。三个倒霉孩子手足相残打得热闹时，维京人围观得一脸坏笑。

秃头查理年龄虽小但志气高，跟几个哥哥恶战之后，终于三分天下有其一，意气风发去西边上任登基去了。西法兰克各路诸侯看着这位新来的老大，最明显的态度就是冷漠，不鸟他，而且争先恐后地闹独立。

不论是对待作乱的贵族还是维京人，秃头查理都没能像对付自己兄弟那样神勇。他只能是花大把银子送走维京人，再跟自己的封臣赔小心。

秃头查理死后，接班上位的西法兰克国王一个比一个没用，维京人在西欧不断深入，而西法兰克的各路诸侯势力也越来越大。

公元885年，维京人围困巴黎，有位叫罗贝尔的公爵抵抗了诺曼人的进攻而声名大振。罗贝尔在战斗中丧生，留下两个儿子由修道士于格照管。

公元911年，西法兰克国王查理三世（外号叫"天真汉"或者"简单查理"）实在是受不了诺曼人的折磨了，好在海盗在海上溜达久了，也想过安定日子，于是查理三世跟海盗头子罗洛签订和约，将塞纳河下游沿岸的土地割让，海盗成立了属于自己的公国，不过要皈依基督教和宣誓成为法王的封臣，诺曼底公国由此就出现了。

安抚了诺曼人，诸侯还没完呢。"简单查理"后来就被他的封臣玩弄于股掌，经常被囚禁。这一轮西法兰克诸侯的争位混战，还是以罗贝尔公爵的儿子势力为最强。加洛林的末代法王路易五世在一场狩猎事故中死去后，罗贝尔家族的于格·卡佩终于登上了西法兰克的王位。

五　卡佩王朝之开局低迷

开局低迷的王朝

于格·卡佩是保卫巴黎的罗贝尔公爵的孙子，卡佩这个名字来源于他家喜欢穿一种短斗篷。自从公元956年继承了法兰西公爵之位后，于格·卡佩就伙同兰斯的大主教，加上德意志的奥托二世、奥托三世，向自己的主子发难。到了加洛林王朝的最后几年，他已经掌握了所有国王应有的权力。

加洛林王朝的末代懒王路易五世死后无嗣，但是整个加洛林王系没有绝嗣啊，加洛林公爵查理是路易五世的叔叔，当然可以要求王位。大家回顾《德意志：铁与血的历史》相关内容，当时的德意志奥托三世弱冠登基，由太后泰奥法诺摄政，在这个拜占庭女人的一手支持下，于格·卡佩代表卡佩家族战胜查理公爵，正式取得了法国王位，开启了整个欧洲持续时间最长、最显赫的卡佩王朝。

于格·卡佩以法兰西公爵的身份成为国王，经过了神乎其神的"涂油礼"，职称上获得了巨大的提升，实质上的权限基本没有变化。

于格是法兰西公爵，他大概可以辖制的土地在塞纳河与卢瓦尔河中游，包括巴黎和奥尔良两座名城，南北狭长的一个岛屿，时称"法兰西岛"。该岛面积大约是三万平方公里，而当时整个法国领土有四十五万平方公里，也就是说，这时的法王，其权力范围不到全国的十分之一。更可怜的是，即使是在此王领地内，还有很多城堡主，根本不把国王放在眼里。

而王领之外，更是群雄争霸。当时的法兰西，各路诸侯统辖着大面积的土地，实力和气派都比国王大多了，著名代表有诺曼底公国、勃艮第公国、阿基坦公国、布列塔尼公国、加斯科涅公国这五大公国以及佛兰德尔、图卢兹、巴塞罗那、安茹、布卢瓦—香槟伯国等一批大伯国。

这些爵爷在自己的广袤土地上享有独立自治的权力，根本没拿国王当主子，于格·卡佩能顺利登基，跟大型诸侯对国王这个职务毫无兴趣也有很大的关系。

其实这些爵爷在自己那一亩三分地里，日子也不好过。跟"法兰西岛"的情况一样，当初为了抵御诺曼人的进攻，法兰西全境建有大量的防御城堡，城防坚实，有自己的土地，养着自己的民兵。慢慢地，城堡主形成气候，独断专行，也不把自己的领导，也就是所属地的爵爷放在眼里。各种势力分片割据，支离破碎。历史学家形容，此时的法国就是一片大马赛克。

于格做国王那阵子啊，也没个固定的国都，带着几个所谓内阁班子，有时在巴黎上班，有时在奥尔良上班，风餐露宿，看着像盲流。因为在王领之外没有征税的权力，所有管理国家的开支都从"法兰西岛"这么一小片土地上来，盲流的日子相当窘迫。

不管有多大权力，法王就是法王，经过主教涂了油膏的。大家还记得吧，在《德意志：铁与血的历史》中，老杨介绍过关于欧洲王室这种油腻腻的加冕礼，在中世纪欧洲诸国，王权还没有最终确认的时候，就靠这一身油膏让国王显出一点权威。

法兰西王室涂的这瓶油膏，则很有来历了，据说是当年克洛维受洗的时候，一只鸽子带给主教的，用这瓶油膏加冕，证明王统与大卫王和克洛维一脉相承，绝对是上帝认可的领袖。这瓶油膏据说每次用完就会自动加满，预备下一个王使用。涂上油膏的国王，法力无限接近上帝，可以通过触摸或者画十字等办法治疗疑难杂症。所以，不管诸侯实际上听不听话，形式上的效忠是必需的。

世界历史上，不管哪个国家，只要是王位，不稀罕的还是少。法国诸侯中，对王位无视的有，觊觎的当然也有。不过呢，法国这些爵爷，愿意抱团起事的几乎没有。他们一边打国王的主意，一边还要防止自己左邻右舍黄雀在后。所以，于格·卡佩开国那几年，虽然有几路诸侯谋反，最后也都没有撼动卡佩家的位置。

于格一边忙着跟自己的臣子干仗，一边就是盘算如何让法王的王冠千秋

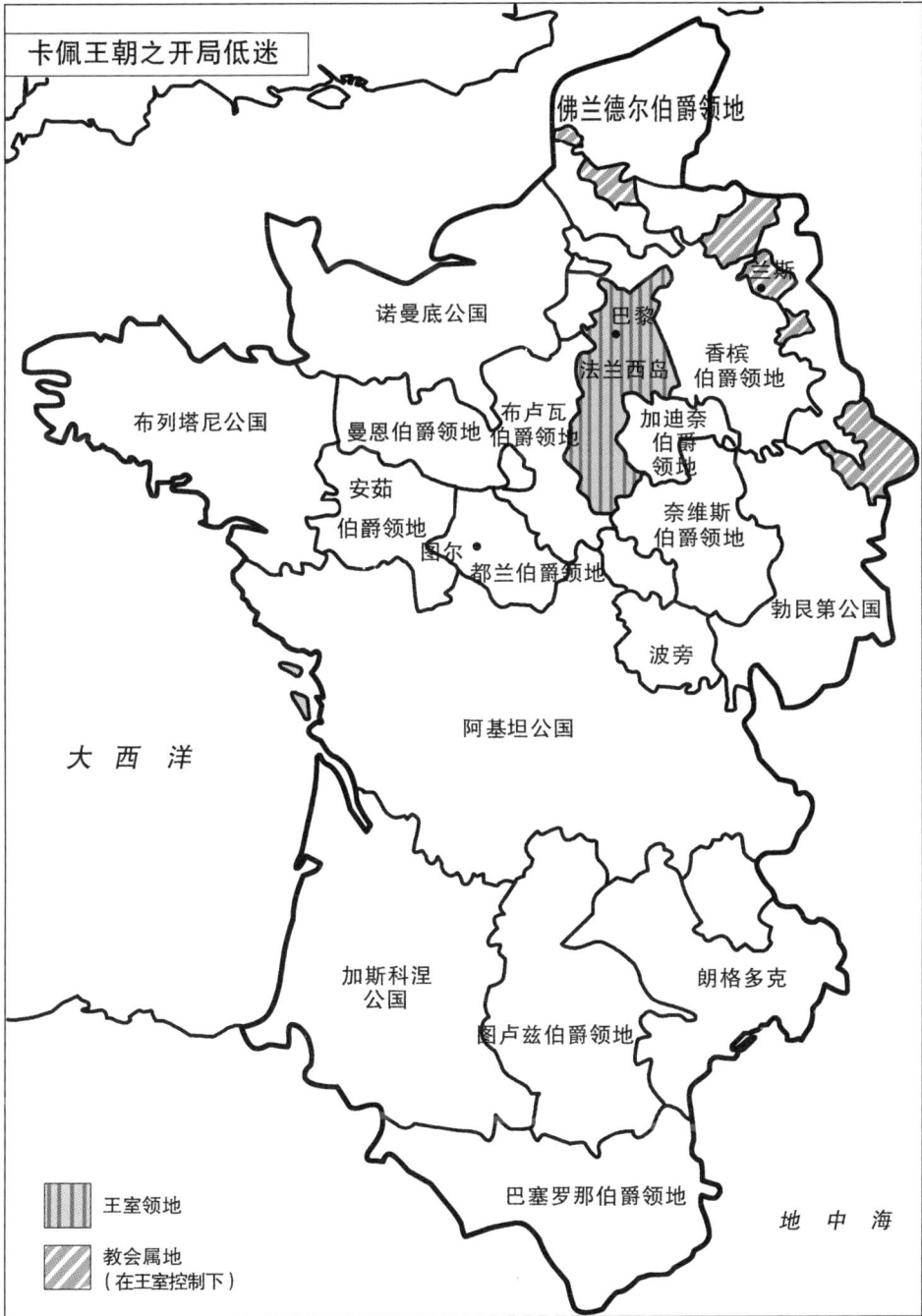

卡佩王朝之开局低迷

佛兰德尔伯爵领地

诺曼底公国

布列塔尼公国

兰斯

巴黎

法兰西岛

香槟
伯爵领地

曼恩伯爵领地

布卢瓦
伯爵领地

加迪奈
伯爵
领地

安茹
伯爵领地

图尔

都兰伯爵领地

奈维斯
伯爵领地

勃艮第公国

波旁

大 西 洋

阿基坦公国

加斯科涅
公国

朗格多克

图卢兹伯爵领地

巴塞罗那伯爵领地

地 中 海

王室领地

教会属地
（在王室控制下）

万代地留在自己家，不要落在其他人头上。于是，上任几个月后，于格就宣布，自己的大儿子罗贝尔成为法王继承人，诸侯综合考虑当时的形势，也没觉得有什么不妥。九年后，罗贝尔成为罗贝尔二世，受膏成为卡佩王朝第二任君主。后来的卡佩诸王，都是在自己登基不久就将儿子立为王储，加上卡佩家族的媳妇都比较争气，都能生出男性继承人来。时间长了，法国人就习惯了，诸侯之间的关系太复杂，王位之争注定是场乱战，反正法王也没多大权力，世袭就世袭吧，以后的法王就是卡佩家了。

罗贝尔二世在历史上被称为"虔诚者"，一生有三个重要事迹：第一个是传说他通过触摸治好了淋巴结核病；第二个就是他被教宗开除教籍；第三个是他将勃艮第兼并，成为王领。

触摸治病这个事，天主教的历史爱怎么说就怎么说吧，还有人说喝绿豆水吃生茄子能治糖尿病呢。咱们自己没亲身验证过，不能随便怀疑"砖家"。

而教宗会对一个"虔诚者"下破门律，则是因为罗贝尔二世的婚姻问题。

话说卡佩王朝早期，王权羸弱，找个有钱有势的王后，借助岳父家的势力保全王位，是比较有效的办法。于是，卡佩王朝的太子爷都深受包办婚姻之苦，登基后就急着寻找真爱，抛弃原配。教皇一天到晚调解法王的离婚官司，一发现法王不给自己面子拒不接受意见时，就翻脸对法王下破门律。卡佩王朝不少国王因为婚姻问题被开除过，但是卡佩家这帮孩子比德意志那几个刺儿头省心，每次看到教皇真发飙了，都能态度良好地道歉、认错、沟通、协调。所以在那个王权和教权角力的时代，法王在教皇心中，还基本属于乖孩子。

于格为罗贝尔选择了佛兰德尔伯爵的遗孀，而罗贝尔一直深爱着自己的表妹。登基后，就跟原配离婚，迎娶了表妹。

当时的教宗是格里高利五世，咱们都认识，也就是神圣罗马帝国奥托三世的堂兄，历史上第一个德意志人教宗。

这位德国教宗坚持不认可罗贝尔二世的二婚，劝说无效，只好将法王开除出教。罗贝尔二世顶不住来自教廷和周围的重重压力，跟教廷多次沟通未果，只好再次跟表妹离婚，娶了另一个伯爵的女儿，生下继承人，而表妹就留在身边，又是前妻，又是情人，这样凑合着过。

罗贝尔二世任内最大的功绩，则是兼并了勃艮第公国。勃艮第公爵是于格·卡佩的弟弟，也就是罗贝尔二世的亲叔叔。勃艮第公爵没有儿子，只有一个老婆带来的继子。罗贝尔二世跟这个继子打了几场，抢赢了，勃艮第成为法王的另一片王领，也开启了卡佩家后代继承者，为扩大王领进行不屈不挠斗争这项伟大事业的征程。

罗贝尔二世仿效父亲，在自己任内，就为儿子亨利加冕为下任法王。给儿子戴上王冠时，罗贝尔二世想必是再三嘱咐儿子，要防范环伺的各路诸侯，亨利没想到的是，最先出现的敌人，居然是自己至亲的人。

诺曼底公爵

1000 年前后，整个法国版图上，自以为是男一号的肯定是卡佩家那几个法王。实际上，对剧情影响巨大，随时夺了主角风头，片酬拿得更多的，肯定另有其人，头号重要角色，就是诺曼底公爵。

自从"简单查理"将塞纳河下游割让给大海盗罗洛，这些职业罪犯就浪子回头金不换了。罗洛和他手下众兄弟，娶了法兰克的女人，皈依了基督教，收心过上了安分守己、遵纪守法的家居生活。根据这些人的原始秉性，任何一个法王都不太敢招惹他们。安顿了几年后，诺曼底公国就成了法国最有权势的诸侯。诺曼底历代公爵貌似都不想做法王，而法王也收拾不了公爵，双方相安无事。

罗贝尔二世做了三十五年法王，第三个老婆帮着生了好几个儿子（老杨每次都强调法王生儿子的事，是因为卡佩王朝的生育能力是他家得以发达的重要条件），长子夭折，次子亨利成为下任法王。

亨利一世登基后，按照以往法王的遭遇，应该是会遭遇几个诸侯的常规谋叛。而让亨利一世没想到的是，这次先跳出来为难他的，居然是自己的亲妈。

世界上没有不偏心的父母，亨利的老妈偏心得有点过。她钟爱小儿子罗贝尔，一直张罗着让罗贝尔继承王位，改变不了老公的主意，只好在老公死后，跟小儿子一起，造大儿子的反。

被骨肉至亲打得措手不及，亨利一世只好外出避难。他选择藏身的地方，就是诺曼底公国。

此时的诺曼底公国已经传承至第六代公爵，很遗憾，也叫罗贝尔。大家别晕，从诺曼底公国的公爵排序上看，这位是罗贝尔一世，为了跟上面几个法王区别，我们叫他罗贝尔公爵吧。

罗贝尔公爵桀骜不驯，在法国诸侯中地位超然。不过，既然他们已经宣誓对法王效忠，没有利益冲突之下，还是想让大家觉得他是个挺忠心耿耿的封臣。如今老大落难来此，罗贝尔公爵闲着也是闲着，能袖手旁观吗？

于是，公爵发兵，帮助亨利一世打回家去，拿回了王位。亨利一世为表达谢意，将巴黎北部一块叫韦克森的地区送给诺曼底公国，罗贝尔公爵感觉这笔买卖挺合适。后来的一段时间里，两边维持着友好的关系。

罗贝尔公爵在历史上的名头绝对不仅仅来自帮着法王平叛这么点小事，应该说，公爵是影响了整个欧洲历史的人，原因是他抢了一次亲。

一个制革匠的女儿阿莱特被公爵看上了，公爵强迫她成为自己的情妇。一个农家姑娘被公爵看上，这是欧洲三流言情小说里才有的浪漫啊，所以阿莱特不争地位不争名分，就争了一口气，给公爵生了个儿子，唯一的儿子！这个男孩儿的英国名字叫威廉。好好的法国人，干吗要叫英国名字啊？没办法，叫他的法国名字"纪尧姆"谁认识啊？

诺曼底这一支海盗，自从改信基督教后就特别虔诚，罗贝尔公爵突然决定要去圣地耶路撒冷朝圣。长路漫漫，这一趟的行程堪比西天取经，公爵估计自己碰不到猴子、猪或者水怪之类的帮手，十有八九会中途挂掉，于是出发前，给诺曼底公国指定了继承人，也就是他唯一的儿子威廉。

阿莱特一直是公爵的情妇，威廉是私生子。根据西欧古怪无聊的规则，私生子是没有继承权的。罗贝尔公爵将公国交给年幼的私生子，整个诺曼底公国内一片哗然，反声四起。

罗贝尔公爵管不了这么多了，他朝圣的心坚决如铁。正如他自己期望的，这一次远行，他就真没有回来，八岁的威廉成为新出炉的诺曼底公爵。

威廉的成长受到各种叛乱的折磨，他的监护人和老师都被陆续谋杀，每天过着朝不保夕的生活，他能安全长大并成就霸业，不能不说是个奇迹。而他的敌人一边向他进犯，一边还叫他"私生子"，实在是让一个"私生子"无法忍受。威廉成年后冷酷残暴多疑的性格大概就源于此。

好在，罗贝尔公爵在亨利一世身上的投资收到回报了，威廉公爵找到亨利一世，要求他帮自己平叛。亨利一世欠着人情，不能不还，只好以盟友的姿态与他战斗在一起。

威廉在 1047 年平灭了主要的反叛，基本稳住了自己的地位。1053 年，他迎娶了佛兰德尔伯爵的女儿玛蒂尔达。这桩婚姻对威廉来说肯定是如虎添翼的，却引起了教皇和法王两位老大的不满。教皇阻挠是因为威廉和玛蒂尔达大约是有点血缘关系，属于近亲结婚，于礼法不合；法王反对是因为他帮完威廉，看这小子这么快站稳脚跟，羽翼丰满，颇为后悔，如今他成为佛兰德尔伯爵的女婿，以后势力更强，更难以辖制，非常闹心。

罗贝尔公爵可以让私生子成为公爵，可见这个海盗家族的驴脾气，威廉要结婚，谁能阻挡呢？威廉结婚后的 1054 年和 1057 年，亨利一世两次对诺曼底用兵，都没什么值得记录的成果。

跟亨利一世不同的是，威廉所有的用兵都取得了很好的收益，比如诺曼底南部的布列塔尼公国和曼恩伯国有矛盾，他就渔翁得利，趁乱征服了这两个地区。

1066 年，威廉人生的又一个奇迹和巅峰，他的舰队越过英吉利海峡，跟英王哈罗德相会在伦敦附近的黑斯廷斯。大战之后，当年的圣诞节，威廉在英国的威斯敏斯特教廷加冕，成为英王，开创了英吉利的诺曼王朝，威廉成为威廉一世，江湖人称"征服者威廉"（参看《英帝国：日不落之殇》）。

黑斯廷斯大战这样一出好戏，法王亨利一世没机会看到。他在 1060 年就死了，没有享受到给英国国王做主子这种荣耀的生活。

亨利一世的儿子腓力一世八岁成为法王，威廉一世成为英王那一年，他正式亲政。腓力一世上任的头几年，简直就是法国王权的谷底，比他父亲爷爷那几辈过得还要窝囊。有的时候手头紧了实在没办法，腓力一世还组织打劫经过法兰西岛的意大利人商队。欧洲皇室王室经常做一些上不得台面的动作，况且打劫是这帮人的民族传统，我们也就不大惊小怪了。

话说威廉一世入主英国后，遭遇很多反对，他一时间要稳住在英国的地位，艰难重重。他进入英国前刚降服的布列塔尼公国，此时反悔了，说是不承认威廉是老大。威廉一世百忙之中跟布列塔尼干了一架，战事不利，最后签订了对威廉一世很不合算的和约。

之前亨利一世为了感谢罗贝尔公爵的帮忙，曾将巴黎北部的韦克森送给诺曼底，后来亨利一世跟诺曼底翻脸，又自说自话把这片地收回去了。

威廉在布列塔尼吃了亏，就找腓力一世索要韦克森。谁也没规定，送人的东西不能再要回来，于是威廉一世发兵攻打法王。

威廉一世 VS 腓力一世，这个实力差距太大了。威廉一世的军队几乎是所向披靡，先是洗劫了韦克森，接着占领了巴黎附近的要塞芒特。

卡佩王朝的法国，生死一线，眼看就要亡国，而英吉利海峡两边的英法国家将统一为一个整体，全世界都在等待这个无比热闹的结局。谁知老威廉关键时刻不给力，对不起广大观众。他的战马突然跌倒，英王被掀下马，腹部受伤，不治身亡。

上帝保佑那匹伟大的战马，腓力一世在家里惊魂初定后，头脑从来没有过地清明，他清晰了对付英国和诺曼底的思路。

话说威廉一世死后，将诺曼底领地交给了长子罗贝尔，英国王位则传给了次子威廉，而最小的儿子亨利则给了一笔钱，让他自己爱买啥就买啥去。

老杨在英国史里介绍过威廉一世这三个儿子之间的恩怨和战争，而腓力一世根据这个情况拟定的斗争思路就是，随时在英国扶持反对势力。腓力一世很早就跟大公子罗贝尔勾结在一起了，罗贝尔先是跟着法王对抗自己的父亲，父亲死后又忙着对付自己的兄弟。

法王腓力一世任上最受考验的工作，就是应对英国国王。几乎所有人都预备看法王如何面对一个强大的诺曼底公爵出洋相，而腓力一世居然神奇地没有出洋相，而他一手开创的那种修理英国王室的最佳办法，则一直被后代法王发扬光大。

腓力一世接班时，法国王权已经处于谷底，威廉一世进占芒特，卡佩家族眼看就要崩盘。可是上帝居然没有安排卡佩家的绝路，还给他们一个翻身的机会，所以我们就可以宣告，卡佩家族马上要触底反弹了。而腓力一世可以说是卡佩家族随后近千年波澜壮阔的大行情的起点。

前面说过，卡佩家有个重要特点就是法王的婚姻不幸福。腓力一世走过这场最大的危机后，觉得应该犒劳自己一下。犒劳的办法就是，跟父亲包办的王后离婚，迎娶安茹伯爵的老婆。这种事，想想教皇就不会答应。腓力一世后来的日子都用来跟教会谈判了，而教会多次劝告无果，只好再次动用撒手锏，宣布将腓力一世开除出教。

以当时腓力一世的地位和权势，他被破门，也不会有什么特别的恶果。况且，法王还有法国本土的教会支持呢。开除就开除，一边对抗一边继续跟教廷沟通呗。从1092年到1104年，整整十二年的努力，教廷也累了，而且发现人家早木已成舟，子女满堂，算了，婚姻合法，别再闹了，该干吗干吗去吧！

站在咱们的角度看，腓力一世最后争取到了属于自己的幸福。而实际上，他失去的，也挺要紧的，因为他和教廷的矛盾错过了对一个基督教国王来说很重要的修炼，那就是"十字军"东征。

又见"十字军"

再讲"十字军"东征的事，老杨感觉自己都快魔怔了，可是欧洲诸国的历史，哪一家都不能回避这档子破事。这次，咱们总算回到了发源地，从最初的角度看看这帮乌合之众吧。

先说说"十字军"东征前后，欧洲基督教界的事。1000年，充斥着各种古怪的猜想和危险的言论，基督教内部也出现了很多问题。

《德意志：铁与血的历史》中，老杨大概介绍过10世纪前后罗马教廷的情况，那个时代的教廷，一天到晚就是忙两件事：第一，跟各国国王争权夺利，不是收拾皇帝国王就是被皇帝国王收拾；第二，内部的腐化堕落。

教众也不都是傻子，教廷形象越来越难看，肯定会受到一些质疑，直接影响了教会的权威性。所以，教会内部慢慢滋长出一些反省的力量。

公元 910 年，法国阿基坦公爵威廉在自己的领地上建立了克吕尼修道院，引发了后来著名的"克吕尼运动"。克吕尼运动的主要纲领是：教会摆脱世俗政权的干预，实行教士独身制度，教会史家称之为教士"摆脱国王和妻子"，创立纯洁的教会。从此，西欧各地的封建主纷纷在自己的领地中建立类似的修道院，或者延请克吕尼修道院的修士到自己的领地上恢复最早的、没有被带坏的干净清廉的修道院。克吕尼运动很快影响了全西欧，后来的近一个世纪，各地出现了近两千所类似克吕尼的修道院。

10 世纪初的克吕尼运动应该说在一定程度上重建了教廷的权威和形象，为后来 10 世纪末教会倡导的"上帝和平与休战"运动打下了基础。

什么是"上帝和平与休战"呢？说来话长了。大家还记得吧，查理曼帝国分裂，三个兄弟之邦就互相征战，后来西欧又遭到来自三个方向的三股不同敌人的骚扰。当时西欧诸国，国家普遍羸弱，各国的封建主为了保护家邦和财产，只好自己征召并装备骑士组成私人武装，与外敌对抗。敌人基本平静后，各国诸侯旗下都有大批好勇斗狠、闲得发慌的骑士。

谁也不敢想让这帮人解甲归田，因为这群职业武夫，除了打架啥也不会干。怎么办？养着吧。这不各路诸侯也经常征战吗？武夫又派上用场了，互相打呗。如果封建主和诸侯只是自己互相打打也就算了，问题是，这些骑士打完了还抢啊。大家都知道，当时当地，最好抢、收益最高的地方就是教堂修道院。10 世纪前后的西欧社会，根本没有什么法律可以约束骑士的行为，天底下的大事小情，他们都可以用刀和剑来解决。基督教界损失不小，心里着急，跳着脚骂了几次也不管用，只好把上帝搬出来了。

跟克吕尼运动一样，"上帝和平与休战"这个运动也起源于法国南部。可以理解，法国南部几乎没有国王管事，谁说了也不算，肯定最乱，最容易滋生各种"运动"。

"上帝和平与休战"简单地说，就是看在上帝分上，尽量不要打，实在要打，也不要天天打，最好有休息时间，有张有弛才能打得更好嘛，而且以后骑士干仗，最好不要对教廷或者平民产业下手，各方应保持克制，等等。

托克吕尼运动的福，教廷说话最近还是有人听的，而且啊，克吕尼这一派的神职人员很多都是出身骑士家庭，跟武夫基本还是能沟通的。

骑士的特点就是讲道理。有人劝，尤其是上帝劝，他们还都听话。后来他们就答应，以后尽量不抢或者少抢教廷的东西，而打架的时间也确定了，先是按双休日休息，最后同意周三到周日都不打架，骑士之间的决斗也放到周二。将暴力约束得这么纪律，这就是所谓的骑士风度。

应该说，这个"上帝和平与休战"运动确实降低了打架斗殴的频率。前面说过的诺曼底公爵威廉在刚接掌诺曼底公国时，遭遇反叛，也多亏了这项运动，给了他喘息休整的机会，并赢得了最后的胜利。

打架斗殴的次数虽然是减少了，可休息了几天再打，动手的强度又胜了一筹，暴力程度一点没降低。况且，打架这个事，脑子一热，旁人很难控制。现在骑士给教会面子，行动还能受约束，万一哪天他们不想给面子了，不还要打还要抢吗？骑士不能不养，还要保持他们好斗彪悍的血性，但是又不能让基督教界受损失。怎么办？好办，让他们离开欧洲，打异教徒去。

自从塞尔柱突厥人占领并控制耶路撒冷，所有去该地朝圣的基督徒都受到不同程度的迫害和虐待。后来，东罗马的重镇安条克（现在土耳其的哈塔伊）被突厥人攻陷后，基督徒进入圣地的通路被直接切断了，很多去朝圣还能活着回来的人，回忆这一趟行程，无不一把鼻涕一把眼泪。有个出生在法国亚眠的修士彼得，就是其中之一。

彼得修士据说是早年爱妻亡故，就把自己折磨成苦行僧。苦行僧就是有别人虐待自己最好，如果没人虐待自己，就自己虐待自己。听说圣地那边的穆斯林喜欢虐待基督徒，所以他就颠沛流离，历经辛苦，翻山涉水地跑过去了。一个脏兮兮骨瘦如柴的苦行僧，造型挺悲惨，居然跌跌撞撞进入了圣地。这一趟见闻让彼得受了极大的刺激，尤其是基督徒在耶路撒冷受到的各种非人的待遇。等到彼得跌跌撞撞地赶回法国，他已经将自己的圣地亲历，发表了好几次公开报道和演说，在西欧各地到处传播。

当时教廷的老总乌尔班二世正好也来自法国，而他的前任就是逼德皇亨利四世在雪地里站了三天道歉认错的格里高利七世；后来亨利五世杀进罗马，又扶持了自己的教宗；乌尔班二世上任后，肃清了这些敌对力量，确立了自己的地位，是基督教史上数得着的铁腕。

在《罗马帝国：霸主养成记》中，东罗马科穆宁王朝的开国君主艾力克修斯一世刚上任时，内忧外患，眼看着突厥人就要打到眼前，病急乱投医地到处求助。而因为当时天主教廷和东正教廷的对立，罗马教皇很希望看到东罗马有事要帮忙，正好可以获得谈判筹码，让东正教乖乖向天主教缴械。

1095年初，乌尔班二世就开始在意大利号召组织十字军东征圣地，并随身带着修士彼得，让他现身说法，鼓动教众。意大利人虽然也义愤填膺摩拳擦掌，可真要抛家舍业地到千里之外去打架，他们又不愿意了。乌尔班二世没办法，决定到自己的祖国去想办法。

1095年11月，乌尔班二世在法国的克莱蒙发表了基督教史上最重要的动员演说，号召全欧洲的基督徒报复突厥人的恶行，拿回神圣的"流着奶和蜜之地"，将"不忠之人"逐出耶路撒冷。

乌尔班二世的激情动员加上修士彼得的悲情演讲，法国人就真被鼓动了。别说法国人容易受忽悠啊，他们也是被逼的。1089年至1095年这几年，法国遭遇饥馑，王权衰败，国家混乱，骑士间私战频繁，抢劫杀人放火，上下都不好过。下层民众有吃饭的要求，中层骑士有土地的要求，上层封建主有财富的要求，打架目标一致，所以很容易就被煽动起来了。加上教皇还说了，只要是参加了东征的人，一辈子什么罪都洗清了，必将沐浴天国神圣的光辉。

骑士和贵族出征，总要告别家小，安顿好家业啥的，琐碎很多，底层百姓则简单多了。彼得振臂一挥，这些人回家拿了几张大饼，也不打点行李就跟着出发了。城镇居民、农民甚至还有妇女和孩子，组成两万人的"大军"，号称"十字军先锋"，浩浩荡荡就杀奔耶路撒冷而去。至于这支"十字军"的结局和后面的故事，就参看《罗马帝国：霸主养成记》吧。

"十字军"东征是在法国发起的。第一次"十字军"东征的正规军中，也以法国的贵族骑士为主，所以，当时的国王腓力一世没有参加，不能不说，这让他在教界的形象不太好看，也让法国王室和教廷的关系留下阴影。阴影就阴影吧，中世纪的西欧诸国，哪家的国王甚至皇帝不受教廷挤兑呢，谁家没有几个被下了"破门律"的王呢。

第一次"十字军"东征，基督教收复圣地，并在当地建立了四个基督教国家。不知道法王腓力一世会不会因为没有参与这一项了不得的功绩而遗憾，不过，他生了个了不起的胖儿子，应该弥补了他不少遗憾。

了不起的胖子

腓力一世的长子登基后是路易六世，世界史上出名的胖子，史书称其为"胖子路易"。那个时代各国都不富裕，有权有势的人的标志就是长得胖，腓力一世自己就是个胖子，英王威廉一世也胖，他被战马掀翻而死，不能全怪战马，实属超载引发的交通事故。

路易是腓力一世抛弃的前妻所生，据说腓力一世抛妻的原因是嫌她太胖。江湖传闻，路易六世一直受到后妈的谋害，太后长期对路易六世偷偷下毒，被后妈虐待下毒还长这么胖，不知道怎么吃的。

胖子路易应该说是卡佩王朝经过平淡低迷开局后的第一个亮点。之前说到，卡佩初期的法王，莫说是整个法国，就是在自己的法兰西岛都说了不算，有大量的城堡主占据要道，设卡盘剥，根本不把法王放在眼里。腓力一世在任时，经常说，这些城堡主都快把他折磨病了。

路易六世一登基，就预备把这些城堡主折磨病。胖子虽然行动笨拙，爬上战马都非常费劲，可他一旦爬上马，就不把战马累死不罢休。他孜孜不倦地坚持对王领内城堡主的征伐，一次又一次，一年又一年，终于肃清了自己的辖区，至少在法兰西岛内，法王是真正的老大了。

王领安静了，其他的诸侯还是不服啊。敌人的敌人可以是同盟，路易吸收大量忠于国王的教士、小商人、小市民进入御前会议。以前参议国事，大封建主和大贵族都结伙欺负国王，现在再遇到这些大家伙咄咄逼人，自然有人挡在法王前面和他们拌嘴，法王消停多了。

前面说到，乱糟糟的法国是各种运动的土壤。这段时间，又闹运动了，也就是著名的"城市公社运功"。城市大家都懂，公社到底是什么？最简单的解释，一帮子人凑在一起，互相帮助互相拉扯，自己把自己喂饱就叫公社。公社这个概念在中世纪的西欧还是挺先进的。

11世纪至13世纪，西欧商业经济高速发展，法国整体混乱，但是局部地区尤其是部分城市慢慢地发展发达，渐渐兴旺起来。这些城市都是在大封建主的土地上，领主看着自己的城市发达也高兴啊。老牌封建大地主，脑子里也没个经济学概念，不知道这种商业经济，给予宽松的空间和自由才能发展得更好，他们坚持自己属地产生的财富都应该属于自己这个原则，对于这些新兴的商业城市压榨起来毫不手软。苛捐杂税没完没了，市民还要稀里糊涂地服各种劳役。市民终于不干了，觉得自己的城市应该自己做主，自治，选举自己的政府、官员，大小事市民商量着办，彻底摆脱这些地主老财的控制。这个追求城市自治的运动，就是"城市公社运动"。

"城市公社运动"涌现了很多可歌可泣的事迹。在追求城市自治的道路上，部分封建主还是能通融的，市民花一大笔钱，跟封建主买断城市的自治权，地主收了钱，找地方花钱去，不再找麻烦。如果封建主不能通融，市民就毫不留情地发动起义，不达目的绝不罢休，有的时候，场面很惨烈。

法国北部重要的商业城市拉昂，是当时法国的毛纺织中心。拉昂地区的老大，是当地的主教高德里，军旅出身的教士，行为乖张偏激，喜欢弄瞎人的眼睛。高德里先是收了市民的钱，同意拉昂自治。谁知道，这伙计身为神职人员毫无诚信，三年后，钱用光了，他又反悔了，他下令收回拉昂的自治权，废除公社。

拉昂的市民都挺彪悍的，不吃这个亏。他们发动起义，杀掉了拉昂的不少贵族，还把高德里主教抄出来，砍掉了他的脑袋！

砍死主教，多大的事啊！这个高德里背后还站着老大路易六世呢。拉昂市民支付的钱，有一部分进了路易六世的腰包，这次高德里出尔反尔，也是路易六世首肯的。看到高德里被杀，路易六世当然要发兵镇压。

基督教徒杀掉了主教，谁心里不发怵啊，现在看到王军杀来，更加腿软。路易六世洗劫了拉昂城，取缔了公社，将几个要犯正法。

这就是著名的"拉昂城市起义"。看完这个故事，大家都认为路易六世肯定是个扼杀"城市公社运功"的刽子手。其实还真不是，路易六世有个称号叫"公社之父"，这一轮法国"城市公社运动"的发展，是得到路易六世大力支持和扶持的。而路易六世在跟城堡主和大封建主的斗争中逐渐占了上风，主要原因就是他获得了这些公社的支持。对拉昂公社的镇压，他也很无奈，各级教会主教的鼎力帮扶，是法王能站稳根基的重要条件，拉昂市民砍死了主教，他不管不行啊。在拉昂的市民不屈不挠地又斗争了十来年后，路易六世最后还是授予拉昂自治权。

路易六世任内做了一件顶顶牛的事，他居然团结了法国北方的各路诸侯，吓退了联手而来的德皇与英王的联军！

路易六世清理了王领后，基本就将首都定在巴黎，不再到处乱跑了。开篇说到收藏了大量圆明园珍宝的枫丹白露宫就是胖子路易时代开始建设的。但是对卡佩王室来说，有个地方肯定比巴黎意义更重大，那就是东北方的兰斯。大家还记得吧，法兰克人发迹的鼻祖克洛维就是在兰斯大教堂受洗成为基督徒的。兰斯后来成为历代法王加冕的城市，地位尊崇。

回忆一下德国历史。这段时间，欧洲时局有一个重要关键词就是德皇和教皇的矛盾，教皇一天到晚想着怎么收拾德皇。虽然卡佩家的法王也偶尔被收拾，但大部分都是因为自己私生活的那点小事，跟教皇没有不共戴天的仇怨。路易六世上台，对教皇相当巴结，在各级宗教大会上，只要教皇说德皇不是个东西，路易六世肯定是捧哏的，跟着敲边鼓。在兰斯大教堂，经常组织一些针对德皇的宗教会议，主要内容就是说德皇坏话。对当时的德皇亨利五世来说，路易六世和兰斯大教堂都欠收拾。

亨利五世是英王亨利一世的女婿（参看《英帝国：日不落之殇》第十三章），亨利一世在威廉二世死后取得了英国王位，还跨海跑到诺曼底，把自己的大哥——当时的诺曼底公爵罗伯特抓去英国终身监禁了。亨利一世对诺曼底的统治基本也是强取豪夺为主，诺曼底部分地区爆发叛乱，向路易六世求助，而亨利一世为了镇压诺曼底，就向自己的女婿亨利五世求助。

本来亨利五世就有收拾法国的念头，岳父又有指令，于是德皇集合大军，预备进攻兰斯。当然亨利一世也不闲着，从诺曼底方向发兵，预备跟德军两头夹击。

路易六世做了一件让卡佩家很露脸很拉风的事，他走到圣丹尼大教堂，祈求王室的守护神丹尼斯主教保佑并宣告自己将力战来犯的敌人。路易六世举起了法王的战旗，号召法国人随自己出征。没想到的是，除了他王领内的军队，还真有不少平时根本不买账的诸侯带着兵马加盟，组成了一支浩浩荡荡的联军。德皇也没料到看着挺狼狈的法王突然这么有型，还居然能组织这么多人，真打起来，心里没底，算了，撤退吧。英王看德皇跑了，只好跟法王签个和约，反正法王也收不走诺曼底，一切照旧吧。就这样，法国人随便一抱团，就显示了强大的威力。

路易六世是法国王权上升期极重要的一位法王，他为卡佩家族带来了一个运势的大转折。很多历史书说这伙计庸庸碌碌的，就是能吃，其实他能有一番作为，一是因为有个时常鞭策他的老婆，二是因为他的首席高参，圣丹尼修道院的院长叙热。现在关于路易六世的研究，最多的参考是叙热为他写的《路易六世传》。

说路易六世庸庸碌碌是不公平的，作为一个胖子，他一点都不懒，一辈子都在征战。他天天这么跑，也没收到减肥的效果，四十岁左右，实在找不到一匹能驮动他的战马了，只好提前退休。晚年也没闲着，他临终安排的最了不起的事就是太子婚事，他为下任法王路易七世选择了阿基坦的女公爵为王后。

王后的背叛

看看当年法国诸侯的分布图，最醒目的，肯定是中部的阿基坦公国。诺曼底公国收服曼恩伯国和布列塔尼公国后，其领土面积还是不能跟阿基坦相比，法王在巴黎周围那些个可怜的王领，就显得更加寒碜了。

阿基坦公国地大物丰，是早年间被罗马化比较彻底的地区，在法国北部诸侯看来，这里是个高度文明高度发展的发达地区了。中世纪发达地区的标志就是文化的繁荣，阿基坦公国最出名的就是出产游吟诗人。

游吟诗人顾名思义，就是到处走到处唱的诗人，有点像民间卖唱的。《罗兰之歌》能流传这么久后成书，也要感谢这些游吟诗人。在中世纪，大家都没什么乐子，有卖唱的过来唱一嗓子，听听也能打发不少时间。游吟诗人大部分是唱情歌，极肉麻的那种。估计还有些三俗的内容，不过，他们偶尔还会就时局、政治、王室八卦之类的编个小曲唱唱。在那个没有报纸、电视、广播和网络的时代，这也是个了解国家大事和小道消息的办法。所以，中世纪，游吟诗人算是个体面的职业。

最早的游吟诗人的代表就是阿基坦公爵威廉九世，一个游吟诗人公爵，想象一下肯定是个放荡不羁、风流倜傥的人物。后来这个家族就一直喜欢游吟诗人，阿基坦地区是整个欧洲游吟诗人最受优待的地方。

跟路易七世结婚的阿基坦女公爵叫埃莉诺，是威廉九世的孙女。父亲死后，十五岁的埃莉诺就成为这个法国最富庶地区的女当家。因为这个家族的艺术家基因，埃莉诺也同祖父一样随性开朗。根据存世的油画，埃莉诺是个性感的红发美女，身材苗条，加上她富甲天下的显赫地位，还受过非常好的教育，我们不能不说，这样的女人，谁娶回家去不得供起来啊。

路易六世处心积虑给儿子安排这门婚事，想的是埃莉诺嫁进门，只要生下继承人，阿基坦公国就自动成为王领，法王的地盘就非常可观了。

路易七世没有他父亲那样的深谋远虑，路易七世本来是次子，他哥哥才是继承人。路易七世从小就在圣丹尼修道院，被叙热院长当作未来的神职人员调教，信仰虔诚，一心向主。谁知大王子突然夭折了，路易七世作为后备成为新的法王，并在十六岁登基那年娶了十五岁的埃莉诺。

路易七世和埃莉诺这两口子，怎么看都不搭。路易七世是个从小修行的人，内向安静，全部的热情都交给了上帝，哪里还有其他的感情分给老婆呢。对路易七世来说，娶老婆的目的就是生出未来的法王来，其他一概不考虑。热情如火的埃莉诺遭遇这么个冷冰冰的闷蛋，生活得十分郁闷。结婚 7 年后，埃莉诺总算是生了，竟然是一位公主，这下该路易七世郁闷了。

有抒发郁闷的办法，教皇又发动"十字军"东征了。还记得第一次"十字军"东征时建立的四个"十字军"的国家吗？耶路撒冷公国、安条克公国、的黎波里公国和伊得萨公国。1144 年，塞尔柱帝国占领了伊得萨公国，安条克公国眼看成为突厥人下一个目标，教皇急得赶紧组织远征。路易七世因为刚烧了一座教堂，烧死不少人，急于赎罪，就报名参军了。

听说老公要去中东旅游，埃莉诺那个高兴啊，她在巴黎都快闷坏了，坚决要求同行。她是阿基坦公爵，有自己的骑士团，再加上后宫那些侍女命妇啥的，组成一支女子"十字军"，也跟着出发了。

就这样，两口子溜达到中东去了。这次是"十字军"的第二次东征，这支"十字军"中最令人瞩目的大佬就是法王夫妇和德皇康拉德三世。

路易七世两口子进入安条克公国，就跟安条克公爵雷蒙德合兵一处，预备对突厥人进行反击。安条克公爵高大英俊，气宇轩昂，他是王后埃莉诺的亲叔叔。

雷蒙德公爵比埃莉诺大了七岁，游吟诗人血统，一样的热情活跃，爱好广泛。沉闷的军旅生涯，雷蒙德和埃莉诺似乎走得很近。而"十字军"里也开始盛传王后和王叔的风流韵事。

路易七世听到这些传闻已经火冒三丈，而更让他生气的是，在一些军事计划上，埃莉诺总是跟雷蒙德站在一起跟自己作对。路易七世跟埃莉诺大吵一架后，斯文内向的法王做了一件创举，他趁夜绑架了自己的老婆，离开了雷蒙德的辖地。

第二次"十字军"东征因为路易七世奇臭无比的指挥大败，雷蒙德因此战死，埃莉诺更加不能原谅法王。当时的教皇觉得有义务调解这场夫妻矛盾，还亲自安排了两口子同房。不久，埃莉诺又生下一位公主！野史传闻说这位公主可能是雷蒙德公爵的。

回到巴黎的法王夫妇完全不能调和了。对埃莉诺来说，既然已经红杏出墙，就不介意再找一个。这时，一个年轻的帅哥进入了她的视线。

这个帅哥当然是安茹伯爵亨利。安茹伯爵是英王亨利一世的外孙。玛蒂尔达公主先是嫁给德皇亨利五世，成为寡妇后，在亨利一世的安排下，嫁给了当时的安茹伯爵——若弗鲁瓦五世。若弗鲁瓦出名就是因为长得帅，造型还特别风骚，因为家族标记是金雀花，所以他喜欢别着一朵花到处招摇。

玛蒂尔达公主曾经是神圣罗马帝国的皇后，德皇亨利五世有的时候不在家，她还代摄王事，起点太高，二十三岁守寡后，心态一直不平和。

英王亨利一世看安茹伯爵若弗鲁瓦，怎么看怎么顺眼，坚持让女儿二婚嫁过去。玛蒂尔达从皇后沦为伯爵夫人，落差太大，而且玛蒂尔达比若弗鲁瓦大了十一岁呢。

婚姻不和谐也不用非得天天吵架，两口子都是聪明人，很快确定了非常冷静有效率的夫妻关系，由两口子变成联军为权力而战。玛蒂尔达到英伦三岛去争取大英王位，若弗鲁瓦帮着征服英王在法国的领地，不管有没有感情，孩子照样生，两口子打下的基业，以后都是儿子的。

这对勤奋的父母后来留给儿子亨利的领土包括诺曼底公国、安茹公国和可能的英国王位，而未来的发展，就看小亨利自己的努力了（参看《英帝国：日不落之殇》第十四章至第十五章）。

埃莉诺找到了下家，更加看路易七世不顺眼，而忠于路易七世的朝臣，也看王后不顺眼。两口子长期离心离德，终于在离婚这个事上找到了"心有灵犀"的感觉，那真是，一拍即散。埃莉诺没生出继承人，这个理由放在哪个国家都可以被休掉。埃莉诺离开了王宫，回到阿基坦公国，好在这个法国最大的公国还是属于自己的。

六周后，埃莉诺嫁给了安茹伯爵，亨利跟父亲一样，娶了个比自己大十一岁的女人。路易七世在家里一看地图，哎呀一声后，开始使劲扇自己耳光。现在亨利伯爵拥有的是诺曼底＋安茹＋阿基坦三大公国和附近几个伯国，亨利真要追着路易七世叫"王上"，路易七世都不好意思答应。

正当路易七世闹心如何辖制手下这么巨大的一个封臣时，坏消息陆续传来：先是埃莉诺跟了亨利不久，就生出了儿子，虽然这个儿子幼时夭折，可后来埃莉诺接二连三地给亨利生了四个儿子、三个女儿。埃莉诺等于向全法国宣布，路易七世生不出儿子，完全是自己的原因。

1154 年，更大的打击来了，小亨利取得了英国王位，成为英王。亨利二世之于路易七世，如今是个庞然大物。粗略算一下，亨利拥有的土地至少是法国王领的五倍以上。此时此刻，路易七世该如何自处？

六　腓力大帝

王领大扩张

路易七世对亨利二世，绝对是羡慕嫉妒恨。羡慕他生了一堆儿子，嫉妒他广阔的疆域，恨他强大的势力，恨他离奇的好运气。路易七世尝试对亨利二世下了两次手，都被弹回家了。而从亨利二世的角度说，自己还是法国的封臣，如果主动找法王的麻烦，会给自己的封臣树立不好的榜样，说不定以后自己的封臣也会这样对付自己。于是，亨利二世也不随便启衅，君臣二人竟然也就相安无事了。

法王路易七世痛定思痛，调整心态，选择了更有智慧的办法，那就是，先生出儿子来，至少要让自己先把在生儿子这个事上丢失的面子找回来，万一生出一个天才，自己这辈子受的气，儿子都能帮着找补回来。

大家都知道，埃莉诺和亨利二世可不是随便生了一堆儿子的，其中有骑士之花"狮心王"理查。要生出比理查更牛的儿子，难度还是比较高的，然而没想到的是，路易七世产量不高品质高，费一辈子劲，生出了一个儿子，而这个儿子就胜过了亨利二世所有的儿子。

老杨写历史是很入戏的，写到哪个国家，就将其看作自己的主场，对人物有种自家人的亲切感和认同感。写英国篇，老杨是狮心王的"粉丝"，崇拜爱戴他，所以腓力二世成为奸猾下作的卑鄙小人，是个奸角。公平公正地说，无论狮心王在历史上的形象如何惊才绝艳，倾国倾城，如果以一个国王的标准来评判，他比法王腓力二世差远了。

腓力二世是路易七世第三任王后生下的，十四岁就被路易七世加冕为法王，十五岁正式登基。腓力二世的妈妈是来自香槟伯国的公主，腓力少年继位，他的舅舅，也就是香槟伯爵之流自动自觉把持朝政，以摄政自居。

摄政低估了腓力二世，像他这样的小孩儿，不存在早熟，十五岁就已经熟透了。登基那年，腓力二世大婚，新娘子带来的嫁妆是巴黎北部的阿图瓦地区，王领骤然扩大。腓力二世非常有底气地给英王亨利二世发了个短信，要求他到阿图瓦开会。年轻的法王独自与亨利二世和谈签和约，将那些摄政的舅舅和大叔晾在巴黎傻眼。这等于通知所有人，腓力二世不需要任何摄政了。

自从腓力二世上台，英国就倒了霉。根据英国历史我们知道，亨利二世后来生了小儿子约翰，这一帮不省心的儿子争权夺利，手足相争。而这个矛盾最后会越闹越厉害，很重要的原因就是腓力二世的挑拨离间。

腓力二世对付英国人的思路是祖传的，清晰明了：亨利二世在位的时候，就教唆理查对付老爸；等理查一世登基后，他就挑唆约翰对付大哥；约翰成为英王后，他又挑唆约翰的侄子造反。所有的历史书都说腓力二世聪明绝顶，都叫他"小狐狸"，一点不假，仅从智商上看，腓力二世肯定是高过这三代英王太多了。

腓力二世跟理查一世以及腓特烈一世和萨拉丁一起，组成了"十字军"历史上最华丽的一个阵容，也就是第三次"十字军"东征。几乎是理查进入战场不久，腓力二世就称病早早退出了战团。大家都知道，他可不是临阵脱逃，他有更高明的谋划。一回家，他就全力支持约翰争夺英国王位，以至于理查一世眼看在圣地就要建立不世奇功，最后不得不灰溜溜地跑回家，还被德皇亨利六世绑票，被关了一年（参看《英帝国：日不落之殇》）。

虽然腓力二世貌似玩弄英国人于股掌，但因为实力相差太远，他的这些手法除了让英国人看上去很狼狈，倒没让自己占到什么大便宜，他所有的努力终于在约翰登基后取得了效果。

约翰简直就是上帝为腓力二世预备好的，就等着腓力二世来宰他。先是约翰刚上台时，名声太臭，没人支持，所以就割了不少地给腓力二世，让他挺自己一把。腓力二世收下这些土地，还笑嘻嘻地跟约翰签了个和平协定，转头就全力支持约翰的侄子亚瑟发难。

1200 年，约翰跟昂古来姆的伊莎贝拉结婚。这个伊莎贝拉是已经许过人家的，是吕济昂家族没过门的媳妇。吕济昂家族的于格伯爵找到腓力二世告状，腓力二世一边忍着偷笑，一边给约翰发了张传票，宣他到巴黎打官司。

约翰当然不敢来，腓力二世就以安茹公爵不履行封臣义务之名，要罚没他在法国所有的土地，判决书一下就强制执行。法王加上吕济昂家族，开始对英王的领地发动攻击。1204 年，腓力二世拿下了诺曼底。接着，王领法兰西岛以西那一大片包括曼恩、安茹、普瓦图、布列塔尼全被腓力二世收纳了。

腓力二世在战斗中发展壮大，实力越来越强，既然连英王都收拾了，一般的北部诸侯也不敢忤逆他了。如果说还有搞不清形势跟王上为难的糊涂爵爷，那应该是佛兰德尔伯爵。

1214 年，失去了大片土地的约翰找了几个帮手，要找腓力二世决战。约翰找的帮手，头一个就是佛兰德尔伯爵，而另一个来头就更大了，是德皇奥托四世。

参看《德意志：铁与血的历史》第十章，奥托四世是韦尔夫家族上下求索了好几代终于登基的皇帝，是英王亨利二世的外孙，也就是狮心王理查和约翰的外甥，从小在英国长大。他在德皇争夺战中取得胜利，自然是获得了英国的支持，而一直跟韦尔夫家族争位的霍亨斯陶芬家族，则跟法国关系不错。不管从哪方面考虑，约翰要找腓力二世报仇，组建"反法联军"，奥托四世肯定会义无反顾地加入。

约翰越过海峡登陆，奥托四世与佛兰德尔伯爵从东部进军，从东西两面夹击法国。反法同盟的军力远远多于法军，腓力二世明显处于劣势。而腓力二世凭借高超的指挥技术和清醒的头脑，加上这个反法同盟也实在是很"菜"，7 月 27 日，在法国北部里尔市的布汶，法军取得大胜，佛兰德尔伯爵被生擒关押，佛兰德尔地区表面上向法王臣服。

布汶会战大约死了几千人，这个数字对于以后欧洲发生的大战来说，实在算不得什么，可是罗马灭亡以来，这个规模的死亡也算是一场恶战了。死伤不说，布汶战役对整个欧洲历史的影响可是巨大的。

首先是奥托四世失去了王位，韦尔夫家族彻底败给霍亨斯陶芬家族；约翰正式落下"失地王"的大名，引发英国议会抛出了大宪章；腓力二世因为这一战让王室的土地扩大了三倍，再没有任何法国诸侯敢对法王不敬，法兰西岛主由此时真正成为法王；而法王最大的收获是激发了法国人的民族感情，战斗中，很多市民都自发组织参与作战；整个欧洲的权势均衡因为这一战发生了转折，神圣罗马帝国由此时开始衰退，日益分裂，法国由此时开始迅速上升，将在不久之后成为西欧霸主。

因为布汶一战，腓力二世被称为"奥古斯都"。按照规矩，虽然腓力二世只是国王，不是皇帝，但是大部分的历史书还是称他为腓力大帝！

腓力二世任内，巴黎人口达到五万人，是法国最大的城市。到 1300 年，巴黎人口达到三十万，几乎是欧洲最大的城市。腓力二世最后将自己的政府机关永久地留在巴黎，在塞纳河中的西提岛上的皇宫办公，这让巴黎成为真正的首都。整个巴黎的城市建设，就是从腓力二世开始的。

从路易七世开始修建的巴黎圣母院此时快要竣工，获得了腓力二世的大力赞助，这时候法王富裕有钱：用圆石铺砌了巴黎的主要街道；在巴黎周围竖起了坚固的围墙；成立巴黎大学，并给予师生免税权；还在塞纳河边的城墙外修建了一座城堡，也就是开篇介绍的卢浮宫。

卡佩前期诸王跟教皇关系都不错，但也经常有被开除教籍的事发生，腓力二世跟祖辈一样，也喜欢在自己婚姻家庭的问题上让教皇操心。

腓力二世的第一次婚姻维持了十三年，伊莎贝拉王后为他生下继承人后死去。估计是出于形势和利益考虑，丹麦公主英格堡成为第二任王后。腓力二世不喜欢这位北欧女郎。不久，他就跟英格堡离婚，娶了一位法国南方的姑娘，梅兰的阿涅丝。

教皇一天到晚调解法王的离婚纠纷，都快烦死了，但职责所在，不管又不行。老规矩：不准离婚，三婚无效；不听劝告，开除出教。法王和德皇不同，德国人受了教皇的气，总要找补回来，法王温顺多了，只要一看到教皇老人家真发火了，一般都会低头认错，不管改不改，首先在态度上就让教皇很舒服，所以教皇愿意帮扶他们。腓力二世这个婚姻困局最后以阿涅丝先死去而终结，教廷很欣慰。

腓力二世任内，将卡佩家的地盘扩大了两倍还多，而在他晚年时，居然又获得了一次向南部扩张的大好机会。

阿比尔的浩劫

腓力二世晚年的这次机会，来自教皇和"十字军"，这次他们讨伐的不是异教徒，而是所谓的基督教异端。

写基督教的各种异端是一件让老杨特别郁闷的事，同样是信基督，信得五花八门的，真容易让人晕。可是，基督教内这些个乱七八糟的事，又在很大程度上主导改变着欧洲甚至世界的历史。对一个写历史的人来说，这些事无法回避。

这次又是谁得罪教皇了？法国南部朗格多克地区诸位爵爷，其中领头的应该是图卢兹伯爵。

腓力二世肃清了大部分法国诸侯，敢跟王上作对的诸侯基本是没有了，但是对法王不买账不礼貌的爵爷，还是有几位的，也就是法国南部这几位爷。

法国南部地中海沿岸地区，大家都知道，世界上最大的葡萄酒产地，法兰西的精华所在。在中世纪时期，这里就已经经济发达，文化繁荣。很多人都说，当时这里的状态可以和后来的文艺复兴媲美。说这里是欧洲当年最发达兴盛的地区，应该是毫不过分。

文明发达的地方，有一个显著特点就是思想的多样性。在当时的法国南部，有一种新的对信仰的思考在蔓延并发展从而形成了一个新的教派，因为是以法国南部的阿比尔城为中心的，所以被称为阿比尔教派，在法国南部比较重要的一个分支被叫作清洁派。

这个教派认为，这个世界上，应该有两个上帝。善的上帝，是无形的，看不见的；而整个物质世界，包括人的肉身，是一个恶的上帝搞出来的；天主教廷和下面各级修道院，腐化堕落，盘剥百姓，他们是恶的上帝的代表；阿比尔派对肉身复活这事特别不以为然，既然耶稣会被钉上十字架，还会流血，说明他不是那个上帝；肉身是邪恶的，真正的上帝怎么会有肉身，诸如此类。关于阿比尔派的这些想法，大家可以参看《达·芬奇密码》，这本书的内容跟我们这篇故事很有关系。

甭管清洁派的想法靠不靠谱，它在法国南部传播开了，上到领主下到百姓，即使是有些虔诚的天主教徒，对清洁派的部分想法也很认可。比如清洁派的人认为，苦修、清贫、禁欲能让人更接近上帝，这就让各修道院奢靡放浪的生活显得很可耻。

当时的教皇，大家都认识，中世纪的明星教皇英诺森三世。这位铁腕决断的教皇，代表着中世纪教权的巅峰。说起他的名字，整个欧洲大陆会凭空席卷一阵寒风，阴森森的。他的部分事迹，老杨在讲英德两家时都有介绍，而他人生中一个特别重大重要或者说是得意的事迹、教绩，就是对阿比尔派的清剿。

英诺森三世先是连教训带吓唬，让法国南部的爵爷领主清理门户，可这帮人都不理会教皇。教廷无奈派出特使，到图卢兹伯国去恐吓伯爵，大意就是：你小子不配合教皇清理异端，教廷早晚会开除你出教等。教皇特使，钦差大人，他肯定不会谦卑小心地说话，虽然图卢兹伯爵当时忍了，手下的骑士可忍不了，一剑就把钦差大人送到上帝那里去了。

教皇做事果决，绝不留情，听说特使被杀，马上下令组建"十字军"，南下法国清理阿比尔派，以法国北部贵族为主的阿比尔"十字军"成立了。老杨之前说过，"十字军"这帮兄弟，大多数时候喜欢去经济发达的地方"圣战"，法国南部的财富一直让北部的诸侯深受刺激，一听说又可以奉旨打劫，参军的又挤破头了。

这次阿比尔"十字军"对清洁派的清理，绝对是一场屠杀。最惨的战斗发生在地中海沿岸的贝济耶，刚开始"十字军"还是讲道理的，宣布天主教徒可以自由离开，但是必须交出异端分子。谁知，贝济耶的市民声称，宁愿吃掉自己的孩子也不会这么做！"十字军"被激怒了，于是，开始屠城。不管是异端分子还是天主教徒，妇女老人还是襁褓中的孩子，一律杀光。当时有人问"十字军"的首领，说你这么杀，怎么分辨出天主教徒和异端分子呢？这个首领给了个很酷很有名的回答："都杀掉，上帝会分辨他们！"到底这一城这一战死了多少人，不详，"十字军"自己汇报的就超过两万。

这是世界历史上著名的一场血腥浩劫，前后持续了二十多年。整个法国南部有钱有文化，就是没有有效的防御。经济和文明的发展，让这里有一种罗马时代的颓废和享乐氛围，他们支持"异端"在各地蔓延，却没想到会遭到教廷如此惨烈的惩罚。"十字军"在法国南部几乎是摧枯拉朽，所向披靡，那些灿烂的文明和幸福富裕的生活，都在这一次征伐中被摧毁、根绝。

出这么大的事，法王什么态度？腓力二世是绝顶的聪明人，他在家考虑了好几天，觉得自己亲自插手多有不当，于是他先表明态度，对南部的"异端活动"深表忧虑，深感气愤，对于法国北部诸侯组建"十字军"南下圣战，深表支持，并表示会在巴黎为"十字军"助威加油。

待看到"十字军"在南部进展非常顺利，腓力二世就派出了太子爷路易，指挥王军，加入了战局。太子路易是一员猛将，布汶战役时，他甚至率部追击英军快到伦敦了，并一手生擒了佛兰德尔伯爵。这次南下圣战，太子爷的表现也可圈可点。不管"异端"如何，法王父子的想法很明白，那就是抓住一切机会扩大王室的领地，扩大王权。腓力二世去世的时候，卡佩的王领已经向南延伸到了地中海沿岸。

七　完美怪物——圣路易

女摄政

腓力二世改变了卡佩家族的传统，没有在生前就为太子加冕为王，因为他不需要了。此时此刻，放眼整个法国，已经没有人敢跟卡佩家族叫板并争夺王位了，腓力二世驾崩，下一任法王自然是大王子路易，谁敢不服啊。

路易八世骁勇善战，腓力大帝能成为大帝，太子爷有汗马功劳，所以路易八世有个外号叫"狮子"。可惜路易八世过于短寿了，仅仅在位三年，全部的工作就是在法国南部对清洁派作战，最后还将自己的性命赔上了。

1226 年，路易八世驾崩，他的儿子路易九世十二岁继位，也就是法国历史上大名鼎鼎的圣路易，是形象最好、受欧洲历史书评价最高的法王。

路易九世能修成圣路易，影响因素很多，其中很重要的一条，他有个很厉害的妈。

中世纪的法国，经常有些奇女子冒出来。前面说过的埃莉诺王后算一个，而她的外孙女，来自卡斯蒂利亚王国的公主布朗歇，肯定也算一个。

埃莉诺和亨利二世的女儿嫁给西班牙西北部的国家卡斯蒂利亚的国王阿方索八世，生了两个女儿。当时英国需要找个公主跟法兰西联姻，太后埃莉诺想到了西班牙这两个外孙女。埃莉诺以八十岁的高龄来到卡斯蒂利亚，看了两个女孩儿后，选择了年龄小的那个，十二岁的布朗歇被带到法国，嫁给了十三岁的太子路易八世。

布朗歇是在法国宫廷里长大成人的，三十五岁那年，成为法国王后。路易八世跟老婆一起长大，深知老婆智慧冷静，信仰虔诚，内心强大，所以临终前指定，布朗歇成为路易九世和王国的摄政。

布朗歇绝对是下得厨房出得厅堂。在成为太后前，她在后宫相夫教子，谁也没看出王后是个强势女人。一接下卡佩家的王朝，她马上就显示出不是一般的家庭妇女，杀伐决断，行事利落，比一个男性的君主一点不差。

法国有些个心怀不轨的叛臣，腓力大帝和狮子路易在世时他们还能安分守己，如今看到布朗歇和路易九世孤儿寡母，又都跳出来了，而在他们身后提供大力协助的，可想而知，是英王亨利三世。

路易八世刚刚驾崩时，法国的叛臣就密谋绑架在奥尔良还没登基的路易九世。布朗歇带着儿子返回巴黎途中，正碰上反叛的军队。布朗歇向巴黎的市民求助，巴黎人一听说国王和太后有难，从四面八方赶去奥尔良。在路上，这些普通市民有的拿着武器，有的拿着板砖，有的赤手空拳挡在国王驾前。从奥尔良到巴黎这一路上，全是这些热血的百姓保护着小法王，让叛臣不知所措，只好撤退，而布朗歇带着路易九世安全回到了巴黎，成功继位。

没有巴黎百姓就没有路易九世了，布朗歇母子一直感念这些普通市民给予的帮助。整个路易九世一朝，不论是王后还是国王，对下层民众都比较关照。而从这件事我们也看出，巴黎的市民随时敢拿着板砖上街干仗，不论跟谁。

布朗歇冷静睿智地处理了亨利三世支持的几次法国贵族叛乱。这些人见扳不倒太后，就开始制造舆论，说她坏话。说得最多的就是，法国这样一个国家，怎么能让一个女人管理；一个正常的女人怎么干得出这些事呢；这女人这么牛这么横，野心这么大，搞不好路易八世就是她害死的，而且是私通了奸夫害死的，就为了篡夺大位；等等。

好在没有网络，没有水军，否则太后早上起来一开电脑，会发现全是自己的负面新闻，什么程度的都有。在那个通信基本靠吼的年代，抹黑对头也有自己的办法，那就是，几乎每天巴黎的主要大街上都有人编太后的段子在传唱。当然，肯定不是歌功颂德。

一边镇压国内的叛乱，一边还要接下路易八世未竟的事业。1229年，"十字军"和王军终于迫使图卢兹伯爵投降，结束了长达20年的阿比尔"十字军"的战争。虽然法国南部繁华已不再，整个朗格多克地区却是归入了王领，让卡佩王室的统治范围正式到达地中海沿岸。

太后再厉害，国王总是要亲政的。而布朗歇太后比较辛苦，一辈子也没机会退休，一直工作到去世，她也是没办法，路易九世总喜欢往外跑，而且一跑就是无影无踪好几年。

圣人的生涯

大家看了这么久的欧洲史，大约知道这帮人办事的规矩。一个王，八方征伐，开疆辟土，百战不殆，一般会被称为"奥古斯都"，咱们称他为大帝；而在名字前面加个"圣"字，见仁见智，至少有一点可以肯定，那绝对是信仰虔诚到了某种病态程度了。

布朗歇自己是个虔诚的教徒，她教育出来的儿子自然更诚。据说路易九世每天要做两次弥撒，半夜还要起来参加晨祷，每天至少念五十遍《圣母经》；长期斋戒，衣着简朴；他是圣方济各会（天主教的一个组织）的成员，而这个组织是奉行苦修的，苦修嘛，就是自己给自己找罪受；他还是个大慈善家，捐了很多钱给教会，创办盲人救济院；亲自探望麻风病人；给穷人洗脚，给病人送饭，扶老太太过马路，送流浪狗回家（后面两条是老杨自己加的，可以看作"野史"）。

虔诚到一定的程度，肯定是迷信的，求购并收藏"圣物"也是必需的。路易九世在巴黎的皇宫专门建了个小礼拜堂，就为存放耶稣钉十字架时戴的荆棘冠。而这个小礼拜堂至今还被当作巴黎那些美轮美奂的各色建筑中的明珠。（老杨在之前的几本书里都提到各种圣物，总之是耶稣受难时所有的行头都在其中，在中世纪买卖"圣物"真是门好生意啊。回忆一下，我们认识好几个不惜重金收购"圣物"的基督教国王或者皇帝吧？老杨常不厚道地想，以咱家的天赋，找几个熟手工匠穿越回当时当地，能发多大的财啊！）

路易九世对天主教徒有多亲切，对异教徒就有多残酷。阿比尔"十字军"后来在图卢兹，建立了恶名昭著的宗教裁判所，以各种酷刑对待异教徒。以后的历史进程中，我们还会提到这个组织。路易九世亲自设立了火刑场，专为将异教徒活活烧死。而作为西欧比较醒目的异教徒——犹太人，当然也是路易九世视为眼中钉的敌人，是受他迫害的主要对象之一。

要说路易九世办的这些事，在基督教世界最多能评个信教积极分子，要在名字前面加个"圣"字，估计还差一点。所以，路易九世启动了教界顶级的修炼——"十字军"东征。

要说圣路易的"十字军"生涯，岂是"悲惨"二字可以形容啊！

却说，自从第一次"十字军"东征，在耶路撒冷建立了基督教国家，这个圣地就在基督教和穆斯林之间几度易手，你来我往地争夺不休。在《德意志：铁与血的历史》中，神圣罗马帝国的皇帝、世界奇迹腓特烈二世，被教皇开除出教后，单枪匹马跑到耶路撒冷，不费一兵一卒，凭着自己独特魅力，居然让当时的阿尤布王朝苏丹将耶路撒冷及朝圣的陆上通道拱手相让，创下了世界公关史上的一个神话。

可惜穆斯林世界，心态开放的苏丹并不多，阿尤布王朝的继任苏丹对这个事耿耿于怀。1244年，他们又把圣地抢回来了。

教廷收到消息，自然又是一番哭天抢地，如丧考妣。传说当时路易九世正好大病初愈，病中他就立誓，如果病好，他就组织"十字军"。

1248年疟疾初愈的法王组织一千八百艘船只浩浩荡荡出发了。虽然此时路易九世已经成婚，亲政。但既然有东征这么大的业务，布朗歇太后只好再次上岗摄政。

阿尤布王朝的统治中心在埃及的开罗。所以，从第五次"十字军"东征开始，先打埃及成为教廷的主要作战思路。

路易九世的军队在埃及登陆，非常顺利地占领了重要港口城市杜姆亚特。就像俄国那万恶的冬天一样，埃及也有个上帝赐予的天然防线，就是尼罗河。尼罗河的特点就是喜欢发洪水，动不动就泛滥成灾。"十字军"攻陷杜姆亚特后休整。这一休整不要紧，尼罗河非常配合地发大水了。

"十字军"是远征，跨海作战，本来补给就不充裕，一帮人天天在埃及看海，一看就看了九个月。"十字军"这九个月歇下来，什么士气都歇没了，开罗那边可没休息呢。

此时的阿尤布王朝，有一支很彪悍的雇佣军，全部是来自高加索地区和黑海北部的游牧部落，基本都是突厥的后代，他们被捉到埃及，卖身为奴，组成了被称为马穆留克的奴隶军队。路易九世在杜姆亚特看大水这段时间，这帮马穆留克换了个猛人头目，拜伯尔斯。

大水退后，路易九世重鼓士气，预备一举攻陷开罗。可机会永远失去了，马穆留克切断了"十字军"的补给线。在曼苏拉城，"十字军"大败，路易九世直接被俘虏了。

这时，我们要隆重介绍本时段另外一位杰出的法国女人，路易九世的老婆，来自普罗旺斯的玛格丽特王后。路易九世跑这么远打仗，把国事交给了老妈，可是对法王来说，还有一个重要工作就是为卡佩王朝生出继承人来。这个事谁也不好帮他代劳，他只好把老婆带在身边。

在杜姆亚特那些无聊的日子里，法王这件重要工作颇有成效。路易九世被俘，王后一边替他镇守杜姆亚特城，一边生下了王子约翰。王后产子后，躺在床上，就把城中守将招来，再三嘱咐，死守城池，不能投降，如果失去这个最后的筹码，恐怕路易九世就回不来了。

对马穆留克来说，击败"十字军"、抓住法王不算最牛的功绩，他们随后就干掉了开罗的苏丹，取得了埃及的政权。这些突厥奴隶建立的马穆留克王朝随后统治埃及三百多年。

开罗的新主人好说话，路易九世死了一文不值，活着倒是奇货可居。经过贸易磋商，路易九世价值五十万镑图尔币（路易九世时一种货币单位），允许分两次付款，先款后货。路易九世回到巴黎的时候，已经是 1254 年了。

路易九世不回家也不行了，布朗歇太后在六十五岁去世，巴黎不可一日无君啊。回家的路易九世不甘心啊，虽然他圣战被俘，在基督教的世界不以为耻，反以为荣，让他混成了欧洲不少人的偶像。可是，这个事无论如何都想不通啊，现在埃及那些人都知道路易九世刀子嘴豆腐心了，虽然一直叫嚣要杀光异教徒，可其实是给突厥奴隶兵送钱扶贫改善生活的。这口气不出，路易九世都活不下去了。于是，不管大臣贵族怎么劝阻，路易九世铁了心，又组织了一次"十字军"。

1270 年，路易九世率领雇佣军在突尼斯登陆，他预备袭击当时统治突尼斯的穆斯林王朝。不幸的是，这一次报仇计划比上一次远征埃及更惨，登陆后不久，大军就染上了瘟疫，路易九世自己也没有幸免，客死异乡。太子爷腓力赶紧下令撤军，将路易九世带回法国安葬。

两次东征，第一次去送钱，第二次去送死，一点不妨碍路易九世成为盖世的英雄。法王为天主教神圣而伟大的事业而死，死得比阿尔卑斯山还重，整个基督教世界的信徒要以他为榜样，更加虔诚偏执认死理地完成教廷想出来的这些古怪任务。

1297 年，当时的教皇追认路易九世为圣徒，成为"圣路易"。而在教廷甚至是广大信众眼中，路易九世是一个基督教世界的君主典范，都叫他"完美怪物"。这个名字也不知道是褒是贬。

路易九世死后，英国的爱德华王子，也就是后来的长腿爱德华，组织了一次救援，最后也是失败撤军，勉强叫第九次"十字军"吧。不管路易九世是不是学习榜样，后来的基督教界国王也都不爱学他了。路易九世之死应该算是"十字军"的凄美绝唱，他用生命告诉大家，"十字军"东征这个事，一点都不好玩，又危险又无聊，以后大家就把这个事忘了吧。而比打不赢异教徒更糟糕的是，整个天主教廷的威信一天不如一天。再想挑唆诸如此类的事情，也没人愿意理他了。

给教皇一个面子吧，世界上没有完美的事，也没有一无是处的事。非要给这绵延两百年，前后九次的大折腾总结出一点建设性的益处，有两条：第一，总算是让钩心斗角的西欧诸王偶尔团结了一下，避免了部分可能发生的互殴，降低了西欧的暴力水平；第二，东西大融合，为后来的文艺复兴打下了基础。

八　腓力三世的非主流"十字军"

圣路易的圣战"功绩"，让自己在基督教诸国圣名响亮，圣路易对异教徒像寒冬般的无情，对基督教世界的手足，还是很温暖很有爱的。他非常大度地将之前腓力大帝占领的几块英王的小领地还给英国，换得了当时的英王亨利三世热泪盈眶地宣誓效忠，承认自己是圣路易的封臣，而且认可法王对自家原来那些大领地如诺曼底、安茹之类的占领。要不怎么说路易九世是圣徒呢，本来这几块地法王已经实际占领，英王承认不承认根本不重要，可人家圣路易非要听到对方的亲口承认，他才能安心。

到圣路易这辈，说法王是西欧的大哥级人物，其他国家肯定没意见。路易九世在突尼斯驾崩，他带在身边的太子腓力三世立即停止圣战，回家登基，成为腓力三世。

历史上有很多国王，个人资历平平，可他夹在两代著名的国王中间，地位很尴尬，不提都不行。腓力三世是圣路易的儿子，还生了个历史上名号更响的儿子，所以他就算啥也不干，历史书一般也不会漏掉他。

严格地说，腓力三世也不算是碌碌无为，跟父亲儿子不能比，但他在任期间也没蹉跎。通过妻子和女儿的嫁妆彩礼搞了不少土地，继续扩张王领。最著名的是，他也组织了一次"十字军"。

说到腓力三世的这支"十字军"，我们又要复习过去学过的内容了，请读者翻开《罗马帝国：霸主养成记》中东罗马的第三十五章，找到一位重要角色——安茹伯爵查尔斯，以及随后的西西里晚祷事件。

查尔斯伯爵是路易九世的弟弟，也就是腓力三世的叔叔。那阵子不是教皇和德皇鹬蚌相争吗（参看《德意志：铁与血的历史》）？教皇生怕德皇取得西西里岛，将教皇国夹在中间欺负，所以支持法国的安茹伯爵取得了西西里，成为西西里国王。

法国人接手西西里后，作风恶劣，在当地欺男霸女横征暴敛，西西里人对法国人非常憎恨，经常有些小规模的局部冲突。

1282 年 3 月 30 日，西西里人聚集在巴勒莫大教堂门口，参加复活节晚祷。一个法国军官借着酒疯，从人群里拉出一名当地妇女，耍流氓。该妇女的老公，纯爷们儿，掏出刀子就结果了法国军官。跟法国军官一起喝酒的法国大兵扑上来想报仇，结果其他的西西里人一拥而上，将这些法国大兵全部干掉。

这个事件还有一个说法是，法国大兵当时公务在身，在人群中搜查当地居民是否携带武器参加晚祷，检查中动作颇不规范，在某个妇女的胸部重点搜查，才引发了此次事件。

不管哪种说法，这都是一桩性骚扰引发的惨案。热血的西西里人觉得既然已经开了杀戒，索性就杀个痛快。接下去的几个星期，西西里的法国人遭遇了地狱般的灭顶之灾，几千法国人丢了性命。

原来的西西里国王是德皇家里的，他有个女儿嫁给了西班牙东北部的基督教国家阿拉贡的国王彼得三世，如果教皇办事公平，这个西西里岛最适合的继承者就应该是彼得三世。借着西西里晚祷事件的天下大乱，在拜占庭王国（当时的拜占庭实在不算帝国了）的暗中支持下，彼得三世拿回了西西里岛，而查尔斯伯爵被放逐了。

根据东罗马的历史，教皇对查尔斯的扶持和占领西西里，除了遏制德皇，还要对付拜占庭。如今算盘打散了，查尔斯被打跑了，教皇又被气坏了。在中世纪做一个教皇稍微心态不平和都会被气出心脏病来。

九次"十字军"东征，欧洲兄弟鼻青脸肿灰头土脸地回家，教皇再吆喝出远门打架，西欧诸国就不太愿意理他了。但是教皇生气不能白气啊，他们总归是要想办法出气的，而总有傻小子配合他们的。

路易九世是圣徒，他儿子也要对教廷保持配合，而查尔斯伯爵又是自己的亲叔叔，当时的教皇马丁四世还开出了优渥的条件：如果腓力三世愿意杀进阿拉贡，做掉彼得三世，腓力三世的儿子就可以进位为阿拉贡国王。

1284 年，腓力三世组建了一支军队，号称是"反阿拉贡十字军"。唉，虽然教皇刚刚开除了彼得三世的教籍，可阿拉贡实实在在是基督教的国家啊，怎么也轮到"被圣战"呢？"十字军"攻打基督教的国家或者城市也不是没发生过的事。"十字军"就"十字军"吧，圣战就圣战吧，只要能打赢，叫什么都随陛下高兴吧。

陛下没赢，惨剧再次上演，法王丢了性命。进军过程中遭遇群发性痢疾，撤退时被阿拉贡军队堵截，痛扁……

历史上，腓力三世有个绰号叫"勇敢者"，这个绰号在后人看来就有讽刺意味了。腓力三世这次军事冒险，被历史学家形容为卡佩王朝发动的最不正义、最没必要、最灾难的战争，勇敢者的"勇敢"更像是"犯傻"，让处在高速上升期的卡佩家族有点丢人。好在，腓力四世接班了，他的一番雷厉风行、疾风骤雨搅得江湖血光冲天，腓力三世的这支非主流"十字军"很快就被人淡忘了。

九　高潮迭起的美男子——腓力四世

腓力也可以叫作菲利普，这个名字应该是来自希腊，貌似在欧洲叫菲利普的美男子非常多，我们认识好几个呢。

老杨一直感觉，外形优秀的人，性格方面都不太乖张，因为长得漂亮的人，成长过程一般是顺利的，周围的人对他们（不论男女）普遍比较友善，俊男美女，古怪变态的应该是少数（后天整容的另说）。不过，在中世纪的欧洲，出身各国宫廷的俊男美女不在此类，他们的生长环境普遍险恶，而且深知成人后责任重大，经常会陷入你死我活的高危境地。所以，一定要把自己训练得心狠手辣一点儿，铁腕冷酷一点儿。

腓力四世是次子，本来没有继承权，加上三岁时亲妈就死了，他更没人管没人理了。1276 年，大哥死后，腓力四世接班成为太子，1285 年登基继位。这时，人们才发现，这位十七岁的少年法王，身材高大，容貌俊朗，非常出众，而作为一个翩翩美少年，他罕见地毫不轻佻，而是沉稳冷静。

腓力四世精力充沛，一辈子忙了很多事，让人看得眼花缭乱。而他能忙出这么多事来，有一个很重要的基础，那就是他的婚姻。

腓力三世自己喜欢通过联姻搞关系，给儿子安排的婚姻更不能吃亏。腓力四世的王后是纳瓦拉王国的女王胡安娜一世。纳瓦拉国控制着比利牛斯山脉大西洋沿岸的土地，而女王家族还是法兰西香槟伯国的领主。

来自西班牙半岛的胡安娜我们还认识一位，也就是后来的"疯女胡安娜"，嫁的也是一位叫作菲利普的美男子。纳瓦拉的胡安娜女王比"疯女"幸运多了，她婚后，腓力四世成为纳瓦拉的共治国王（后来法国王室跟纳瓦拉关系一直纠缠不清），香槟伯国的领地正式归入了法国王领。腓力四世感念老婆对自己的帮助，两口子一直感情不错，王后死去后，腓力四世没有续弦。

拥有来自王后家族的领地和势力，让法王更加强势自信。所以，腓力四世办了好多惊天动地的大事。

佛兰德尔恩怨

还记得法兰西的立国战——布汶战争吧，腓力二世打退了德皇，将英王约翰打成"失地王"，而当时伙同这两家向法王发难的，有佛兰德尔伯爵。

布汶战争如果腓力二世落败，佛兰德尔当然顺势自立，既然败了，只好维持这种不情不愿、随时准备反水的尴尬关系。

约翰王丢掉了英王在法国境内的大片土地，只有法国西南部的加斯科尼地区还在英王手里。腓力四世登基后不久，就想把这个地区拿回来。

英法难以避免会有些冲突，而英王是法王的封臣，法王召唤他过来解释，封臣必须过来见驾。偏偏当时的英王是长腿爱德华一世，也是个不服软的。腓力四世召他，他肯定不给面子，打起来是必然的结果。佛兰德尔伯爵一看，英法又开打了，他马上加入英王一边帮忙。

《英帝国：日不落之殇》中介绍过，长腿爱德华一世参加这场战争是很被动的。他当时正忙于收服苏格兰，腓力四世出兵加斯科尼，他又不能不应战，打仗还没钱。苏格兰还跟法国勾搭上，苏格兰答应每年用四个月帮助法军打英国。

这场战争从 1294 年打到 1297 年，爱德华一世停手了，一是他打不起，二是他想先收拾苏格兰这帮"北方祸害"。腓力四世占领了加斯科尼地区不少地区，他也遭遇了相同的问题，他也有个"北方祸害"——佛兰德尔伯国，他也感觉攘外必先安内。英法暂时停手，各自清理门户去了。

佛兰德尔伯国大约相当于现在的法国北部、比利时西部、荷兰西南部这一带。中世纪初期，这里的毛纺织业高速发展，经济也跟着高速发展，成为欧洲的重要商业中心。之所以一直跟英国关系密切，是因为英国不仅是佛兰德尔的羊毛原料供应地，还是毛纺织成品很重要的进口国。英国人不仅供原料，还购买成品，这样的客户谁不喜欢啊。在法王看来，这个日进斗金的摇钱树明明是自家的，可总是便宜了英国人，越想越不平衡，总憋着劲要拿回来。这次佛兰德尔给英国人帮忙，正好让腓力四世有充分的理由打过去了。

高潮迭起的美男子

60

失去了英国的帮忙，佛兰德尔独自难以抵抗王军。腓力四世获得了非常短暂的胜利，佛兰德尔的市民组织起来对抗法王。1302 年，佛兰德尔的民兵战胜了一支法王派去平乱的骑士团，上千名骑士战死。当地人清理战场时，捡到了上千副金马刺，放进当地一个圣母堂供人参观，这次战役又被戏谑地称为"金马刺之战"。

腓力四世这下真火了，还以为这帮人只会纺羊毛呢，原来这么彪悍，不下狠手不行了。不过有个问题要先解决，佛兰德尔搞不定，英王又打回来，法军几乎撤出了之前占领的加斯科尼地区。算了，先跟英王和谈，专心跟佛兰德尔死磕。

1303 年，腓力四世和爱德华一世签订了停战和约。作为这个和约的条件，腓力四世将自己的女儿伊莎贝拉嫁给了英国的太子爱德华二世，这两口子大家都认识，男的是同性恋，女的外号"法兰西母狼"。

腓力四世对佛兰德尔的征服战打了整整三年。1305 年，他号称打赢了，但是他也没宣布这个地区以后就是王领了，还是交给以前佛兰德尔伯爵的儿子，当地的百姓依然不服法王。我们就算是腓力四世暂时占领了这里吧，让他珍重，这个地区以后还有好多麻烦呢。

给教皇搬家

历史上，西欧诸国出了不少玩教皇玩得很爽的国王和皇帝，而卡佩家之前的国王对教皇的态度还是礼貌客气的，到现在为止，他家国王和教皇，好像没发生过特别激烈的故事。腓力四世上台后，他就告诉我们，之前卡佩家那些前辈是没有实力收拾教皇，一旦有实力，法王玩教皇，能玩得出神入化。

腓力四世一上台就跟英国和佛兰德尔打仗，加上腓力三世的远征和圣路易往埃及送了大把银子，跟其他诸国的国王一样，腓力四世最闹心的是，自己雄心万丈的征伐计划，总是被金钱掣肘。钱不是万能的，没有钱是万万不能的，尤其对一个国王来说。

卡佩王朝之前那些列祖列宗，都感觉自己是个大宗主而已，不敢想自己是一个国家的统治者，而到腓力四世，他才真正找到"王"的感觉。既然自己是王，需要钱的时候，最合理有效的办法，就是在自己的王国里收税。

税也不能乱收，关键是要收得快、准、狠，最好是不要引发局势动荡。先找有钱的弱势群体下手。有钱了还能弱势吗？有钱就有权，有权就有钱，这两件事大部分时候相得益彰，而中世纪的欧洲有一个群体，不管多么有钱，他们就是牛不起来。大家都猜到了，又找犹太人麻烦了。

西欧诸国，想欺负犹太人根本不用选日子、找理由。钱交出来，走人！犹太人把钱交给法王，而后被驱逐出境了。

当时意大利北方伦巴底王国有不少银行家在法国开展业务，这些外资金融机构也没啥保障，也被腓力四世掠夺了一遍。

这两个方面的钱加起来，数了数，还是不够。怎么办？还有一帮更有钱的人，不过这帮人不好惹，真要搞他们的钱，要想个办法做个规划。

想钱想疯了，胆儿太肥了，腓力四世盯上的，居然是天主教会。

根据教廷的规矩，西欧诸国的信众应该将自己收入的十分之一上缴教廷，维持教廷的运作和神职人员的开支，这就是著名的"什一税"，巨大的一笔收入啊，所以天主教廷富得流油。老百姓要背着什一税，教士却是不用交的，教士和神职人员不必承担任何税赋，光吃不吐，非常强盗。

强盗碰上猛人了，腓力四世下令，对法兰西国内的教士征税！教皇卜尼法斯八世马上下诏，说是教士不需要向任何国王缴税。腓力四世再下令，所有法兰西的钱和货物，没有经过国王批准，不准出境，尤其不能发到教皇国去。卜尼法斯八世这下没辙了，法国人不给他钱，他少好多收入呢，算了，只要我的钱不少，你爱收就收吧。

两边的梁子一旦结下，总会有其他冲突发生。在对一个叛逆的法国主教的处理上，法王和教皇谁也不肯让步，终于掀起了教皇的新仇旧恨。卜尼法斯八世召集法国的高级教士到罗马开会，给腓力四世下了个措辞严厉的敕令，可以想象就是威胁法王，要开除他教籍。

腓力四世一把火烧掉了敕令，并很帅地下诏，以后卡佩家的子孙，只服从于上帝，至于上帝的所谓代理人，一概不认识！教皇的反应容易猜，老办法，破门律。

既然预备招惹教皇，腓力四世肯定有全套的规划。他召开了一个三级会议。顾名思义，就是找三个等级的人来开会。当时的法国，第一等级是教士，第二等级是贵族，第三等级是市民。这三个等级可能互相有利益冲突，但是如果非要分派站队，贵族和市民都对教士不满。而随着法国城市的日渐兴盛，市民已经是一支不可忽视的政治力量了。

腓力四世就是吃定了这一点，所以他开个三级会议，这三级几乎代表了所有法国人。法王问：我向教士征税，不受教皇挟制有没有错？贵族和市民当然替国王叫好，而法国的教士以后还要在法兰西的土地上混呢，不能把所有人都得罪了吧，于是，法国的教士也愿意支持国王反教皇。

请大家记住三级会议这个词组，以后的法国史，每当有大事发生，这个词组就会出现。三级会议看着像是个民主协商机制，其实它跟英国的议会是不同的。直白地说，后来的法王一旦发现自己需要钱，需要解决危机，就会把三个等级找来寻求支持。

三级会议收到了法王需要的效果，三个等级的人都写信给教皇，表达全体法国人共同的心声。腓力四世趁热打铁宣布教皇的位子是篡位得来的，发了一支军队杀进教皇国，说是要逮捕教皇。

卜尼法斯八世跟腓力四世这一轮斗法，几乎完败。法军抓住教皇，拿铁链捆住，羞辱了一番。本来是想把他押回巴黎审判，腓力四世想想，这个事恐怕会闹得太大，既然赢了，就把教皇放了吧。没想到这老爷子心理太脆弱了，几天后，他把自己活活气死了。

法王气死了旧教皇，有义务立个新教皇，法王的好友——波尔多主教成为新的教皇，克雷芒五世。大家还记得，德皇腓特烈二世也曾经收拾教皇收拾得很惨，当时的教皇还被迫搬家到法国的里昂上了几年班，等腓特烈二世死后才敢回去。腓力四世心想，看来教皇也不是非在罗马不可嘛，一个在法国境内的教廷，不是更安全更好控制吗？

克雷芒五世对法王的态度可是非常谦卑的，陛下想怎么样都行啊。1309年，教廷搬家了，搬到法国东南部的阿维尼翁。以后近七十年，教廷和教皇都成为法王御用，被他们操纵于股掌，历史上这批教皇被称为"阿维尼翁之囚"。

十　圣殿骑士团的悲歌

打仗到底要多少钱？不知道啊，腓力四世也不公开账目，他抢了犹太人、伦巴底人和教皇，还是说钱不够。这咋办呢，腓力四世说，你们不懂朕的心啊，不管是不是为钱，有一帮人老让朕闹心了，朕能处理了他们不？

腓力四世这次惦记的，是圣殿骑士团。

中世纪欧洲有很牛的三大骑士团。《德意志：铁与血的历史》中，我们知道了条顿骑士团，现在我们怀着悲凉的心情，看看圣殿骑士团的故事。

耶路撒冷是伊斯兰教、犹太教和基督教共同的圣城，三大宗教都认为这个地区是世界的中心，都跟自己的信仰有着非常神奇的联系（耶路撒冷的故事老杨进入中东后慢慢说）。而这三大宗教都在耶路撒冷最看重的地方，也就是老城区的一片被叫作圣殿山的地方。这里现在也是耶路撒冷旅游的精华点，著名的哭墙就在这里，还有两个名声非常显赫的清真寺，一个是金箔铺顶的岩石清真寺，一个是阿克萨清真寺。

1099 年，第一次"十字军"东征取得辉煌的胜利，基督教世界拿回耶路撒冷，洗劫后，在当地成立了所谓的耶路撒冷国家。

基督教虽然取得了圣地，可没有全取中东啊，耶路撒冷小国小心翼翼地生存在穆斯林环伺中。从西方过来朝圣的基督徒，在进入圣城之前还是会遭到这些异教徒的屠杀和虐待。

有一些留在圣地的西方骑士，觉得自己有责任保护朝圣者。在一名法国骑士的发起下，九名骑士组建了最初的骑士团。

"十字军"回到西方的，都发了大财，留在中东的，如果能抢到土地，也能建立起自己的势力。这九个到处溜达的骑士，显然是无钱无产的穷骑士。穷得真可怜啊，这些人明明被叫作骑士，可战马都配不齐，早年还有两个人一匹马出去杀人这种情况。然而，这些骑士组团之时，成员就被要求出家为僧，成为修士，并发誓"守贫、守贞、服从"，心无旁骛，信仰强大，一心认为，自己为保护朝圣者进行的所有战斗，都是圣战，上帝会看见，会赐福给他们，所以他们一不怕苦，二不怕死。在战场上，这样的战士是最可怕的。

这个穷骑士团得到了耶路撒冷国王的支持。"十字军"走后，光杆的国王没有自己的常备军，活得挺危险。他决定扶持这个骑士团，让他们保护自己的小王国，还让他们驻扎在圣殿山，也就是阿克萨清真寺的一个角上。从此，这个骑士团就叫作圣殿骑士团了。

圣殿骑士团慢慢吸收成员，逐渐壮大，而他们强大的战力很快也让伊斯兰世界颇为忌惮。不久，这些人和事迹就传到了教廷，骑士团受到教皇老人家的大力嘉奖。

在基督教世界，被教皇看中就一步登天了。教皇在整个基督教世界为圣殿骑士团宣传，这帮孩子不容易啊，背井离乡地帮助咱们守护圣城，人家一不图钱，二不图你们报答，大家不能不懂感激啊，该捐什么就捐点给人家，人家日子艰苦着呢。

教皇这一吆喝，基督教世界的善心就被大大地激发了。顷刻之间，圣殿骑士团在全欧获得的土地、房产甚至宫殿和城堡多达几千处，至于金银财宝之类的东西那就更多了。教皇免除他们的税赋，还允许他们在自己的领地上收取"什一"税；在战争中，骑士少不了还有些顺手牵羊的掠夺，圣殿骑士团以惊人的速度致富，而且发展到富可敌国。

有了钱就能升级装备，有了光环就能吸引更多的骑士参加，骑士团的规模不断扩大。既然现在骑士团是教皇一手打造的，那以后就是属于教廷的圣战组织，直接听命于教皇，任何世俗的国王都不能指挥他们。

骑士团统一了服装，白色的长袍，肩上是鲜红的十字架。这个形象，代表着中世纪最彪悍铁血、最潇洒倜傥的武装。

骑士团的江湖地位日益升高，成员也经过精挑细选，从小就受到严苛的训练，加上现在不差钱，吃得好住得好，营养极好，骑士团的战士也越来越精良，战力越来越强，每个骑士基本都能以一当十。

1177 年，圣殿骑士团最辉煌的时代。当时耶路撒冷的国王鲍德温四世，带领着三百多名骑士，几千步兵，外加八十名圣殿骑士，在拉马拉附近的蒙克萨，攻击了带领三万人马的穆斯林猛人萨拉丁。最后，萨拉丁带着不到十分之一的人马靠着一匹神奇的骆驼逃回了埃及。

这场战役在西方历史被大书特书，基本上都是各种神迹，以至于后人已经不知道到底真实情况是怎么样。而十六岁的麻风病人国王鲍德温四世，以非常少的兵力战胜了强大的萨拉丁，应该是事实。鲍德温四世号称随身携带的"真十字架"之类的东西显灵助他取胜，我想穆斯林方面恐怕更愿意承认那80名圣殿骑士之神勇。从这场战役我们可以看出，圣殿骑士团已经相当于"十字军"部队中的特种部队了。

本来圣殿骑士团一门心思打架杀人，现在他们拥有了巨大的财富，他们的日常工作除了训练、祈祷、保养武器外，就还需要考虑这些财产怎么办了。到底圣殿骑士团有多少钱，算不出来，反正圣殿骑士团是世界银行的前身，他们一手开创了对金钱的各种管理方式。

骑士出征前，会把自己的钱财存放在骑士团里，领取一张条子，回头如果没战死，凭条子取回来，这个应该是早期的存款业务吧。圣殿骑士团在欧洲各地都有自己的分支机构，叫作"圣所"。如果一个骑士从巴黎到维也纳去，不用随身携带大包银子，路上也不安全啊，于是，他可以将钱存入巴黎的圣所，领个凭证，到维也纳的圣所把自己的钱拿出来，这个应该算是最早的旅行支票了。而最狠的，就是这些圣殿骑士开始放贷！借钱并收取高额利息，为基督教世界所不耻，犹太人因为干这个，经常被基督教世界惩罚。教皇对于圣殿骑士团可是网开一面的，圣殿骑士团放贷收利息，日进斗金，教皇听之任之，偶尔还分一杯羹。

骑士团除了经营银行业，来钱的路子也非常野。江湖传闻，他们因为驻扎在圣殿山，为了装修住宅军营，挖空了圣殿山的地下，因此他们说他们挖出了不少"圣物"。

老杨要是穿越回去，山寨出的"圣物"恐怕卖不出好价格，因为没办法证明这个是真品啊。圣殿骑士拿出来的圣物，谁敢怀疑是赝品啊，圣殿骑士是神一般的战士，他们会卖假货吗？前面说到路易九世重金收购的耶稣戴过的荆棘冠，恐怕就是来自骑士团。这种东西，不管骑士团开出什么价格，我估计都不愁买家。就这一项，骑士团挣钱又挣海了。

13 世纪的欧洲，最有钱的是天主教廷，其次有钱的肯定是圣殿骑士团。而当时的西欧诸王经常有手头不宽裕需要找钱的时候，骑士团还责无旁贷地向国王发放贷款，名正言顺地收取利息。

不管什么样的特种部队，总是要有一个大型的常规部队支持的。第三次"十字军"东征开始，随着"十字军"越来越没用，圣殿骑士团也回天无力了。

13 世纪末，圣地失陷，圣殿骑士团几次战役均告惨败，成员折损严重，他们要求撤回西欧。因为最早的圣殿骑士团是法国人发起的，成员中法国骑士居多，骑士团在法国的财产也最多，所以他们选择撤回了法国。这支英勇的职业军团离开了自己的起源发祥地，为自己选择了惨烈的覆亡。

回到腓力四世。他到处搞钱，穷凶极恶。大家可以猜到，他肯定是跟圣殿骑士团借了不少钱的。传说有一次，腓力四世被一些暴民袭击，躲进了巴黎的圣殿骑士团圣所，这个西方世界最有权势的国王当时就看傻了。他之前虽然知道骑士团有钱，可没亲眼见，今天身在其中才知道，他们居然富裕到这个程度！他是欠债的，估计他欠的债永远也还不完了，看到自己的债主这样金山银海的财富，法王的眼珠子都快掉出来了。

前面说过，卡佩家的君主中，腓力四世第一个感觉到自己是王，是君临天下的主宰。对他来说，圣殿骑士团在法国生活，就是自己的臣子，他们正应该把所有的钱交出来，居然还敢收贷款利息？！越想越不平衡。他决定，把圣殿骑士团的钱搞到自己兜里去。

把别人的钱弄到自己兜里恐怕是世界上最难的事之一，尤其是面对圣殿骑士团这样的组织。之前如果有人打圣殿骑士团的主意，教皇肯定会站出来，号召全基督教世界为骑士团撑腰，如今腓力四世没有这个顾虑，因为教皇还要听他的呢。1307 年 10 月 13 日星期五，黑色星期五。后来的西方人，只要碰上 13 日星期五就全身上下脑袋痛，活得很不自在。这个古怪毛病就是开始于这一天。腓力四世突然下令，各地同时行动，将法国境内的圣殿骑士团成员全部逮捕，并监控他们的财产，不得随意转移出境。

不能没有任何理由就抓人吧？有啊，而且是基督教世界最严重的指控，异端！

什么是异端啊？我们在欧洲的历史书上总能看到这个词，一看这两个字就知道，跟主流的基督教思想有点冲突的想法或者行为呗。对那个信仰时代来说，杀人放火还是小事，搞异端那可是极大的罪行。

圣殿骑士团号称是最虔诚的主的战士，过去两百年来，他们前仆后继，有几千人为同异教徒作战、捍卫基督教世界舍弃了性命，怀疑谁也不能怀疑他们啊！

腓力四世有凭有据，其中最重要的一条证据，是说圣殿骑士团神秘的入团仪式。据说，骑士团成员入团时，要对十字架和耶稣像吐口水。这是为何呢？其实这个事完全可以理解。想想啊，骑士团的成员必须是无所畏惧的，而且作为战士，他们需要非常稳定的心理素质，如果遭遇异教徒，他们当着骑士团的面侮辱耶稣像，骑士当时就气疯了，这个肯定不行。况且基督教不兴崇拜偶像，对一个基督像吐口水，不代表你内心对基督的不敬。

但是这个事，看起来还是有点惊世骇俗，真要有人用这个事做文章，可大可小。况且，圣殿骑士团还有其他很多说不清楚的事，比如骑士团的成员是不近女色的，但他们内部有潜规则，实在有需要，不用禁欲，可以找兄弟解决。大家都知道，同性恋肯定是被基督教抵触批判的。

诸如此类很多事，说不明白，没有标准，而这个所谓异端罪想要成立，唯一需要的就是犯罪嫌疑人自己的供认不讳。被关押不久，包括当时的大团长贾克德·莫莱之类的人就招了，认罪了。

为什么认罪，难道他们真有罪？哪个基督徒会承认自己搞异端啊，这是熬不住了，屈打成招。圣殿骑士团成员很骁悍，在战场上面对异教徒什么罪都能受，怎么死都不怕，但面对自己熟悉的同教朋友的严刑，他们的心理承受能力恐怕要打个折扣。中世纪的那些个花样繁多的酷刑，听着真挺吓人的。比如，这次对待骑士团，审判者喜欢玩文火烧烤，就是把人用小火慢慢烤死。

就算是圣殿骑士团搞异端，法王也无权审判他们，他们是由教皇直接管辖的。而其他西欧各国的国王，大都不认可法王对骑士团的指控，他们对教皇施加压力，让他不能见死不救。

教皇克莱芒五世真想救他们啊！虽然他是腓力四世扶持的，还被他挟持到法国上班了，可既然是教皇，总不能毫不作为吧。当时骑士团的成员也指望教皇出面，救自己的性命。而让他们最后绝望的，正是这个没用的教皇，他采取的办法居然是让骑士团认罪伏法，他宣布解散骑士团，根据宗教裁判所的规矩，只要承认异端，可以饶其不死。

骑士团团长贾克德·莫莱被关押了六年，虽然已经认罪，但他一直指望着教皇能主持正义。听说教皇下诏解散骑士团，七十二岁的老莫莱知道自己错了，他赌上了骑士团的名声和荣誉，最后还是让骑士团毁灭，大错特错。于是，他翻供了，他说之前所有的供词都是其他人瞎编的，他从不承认，而且骑士团也绝对没有异端之类的罪行。

这个翻供也许正是腓力四世等待的。要知道，如果他们认罪伏法，保住性命，腓力四世后面的计划还不好实现呢。既然是打劫，当然最好是杀人灭口。

1314年3月，腓力四世下令在塞纳河畔处决贾克德·莫莱，其他被捕的骑士团成员，在过去六年的折磨中已经死得差不多了。莫莱被绑上火刑柱，他要求不要捆绑他的双手。大火中，他一直面向巴黎圣母院祈祷。他临死也为自己的仇人教皇和法王算了一卦。他说，一年之内，这两人会到上帝面前，接受他的审判和惩罚。

腓力四世才不怕惩罚呢，莫莱一烧着，他就冲进了巴黎的圣殿骑士团圣所，带着买彩票中了头奖的心情。进入圣所，他再一次呆住了，他都不敢相信自己的眼睛，曾经那些堆积成山的金银珠宝全不见了，圣所徒留四壁。

随后，腓力四世还是发疯地追寻这些财宝的下落，无果，蒸发了。而就在他逮捕骑士团的当天，停在码头的骑士团舰队也跟着消失了。巴黎圣所是圣殿骑士团最大的银行，收藏的财富根本无法估计，这样莫名地消失，成了巨大的历史之谜。

普遍的说法是，腓力四世想对骑士团下手，团员事先是略有消息的，有一些不太出名的骑士团成员，担负了财产转移的任务，以骑士团的实力和网络，在法王眼皮子底下搬运财物，恐怕还是做得到的。第一个说法是还留在法国某个城堡里；第二个说法是被当时支持圣殿骑士团的苏格兰国王接收了，不过苏格兰貌似也没因此发达；第三个说法是并入了医院骑士团。

第一次"十字军"东征，欧洲成立了三大骑士团——圣殿骑士团、条顿骑士团和医院骑士团。条顿骑士团的故事参看《德意志：铁与血的历史》。而医院骑士团撤出中东后，辗转在马耳他岛成立了自己的骑士团国，后来几经战乱流离，他们现在在罗马城中还有自己的领地，也就是马耳他骑士团国大厦。这个大厦号称是个主权国家，跟世界上八十多个国家建交。马耳他骑士团国现在是联合国的观察家，又是世界上最大的慈善机构之一，有名又有钱，是三大骑士团中结局最好的。

腓力四世对圣殿骑士团的屠杀，应该算是西方历史上最惨的冤案之一。腓力四世因为这件事，让自己的美男子形象蒙上了一层血腥邪恶，把名声搞坏了还没搞到自己想要的钱。这一轮法王对圣殿骑士团之战，很难说是谁赢了。

把手上圣殿骑士团的鲜血擦干净，腓力四世四十六岁了。在位二十九年，整出这么多事，演出很用心很努力，让我们这些看客眼花缭乱，很值票价。1314 年 11 月，莫莱被烧死后的第八个月，身体强壮的腓力四世去森林打猎，被野猪惊吓，落马摔伤手臂，随后就因感染死去。在这之前，教皇克莱芒五世已经死掉了。如同莫莱临死时的预言，他的这两个仇家，在一年之内都去上帝那里接受最后的审判了。

十一　卡佩王朝末代三兄弟

也许真是受到了莫莱的临终诅咒，腓力四世盛年离奇早逝后，卡佩家的好运气就真用完了。腓力四世生了三个儿子、一个女儿。前面说过，女儿伊莎贝拉光荣地被称为"法兰西母狼"，带着自己的情人跟自己的老公在英国争位，闹得挺难看。

而这三个儿子，先后成为法王。可想而知，三兄弟都当了国王，肯定不是因为王位的公平分配，而是实在生不出儿子了。老杨之前说过，卡佩的兴盛，很大的一个原因是这家超强的生殖能力，连续十二代都生出男性继承人来。怎么兄弟三个都生不出儿子来呢？没办法，找了三个不着调的王后，这三妯娌忙着跟别人通奸呢。

腓力四世的三个儿子分别叫路易、腓力和查理，娶的都是来自勃艮第的公主。大王子路易娶的是勃艮第公国的公主，玛格丽特。腓力和查理娶了姐妹俩，来自勃艮第伯国的让娜和布朗歇。

14世纪，法国经济文化都在发展，有罗马传承的国家，最大的遗传基因就是饱暖思淫欲。此时的法国上流社会，到处可见穿着裸露、举止风流、毫不矜持的贵族小姐。玛格丽特公主从小养尊处优的，也没人教她三从四德遵守妇道，所以成人后，作风也颇为大胆泼辣。

这个通奸事件的主谋肯定是玛格丽特。作为大嫂，她要是稍微收敛点，两个弟妹断不敢造次的。却说三妯娌花天酒地到了一定的程度，就觉得应该找情人玩，大嫂玛格丽特和三弟妹布朗歇同时看中了宫廷侍卫兄弟俩，妯娌三个就借口要到某个避人耳目的修道院消夏，这两个宫廷侍卫趁夜溜进王妃寝宫，行王子之事。

没有不透风的墙。不久，这两个宫廷侍卫被抓了现行。这个事发生在1314年的4月，腓力四世死于当年11月。所以，这个事应该是他亲自出手清理门风。

两个奸夫虽然百般辩解，说自己完全被动，是太子妃用尽手段才让他俩抛弃忠诚，给王子戴了绿帽。就算他们说是被太子妃强奸了都没用了，对他们的量刑到了极致。后来这哥俩被定性为叛逆罪，刑罚是，先阉割，接着剥皮，然后切掉脑袋，最后尸体被钉在十字架上示众。

三个妯娌呢？这三位都是有身份的人，刑罚就不能太重了，而且她们的结局还跟她们老公对这个事的态度有关系。

太子爷路易当时就休掉了老婆，玛格丽特被关进修道院监禁。1315年，登基后的路易十世越想越恨，派人去修道院将玛格丽特勒死，随后续娶了匈牙利公主克莱门丝。没想到第二年，路易十世就死了。王后生下了遗腹子约翰。

路易十世在位两年，忙着换老婆，政事管得少，他也没法管。这几年随着卡佩家王权急升，诸侯都心生不满。1314年，法国粮食歉收，1315年又碰上了N年不遇的冻雨和洪灾，饥荒、瘟疫、叛乱接踵而至。路易十世在位时，帮他操持政务的是他的叔叔——瓦卢瓦公爵查理。查理公爵出于自己的某些政治目的考虑，也为了缓和国内的政治压力，在任最重要的事务就是找了个替罪羊。

替罪羊大名叫德·马里尼，早年是腓力四世的侍卫长和财务官，是先帝极为倚重的权臣，属于和珅那一类深受皇帝喜爱的贪官，非常有钱。这位法国"和珅"据说早期得罪过查理公爵，查理公爵一掌权，就给仇家判了个"巫术罪"，送上绞刑架，而这种绞刑架是专门处决小偷的。"和珅"巨额的家产被充了公，填实了王室的库房。"嘉庆爷"路易死后，留下一个遗腹子、一片广袤的领土和富裕的王室储蓄。

约翰生下来就是法王，他的二叔，也就是路易的大弟弟腓力摄政。约翰也许可以被记录在"吉尼斯世界纪录"中，他创下的纪录是，西欧在位最短的国王，五天。或许这婴儿眼睛还没睁开就驾崩了。

约翰之死是法国历史著名的谜案，大多数人怀疑约翰是被他二叔腓力害死的。另一种比较善良的说法是，腓力拿了个死婴换走了约翰，而约翰流落民间自生自灭，很多年后，还有人跳出来自称是约翰王。

72

其实约翰并不是路易十世唯一的孩子，玛格丽特王后曾经生过一个女儿。约翰死后，勃艮第家族觉得，可以让公主继位。腓力当然不干。第一，公主的血统成疑，谁知道是不是王后通奸生的野种；第二，根据法兰克最早立国时的《撒克利法典》："女性和母系后裔无权继承王位。"腓力顺利进位成为腓力五世。

腓力五世的妻子让娜也获罪，虽然同样被控通奸，貌似她也就是跟着凑了凑热闹，毕竟奸夫只有两个，总不见得三个王子妃要共用吧。腓力五世选择原谅，让娜被关了一阵子。到腓力五世获得王位，他叫上让娜一起涂油加冕，成为国王和王后，后来也挺正常地生活在一起。腓力五世当了六年法王，让娜几乎每年都给他生孩子，不过，能活到继位的一个也没有。

轮到三弟查理了。腓力五世有一堆女儿，可是既然《撒克利法典》是他自己找出来的，所以他那些女儿也都无权继位了。

新登基的查理四世如何对待通奸的妻子呢？他没让布朗歇跟自己一起加冕，他要求离婚。很快，他跟来自卢森堡的玛丽结婚，第二年，玛丽在分娩时死去；又很快，查理四世迎娶了第三任老婆。他着急啊，他没有弟弟了，他必须生出儿子来，要不然将来大位就要旁落了。

这个事，着急没用。第三次婚姻的第三年，在位六年的查理四世也驾崩了，好在王后又怀着遗腹子呢。在所有法国人甚至包括海对岸的英国人的关注中，查理四世的女儿诞生了。出来混，总是要还的，腓力五世和查理四世抵触女子继位，如今法国王室剩下一堆的公主，还是要眼巴巴看着王位被别人拿走了。

谁最有资格继承法国王位？前面提到，路易十世时的权臣、皇叔瓦卢瓦公爵，他一直等着这兄弟三个绝嗣呢。经过他上下活动一番运作，他的长子，也就是上面这三兄弟的堂兄弟腓力成为新法王腓力六世。卡佩家族的直系就此终结，虽然瓦卢瓦公爵也是卡佩家的子弟，但毕竟不是王室这一支了，也算是改朝换代，法兰西进入了瓦卢瓦王朝。

十二　百年战争中的法国

瓦卢瓦王朝统治法国两百年，其中一百年用来打仗，英法百年战争。我们都知道这两家新仇旧恨不少，主旋律就是打打和和。突然撕破脸，两边砸锅卖铁拼尽老本打了一个世纪，到底是什么原因呢？

这还要从腓力六世继位说起。卡佩直系绝嗣，腓力六世是查理四世的堂兄，血缘很近。还有一个血缘也很近的，查理四世的妹子"法兰西母狼"，她的儿子帮着推翻爱德华二世后，接班成为大英历史上最风华绝代的君主之一——爱德华三世，也就是说，爱德华三世是查理四世的外甥。根据咱家的规矩，娘亲舅大，似乎爱德华三世也可以要求法国王位。

之前卡佩家自作孽翻出来《撒克利法典》，女性和女性后裔都不能继位，所以在卡佩后的王位之争中，爱德华三世跳起来吆喝了两嗓子，看法国那边的老乡不买账，他也就放弃了。

最要命的是，不是放弃了就可以不受刺激了，英国国王在法国还有自己的几片领地，还是法王的封臣。腓力六世登基，英王必须过海，跪在法王面前宣誓效忠。爱德华三世做到了，不管他在心里如何诅咒谩骂腓力六世，他还是毕恭毕敬地履行了一个封臣的职责。看到跪在自己面前的英王，腓力六世痛快了？不，他一点都不痛快，无论哪个法国人成为国王，英国人死抓住不放的那几块领地都是鲠在法王喉咙里的刺，让历代法王寝食难安。

14世纪的法国，要说最发达富庶的地区，应该是两片：一片是加斯科尼地区，这个地区是主要的葡萄酒产地，而英王爱德华三世是加斯科尼的公爵；另一片则是佛兰德尔地区，欧洲羊毛织物中心，根据我们之前的介绍，这个地区虽然表面上接受法国的统治，可因为跟英国联系紧密，当地老百姓更愿意跟英国亲热些，长期跟法王离心离德。自家的肥肉，每天被别人叼在嘴里，法王能不气吗？

节节败退的腓力六世

腓力六世一继位，就开始小规模骚扰加斯科尼一带，不过因为师出无名，也没占到什么便宜。好在，佛兰德尔给他机会了。

之前腓力四世在形式上收服了佛兰德尔，派出了效忠自己的伯爵统辖该地。这些法国伯爵在佛兰德尔日子一点都不好过，经常遭遇老百姓起义之类的事件。腓力六世一登基，就收到佛兰德尔伯爵的求救信，要求帮着镇压起义。

腓力六世大军一到，佛兰德尔的起义军被围困在卡塞尔山上。腓力六世的打法比较缺德，他不进攻，一边围困，一边在卡塞尔山周边放火。山上的起义军看着自己的家园被烧成白地，更加恨国王了。腓力六世这个同志做事也欠考虑，这佛兰德尔明明是法国的领土，哪有自己烧自己的道理呢。

起义军经过顽强的抵抗，不是法国骑兵的对手。一万六千名起义军，在战斗中被杀掉了一万三千人，尸体堆成三座山。其他没战死的，只要稍有名声地位，后来都没有逃过法王的毒手。通过这一轮血腥清洗，佛兰德尔地区又算是勉强归顺了。让这一地区屈服，腓力六世颇为得意。

为了建立在佛兰德尔最彻底的统治，法王命令佛兰德尔伯爵清理该地区的英国人。佛兰德尔的这些起义，当然是英王在背后支持的。如今看着起义失败，爱德华三世大怒之下，宣布停止对佛兰德尔的羊毛供应。

佛兰德尔的支柱是毛纺织业，几乎所有的羊毛都来自英国，英国的羊毛不过海，佛兰德尔人很快就会没饭吃。对于工厂停工、工人失业、百业萧条这个状况，佛兰德尔人一点不恨英王。他们认定，罪魁祸首还是法王腓力六世！

佛兰德尔的事，已经让英王法王的关系剑拔弩张，偏偏还有人趁机煽风点火。有个法国人，罗贝尔，他要求得到阿图瓦的伯爵领地，腓力六世不答应，他怀恨在心，一边在法国挑唆反动势力，一边跑到英国去火上浇油。法王要求英王把罗贝尔交出来，英王拒绝。作为封臣抗旨不遵，腓力六世下令，没收英王在法国的封地。

爱德华三世可不吃这个亏，法军向加斯科尼一带进军，英军马上进攻佛兰德尔，爱德华三世送上战书。这份战书里，他不仅宣布要拿回英王失去的法国领土，还要求法国的王位。这是 1337 年底，一般认为，这一年算是百年战争正式开打。

要分析开打时的实力对比，英国肯定是弱势，他家背后还有法国的老牌盟友苏格兰随时添乱。可就是这么不利的形势，百年战争的大部分时间，英国人都占着上风。

打仗这个事，跟谁打很重要，在哪里打更重要。英法两边都希望将对方的庭院变成战场，省得打坏自己家东西。所以，两边一宣战，都忙着捣饬舰队，抢着控制海峡，然后打上别人家的陆地。

1340 年，法国组织两百艘战舰预备越过海峡，还没完全出海呢，就被已经越海而来的英国舰队火烧赤壁，法舰损失大半。英国海军借此控制了英吉利海峡，并顺利登陆占领佛兰德尔。以此为据点，在随后的一百年里，让法国大陆哀鸿遍野，支离破碎（为节省纸张，保护树木，关于英法战争主要战役过程，详见《英帝国：日不落之殇》）。

海战后，教皇调解，英国暂时放过了法国，没有乘胜追击。六年后，英国军队登陆，开始在法国的大地上征伐，迎战号称法兰西骄傲的法国的骑士团。

既然是骄傲，肯定是带着光荣传统的。非常传统，还穿着中世纪的重装战甲作战，他们自我感觉很酷很庄严，别人看这帮人就是笨重迟缓。装备落伍，思想也落伍，前面介绍过《罗兰之歌》，法国的骑士标准和骑士精神，就是愣头青，打起来不怕死，谁也拉不住，豁上自己的小命就英雄了。

1346 年，英王驰援自己在法国的盟友，进攻巴黎。可能是佯攻，因为他很快又改主意预备越过索姆河撤退。法国人不干正经事，这么著名的索姆河，河上几乎没有可以正常使用的桥梁。好不容易过了河，没来得及跑远，英军被阻滞在克雷西的一个小山坡上，面对法国骑士团，展开决战。

这一战，英军大约一万人，法军有三四万。在《英帝国：日不落之殇》中，老杨从英国老乡的角度，高度赞扬了英国长弓手躲在树丛里给法国骑士团的一通乱箭。这次老杨转会了，现在是法国这边的了，我们对英国人的这种战法表示鄙视。大家都是骑士，骑士对阵应该挥剑对砍，躲在山上放冷箭真丢人，俺们法兰西骑士明知道冲上去是送死，一步不退，前仆后继，杀身成仁。

据说腓力六世看着形势不对，多次下令撤退，骑士不听啊，杀红眼了，迎着漫天的箭矢进攻，尸体一层叠着一层啊。战斗结束时，法国战死一千五百名勋爵，一万五千多名骑兵，而英国那边，才死了两百多号人。

好在腓力六世及时逃出来了，爱德华三世也不客气，继续北上，取得了重要港口加来。看过地图就知道，对英法两家来说，加来港是真正的要塞。早年间，这个港口被海盗把持，英国的商船经常吃亏。爱德华三世攻击无果，便开始围困。围城期间，英军付出了巨大的代价，国内为此怨声载道，爱德华三世处境很狼狈。好在他坚持住了，十一个月后，因为城内饥荒，加来不得不开城投降。

英王憋着这十一个月的恶气，一定要找地方发泄，他预备杀掉城中最尊贵最有地位威望的六个人来泄愤。加来城中的六个贵人，主动愿意付出性命来挽救一城的百姓。到底爱德华三世有没有杀掉这六个义民，有一种说法是在王后的哀求下，爱德华三世放过了他们，王后给他们金币做盘缠，让他们离开了。后来，法国的雕塑家罗丹根据这个故事创作了著名的作品——加来义民，2010年这组雕塑来到中国上海展览，标价四百万欧元。

爱德华三世饱受争议地围城一年，产生的价值绝对不止四百万欧元。后来的两百多年，加来一直控制在英国手里，成为英国进入欧洲大陆的重要据点。

拿下加来港，英国的优势太明显了。下一步，他们会干什么？什么也干不了，一场无妄之灾给法国人帮了忙。对，黑死病来了。

黑死病让欧洲大陆哀鸿遍野，死人无数。爱德华三世为了将瘟疫杜绝在国土之外，以最快的速度撤回本土，并封闭海峡。不管他做了什么，英国也没有幸免。

法国更惨。1348年，黑死病在法国大陆上的进军要比英军更利落。顷刻之间，三分之一的法国人口被消灭，而其中还包括法王腓力六世。

国王度假　太子遭殃

百年战争节节败退，黑死病灭了半个国家的人，这个局面已经够让新接班的法王闹心了。约翰二世登基后，又有新的敌人跳出来添乱。

还记得剿灭了圣殿骑士团的腓力四世吧。他娶的是位于法国西南的小国纳瓦拉王国的女王，这样算来，后来纳瓦拉的国王也是卡佩家族的传人。如果英国国王可以要求法国王位，纳瓦拉国王当然也认为自己有权做法王。从瓦卢瓦王朝伊始，纳瓦拉那边就经常发难，到约翰二世，看着法国王室内忧外患的，纳瓦拉的国王查理更加不客气了。

约翰二世跟纳瓦拉的查理斗得水深火热，英国那边一边看热闹，一边继续征法行动，再次登陆。黑太子依然一路凯歌，一路劫掠。约翰二世看着英军深入，抢了不少辎重，觉得可以关门打狗，截住"匪军"给予痛击。1356年，约翰二世御驾亲征，与黑太子在法国中部的普瓦捷相遇。

克雷西战役过去十年了，约翰二世虽然没有卧薪尝胆，这个战败之耻他也不敢忘记。两边再次狭路相逢，"此时此刻，恰如彼时彼刻"（出自姜文的《让子弹飞》），法军再次占据优势，拥兵数万，黑太子的抢劫武装只有可怜的八千多人。

约翰二世心想，上次我们的重装骑兵骑着马呢，那些英国长弓手只要射翻了马匹，骑士就废了。于是这次，法兰西骑士下马，穿着一身厚重的壳，再次扑向英军。看着法军这个不得要领的打法，黑太子长叹一声，让躲在葡萄树后面的长弓手发射，悲剧重演。虽然法王刚猛异常，一直身先士卒，可身边的骑士越来越少。最后，约翰二世不得不带着幼子投降。黑太子本来只是想在法国打劫财物，没想到把国王和王子都劫走了。

国王被敌人掳走，这事发生的概率不高，但是咱们国家有一个很类似的故事，也就是著名的"靖康耻"。宋徽宗和宋钦宗父子被金兵掳去，高宗赵构继位，他怕父兄回家后他这个皇位就坐不成了，于是压制主战派，害死了父兄二人，也害死了岳飞。

法国王储查理可比赵构孝顺，人家一听说父亲和弟弟被掳，马上进入巴黎，接管政府。人家不是忙着篡位啊，人家是来张罗赎金的。英国对法王开出的肉价是天文数字，王储查理清点一下积蓄，发现凭王室现有的财力，要想赎回法王几乎不可能。

前面说过，法国一开始就有很好的规矩，国王要钱，开个三级会议，看看大家答不答应。三级代表都来了，英法战争屡战屡败，法国的贵族饱受打击，垂头丧气，一个比一个看着颓废，他们对着王储焦急的小脸耸耸肩，"俺们损失惨重，以后就不掺和国王陛下的事了啊"。教会呢，"贫僧不问世事，施主好自为之"。贵族和教会都帮不上忙，只好求第三阶层，也就是市民阶层出面了。

国乱方显忠良。这时，有个法国历史上非常重要的人物出现了，他就是艾迪安·马赛尔。当时的巴黎，呢绒业占据重要地位，呢绒行业协会在巴黎势力很大，艾迪安·马赛尔就是来自这个协会，而且是当时的巴黎市长。

贵族和教会都不发表意见，以艾迪安·马赛尔为领导的市民阶层就勇于承担了。不过，他们可不是为了给王储帮忙，他们是趁机要求自己的权利。艾迪安·马赛尔代表巴黎市民抛出了"法国大宪章"，要求改革，市民直接参政议政，限制王权和贵族，选举贤能组成"委员会"，监理国事。

虽然英国的大宪章艰难地落地实现了，法国的王室和贵族可没那么好说话。艾迪安·马赛尔认为，王储不同意，是因为手下那帮佞臣太坏，需要杀一儆百。于是，敲响了圣母院的警钟，带着三千多名市民冲进了王宫。当时王储身边最忠诚的就是来自香槟伯国的领主和王储自己诺曼底公国的骑兵军官，巴黎市民在王储眼皮底下将这两位屠杀，鲜血溅了太子爷一身。

随后，市民掌握了政权，王储在被软禁了几天后，逃出了巴黎。巴黎市民起义成功，对贵族是个冲击，不管之前法国的贵族如何分裂倾轧，这时候也知道必须团结一致了，真让这帮小市民一步登天，贵族就不称为"贵族"了。在所有团结于王储周围的人群中，最引人注目的是纳瓦拉国王查理。他跟瓦卢瓦王室作对的目的是法国王位，要想争位，首先要有一个王位可以争吧，如果小市民成了国家主人，他瞎忙什么呢？所以，他选择了与王储和解，共同镇压起义。

巴黎市民在艾迪安·马赛尔组织下，修建了大量防御工程。王储看着不容易攻破，就开始征召民工，在巴黎外围构建工事，预备围困巴黎。

英国战争、黑死病、王室和领主为了战争的苛捐杂税、英军的抢劫，凡此种种，让法国农村民不聊生，实实在在的"民工荒"。王储此时还急着拉壮丁，终于把农民逼反了。

1358 年，法国北部的农民打死了来抓壮丁的王储士兵，推举吉约姆·卡勒为首领，发动了起义。当时，法国贵族称呼农民为"扎克雷"，大意就是乡巴佬。这个起义就被命名为"扎克雷起义"了。起义口号听着也吓人："杀死所有贵族，一个不留！"

打击面太大了。老杨一直认为，这个口号是起义失败的重要原因之一。法国贵族本来松散，如今遭遇如此明确的共同敌人，他们自然是紧密团结，共同作战。英法两边本来就纠结，很多英国贵族在法国有土地，也是法国贵族，听说乡巴佬要杀掉所有的贵族，这还了得，于是好多英国贵族也跨海来帮忙了。

如此一来，整个法国现在是这样一个势力格局，王储和贵族结伙，一边围困巴黎，一边镇压农民起义。虽然巴黎市民也看不上乡下人，但艾迪安·马赛尔觉得，农民起义可以利用。当时巴黎被围，城内早晚坐吃山空，于是艾迪安·马赛尔跟城外的农民起义军联系，让他们帮着打通一条粮道。

乡下人老实啊，觉得这帮城里人也跟贵族作战，那是革命同志，于是很痛快地完成了他们的要求。谁知，粮道一通，粮食一到手，艾迪安·马赛尔就跟农民军切割了，他们撤回了派往农民军队的支援，城里人不跟乡下人玩了。

镇压农民起义，纳瓦拉的查理国王是个骨干。他也知道，起义军发展太快，人多势众，正面战斗不是对手。好在农村人老实，耍奸计，他们不懂。纳瓦拉国王约农民起义的首领谈判。吉约姆·卡勒学关云长单刀赴会，被纳瓦拉国王当场擒住，给他戴上烧红的铁圈，酷刑处死。农民起义，组织机构不科学，一听说老大没了，就陷入迷茫，贵族军队趁机将他们一举镇压。

扎克雷起义是中世纪欧洲比较大型的农民起义之一，对当时的封建制度是个巨大的冲击，而贵族和领主经过这个事，偶尔也会反省自己对农民的态度，这直接导致农奴制逐渐解体。二十多年后，英国的瓦特·泰勒也学着发动了一场更大规模的英国农民起义。

农民起义被镇压，没人帮巴黎市民搞粮食了，艾迪安·马赛尔想出一个昏招。他决定让纳瓦拉的查理来当法王，这样可以用纳瓦拉的军力对抗王储。这个事直接激怒了巴黎市民。纳瓦拉的查理和瓦卢瓦王朝的查理，谁当法王不一样啊，巴黎市民起义难道是为了换个查理来当国王吗？我们争取的是我们能说话的政府啊。巴黎市民认为遭到了艾迪安·马赛尔的背叛。王储领兵攻城，混战中，艾迪安·马赛尔死于他的追随者之手。王储的军队进入巴黎，开始屠杀起义的巴黎市民。

为什么艾迪安·马赛尔貌似在历史上并不怎么出名，可老杨说他是法国历史上一个很重要的人物呢？因为，他在法国第一个提出了建立一个人民可以参政议政的政府。虽然结局很失败，下场很悲惨，但是在14世纪的欧洲能揣着这种想法的人，是可敬的。

王储历经艰辛回到巴黎王宫，忙着重整政事，忙着秋后算账，忙着杀人杀到手软。英国的爱德华三世才不管人家有没有准备好呢，又开进来了。内外交困，只能求饶。1360年，法国和英国签订了《布雷丁尼和约》，法国继续筹集那笔天文数字的赎金赎回约翰二世，并认可英国对加来和阿基坦地区的占领。两国暂时休兵，法国专心搞钱。

1356年至1360年这四年里，法国人尤其是王储焦头烂额、水深火热，约翰二世在英国监狱的日子却是很不错。英国人待若上宾，好吃好喝，所以老约翰根本体会不到法国的艰难。和约签订后，小王子被押在英国，约翰二世回国安排筹措自己的赎金，中途听说小王子逃离英国，他觉得有违骑士之道，自己又跑回英国去，主动要求被羁押，让法国人继续为他的赎金寝食难安。因为这个"二百五"的行为，约翰二世被称为"好人"。欧洲人的标准咱们看不懂啊，这个伙计绝对算得上是祸国殃民了，"好人"不会是讽刺吧？

智者和疯子

约翰二世被擒，王储进入巴黎主持大局时才十八岁。跟英国那个黑太子笑傲江湖的飒爽英姿相比，查理太子那几年的监国岁月可以说是狼狈不堪而且艰难无比。黑太子没机会登基，不知道成为英王会如何，查理太子成为查理五世后，却是一个很着调很靠谱的法王。

《布雷丁尼和约》虽然屈辱，却是为法国争取了休整喘息的机会。查理五世领导过对市民和农民起义的镇压，下过基层，做过调研，所以知人善用。

查理五世最看中的一名将领叫盖克兰，来自布列塔尼一个古老但是没落的家族。查理五世登基后，纳瓦拉国王查理继续启衅闹事。为解决两边的恩怨，法王割让了他自己诺曼底公国的一块领地。

盖克兰正式加盟查理五世的麾下为他效力后，第一时间就解决了纳瓦拉国王，让他归还了国王的土地，并让纳瓦拉老实了很久。

除了英法战争、法国内部不和，法王还面临一个很头痛的问题。普瓦提埃战役后，英法好久没有大型战斗，两边有大量的雇佣兵失业。这帮人是社会不安定因素。当他们签合同帮人打架抢劫时，叫雇佣兵。没有合同，为了自己的生计打架抢劫，那就是职业强盗。雇佣兵出身的职业强盗在法国境内频频犯案，谁也拿他们没办法。盖克兰非常聪明地鼓动他们加入了一个贵族的军队，而这个贵族正好在征召人马去西班牙中部的一个国家争夺王位。于是，这帮让查理五世和法国市民无比头痛的犯罪团伙，被打发到比利牛斯山那头去了。

纳瓦拉和雇佣兵，是查理五世最闹心的内部问题，盖克兰都解决了。剩下的问题，就是解决英国这个外部问题了。

对付英军，盖克兰的战斗思路是"游击战"和"焦土政策"。不跟英军正面交锋，烧毁粮食房屋，埋伏或是佯退，牵着英军的鼻子走，让对方无法找到给养，也无法找到对其有利的作战地形，无法布下他们的长弓阵。法军羸弱，这种游击战也不总奏效，盖克兰本人两次被英军俘虏，查理五世坚信他是个人才，每次都花重金将他赎回。

查理五世的钱花得值了。1370年，被"游击战"拖得精疲力竭的英军遭到法军的重创，乘胜追击各个击破的法军收回了大部分条约割让的土地。到1380年，英国在法国只占有五个城池。

1380年的一场战役，盖克兰阵亡。就在这一年，英明的查理五世也驾崩了，加上之前已经死去的爱德华三世和黑太子，英法战争的几个明星人物都下场了。所以，有些历史书将1380年定义为英法百年战争的第一个阶段之结束。

开打快半个世纪了，到查理五世法国才稍微取得了一点点优势。查理五世跟之前的法王不同，他有知识有文化但体弱多病，所以不能亲自上阵打架，留在王宫里，他想清楚了一个国王应该做什么。不幸的是，好容易出个头脑清楚的法王，只照看了这个国家十六年。后人称呼查理五世为"智者"，这个称呼绝对不含讥讽。

英国的爱德华三世和黑太子先后死了，十岁的国王理查二世要面对帮他摄政的叔叔。理查二世的"太子党"和摄政王的"兰开斯特党"党争，一片混乱，后来还引发大规模农民起义。客观地说，法国在这段时间能占据上风，跟英国内部的混乱很有关系。

上帝安排了这么好的机会给法国人，法国人却不接受。跟理查二世一样的难兄难弟，法王查理六世十二岁接班，查理五世给他留下经验丰富的顾问团，大部分都是他叔叔。刚开始几年还挺和谐，比如一登基，查理六世就跟德国方面结盟，并邀请神圣罗马帝国皇帝造访巴黎，是当时的一大盛事。整个法国看着挺繁荣昌盛的。

叔叔们都想把持小王为自己争夺权益，而查理六世也不想做傀儡。亲政后，他总想罢黜几位叔叔，用自己的亲信辅政。

1392年，查理六世对叔叔们发起行动。在行军穿过森林时，他发起了高烧，神志不清。几天后，他突然拔出剑来，见谁砍谁，包括自己最亲密的近随。国王疯了。

摄政叔叔本来差点被整倒，如今看到国王突然疯了，很松了一口气，既然国王是个疯子，再辅佐他就没有意义了，大家各凭本事上吧，看谁能最后控制法国。

就这样，英国人本来无力打法国，结果法国人开始自己打自己了。

内战比外战还狠

这段时期的法国诸侯，有两派势力最大，勃艮第公爵和奥尔良公爵。勃艮第公爵虽然号称是法王的属臣，可公国几乎是自治的；而奥尔良公国虽然拥戴王室，可既然国王疯了，他们就要求让查理七世的弟弟，也就是奥尔良公爵路易执掌王位。其他的诸侯知道自己实力不够单打独斗，所以就分别加入这两个阵营站好，买定离手，赌赌自己的运气。

查理六世一疯，两边就开打，各有输赢，难分高下。鉴于法国诸侯都有点或远或近的亲戚关系，自然有家族里的老人家出面调解。1407年，新接班的勃艮第公爵约翰和奥尔良的公爵路易在巴黎会面，握手言和，承诺以后相亲相爱不打架。

三天后，奥尔良公爵路易收到传召，说是法王找他有事。查理六世疯得很间歇，偶尔也有清醒的时候，他说他要找奥尔良公爵谈事，路易也只好去见驾。上了街的路易发现中计了，冷不防遭遇二十几人围攻，都操着斧子等凶器。奥尔良公爵在大街上被砍掉了脑袋。

这不是疑案，因为不久勃艮第公爵就亲口承认，这个事是他安排的。凶手认罪也不能伏法，虽然在整个法国，勃艮第派和奥尔良派分不出谁更有势力，但是在巴黎，勃艮第派却是有着绝对优势的，巴黎最重要最牛的屠夫协会支持勃艮第派。大家想想，屠夫结伙，谁敢惹他们啊。

奥尔良新公爵查理继位，这位查理公爵在法国文化史上可是个人物，他算得上是法国历史上头几号的宫廷诗人。诗人有个好老婆，老婆有个好爹，奥尔良公爵的岳父是阿玛尼亚克伯爵。伯爵主持大局，带领奥尔良派找勃艮第要说法，打进了巴黎，获得了控制权。因为阿玛尼亚克伯爵成为奥尔良派的新领导，所以奥尔良派又被叫作阿玛尼亚克派。这个名字太长了，我们继续叫他们奥尔良派吧。

明明英国混乱，法国人有大好机会收复河山，可现在他们自己跟自己打得不可开交。天予不取，反受其咎。既然法国人不长进，就把机会让给英国人吧。于是，英格兰那边，亨利五世登基了。

亨利五世从登基就张罗着继续到法国打架。原来说过，法国诸侯没有起码的国家民族观念，面对即将到来的英军，不论是勃艮第还是奥尔良都没感觉是自己的家园遭到侵略，他们两边都考虑着跟英国结盟，趁机干掉另一派。

亨利五世最先考虑的是奥尔良派，他要求查理六世的女儿为妻，还要求诺曼底和安茹两片英国祖上的领土做嫁妆。查理六世和奥尔良派都不答应，勃艮第趁机凑上去示好。在勃艮第派号称"中立"的欢迎下，登基两年的亨利五世从诺曼底登陆，踏进了法国。

1415 年，刚经过一场艰苦的攻城战，伤亡巨大的英军和法军主力相遇在阿让库尔。这个战役老杨在《英帝国：日不落之殇》中已经详细描述了，跟英法战争前面的局面一样，名将盖克兰已经为法国人制定了克制英军最完美的战法，可法国人不理会，还是像打了鸡血一样向英国的长弓阵里冲，让英国人非常无奈地射杀他们。历史再次重演，英国再次以不利的局面和弱势的兵力取得了胜利，看着地上层层叠叠的法军尸体，英国长弓手忍不住想问："法国骑士是不是有集体自杀倾向啊？"

这场战役法军的指挥官就是我们的大诗人——奥尔良公爵查理。诗人遭遇战神，我们忍不住掬一捧同情之泪。好在上帝的安排都有他的美意，查理公爵不仅惨败而且被俘，押到英国做了二十五年的人质。就是在英国的这二十五年，查理用英文写下大量优美的诗篇。文学界公认，他的英文诗要比法文诗成就更高。如果不是兵败被俘，查理的诗才恐怕就浪费在法国内战外战那些俗事里了，而且很显然，查理公爵打架夺位的水平，严重比不上他写诗的水平。

阿让库尔战役，让英国人打开了通向巴黎的道路。奥尔良公爵被俘，奥尔良派遭受重挫，勃艮第派赶紧跳出来，赶在英军之前进入巴黎，巴黎的老百姓比较像墙头草，又拥戴勃艮第派掌权了。勃艮第派开始在巴黎追杀奥尔良派，奥尔良派只好挟持太子逃出了巴黎。

勃艮第派的约翰掌握了巴黎，虽然跟英国关系暧昧，可也不能看着他们直接占领了法国吧，约翰觉得应该跟英王谈判，看这场战争到底怎么了局。查理六世虽然还在世，不过疯得更厉害了，根据对等的原则跟英王谈判，勃艮第公爵肯定是名不正言不顺，地位不对等的。于是，约翰给随着奥尔良派到处流浪的太子查理送了个消息，要求见面协商。

那是 1419 年，流亡太子查理十六岁，会面时，奥尔良派设下埋伏，当场杀掉了约翰，给老公爵报了大仇。

冤冤相报，没完没了。约翰的儿子菲利普接掌了勃艮第派的大旗，并立即和英国正式结盟，要求追杀奥尔良派，替父报仇。

菲利普最大的心愿是报仇，貌似对法国王位还没这么上心。亨利五世只好进入巴黎，面会疯子法王，让他给个工作计划。1420 年，法国人交出一份更加丧权辱国的《特鲁瓦条约》。这个条约其他内容都不重要了，其中有一条宣布了法国的灭亡。那就是，查理六世如果死掉，亨利五世过来接掌法国王位！

贞德——转折

都知道百年战争成就了一个法国女子的大名。其实，在这段时间，还有一个女人在影响着历史，这个女人就是法国的王后，疯子查理的老婆，来自德国巴伐利亚的伊莎贝拉王后。

刚嫁入法国时，伊莎贝拉还不太干预国事，查理六世疯掉，王后成为大执政，还有一个执政会议给她帮忙，她忙的事就多了。关于国事，她没什么天赋，就是会花钱，生活骄奢淫逸。这样的女人掌权，少不得是要盘剥百姓的。

伊莎贝拉生了一打孩子，四个大儿子早夭，所以她最不喜欢的五儿子查理成为太子。这母子俩关系不好，查理经常批评母后私生活放纵不检点。

奥尔良派执掌巴黎时，太子跟奥尔良派一起，将伊莎贝拉放逐，还要求她进修道院反省，她恨死了这个儿子。后来勃艮第掌权，王后被放回来，就是在她的"帮助"下，法王签下了《特鲁瓦条约》。

这个条约对伊莎贝拉来说基本无害，因为亨利五世迎娶她的女儿凯瑟琳，她虽然不是王后，以后还是法王的丈母娘；而她最恨的儿子查理，就此丧失了继位权。这个妈做事比较绝，不是查理经常说母后不守妇道吗？伊莎贝拉就说，查理根本不是查理六世的亲儿子，根本无权继位。

被"罢黜"的太子查理跟奥尔良残存的武装藏身在法国中部城市布尔日，一天天数着日子，不知道未来会怎样……

1420年，英王亨利五世和法王查理六世相继驾崩。根据条约，亨利五世和凯瑟琳公主生的儿子成为英法两国国王。这位被委以大任的亨利六世，当时还不满周岁。

勃艮第派和英国人控制巴黎，查理和奥尔良派把持着布尔日。疯子查理一死，布尔日就宣布太子爷是正牌查理七世。一个巴黎法国，一个布尔日法国，南北分裂，一场恶战眼看又要爆发。

独裁下的民众容易蠢蠢欲动，如果有两个政府可以选，民众也容易蠢蠢欲动。北方控制在英国和勃艮第派手里，英国人对法国的老百姓不会太仁爱，老百姓一受气，就有人向布尔日的查理七世求救。英国在巴黎的摄政王知道，如果不铲除布尔日这股势力，法国人是不会接受亨利六世成为新法王的。于是，英军联合勃艮第的军队，包围了查理七世所在的奥尔良城。

法国南部将查理七世视为挽救法国的救星，北方有些觉悟的贵族也希望查理七世振奋精神领导一场像样的反英斗争，可查理七世自己没底。之前对英作战的屡战屡败，加之现在经济窘迫，无力组织人马装备，藏身在希农行宫的查理七世实在是有点过一天算一天的意思。他想，如果上帝保佑法国，就降下奇迹吧。

奇迹当然是贞德，一个出生在洛林和香槟边界地区的小姑娘，家里有点田产，父亲是个村干部。贞德他们村，虽然处于勃艮第派的势力范围，但一直效忠法国王室，英国人和勃艮第派经常到贞德的家乡劫掠，从小贞德就知道英国人和勃艮第那帮卖国贼是两个大坏蛋。

十二岁那年，贞德在村后一棵大树下遇见了上帝派来的大天使。大天使说，上帝让她带兵解救法国的危亡，并带太子去兰斯加冕为法王（她自己说的）。

从此后，这个村里的姑娘就有了不一样的人生追求。她就到处找人托关系，希望能面见太子，并带兵打仗。三年后，一场奇异的战役给了贞德机会。

奥尔良被围期间，法军一直比较被动，不太进取，难得的主动出击只有一次。那是 1429 年，英军赶着三百辆大车，载着武器补给奥尔良，车上最多的是大量的鲱鱼。大家都知道，英国人没吃过啥好东西，古往今来，他们就是吃鱼和薯条。

补给车队容易遭人袭击，法国人心想，英国佬就是长弓手厉害嘛，几个送鱼的，不打白不打，打完还能吃一顿全鱼宴。于是，法国非常罕见地发动了主动进攻。还是挺重视的，为了这支小补给部队，法国派了三四千人，大约是英国送鱼部队的三四倍。

这就是所谓的"鲱鱼战役"。英法打了几十年，法国人每次都能以多输少。没想到，这次对后勤部队也没意外，惨败而且死伤甚重。

鲱鱼战役一开打，就有人预言了法国的失败，这个预言就来自贞德。贞德天天找当地驻军的军官，要求见王储，一直被人当疯子，没人愿意搭理她。她第一次显示"神迹"，就是预言了鲱鱼战役的惨败。后来战败的消息传来，让不少人觉得这个村姑也许真有点神通。终于，军官答应带她去见王储。

贞德被王储接受的过程，传说甚多，比如查理七世穿着侍卫的衣服躲在人群里，贞德一进门，就准确地走到王储面前，跪下并抱住王储的腿；王储跟贞德私聊了一阵，出来后，说是贞德说出了很多只有查理七世和上帝才知道的秘密等。

不知道哪里冒出来的小姑娘要带兵打仗，谁知道是不是间谍或者特务啊。安全为重，查理七世要求对贞德的身份"大起底"，查了祖宗八辈，没有特务卖国贼或者里通外国的记录。行，给你一帮人，打去吧。

让一个十七岁的小姑娘带兵去解奥尔良之围，充分说明，此时的查理七世已经活得非常绝望了。他这个做法，有个中国的俗语形容得最准确：死马当活马医！

1429 年 4 月，贞德进入战场，跟她协同的法军指挥官制定了战术。因为屡败屡战，法军认为，先想办法给奥尔良城内送点儿补给，让城内先顶住，救援的法军慢慢寻找进攻英国人的机会。

贞德是个暴脾气，说这个作战计划简直就是缩头乌龟，十分没种，既然

88

来了，等什么啊，扑上去直接动手。

随后，贞德举起法军的大旗，带着她的小股部队，冲锋在最前面，一次次地对英国军队发起正面攻击。贞德不是花木兰啊，她虽然造型中性，可没女扮男装，英法两边都知道那个打架不要命有点疯狂的小个子是个十七岁的小村姑。这个画面对法军是极大的鼓舞，对英军是非常威慑。尤其是因为肩部中箭被抬下去后，她一把拔出箭来又回到了战场，异常彪悍。

不到一个月，围困奥尔良的英军开始撤退，贞德神奇地解了奥尔良之围，将法国从被英国人生吞的边缘拉了回来。

奥尔良安全了，王储有了反攻北方的基地，所有人都认为，这时的法军应该直取巴黎，恢复政府。只有贞德力主放弃巴黎，先进入兰斯，让王储先加冕为法王。兰斯是敌军的地盘，攻击兰斯的距离几乎是巴黎的两倍，攻打兰斯要比巴黎艰难得多。因为奥尔良的胜利，让贞德这次说话管用，王储接受了贞德的建议，北上直取兰斯。

1429 年 7 月 17 日，兰斯被攻克，王储涂油加冕成为查理七世。鉴于英国那个小婴儿还没有过来加冕，所以在道理上，查理七世就应该是江湖上唯一正牌的法国国王。

第二年，战争形势对法国越来越有利，可惜在一场小型战役中，贞德被勃艮第派俘虏。勃艮第派对同胞还是不错的，他们优先对查理七世报价，看看法王能不能花笔钱把他的大恩人赎回去。没想到，查理七世对这件事保持了理性的克制。那就是，既不出钱也不出力，装作不知道有贞德这么一个人存在。

贞德的结局参看《英帝国：日不落之殇》吧。因为她被关进了英国的监狱，被英国人审判，所以她的故事就属于英国历史的范畴了。

英法战争法国彻底胜利后，贞德的母亲多次上访，终于说服教皇重审贞德案，为这个不幸的女子平反，不仅平反，后来还被追封为"圣女"。

贞德死后，法国的抗英大业更加蓬勃旺盛了。敏锐感到法军和英军的时运发生转移，英国国内的局势也比较动荡，识时务的勃艮第公爵菲利普灵活转移了立场，和查理七世修好，并承诺为国王陛下而战。而此时，查理七世还获得了一位高人的援助。这个高人，名叫雅克·科尔。

雅克·科尔是个富商兼银行家。他加入查理七世的幕僚班子后，带给法国王室翻天覆地的变化。查理七世任命他为财政部部长，这位财长经常贷款给国王，但，重要的不是借钱，而是他教会了查理七世搞钱的办法，那就是长期固定的税收。

之前说过，法国王室一直没有建立像样的王权，国王混得磕磕绊绊的，收税也收得不理直气壮。雅克·科尔帮助王室建立了合理而且长期的税收制度，国王有了固定的进项，遇上打架，就不再到处找雇佣兵打短工，而是为自己培养并饲养了一支常规军队。就是这些措施，让查理七世在后来的对英战争和国家统治中，逐渐掌握了优势和主动。

1437年，法军收复了巴黎。1453年，波尔多的英军投降，宣告绵延了一百一十六年，世界历史上时间最长的战争终于结束，也宣告英国的势力和野心彻底退出了法国大陆，虽然，还有一个加来港控制在英国人手里。

十三　查理七世和女人

　　历经艰难，领导法国人几乎是绝地反击取得胜利，抗击了侵略者，保住了法兰西国家，按道理，查理七世应该是值得大力表彰的君主。不过，法国战胜，这么大的功劳，人们往往先想到的是贞德，十七岁的女英雄带来的惊天逆转。而贞德被捕后，查理七世居然见死不救，没义气没良心，让他形象更加糟糕。应该说，贞德成就了查理七世，也败坏了查理七世。

　　查理七世命犯女人，他的一生命运经常因为女人而改变。前面说过，查理七世的妈妈，伊莎贝拉王后宣布查理七世是野种，不能继承王位，而主动将王位让给英国人，他因此做了好长时间的流亡太子，潦倒窘迫，如果不是圣女贞德横空出世，还不知道他的结局是如何悲惨。除了贞德和王太后，查理七世后来又遭遇了一个改变他命运的女人。如果说伊莎贝拉是最狠的女人，贞德是最勇的女人，这次，国王碰上了最美的女人。

　　法国是浪漫之都，这个名字的建立绝非一日之功，需要历史的积累。法国史应该是粉红色的回忆，春光旖旎，结果这都混到 15 世纪了，法国历史除了打架还是打架，好歹出个女主角，还是中性打扮，比史泰龙还彪悍。法国历史什么时候能有点"颜色"呢？

　　这就来了，就是从查理七世开始，"法兰西情妇"成为法国历史一道亮丽的风景。

　　1443 年，查理七世去他的姐夫那里商议国事。这次的重要会议肯定是没开出什么结果来，因为姐夫身边的一个侍女，一直让查理七世心神不宁。

　　这个侍女的芳名叫阿涅丝·索蕾尔，这个名字在法国历史上的地位，大约等同咱家的西施或者玉环，可以号称是法国头号美女。这个尤物出生在地中海岸边土伦市的一个渔村，都说这个渔村盛产美女，阿涅丝是其中的佼佼者。她的父亲为查理七世的姐夫办事，偶然姐夫遇见阿涅丝，惊为天人，于是招入宫中，成为侍女，而后遇上了查理七世。

又是小舅子，又是国王，他看中了，没有不给的道理，阿涅丝被送到法王身边伺候。不用说，阿涅丝肯定专宠后宫的。查理七世不能离婚，法国的王后也不能生于微末。而且，查理七世的老婆及其娘家在英法战争中，对查理七世的支持是巨大的，没有王后家的财力，查理七世早就支持不住了。

查理七世视阿涅丝如珍似宝，除了王后之位，什么都可以给，包括名分。之前的法王，偶尔有几个情妇，基本都是不公开的，就算大家都知道，也不明说。而查理七世却公开了阿涅丝的身份，全法国人都知道，阿涅丝是"法兰西情妇"。

阿涅丝美貌和智慧并重。她知道，如果仅仅满足于做个花瓶，她的年华会非常短暂，于是，她开始插手政治。知道通过阿涅丝可以上达天听，联系国王，很多有头脑有野心的投机家或者政客就围绕在阿涅丝身边，她毫不费力就给自己网罗了一个智囊团。有这帮人出谋划策，她就经常左右查理七世的朝政，成为王朝一股异常强大的幕后势力。

根据咱们的经验，这种后宫干政，而阿涅丝又没生出儿子来，那么她最容易得罪的一个权力集团就是太子党。

太子叫路易，查理七世流亡期间，出生在布尔日。可能是幼年看到父亲狼狈的生涯，所以从小，路易对权力和王位的渴望就异于常人。1441年，十八岁的路易就伙同他人发动过一场叛乱，企图推翻查理七世。叛乱失败，查理七世放过了儿子，也没说剥夺他太子之位，还给他领地，继续让他做总督。

1450年，英法战争最后的阶段，英军在诺曼底一带做最后的坚持，法国的战斗异常艰苦。查理七世不得不御驾亲征，前往诺曼底督战，让太子路易留在巴黎监国。

阿涅丝·索蕾尔已经为查理七世生了三个女儿，她多么希望能生出一个王子来，当查理七世出征诺曼底之前，她再次怀孕。

都知道太子深恨这个妖女，两人不仅经常争吵对骂，太子爷甚至预备带兵找阿涅丝算账。如今他监国，在皇家度假村里养胎的阿涅丝很忐忑，她总担心，查理七世在外征战有个好歹，她的前途就堪忧了。自己吓自己几天睡不好后，她决定，不如到前线去找国王，还是在他身边比较安全。

正值法国隆冬，天气寒冷，道路颠簸。阿涅丝在路上动了胎气，早产下一名男婴，还没等阿涅丝高兴，侍从就通知她，孩子早产夭折了。受此打击，阿涅丝一口气没缓过来，很快也跟着去了。红颜薄命，法兰西第一美人就这样香消玉殒。

给查理七世的报告中，阿涅丝和小王子的死因当然是长途旅行的颠簸、路上生产缺医少药、气候严寒等多重因素。不过这个死因报告这么多年来都不能被人接受，法王再穷，也不能让自己的宠妃在路上冻死吧？

好在人类文明不管怎么发展，一个这样的美人都不会被历史淡忘。2004年12月，法国科学家开棺验尸，根据阿涅丝留下的骸骨，法国人宣布，阿涅丝死于中毒。

谁毒死的？历史谜案。查理七世也怀疑爱妃死于谋杀，他找不到凶手，但是不妨碍他用这个事大做文章，大张旗鼓地抓了主要嫌疑人雅克·科尔。

雅克·科尔被捕的罪名是在太子的唆使下暗杀阿涅丝。这个挺冤，因为都知道，雅克和阿涅丝私下关系非常不错，而害死阿涅丝，雅克自己也没啥好处啊。其实，法王曾经的大恩人雅克被扳倒，一个重要原因是，他太有钱了，从法王到贵族臣民，很多人都欠他钱，如今要整死债主，欠债的都非常高兴。先是贞德，后来是雅克，查理七世对自己的恩人都比较冷血。最后，雅克虽然保住了性命，但是所有的财产都被查理七世拿走了。

阿涅丝在宫中几年，开创了以性感著称的法兰西风情。阿涅丝留下很多画像，一脸端庄，但都露着半边乳房，在咱家的标准上，直接可以列入春宫画之列。据说就是她引领了低胸装的流行，后来的欧洲上流社会，尤其是巴黎，女人的裙子恨不得领口开到肚脐眼。而她将头发全部后梳，露出额头这个造型，也领导了很长时间的巴黎时尚。

阿涅丝死后，查理七世和太子路易的矛盾并无缓解，反而越闹越凶。查理七世死得很惨。1461年，他活活把自己饿死了，可不是因为绝食啊，他的身体从脚开始溃烂，一直向上发展，症状貌似糖尿病或者梅毒。到最后，他因为下颌溃烂，根本无法进食，在万分痛苦中死去。而他希望死前能看到太子，嘱咐几句，可太子爷不给他机会，只是在外祈祷着让自己早日登基。

十四　万能蜘蛛聚合国土

若干年后，路易十一死去，跟查理七世在另一个世界碰面，查理七世原谅了这个儿子当年所有的背叛和不孝，因为作为国王，路易十一的的确确比父王强多了。应该说，他比大多数的法王都强，他是瓦卢瓦王朝最伟大、最成功的君主。

路易十一其貌不扬，矮小瘦弱，尖下巴，驼背，喜欢戴个破帽子，穿得破破烂烂，生活得异常简朴低调。后来的人叫他"市民式的国王"。比起欧洲史上那些英俊挺拔的骑士国王，路易十一有点儿非主流的猥琐。然而，根据历史经验，玩政治的，如果生活奢靡过于讲究，一辈子的追求不过是满足华服美食等低级欲望；而若是对生活质量毫无追求，如果不是看破了红尘，觉得一切皆空，多半则表示他的生活目标超越了这些低级的欲望，他追求的是最高的人生目标。

路易十一幼年时代被藏在一个城堡里，生活几乎与世隔绝，那正是查理七世朝不保夕的日子。幼时的遭遇使得路易十一的性格阴沉，为人冷酷多疑。1440年，十七岁的路易就被几个贵族拉着造反，被镇压。查理七世没有降罪，反而让他主持太子的领地，也就是多芬地区。没几年，多芬就被打造成了一个独立王国，行政机构、法律法规、商业发展都显得和查理七世的统治很不一样，然而一切还都有条有理。

除了建设自己的领地，路易十一就是变着法子跟父亲作对，终于把查理七世惹恼了，发兵攻打多芬地区，父子反目。看到父王动真格的了，路易赶紧跑路，也变成一个流亡太子，他跑到勃艮第公爵府邸藏了五年时间。这五年，跟他关系最好的，是勃艮第公国的继承人查理。

1461年，被病痛折磨得死去活来的查理七世屡次表明，他希望临终时，太子路易能在他身边。路易一点没感动，他忙着找了一帮子算命师占星师，天天占卜，数着日子看查理七世到底什么时候死掉。

登基后，路易十一让贵族和封建主很不爽。他有自己的治国思路，根本不用查理七世留下的老臣。他在他自己的亲信中选拔贤才，不问出身背景，不论是不是贵族，只要有能力，都可以进入政府部门；大力扶持城市商业，让城市资产阶级对他感恩戴德，愿意跟他站在一起，并且给他经济支持。查理七世在位时，已经固定了税收和常备军，路易十一完善了这两大支柱，国王收税不用再开三级会议，要打架也有自己的人马。查理七世因为英法战争中得诸侯之力甚多，欠着人情，所以在位时有点看他们脸色，而路易十一接班后的这些动作，其重要原因就是要提升王权，削弱贵族，让法王能说话算数。

贵族当然不会让国王这么容易如愿。此时，路易十一面对的最有实力的敌人，就是他流亡勃艮第时的好友，刚刚接班成为新勃艮第公爵的查理。其实，这几代的勃艮第公爵，他们对法国王位没那么偏执，他们最想的，就是勃艮第能彻底独立，完全脱离法兰西。不屈服法王，这个理想是很难实现的，于是，由查理公爵牵头，成立了一个叫"公益同盟"的团伙，聚集了一帮子各有目的要找法王麻烦的诸侯，开始造反。

路易十一瘦骨伶仃，走路都不顺溜，别指望他能纵马出征，他的优势是脑子好，会耍计策还会用钱。用离间分化的办法，逐步分拆了"公益联盟"。查理公爵一气之下又鼓动自己的亲戚，也就是英国国王爱德华四世，一起进攻。路易十一早早预备了一笔退兵费，送给英王。英国国内正闹玫瑰战争呢，对爱德华四世来说，先把住英国的王位显然比去法国当帮凶更重要，拿了路易十一的钱，英国就不给勃艮第帮忙了。

好在，勃艮第公爵虽然帮手多，对头也多。他家一直忙于争取洛林地区。《德意志：铁与血的历史》中，老杨介绍过，洛林地区一直是法德两国间敏感地带，对于勃艮第来说，这个地区更是重要，因为如果打通这个地区，则勃艮第属地和他家的佛兰德尔属地连接成片，势力倍增，是独立称为国家的重要基础。于是，查理公爵一直和洛林地区及瑞士联邦作战。敌人的敌人当然是朋友，路易十一对洛林和瑞士联邦出钱出力，鼓励他们对查理公爵斗争到底，终于在1477年，查理公爵死于南锡的一场战斗，陈尸冰河，尸骨被野狼吞噬，下场极其悲惨。

查理公爵及其勃艮第公国是诸侯中最反骨、最强悍的一支。他们失败，路易十一统一整合法兰西的大业上最大的障碍没有了。路易十一继续有系统有条理地将那些公国领地一个个归入王属。

1481 年，到路易十一因为动脉硬化驾崩那一年，法兰西的版图基本被勾勒成功，除了布列塔尼这个地区，其他现在看到的法国领土基本都臣服在国王统治之下，贵族势力被极大削弱。从路易十一这一代起，法国国王的专制统治才算是真正建立。

路易十一头脑清醒，颇有谋略，在收复这些贵族领地的过程中，浴血奋战的时候几乎没有，他全部靠各种阴谋诡计达到目的。他统治效率极高，考虑问题周全，外派干部时，他给的叮嘱是：确保万无一失。因为做事面面俱到，很周全，有点三头六臂的意思，所以后人称他为"万能蜘蛛"，又因为他将法国的土地完整统一，建立了霸道的王权，所以又被称为"国土的聚合者"。

十五　那些花儿之一

方窗子戴着尖帽子

一转眼就进入 16 世纪了，眼看就要进入文艺复兴了，开头说法国的艺术之香无所不在，怎么看到现在，这法国历史，不是法国人自己打，就是跟英国人兄弟打，一会儿战乱，一会儿饥荒，一会儿还黑死病，不但没有香味，还隐隐有恶臭，到底法兰西之香在哪里？

其实这一路走来，沿途一直花开花谢，只是火药味道太浓了，让我们一时忘记了暗香浮动。路易十一被称为连接中世纪和文艺复兴的桥梁，让我们在这个桥梁上停驻一阵，回顾一下中世纪以来法国的那些花儿，好好体会一下法兰西之香。

文化课题包罗万象，宗教、文学、哲学都在其中，如果要挨个介绍，需要专门写本"法国文化史"，老杨只能挑选不能回避、必须留下记录的内容。

第一个不能回避的法国艺术，当然是建筑。因为法国带给全世界建筑一个大品牌，那就是：哥特式。

哥特式建筑最早起源于 11 世纪末期的法国，到 13 世纪开始流行欧洲。哥特式建筑很好辨认，修长，直线，硬朗，长条窗户，最显著的特征就是尖塔高耸，头上顶着个又直又高又尖的帽子，那些尖顶如同竖起的剑尖直刺向天空，看着阴森森的。世界建筑最典型的两种风格拜占庭式和哥特式是很好分辨的，前者戴顶圆帽子，后者戴顶尖帽子。

现在冠以"哥特式"的艺术很多，比如音乐，比如服饰，特点就是硬朗冰冷，有点黑色有点恐怖或者怪诞。而早先法国这种尖顶的建筑并不是被称为"哥特式建筑"，而被称为法国式。"哥特式"在当时的欧洲不算什么好词语。哥特族在罗马时代也是个蛮族，文艺复兴后期，那些所谓的正统艺术可能是觉得这个直插入云的尖帽子也挺怪诞，所以就称为"哥特式建筑"，现在听着很酷，当时绝对含着鄙夷。

法国第一著名的哥特式建筑就是巴黎圣母院，而从建筑学的角度说，哥特风格最经典最成熟的作品是亚眠大教堂。英国人学得比较快，他们家著名的西敏寺也就是威斯敏斯特教堂，也是这个风格的著名代表。

除了这些教堂建筑，中世纪的法国战争不断，所以用于防御的堡垒要塞也修了不少。为了照顾后面的历史，留个伏笔，老杨特别介绍巴黎东部的一座著名建筑。可惜，现在去巴黎旅游，最多也就是看个遗迹。

大家应该还记得艾迪安·马赛尔这个悲情人物，巴黎的市长，梦想着建立一个市民参政的政府。14世纪，巴黎的市民起义，查理五世被赶出巴黎，为了防御，艾迪安·马赛尔取得巴黎的领导权后，组织修筑巴黎的城防，在巴黎的圣安东尼城门，一座巨大的城堡动工，直到查理五世末期才完工。八座圆形塔楼组成庞然大物，巍然屹立，后来的法王又不断地对其加固，让它更加雄伟坚固，逐渐成为巴黎的重要标志之一。这，就是法国历史上著名的巴士底狱。艾迪安一手引导带领了巴黎市民的起义，启蒙了他们的斗争精神。虽然他的梦想最终没有实现，但他主持修建的这个建筑矗立在巴黎，帮他见证了300多年后的那场伟大胜利，这算是历史发展的某种神秘吧。

天将降大任于斯人

法国中世纪的文化，第二个必须记录的是巴黎大学的创立。巴黎大学和意大利的萨莱诺大学、博洛尼亚大学是欧洲最早的三所大学，理所当然被称为"欧洲大学之母"。

欧洲中世纪，教育基本被教会垄断，只有教职人员或者预备投身神职工作的人，才有资格接受系统的教育。随着城市和商业的发展，越来越多的产业需要文化知识，于是一些商人工会或者是行业协会就自己开设学校。"University"这个词最早是"联合"的意思，也就是说，各种师傅、老师联合在一起，组合各种学科开设的综合性教育机构。因为这个，中世纪的大学有自己的独立性，既不属于教会，也不用看地方脸色，自由研究，自由发展，因此能够诞生出更多独立进步的思想和研究成果。

欧洲尤其是北欧的大学或多或少都受点巴黎大学的影响，巴黎大学早期那些创立者，在欧洲学界都有先贤圣人一样的地位，而巴黎大学的创始人中，最出名的就是阿伯拉尔，这位仁兄在欧洲文化史上绝对是个大腕。不过，根据老杨八卦的历史观认为，阿伯拉尔会享有这么大的名声，除了他的学术成就，更主要的是他有一段惊天地泣鬼神的爱情故事。

阿伯拉尔出生在布列塔尼地区的骑士家庭，因为对神学的痴迷，放弃了骑士的继承权，到处寻访名师求教。阿伯拉尔显然是天才级的小孩儿，他总是不断地找到名师，没几年后就"干掉"自己的老师。

中世纪欧洲，神学当道。神学这东西，不比其他学科，它基本没办法通过实践或者实验来检测权威。最后的鉴别标准就是"辩论"，你把你的理解说出来，让对方哑口无言，无可辩驳时，你就算"干掉"对方了。

"干掉"好几个名师，又 PK 掉几个巴黎的神学权威，阿伯拉尔就出名了。1115 年，作为当红的大学者大神学家，阿伯拉尔成为巴黎圣母院主教学校的神学教师。

阿伯拉尔肯定是"麻辣鲜师"，学富五车，才高八斗，思想新锐，言辞大胆，上课还表情丰富，慷慨激昂。最重要的一点，阿伯拉尔还是个帅哥。不，此时他三十六岁了，按中世纪的标准，算是有魅力的大叔。阿伯拉尔是偶像级的导师，"粉丝"加学生从四面八方围聚在他的讲台下，课堂上盛况空前，甚至有人称他为"巴黎第一教师"。

阿伯拉尔有个同事费尔伯特，也是个教士，收养了自己的侄女，美丽清纯的埃洛依丝。费尔伯特看这个侄女奇货可居，就想培养她一下，让她有机会嫁入豪门，对自己也是个提升。在那个没有学校的年代，要想受教育，只能去神学院听课，而女生是绝对不许去的。

费尔伯特求阿伯拉尔帮忙，能不能私下给自己的侄女开个小灶。谁知，阿伯拉尔"面试"了埃洛依丝后，居然提出搬到费尔伯特家里居住，正式做埃洛依丝的家庭教师。

这可是个天上掉馅饼的事。以当时阿伯拉尔的声望，有钱都不一定能请到家里教书，他居然什么都不要，主动愿意一对一开私塾，费尔伯特那几天有中奖的感觉。

可能是阿伯拉尔神学教师的身份，而且罗马教皇刚刚再次颁布和强调了神职人员禁欲之类的规定。所以，对于阿伯拉尔跟自己年方十七，正当花季的侄女孤男寡女共处一室，费尔伯特这个糊涂鬼一点也没有警惕。

阿伯拉尔只是信上帝，没答应要禁欲，他愿意搬到费尔伯特家住，显然就是跟埃洛依丝一见钟情。而从埃洛依丝角度，把崇拜转化为爱情而后发展为情欲，一点难度都没有。费尔伯特专门为侄女求学开辟的书房，不久成了阿伯拉尔和埃洛依丝的伊甸园。

时间长了，费尔伯特终于察觉了，震惊之余，当然是勃然大怒。他要把阿伯拉尔赶出去。可惜，太迟了，亚当和夏娃在伊甸园里的重要工作就是造人啊，埃洛依丝怀孕了。

这个事要是被曝光，那可是惊天的丑闻啊。费尔伯特只好任由阿伯拉尔带着埃洛依丝逃回老家布列塔尼，在自己的妹妹家里生下一个男婴。

阿伯拉尔要求跟埃洛依丝结婚，并正式向费尔伯特提亲。阿伯拉尔当时是个低级修士，天主教会慈悲地规定，这个级别要想结婚可以结，但是结完婚以后就别想在这一行继续混下去了。阿伯拉尔的求婚被埃洛依丝拒绝了。她说，如果阿伯拉尔跟她结婚，大好的前途就被葬送了，一个天才就被埋没了，最重要的是，一个哲学家怎么可能在摇篮和尿布之中找到真理呢？（埃洛依丝没有信佛教，佛教说，会修行哪里都是道场，奶孩子、换尿布都是修行）埃洛依丝宁愿做阿伯拉尔的情人，也不愿意做他老婆，是不是她看清楚了，不管什么时代情人都比老婆受关注些？

阿伯拉尔负责任，一定要结婚。两人把孩子丢在老家，回巴黎秘密结婚了。费尔伯特想到自己的长期投资丢进了水里，如今侄女还见不得光，越想越气，虽然答应了隐瞒这个秘密，可还是忍不住到处说。很快，丑闻传遍了大街小巷。

埃洛依丝必须避避风头，阿伯拉尔通过关系，找了个修道院，让埃洛依丝假扮修女藏身其间。费尔伯特发现侄女失踪，更加怒不可遏。一天晚上，他雇用了一帮子暴徒，还有一个理发师，买通阿伯拉尔的仆人进入他的卧室，将他按在床上，阉割了。

遭此大祸，阿伯拉尔有一阵心灰意懒，但作为一个教徒，一个神学家，还有其他方面的追求能让他重新振作。他建议埃洛依丝正式出家成为一个修女，埃洛依丝答应了。在她宣誓后，阿伯拉尔也遁入空门，在圣丹尼修道院成为一名修士。

欲练神功，挥刀自宫。这个是秘籍。费尔伯特帮着阿伯拉尔断了尘根，一了百了，让阿伯拉尔彻底放下了红尘，把全部精力投入了对神学的研究。

阿伯拉尔是个思想家，思想家最基本的素质就是有独立的思想。在圣丹尼期间，他抛出了自己对上帝的一些逻辑理解和分析，引起轩然大波，被认为是异端，被迫烧毁自己的手稿，离开圣丹尼修道院。

在某个贵族的帮助下，阿伯拉尔在塞纳河畔得到一块土地，建立了一个简陋的小教堂。他的学生听说他再次出山授课，又从各地聚集在这里，慢慢形成一个小村落，教堂也扩大了。

教会认为，阿伯拉尔还是在聚众散布歪理邪说，所以继续对他打压。他只好放弃自己一手营造的小天地，再次回老家避祸，进入布列塔尼的一家乡下隐修院当院长。这个地区貌似民风比较粗鄙，僧侣也没受过什么好教育，阿伯拉尔差点丢了性命，辗转又回到巴黎。

大约十年，阿伯拉尔没有跟埃洛依丝联系。回到巴黎后，听说埃洛依丝的修道院关门了，于是安排她进了自己建立的修道院。

在阿伯拉尔被教会迫害期间，为了安慰一个遭受挫折的朋友，阿伯拉尔写了一本书《我的苦难史》。他深谙安慰人之道，要想让对方不要哀怨自己的不幸，最好的办法就是告诉他，自己比他更不幸。是啊，谁能比阿伯拉尔更惨呢，先是肉体被摧残，然后在精神上被迫害。

这部书被埃洛依丝看到后，心如刀割。十年里，虽然不和阿伯拉尔联系，但对这个人的爱情从来没有减少，阿伯拉尔成为修士是为了敬拜上帝，埃洛依丝成为修女是为了敬拜阿伯拉尔。虽然后来埃洛依丝成为修道院院长，但仍然坚持她对阿伯拉尔的爱情超越对上帝之爱，而且愿意为这件事"下地狱"。要知道，对一个中世纪的女人来说，"下地狱"不是空口白牙的诅咒发誓，她是真的相信，死后有个惨烈无比的地狱在等她的。

从这时起，两人恢复了通信。这些信件，有对宗教的理解，有对上帝的敬爱，更重要的，是纪念彼此间苦难无奈的爱情。这些情书后来被结集出版，成为世界爱情史上最荡气回肠的篇章。也就是这些书信，让阿伯拉尔和埃洛依丝成为古往今来历史上著名的情侣之一。

阿伯拉尔一直没有放弃对自己思想的坚持。晚年时，他热衷于教会改革，教皇对他忍无可忍，最后终于通过惩罚，将他驱逐出教。1142 年，六十三岁的阿伯拉尔想到罗马去请求赦免。对于一个出家人，被下了破门律，这个惩罚太重了。因为身体羸弱，走到克吕尼地区他再也走不动了，这个中世纪欧洲的大哲人就在克吕尼修道院溘然长逝。而他坚持的那套理论，以理性逻辑来分析神学，"信仰应建立在理性的基础之上"被认为是后来欧洲重要的经院哲学的基础，也被认为是照进中世纪腐朽禁锢的黑夜的一线曙光。

教皇在阿伯拉尔死后赦免了他，克吕尼修道院院长非常有爱地将教皇赦令发给了埃洛依丝。二十多年后，埃洛依丝也死去，要求跟阿伯拉尔合葬。几百年后，两人被转移到拉雪兹神父公墓合葬，成为一个重要景点，让后世人去那里祈祷一份海枯石烂的爱情。而阿伯拉尔的墓志铭写的是："高卢的苏格拉底。"

阿伯拉尔去世后的六十年，当时的法王腓力二世和教皇正式认可"巴黎大学"的成立，成立之初还是个神学院，当时的名字叫"索邦神学院"。不管叫什么名字，所有人都认为，这所大学的前身，就是阿伯拉尔在塞纳河畔开设的学校。所以，他是巴黎大学真正的创始人。而巴黎大学也秉承了阿伯拉尔的治学办法，就是喜欢辩论。后来的历史发展中，巴黎大学经常参与各种辩论，不论是时政还是文化还是新思想，都在辩论中点燃了照耀该时代的火花。

十六　莫名其妙的意大利战争

无事生非的查理八世

讲完文化，又要打架了。英国人不打来了，法国人不内讧了，于是，法王决定去欺负别人。

路易十一死后，他唯一的儿子查理八世继位。虽然只有一个儿子，路易十一却有个很能干的女儿，查理八世的姐姐安娜公主。因为路易十一死时，查理八世只有十三岁，安娜公主成为摄政。

安娜公主稳定了路易十一死后的局面，除掉了一些不安定的官员。然而她最重要的工作却是，果断泼辣地解决了弟弟的婚事，完成了路易十一没有彻底的国土整合工作。

上篇说过，路易十一聚合国土，最后只剩下布列塔尼还保持独立。这个地区不搭理法王，一直是英国进攻法国的重要据点以及各种敌人反对法王的大本营。

15世纪中叶，布列塔尼的老公爵眼看不行了，他闹心啊，没有儿子，只有一个柔弱的小女儿安妮。西欧诸国都知道，控制布列塔尼，是对付法国重要的砝码和据点。于是，几乎所有有利益关系的国家都想通过联姻获得这片土地。

安妮接掌布列塔尼公国时才十二岁，宫廷里辅政的老臣一致认为，嫁给神圣罗马帝国的皇帝马克西米利安一世对大家更有利，于是就给他们办了婚事。皇帝没有亲临，找了个代理帮着拜了天地。

听说这个消息后，法国气坏了，摄政的安娜公主马上发兵布列塔尼，大姑子翻脸，直接抢弟媳妇回家。安妮和代理德皇的婚姻无效，安妮嫁给查理八世，成为法国王后，并将布列塔尼作为嫁妆。

1490 年，安娜给弟弟办完婚事。1491 年，查理八世就亲政了。

经过路易十一和安娜的努力，法国政局算基本稳定，工商业蓬勃发展，资本主义手工工场开始出现并逐渐成规模。此时，欧洲人已经开始满世界乱撞，开辟新航线了。法国地理位置优越，国内水道纵横交通顺畅，有几个城市成了欧洲重要的商贸中心。应该说，此时法国的社会经济运行得非常畅顺。

查理八世亲政时，日子很舒服，法王有权又有钱。跟路易十一不一样，查理八世给自己的定位是骑士国王，对中世纪那些骑士风采，尤其是"十字军"之类的故事非常神往。他内心一直隐隐有个愿望：再次挥师中东，进入耶路撒冷，完成一个骑士最高级的修炼。

正当查理八世在家研究如何复古成一个"十字军"骑士时，有人给他送了一封信。信来自意大利的米兰公国，大意是，北部的米兰公国和南部的那不勒斯公国闹了点矛盾，那不勒斯不老实，能不能请法王派兵过来给壮个胆。

当时的意大利，算得上是欧洲最文明最繁华的所在，因为资本主义萌芽和文艺复兴都发生在这里，所以不论是经济还是文化，意大利半岛都显得比欧洲其他国家更发达更富裕。跟经济文化不匹配的是政治。意大利半岛小国林立，一盘散沙，北部控制在德皇手里，南部大体控制在西班牙的阿拉贡王国手里。显然，这两家的控制力都不太够。

意大利富裕美丽而松散，让周围很多人觊觎。查理八世记得路易十一曾经说过，早年卡佩家族征服过那不勒斯，法王应该拥有那不勒斯的继承权。查理八世再一想，拿下那不勒斯，进而全取意大利，而后就可以以意大利为基地，向耶路撒冷挺进。越想越觉得这是上帝赐予的好机会，一定要抓住让自己青史留名。

查理八世不蠢，也不鲁莽，入侵意大利，左边一定会惹毛德国，右边肯定激怒西班牙，所以必须让这两家不能插手。于是，他非常天才地想出一个好办法，那就是用自己好不容易占有的土地，去换取打这一仗和未来不知道能不能到手的土地。

路易十一跟勃艮第公国一番恶斗，取得了胜利，但不算完胜，因为勃艮第在法德之间本来算个战略缓冲带，所以德皇绝对不会坐视法王在勃艮第得手。到最后法国是和德国瓜分了勃艮第，北部的阿图瓦地区和东部的弗朗什一孔泰地区收归法国。

查理八世这倒霉孩子，不是自己挣来的不知道心痛，居然大笔一挥就把这两个地方送给了德皇。而阿拉贡王国呢，那不勒斯现任国王是阿拉贡国王的侄子，传说叔侄不合，只要法王割地，阿拉贡就不管那不勒斯的事了。法王说：行！土地现在俺们富裕啊，法国南部的鲁西永地区，拿去吧。

准备工作结束，三万大军，穿越阿尔卑斯山口，再借道米兰公国和教皇国，直接兵临那不勒斯。这一路南下，法国人几乎没有遇到像样的抵抗，意大利人丰衣足食日子乐和，好长时间不识兵锋，冷不防这么多人过来打架，一时难以适应。

1495年2月，查理八世拿下那不勒斯城，自立为那不勒斯国王。

法军这一路如入无人之境兵不血刃取得那不勒斯，让周围所有人都慌了。德国和阿拉贡显然是不干了，而意大利本土的教皇国和其他公国也感觉到威胁，连最早引狼入室的米兰公国也感觉不对了。这几家人倒是很有默契，对看一眼，就结成了同党，号称"反法神圣同盟"（"反法神圣同盟"这个东东以后会经常出现），联手驱逐法军。

查理八世发现大事不妙，自己远征来此，断不可同时与这么多敌人厮杀，于是将手上的兵力分拆，一半留守那不勒斯，一半他带着北撤。

反法联军预备封死法军的撤退之路，来个瓮中捉鳖。查理八世总算成就了一个骑士国王的英名，在意大利帕尔玛西南的福尔诺沃，面对联军三万大军的围堵，只有一万人的法国军队，尤其是来自瑞士的雇佣兵团，浴血苦战，居然在非常不利的情况下突围成功，还让对手付出了巨大的代价。这场福尔诺沃战役，双方死伤惨烈，有人称这一战是中世纪最后一场血战。

那不勒斯国王的帽子查理八世戴了不到半年，为这半年，法国人赔血本了。劳民伤财差点折了国王就不说了，还流毒无穷。

法军进入那不勒斯那几个月开眼了。南方的大城市，花花世界地中海风情啊，法军对意大利的女人不客气，那不勒斯也用自己的办法报复了入侵者。

话说1492年，哥伦布发现了美洲大陆，巴哈马群岛送给这些欧洲人的礼物之一是一种病毒。哥伦布和他的船员回到西班牙，病毒发生变异，开始在西班牙传播，并很快进入意大利，那不勒斯正是一个高发地带。这种巴哈马群岛的病毒在欧洲变异，逐渐适应寒冷的气候，并通过妓女传播感染。这，就是梅毒。

法军在那不勒斯染上梅毒，退回法国就将此病毒带回法国，后来逐步传向北欧各国，英伦三岛、德国、俄国都没能幸免。梅毒的疫情，大约害死了欧洲上千万人，而这种病还被光荣地命名为"法国病"。

回国后，因为那不勒斯发生起义，查理八世不得不撤回留守的法军，这一场折腾结局就是鸡飞蛋打。查理八世不认输，天天念叨着要报仇，他以为他还年轻，总会有机会的。没想到1498年的一天，他城堡里的石头门框脱落，正好砸在他脑袋上，二十八岁的法王就这么离奇地死掉了。

人民之父——路易十二

查理八世突然死亡，没有子嗣，安妮王后也生过孩子，不过都没存活，王位只好传给了堂叔（很多书说是堂兄）奥尔良公爵路易。

奥尔良公爵对我们来说不算陌生。还记得吗？英法战争时，著名的宫廷诗人，奥尔良公爵查理在阿让库尔战役被英军俘虏，并作为人质在英国生活了二十五年，后来通过宿仇勃艮弟公爵的斡旋，查理才回到法国。诗人一生娶过三个老婆，老当益壮，第三任在公爵五十五岁那年为他生下了继承人，新的奥尔良公爵也就是我们要说到的法国新王，路易十二。

路易十二治理国家是不错的，降低赋税，精简机构，改革司法系统，保护平民利益，在他任内，法国人不打内战，周围的敌人也没打进来，老百姓情绪稳定，生产生活保持正常。所以，路易十二的外号最好，叫"人民之父"。

老百姓喜欢安定的生活，路易十二不喜欢。作为堂叔，他对查理八世这个侄儿的精神贯彻得非常好。

首先是布列塔尼问题，查理八世死时，安妮王后才二十一岁，因为没有子嗣，所以安妮大可带走布列塔尼另嫁。路易十二本来跟查理八世的一个姐妹有婚约的，登基后，大局为重，赶紧休掉未婚妻，跟安妮结婚。安妮再次成为法兰西的王后，再次将布列塔尼留在法国（别研究辈分）。

路易十二跟查理八世一样热衷于意大利，他没想关于"十字军"的事，他想的是全取意大利。路易十二声称，他应该是米兰公国的正统继承人。米兰公国属于维斯孔蒂家族，家族绝嗣，女婿斯福尔扎趁机夺取了王位。斯福尔扎是个雇佣军首领，早先在意大利各处帮着打架。

斯福尔扎人际关系不错，最有势力的德皇愿意罩他，最彪悍的瑞士雇佣军愿意跟他。路易十二也不孤单，拉了威尼斯人帮忙。

1499 年夏天，路易十二的军队打下了米兰。屁股还没坐热呢，斯福尔扎在德国整合了一支队伍又杀回来，将法国军队赶走。但随后法军又占领了米兰，在意大利北部有了一个立足点。

拿下米兰，路易十二当然是瞄准那不勒斯，完成查理八世未竟的事业。路易十二跟阿拉贡国王商量，联手进攻那不勒斯，打下来平分。真打下来了，分赃不均，法军和阿拉贡打起来，法军战败，撤退，那不勒斯从此被西班牙统治了几个世纪。

退回米兰，路易十二在意大利四顾苍茫，哪里都想去，却不知道从哪儿下手，有个高人指点了他一把。高人叫尤利乌斯二世，是当时的教皇。

1309 年，教皇被腓力四世整到阿维尼翁，从此教廷受制于法王。直到1377 年，因为罗马城内出现动荡骚乱，而其他外国势力也经常声称不认可阿维尼翁的教皇，所以教皇不得不带兵回到了罗马，将教廷又搬回去了，教廷慢慢又恢复了往日的威风。

尤利乌斯二世挑唆路易十二跟威尼斯开战。攻打米兰，威尼斯是同盟没错，可路易十二此番是为了取得意大利，所有的公国，同盟是暂时的，战争是迟早的，既然教皇觉得现在可以动手，就打吧。

中计了。法国人一动手，教皇就联合威尼斯、瑞士、西班牙再次组成反法同盟，教皇还号召全意大利联合起来驱逐法国。而此时，法国人最为忌惮的对手英国人也加入了反法同盟，并且和神圣罗马帝国联手了。

1514 年，路易十二发现不是意大利的事了，因为英国、德国、瑞士分明是要对法国本土下手了。路易十二还是挺识时务的，赶忙求饶，要求和谈。

米兰放弃给德国，法国西南的纳瓦尔以后就归阿拉贡统治了，英国获得一笔赔偿，数着票子撤军。也就是说，再一次，法国人灰头土脸从意大利撤回。

上帝也没给路易十二报仇的机会。1515 年，他也死了。

讲述德国历史时，老杨说过，意大利这个地方像毒品，容易让人上瘾或者把人整出病，不到意大利心不死，头破血流誓不休。查理八世和路易十二的遭遇够教育人了，没想到，新接班的法王还是预备将这项伟大的事业进行到底！

艺术之都的奠基人——弗朗索瓦一世

这篇的男主角，应该算最受法国人喜爱的国王，弗朗索瓦一世。稍有常识的读者应该都认识这个伙计，因为著名画家让·克卢埃有一幅《弗朗索瓦一世》是世界名画。所有的历史书都说弗朗索瓦一世高大英俊，潇洒倜傥，看这幅画像，英俊就见仁见智了，或者就是画家画得不好？高大倒是真的，传闻有两米高，比现在法国在 NBA 打球最红的那个托尼·帕克高多了。而他的大胡子据说是为了遮盖脸上一个瘢痕，后来引领潮流让络腮胡子盛行。

路易十二也没有后代，貌似在很早的时候，他就预感到自己可能不会有儿了了，所以早早就指定了弗朗索瓦接班，并把女儿嫁给他了。大家注意，路易十二的女儿克洛德是安妮王后生的，拥有布列塔尼的继承权，如果不嫁给弗朗索瓦而嫁给别人，这块土地又要失去了。早先路易十二为了跟德皇谈判，曾应允将克洛德嫁给德皇，差点把法国人吓病了，上下一起发难，这才让法王悬崖勒马，制止了一起恶性事故。克洛德嫁给弗朗索瓦，终于生出继承人，布列塔尼从此就不会跑了。法国王室，经过三代努力，三次婚姻，才最终完全拥有了这片土地。

弗朗索瓦是昂古来姆伯爵之子，是瓦卢瓦家族后裔但不是正统，所以瓦卢瓦王朝以后就叫昂古来姆支。

弗朗索瓦一世幼时丧父，一直由母亲教养，对母亲非常信任敬爱，继位后出去乱跑，都是由母亲帮着摄政。为啥乱跑？不是在意大利吃了亏嘛，不找补回来睡不着觉啊。

1515 年，一继位，弗朗索瓦一世就开进了意大利。第一战就让新法王成就大名。米兰在瑞士控制下，而瑞士的雇佣军号称是当时最令人生畏的武装，尤其是他们的长矛兵。弗朗索瓦打碎了瑞士兵团的荣誉，法军用的是火炮。瑞士战败后，不仅将米兰拱手让出，还跟法国签订协议，以后瑞士兵团只为法国作战。

弗朗索瓦从小就知道巴结教皇，进入米兰，更加知道要安抚老人家，于是法王又和教皇签了个协议，主要内容就是法王尊重老人家，永不吵架乃至打架。

开局完美，感觉不错，弗朗索瓦觉得法国的意大利美梦指日就可以实现了。只是，既生瑜，何生亮，弗朗索瓦一世是笑傲江湖啊，可他的江湖，到处都是高人，笑得比他还嚣张呢。英国那边是著名的亨利八世，而德国这边，则是更加威名显赫的查理五世。

《德意志：铁与血的历史》介绍过这段恩怨，德皇悬空，弗朗索瓦、亨利八世、西班牙的卡洛斯一世都有资格参选，后来卡洛斯一世"财高一筹"，将帝国皇帝的冠冕戴上。从此帝国在欧洲的国土，从三个方向将法兰西夹在中间，让弗朗索瓦一世无比郁闷，跟查理五世成为仇家，人生的主要工作就是找德皇寻晦气。

法德打架，英国的态度很重要。于是法国和德国同时到英国公关，希望拉亨利八世做盟友。亨利八世和弗朗索瓦一世都属于当时比较招摇比较自恋又有点嘚瑟的君主。两人约好见面谈合作，可都不愿意输了排场，于是这两人演了一场烧钱奢侈的舞台剧。

两边指定了见面地点，弗朗索瓦布置了一片营帐，虽然是军营的格局，可帐篷全用天鹅绒铺顶。在十五天的会面里，两位君主变着法子地炫富，每天的主要工作就是打猎、跳舞、比武、吃喝。除了两个王憋着比排场，手下的侍卫也不甘落后，拿出家底来奢侈，生怕给国王丢脸。吃饱喝足银子花海了，两位爷什么正经事也没办。但是在比阔这个项目上，亨利八世觉得自己输了一筹，失了面子，加上查理五世可能出价更高，所以，英国就决定和德国联盟，法国的招待费都丢在了水里。这就是著名的"金锦营会晤"。

除了英国人拿了好处不帮忙，还有人背叛了法王，让法国很被动。当时法国的陆军元帅波旁公爵，本来挺效忠国王的，还是攻打米兰的头号功臣，后来因为跟太后闹矛盾，法王居然要跟他打官司剥夺波旁家的产业，这不是逼他造反嘛，于是他便加入了皇帝的阵营。

两边一交手，米兰就先失去了。1525年，在攻打意大利的帕维亚时，弗朗索瓦一世被生擒，送到马德里。为了获得自由，弗朗索瓦一世答应了查理五世的不平等条约，放弃对意大利的野心，还割让了勃艮第给德皇。

回到巴黎，弗朗索瓦一世立时反悔，说自己在马德里饱受折磨被迫同意的条约，一切不算数，而且勃艮第地区坚决追随法王，愿意接受法王的领导，坚决不到神圣罗马帝国去。

弗朗索瓦一世也喜欢以骑士国王自居，骑士一诺千金，国王金口玉言，就没见过这么背信弃义耍无赖的。查理五世气得嗷嗷叫，对弗朗索瓦一世提出决斗。显然皇帝是有点气昏了，法王没气昏，他装作没听见，完全不搭理皇帝的挑战。

为了联合更多的盟友对付皇帝，弗朗索瓦跟教皇走得更近了，甚至缔结了一门非常重要的亲事，法国王子迎娶了意大利美第奇家族的凯瑟琳，这段婚姻对后来的法国历史和文化影响巨大。

弗朗索瓦以为拉拢了教皇就可以制住德皇，没想到查理五世更狠。德皇的军队直接杀进了罗马，大肆劫掠还羁押了教皇。

拿这个猛人没办法啊，弗朗索瓦不得不咬牙冒天下之大不韪。一方面，他跟土耳其结盟，让土耳其苏丹帮着从东部攻击德国；而另一方面，他甚至开始资助当时在德国闹得非常危险的新教教徒。对一个虔诚的天主教国家来说，弗朗索瓦干的这两件事情，让整个西欧都很震惊，法王也因此遭到鄙视和非议。

这么巨大的代价也没有让弗朗索瓦达到目的，最多就是保全了法国本土没有被德皇切去一块。

生命不息，战斗不止。直到1547年，弗朗索瓦一世跟查理五世的宿世仇怨还是没有解决。虽然所有人都看出，法国对意大利的要求真的是不可能实现了，可弗朗索瓦一世到死还在坚持。为这事，驾崩时恐怕也闭不上眼。

弗朗索瓦一世本来花钱就大手大脚没有节制，又喜欢摆阔拗造型，在位三十二年，陆续打了五场战争，给国家造成了巨大的损失，法国运转艰难，弗朗索瓦一世甚至抵押了王位跟银行家借钱；而为了搞钱，从查理八世开始流行的买官行为更加泛滥，给后来的法国留下祸端。至弗朗索瓦一世死后，他欠下的债务大约是王室整年的收入，而可以想象的是，老百姓的生活更加艰难。

这时有人提问了，看弗朗索瓦这三十多年的生涯，无赖，窝囊，还有点丢人现眼，做国王基本相当于昏君，为什么说他是最受法国人喜爱的法王呢？

忘记前面的事吧，我们来看弗朗索瓦的另一面。

时间已经进入了16世纪，意大利的文艺复兴刚过了鼎盛期。阿尔卑斯山这边的法国，还一点没沾染上呢。说到其他国家的文艺复兴，可能会牵涉很多人，思想家、艺术家等，而说到法国的文艺复兴，说一个人就够了，就是弗朗索瓦一世。法国在文艺复兴时远远落后于意大利，可是后来，法国被称为世界艺术之都，弗朗索瓦一世是实至名归的奠基人。可以说，没有弗朗索瓦一世，就没有如今法国在世界艺术界的地位。

弗朗索瓦一世是个文艺青年，对新文化新艺术非常敏感。同样是进入意大利，前两任法王光想着金钱美女和土地了，查理八世居然还带着性病回家。弗朗索瓦不一样，意大利让他看到的，是文艺复兴带来的绚烂光彩。跟人文艺术高度发达的意大利相比，自己的国家简直就是蛮荒。年轻的法王下定决心，排除万难，要迎头赶上。

首先是请进来，弗朗索瓦向当时很多意大利艺术家发出邀请，请他们到法国生活。他邀请的人物中，最大牌的当然就是达·芬奇。

1516年，六十四岁的达·芬奇来到法国。在号称"法兰西花园"的卢瓦河谷，法王将一座著名的城堡送给他居住。而随着达·芬奇一起进入法国的，是三幅著名的画作，其中的一幅就是《蒙娜丽莎》。

弗朗索瓦幼时丧父，接来达·芬奇后，因为对老人家的崇拜，他一直以对待父亲的方式对待达·芬奇，让这位意大利伟人将晚年的智慧之光留在了法国。1519年，达·芬奇在弗朗索瓦一世的怀中去世。另类派的历史学家坚持达·芬奇是同性恋，认为他和法王的关系恐怕有另外的内容。有没有内容就不研究了，反正现在如果我们要向这位文艺复兴的巨人行礼，必须到法国去，这个，应该是意大利的巨大损失吧。

弗朗索瓦成规模地寻求并收藏艺术品，他甚至雇用专人，组成正式的机构常驻意大利，就为找好东西。好东西越收越多，就觉得应该找个地方收藏并展览它们。于是，他决定，将那卢浮宫部分拆除重盖，使之成为一个巨大的艺术博物馆。工程太浩大了，正式开放参观的时候，已经是1793年了，弗朗索瓦一世没等到这一天。

开头说过，看其他国家顶级的艺术品要去卢浮宫，而要看圆明园里那些咱们失去的宝贝，则要去枫丹白露宫。枫丹白露城堡最早修建于12世纪，而"枫丹白露"这个名字来自绿荫美泉，经过历代法王的修葺，成为富丽堂皇的法王狩猎行宫。

1530年，弗朗索瓦一世看着枫丹白露宫这么好的环境，认为自然环境要搭配人文风景，枫丹白露也可以成为博物馆。法王又派人到意大利广募艺术家和优秀工匠，加上法国本土选出的相关人才，把这帮人集中在枫丹白露宫，让他们协同工作。法、意艺术家通力合作的结果，不仅让枫丹白露宫成为美轮美奂的艺术圣殿，而且因此诞生出了一个非常著名的艺术流派——枫丹白露画派。

这个画派的特点就是重视线条的流畅，追求技巧，带有浓郁的贵族气质。枫丹白露派名人辈出，当然也产生了大量名作，比如本篇开头说的让·克卢埃就是这个画派的代表人物。作为弗朗索瓦一世的宫廷画师，他描绘法王应该有权威视角，所以《弗朗索瓦一世》成为传世杰作。另外一幅大家都熟悉的，则是《埃斯特蕾姐妹》，读者可以搜索一下，肯定都见过，不过作者已不可考。

除了改造旧宫殿，弗朗索瓦更喜欢盖新宫殿。在达·芬奇最后生活的地方，也就是美丽的卢瓦河谷，历代法王都喜欢在这里狩猎盖行宫，城堡林立。在这些设计精巧、美妙绝伦的城堡中，最宏大壮观气势恢宏的香波堡，就出自弗朗索瓦一世之手。弗朗索瓦好大喜功，喜欢摆排场，他要求城堡一定要修得大气磅礴，霸气外露，他的目的基本达到，香波堡后来被很多人称为城堡之王。这座城堡体型太大，如果不升到空中，很难了解它的整体格局，弗朗索瓦自己肯定也没看过全景。1981 年，香波堡被列为世界文化遗产，要去法国参观，这里肯定是重要景点之一。

经过弗朗索瓦一世的努力，法国在文艺复兴后期逐步赶上，后人经常说，虽然意大利是一般意义上的文艺复兴中心，但要了解文艺复兴的成果，必须到法国去。

历史上欧洲战争不断，一个国王是不是穷兵黩武已经不重要了，倒是因为弗朗索瓦一世使法国成为现在的世界艺术之都，间接提升了法国的国际地位。对这些法国人是比较满意的，所以当现在法国旅游成为最有文化最有品位的招牌时，他们对当年这位艺术家法王的感激之情当然是油然而生。

弗朗索瓦一世处在大航海时代，航海家最受王室青睐，最高境界是成为御用海盗。弗朗索瓦一世也不能落后，他赞助的航海家可能没有同时代的麦哲伦那么牛，不过收获也颇丰。他的御用航海家发现了加拿大，帮着法国在北美踩上了重要的一脚。

真正的"骑士国王"——亨利二世

讲亨利二世的故事，离不开两个女人，一个美，一个丑。

先说美的这个，到底有多美呢，大家现在可以看见，因为她也是一幅名画的模特。

上篇说到枫丹白露画派的重要代表——肖像画的大师让·克卢埃，我们现在说的这幅名画的作者，是克卢埃的儿子，弗朗索瓦·克卢埃，我们可以叫他小克卢埃。儿子的成就绝对不在老子之下，现在卢浮宫收藏的名画《皮埃尔·谷特》肖像，就是出自小克卢埃之手，画的是邻居的一个药剂师。

这幅画再出名，不过是画了个老男人，当然不如美女好看，所以小克卢埃的《沐浴的贵夫人》更受欢迎。听这个名字就知道这不仅是个雍容华贵的美女，还是个裸女。这个做了名画模特的美女，名字叫戴安娜·普瓦提埃。

跟这个美女同时代的还有一个著名的丑女，也很尊贵。她名叫凯瑟琳·美第奇。

大家想起来了，这个丑女嫁给了某位法国王子嘛。对，她旺夫，她嫁过去时不过是个王子，过了几天就升职成太子，而后成为新的法王。她是亨利二世的王后。一个国王娶了丑老婆，还有个大美女，即将要发生的，肯定是个原配和情人的故事。对，这篇是一个非常平静无惊无险的原配和情人的故事。

弗朗索瓦被查理五世生擒，签订了屈辱的条约才回家。德皇才不会那么容易放他，他要求法王将两个大儿子送去做人质。亨利二世原本不是太子，他跟大哥一起在马德里被羁押了好几年。

为了拉近与教皇的关系并跟意大利的权贵抱团，弗朗索瓦一世安排了亨利和意大利著名的美第奇家族的联姻。

美第奇家族出自意大利的佛罗伦萨，该地区的特产就是银行家，美第奇是其中的大佬。美第奇家族可能不是贵族出身，但他家的财富和权势比贵族可强多了，尤其体现在文艺复兴上。基本可以说，没有美第奇家族，意大利的文艺复兴要逊色很多。因为这个过程中，很多艺术家科学家都是靠美第奇家族援助的。而文艺复兴时代重要的艺术品，基本都是这个家族的收藏。开篇说的，意大利的乌菲兹美术馆就是他家开的。因为傲人的财富，美第奇家族可以左右意大利很多事。于是，他家出过三个教皇。

弗朗索瓦跟美第奇家族联姻，一是因为当时的教皇利奥十世是这个家族的，二就是垂涎美第奇家嫁姑娘时那巨额的陪嫁以及该家族在意大利的影响力。但到底不是王室贵族，而美第奇家的这位凯瑟琳姑娘长相一般，动作还有点儿笨拙，所以，只能嫁给当时的二王子亨利。

在不是太子的时候，亨利的地位是有点尴尬的，将来不过是个亲王，可也陪着太子当了几年西班牙人质，没有太子的前途，却遭了太子的罪。上面有大哥，下面有小弟，夹在中间容易遭到忽略，加上母后克洛德本来就是个柔弱的女人，没有那么博大的母爱平均分给这么多孩子。

分析亨利的成长经历，是要为他的爱情找原因。因为他疯狂爱上的大美女戴安娜·普瓦提埃，比他大了二十岁。

咱家有个朱皇帝明宪宗见深，一直迷恋比自己年长十七岁的万贵妃，万贵妃在朱见深幼年就在身边伺候。老杨认定，朱见深依赖万贵妃成为习惯，

114

跟万贵妃是不是美貌或者会保养，应该关系不大了。戴安娜不一样，亨利二世是在一个聚会场合见到戴安娜的，惊为天人，当场堕入情网，这一年亨利二世十四岁，刚迎娶了同样十四岁的凯瑟琳，而戴安娜三十四岁。

戴安娜是在查理八世的姐姐摄政公主安娜身边长大的，安娜自己是才女，身边的侍女也都博览群书，谈吐优雅，后来戴安娜又成为弗朗索瓦一世王后克洛德的陪伴。野史记录，弗朗索瓦一世一生情人无数，戴安娜曾与他春宵几度。

弗朗索瓦一世离不开女人，认为国王的情妇完全可以合法化、规格化，设置了一个"官方情妇"的头衔。到亨利二世，既然看上了戴安娜，就毫无障碍地公开带在身边了。美第奇王后安静镇定地独自住在后宫，看着那个叫戴安娜的女人非常傲慢地穿梭在朝堂。

法王专宠的情妇的地位也吸引了大批的投机者追随，戴安娜自己也是个文化人，不可避免地开始干预朝政，亨利二世也没觉得有何不妥。慢慢地，国王身边的阁僚之类的都来自戴安娜的集团。到最后，亨利二世签署国王文件时，甚至加上了戴安娜的名字。

有这么个阿姨在身边帮忙，亨利二世虽然只干了十二年国王，倒也办成了两件大事。

第一件大事，亨利二世花钱赎回了加来，终于可以宣布彻底驱逐了英国人，法国的领土都回家了。第二件大事就是上帝帮他，查理五世死了，神圣罗马帝国和西班牙分在两个国王手里，让法国有机会各自斡旋，亨利二世也终于肯放下意大利，将延续了四代君主的意大利战争结束。

意大利一放下，亨利二世真轻松啊，正好他把两个闺女分别嫁给了西班牙国王和萨伏依公爵（萨伏依公国统治着法国东南和意大利西北），预备大办婚宴，洗涤一下六十多年意大利战争屡战屡败带来的阴风晦气。

那个时代的庆祝活动，重头戏肯定是比武。亨利二世自诩也是个真正的骑士，不愿意在看台上呐喊助威，他也全副披挂下场参战。法王很神勇，一下场就打断了苏格兰卫队长的长矛，他不许人家下场换兵器，要血战到底，结果这柄断矛就刺进了亨利二世的眼睛并从后耳穿出。折磨了十几天后，法王驾崩。因为亨利二世实实在在是死于骑士比武，所以他是最货真价实的

"骑士国王"。

亨利二世去世，凯瑟琳王后就成为历史上著名的美第奇太后。亨利二世对老婆一点感情也没有，无奈只有老婆生的儿子才是王室的继承人，所以，他必须偶尔到美第奇那里去尽义务，王后毫无怨言地生了十个孩子，存活了七个，其中有四个儿子。

读者马上问了，美第奇太后上任后第一件事就是整死戴安娜吧？法国人也这么想。所以 2008 年，法国人又撬开了戴安娜的棺椁，研究她的骸骨，结果发现她死于黄金。有相同案例，《红楼梦》里有个叫尤二姐的，就是被王熙凤逼迫吞金而死。难道戴安娜也是吞金自杀的？

当然不是，美第奇太后不是王熙凤，这位后来欧洲最有势力的女人不会那么没有心胸，她只是将戴安娜逐出了宫，让她在亨利二世专为她建造的城堡中终老。至于后来验尸发现她死于黄金，推测是因为她喝黄金液驻颜，最后中毒而死，也不知道谁给她开的糊涂方子，又贵又害人。

亨利二世并不是恋母，他看到戴安娜的时候，三十四岁的美女依然是一副青春的容颜，据说她从小坚持晨起用冷水沐浴，而后骑马两个小时，每天喝牛肉清汤。总之，她的驻颜有术都成了神话了。再保持美貌也没用了，现在情势逆转，戴安娜这里成了冷宫，她瞧不上的黄脸婆凯瑟琳那里，成了全欧洲最炙手可热的地方。

十七　又见末代三兄弟

这篇开始，先见一个老熟人，古往今来最大的神棍、预言家诺查丹玛斯，最著名的"天书"《百诗集》的作者，这部书泄露的可都是"天机"。

诺查丹玛斯大师正是亨利二世这个时代的法国人，在《德意志：铁与血的历史》中介绍过他的神通，他成功地预言了瑞典雄狮的死亡，貌似这个伙计预言国王之死挺准的，因为他很早就预言过亨利二世之死：幼狮战胜老狮，比武场上角逐，插入金盔毁目，两战之一惨死。这个要不是后世杜撰或者是翻译时有意附会，这位师傅可真是活神仙。

传说凯瑟琳王后听说了诺查丹玛斯的神通，便召他进宫看相，现场有凯瑟琳生的四个王子，诺查丹玛斯当时就预言，其中三个会成为法王。他这么说会让凯瑟琳王后高兴吗？肯定有点忧郁。如果能顺利生出继承人，何至于兄死弟及？卡佩当时也是三兄弟依次临朝，之后，王朝终结。难道，历史要重演？最讨厌的是，这么重要的事，诺查丹玛斯语焉不详。

弗朗索瓦二世的一年

长子弗朗索瓦二世，从登基到死亡正好一年，还没找到法王的感觉。而且，当时法国的形势，他也很难找到法王的感觉。

其实这位弗朗索瓦二世我们也认识，最熟悉的是他老婆，玛丽·斯图加特，后来苏格兰的女王，跟英女王伊丽莎白一世较了一辈子劲，最后横死英国。（参看《英帝国：日不落之殇》）这个有点笨的苏格兰女人一生的不幸恐怕就是源于嫁给了短命鬼，如果弗朗索瓦二世能坚持多活几年，恐怕玛丽的结局会好些。

玛丽的野心从结婚就有，因为比丈夫年长，她几乎把持了法王的一切。

可惜的是，她即使把持了法王，也控制不到法国，因为法国当时被控制在吉斯兄弟手里。

吉斯兄弟，一个是吉斯公爵，一个是洛林的红衣主教，他们还是玛丽王后的叔叔。亨利二世虽然是拿钱赎回了加来，前提是先发兵攻打让加来投降，此战的功臣就是吉斯公爵。吉斯家同时掌控军界和宗教界，权倾朝野就不难了。尤其是弗朗索瓦二世登基，通过王后，他们更加可以掌控一切。

说到这里，老杨必须插播之前一直没有记录的一段历史，那就是法国遭遇新教。《英帝国：日不落之殇》和《德意志：铁与血的历史》，都详细描述了新教的出现和成长带给这两国的变化和影响。可以说，从15世纪到17世纪，整个西欧社会头等大事，就是如何对待发展壮大的新教势力。

法国是个传统的天主教国家，法王一直很聪明。新教和罗马教皇作对时，法王基本是看热闹的，弗朗索瓦一世为了对付查理五世，还暗地里支持过德国的新教势力。后来发现新教开始席卷自己的国家，而且愈演愈烈时，才开始铁腕控制。最反对新教的先锋就是巴黎大学，也就是索邦神学院，他们带头处死了不少人。而亨利二世更是个很极端的反新教法王，他下令成立了火焰法庭，这个庭的功能就是焚烧新教徒和他们的反动书籍。

马丁·路德的新教教义在西欧各国传播，每个国家根据自己的传统和理解衍生出新的内容，最后演化出本国独有的教义。特别强大的，就在新教内部开宗立派，成为重要的分支。比如，法国的新教后来就叫加尔文派，源自法国宗教改革斗争的重要人物——加尔文。

我们不探讨加尔文派的教义到底有什么特色了，法国新教最革命性的时刻就是加尔文出版了他的《基督教原理》，给了新教一个百科全书似的注释。他不仅用拉丁文写出这部书，还自己翻译成法文，传遍法国后，影响很大。

新教这个东西吧，应该是应时而生的，它的教义很重要的一条就是要改变天主教及教廷一统江山、禁锢思想、限制自由的状况，教义更符合当时新兴的资产阶级的发展要求。所以，跟德国一样，不论主流社会如何打压迫害新教，还是有很多新派的法国贵族成为新教徒，并且与天主教派展开斗争。

当时的法国新教还不叫"加尔文派"，他们叫"胡格诺派"。法国波旁家族的孔代亲王是公认的"胡格诺派"领袖，说起这家算是皇亲国戚。而天主教派的首脑就是吉斯兄弟。如此一来，这两边的斗争就有了政治意义，清君侧，打倒权臣。

1560 年，在孔代亲王指使下，几个"胡格诺派"的积极分子，预备组织一场重大行动。他们计划劫持当时还不到十六岁的法王弗朗索瓦二世，让国王摆脱吉斯兄弟的控制，最好还能让国王下令对这两兄弟实现审判。

谁知道行动中有叛徒，把这个绑架团伙出卖了，吉斯兄弟动作神速，逮捕了所有的参与者。孔代亲王因为叛国罪被判死刑，后来得以逃脱，其他的人犯就没这么幸运了，被各种酷刑处死。为了杀一儆百，威慑同类，吉斯兄弟特地安排酷刑处决活动持续了一个月。每天晚饭后，国王和兄弟就被吉斯兄弟带到城堡上，居高临下参观花样繁多的杀人表演。因为当时少年国王在昂布瓦兹堡里，所以这次惨案被称为"昂布瓦兹密谋"。

查理九世是吓死的

老大死了，老二接上吧，谁上都不忙，国家大事都由吉斯兄弟安排。面对吉斯兄弟专权，儿子被架空，到底美第奇太后是怎么想的呢？

这个一直很淡定的女人比较奇怪，她叔叔是罗马教皇，按道理她应该是非常虔诚的天主教徒。而就是在宗教这个问题上，显示出了这个女人的智慧。那就是不必拘泥也不用偏执，一切以王权为重，哪边对自己的权势地位有利，她就支持哪边。如今吉斯兄弟势大，所以太后更愿意扶持与之抗衡的力量。

1562 年，吉斯公爵出差返回巴黎，经过香槟省瓦西镇的一个谷仓，当时正好有一群新教徒在里面经行宗教活动，祈祷声、歌声还有吉斯公爵听来非常胡言乱语的声音让他顿时心烦意乱并火冒三丈，他下令立即驱散这群人。打断人家宗教仪式，教徒当然不干，于是跟吉斯公爵带的人马冲突。吉斯公爵这边是正规军队，一动手，新教那边近三百号男女老幼就灰飞烟灭了。

"瓦西惨案"一传出，新教徒自然要报复。因为新王继位，孔代亲王获得了赦免，所以再次成为首领，组织这场对天主教正式的战争，也就是著名的"胡格诺战争"。

1562年至1593年，三十多年，打了八次，也停了八次，每次都以各种条约停战。基本可以说，每次的条约都是在逐步放宽对新教的限制。所以不管这场战争对法国造成多大的破坏，至少新教在战斗中逐渐站稳了脚跟。

查理九世本来就身体不好，神经也不太健全，这样的内战让他每天"鸭梨"（压力）很大。好在有美第奇太后坚强的扶持，母子俩还到法国各地巡视、参观，了解战争动向。

美第奇太后在战争中起了很重要的作用。她一直尝试在天主教和新教之间做一个平衡的筹码，不过她有时是在灭火，有时是火上浇油。

为了控制和加压吉斯兄弟，美第奇太后扶持当时的海军上将科利尼。科利尼是胡格诺派的，在战争第一阶段，因为科利尼的势力，新教获得了比较有利的条件。科利尼总在宫廷里走动，几乎是查理九世最亲密的阁臣，而科利尼经常鼓励查理九世拿出一个国王的威风，不要总是长不大，什么事都要咨询母后。查理九世显然是很受教，渐渐地，跟太后说话就露出了端倪。

美第奇太后年轻时抓不住老公，年老后不想再抓不住儿子，而且她很享受垂帘听政的状态，如果谁不许她坐在帘子后面，她就会很想杀人。

1572年，战争已经打过三场，双方损失都很大，吉斯公爵和孔代亲王都战死，但是胡格诺的军队步步进逼，几乎逼近了塞纳河。太后再次出面求和，为了安抚两派，摆了个和局，让自己最小的女儿玛格丽特嫁给纳瓦尔的国王亨利。

纳瓦尔的亨利是孔代亲王后胡格诺派的领袖，也出自波旁家族，算算背景，他是卡佩王朝圣路易的后代。亨利预备迎娶的小公主玛格丽特则是美第奇太后存活于世的孩子中最小的一个。这个公主是欧洲历史上的大明星之一，大家应该都认识，我们喜欢叫她"玛戈皇后"（好多女读者就等这一段呢，不过这段故事要到后面去说）。

1572年8月18日，公主大婚，也算是胡格诺派的一场胜利，所以许多教徒聚集巴黎，为纳瓦尔国王亨利欢呼。8月22日夜晚，科利尼从卢浮宫出来，遇上刺客，好在他只受了轻伤。来参加婚礼的胡格诺派还没离开呢，听说科利尼遇刺，都很激愤，声称要报仇。

查理九世现在非常倚重科利尼，听说他遇刺，也发飙，张罗着要严惩凶手。这时，太后走过来阴沉地说：刺客是我派去的，你要严惩凶手，难道是让老妈偿命？！查理九世傻眼了。作为一个柔弱的男人，傀儡的君主，他不敢反抗老妈，更不敢想象没有老妈的日子怎么应对。

太后看出了儿子的懦弱，跟他摆事实讲道理：现在的局势，两个选择，要么把老妈和动手的吉斯公爵（新接班的）交出去，平息胡格诺派的怒火；要么趁胡格诺派重要人物都聚集在巴黎的大好机会，一举将他们剿灭。

查理九世经过痛苦的思索，最后选择了老妈。传说忧愤之下，他差点对自己的老妈使用暴力，但是最终，他缓缓地下旨：杀！务必干净彻底！他想，既然横竖要动手，不如就杀干净一了百了，防止以后有人知道这内幕，他落下恶名。

8月24日，吉斯公爵的人马首先进入了科利尼的寓所，老将军一听动静就知道大势已去，非常淡定地接受了死亡。当晚，那些因为婚礼入住卢浮宫的胡格诺派贵族全部遭到屠杀，巴黎市内的教徒当然也没有幸免。几天后，暴力向全国蔓延，没有防备的新教徒都冷不丁地遭了毒手，屠杀持续了几个月。这就是欧洲历史上著名的"圣巴托罗缪之夜"。

到底这次杀了多少人，历史资料也没有权威的数据，有的说几千人，有的说几万人，还有人说超过十万人，不用深究了。总之，经过这个事件，胡格诺派不再相信王室的任何伪善条件，而天主教阵营既然撕破了脸，索性也就不再寻求和解之道，双方不死不休吧。

死这么多人，新郎官获得了幸免，倒不是因为太后怕闺女守寡，是亨利灵活懂变通，看着形势不对，马上同意了放弃新教，皈依天主教。后来他设法逃出了巴黎，回到胡格诺派的阵营，宣布在巴黎的投降是情势所逼，他还是胡格诺派的信徒。

经过这么多事，本来不太健康的查理九世就更加神经质了，可怜得了神经病并没有让他更精神。1574年，二十四岁的查理九世死于肺结核。他这样柔弱的人做了那样重大的决定，然后又看到超出他想象的血腥结果，弱小的心灵饱受摧残。所以，他是被吓死的。

异装无罪 "伪娘"有理

查理九世的死去，有可能会让美第奇太后有点小庆幸。野史甚至传说，查理九世是死于太后下毒，因为所有儿子中，她最爱老三亨利，最希望他能黄袍加身。野史还说，美第奇太后对亨利之爱绝对不是母爱那么简单，两人可能有乱伦的关系。就算乱伦，估计也尺度有限，因为亨利三世是个公开的同性恋。

亨利三世是美第奇所有孩子中最漂亮的，小时候很正派，被老妈教坏了，没事就喜欢扮女人玩，扮得粉面桃腮，要是参加"超级女声"的比赛，绝对没有评委能认出来。他有时候扮上到街上瞎逛，巴黎市民都猜，搞不好法国现在是个女王啊。

男人要扮女人比女人扮女人花钱多，异装癖相当烧钱。亨利三世又喜欢帅哥，招募了很多男宠陪在身边，还都要扮上，膏泽脂香、酒池肉林，非常壮观。国家正在战争中，王室也不富裕，换个儿子这么疯，太后肯定要教育一番。亨利三世不一样，这个小宝贝天生就该过这种生活，就要让他自由自在快乐成长。

小王子的生活也不完美，"圣巴托罗缪之夜"后，外国新教徒轮番谴责法王的暴力行径。当时波兰正好要选举新国王，他家的新教就要求查理九世惩罚"圣巴托罗缪之夜"的凶手，查理九世口头答应，波兰则尊王弟亨利为新的波兰国王。

亨利一点不想去波兰做劳什子国王，但查理九世催他快走。据说赴任前，美第奇太后说：只管去，不会在那里待很久的。不到八个月，查理九世暴死，亨利也不好好办理交接手续，把一国家的人丢在那里，自己跑回来登基成为法王。

宗教战争愈演愈烈，两边都有背后支持的力量，势力还挺均衡，有些新教占了优势的地区就开始直接闹独立了。"圣巴托罗缪之夜"显然是天主教阵营理亏些，胡格诺派叫嚣着要报仇也很有号召力。而此时吉斯家族的当家也是亨利，他是不怕事大的，让胡格诺派随时放马过来报仇，他会带领天主教徒战斗到底。

在那场大屠杀中，吉斯家是总指挥，虽然三王子亨利当时也参与了，但最多算个帮忙的同伙。如今亨利三世已经坐上朝堂了，怎么吉斯家族还以老大自居啊，眼里有没有主子啊。

为了让形势缓和点，也为了让天下知道，谁才是真正的法兰西老大，亨利三世在1576年颁布了一个《博利厄敕令》，敕令主要内容是谴责屠杀，为死者昭雪，允许新教徒在各地举行仪式，允许新教徒入阁参政，而在新教当政的几个省，允许他们有自己的司法机构等。

这个敕令一下，天主教阵营可是翻天了。国王是无间道啊，他什么时候混到胡格诺派那边去了呢？吉斯家先翻脸了，他们自己联系西班牙，获得资助，自行组织军队，还搞了个"天主教神圣同盟"，不听国王的号令，直接对胡格诺派作战。

战争再次开始，算一下，这是第五场了。1576年至1584年打了三场，又和了三次，互相妥协了不少条约。而就在1584年，战局起了戏剧性变化。

亨利三世不跟王后上床，显然是生不出儿子了，所以他的弟弟是第一继承人。没想到，这一年，这倒霉太子死掉了。这下麻烦了，因为根据之前排好的继位顺序，亨利三世死后，王位要传给纳瓦尔的亨利。

不管天主教怎么强大，胡格诺派的首领成为法王，那结局简直让吉斯家族不可想象啊。这样一来，吉斯家的斗争有了新意义，不仅要干掉胡格诺派，还要取消亨利的继位权。

吉斯家的亨利和纳瓦尔的亨利打得激烈，法王亨利在忙什么？他在选择，基本上，他也选出结果了。那就是，不能再让吉斯家这么嚣张了。法王暗地里开始跟纳瓦尔的亨利互通消息，希望双方建立某种新型伙伴关系。

法王的态度让吉斯家知道了，吉斯家觉得，关于王位的事，要快刀斩乱麻。巴黎人民毕竟是天主教派的死忠，一听说吉斯家要办大事，巴黎城内就非常配合地变成了战场。1588年5月12日，巴黎全城行动，主要街道都架设了街垒，并包围王宫，迎接吉斯家的亨利进城。

这一天是法国历史上的"街垒日"。亨利三世被吓坏了，仓皇逃出了巴黎。

虽然占领了巴黎，吉斯家的亨利也不敢篡位，他们邀请亨利三世回来。不要跑嘛，有错就改还是好国王，收回以前的错误决定，让吉斯家摄政，亨利三世还是可以继续在王宫里装女人玩。

亨利三世看似柔弱，还有点"娘"，其实是个狠角，他当时几乎答应了吉斯家的所有条件。几个月后，有一天吉斯公爵正预备去上班，有宫中侍卫通知他去寝宫见驾。国王召见摄政，很正常，吉斯家的亨利哼着曲就去了。一进门，十来个人扑上来，刀光剑影啊，还没看清状况，吉斯公爵就倒在血泊中。亨利三世冲出来，踢了尸体一脚，仰天狂笑（演戏呢）。

美第奇太后脑子比较清楚，看着吉斯公爵的尸体，对儿子说，儿啊，你闯大祸了。

吉斯之死又点燃了巴黎人的怒火，巴黎大学首先宣布解除国民对法王的效忠，并授权他们可以跟国王开战。而天主教的军队也重新集结，预备报仇。

没办法了，找妹夫帮忙吧。亨利三世正式跟纳瓦尔的亨利结盟，而且恢复之前取消的他的王位继承权，胡格诺派的军队现在愿意为国王而战。

战场上的厮杀长久见效慢，面对面的暗杀效率最高。1589 年 7 月 30 日，一个修士要面见法王。因为胡格诺派如今占据优势，天主教那边每天过来投诚的人不少，有个修士要求面见法王，还说有重要情报，亨利三世以为又能拉拢一个天主教僧侣，很高兴，下令召见。谁知这个修士是个法国荆轲，玩了一个翻版的图穷匕见，在法王面前跪下，然后掏出刀子，一刀捅进了亨利三世的腹部。王宫的安保工作真是太差了，杀个国王跟玩似的。

1589 年，亨利三世死了，就在这一年的年初，美第奇太后也见了上帝。这一场混战，左一个亨利，右一个亨利的，让人看得头晕，历史上称为"三亨利之战"。如今三亨利死了两个，局面清爽多了，就看剩下的亨利如何应对了。

十八　亨利大王

巴黎值得一场弥撒

先说个八卦。2010 年，法国的科学家终于确认一枚在欧洲私人收藏界辗转了很多年并曾以三万法郎拍卖的头颅属于亨利四世的。亨利四世的脑袋怎么到处跑呢？因为法王的墓地被大革命破坏，这些骨头就被当作收藏品到处卖了。在没有 DNA 样本的情况下，如何确认一个头骨属于一位四百年前的国王，这要感谢文艺复兴后，那些以人体骨骼为基础的肖像油画，要是法国人画国王用中国画的大写意手法，亨利四世的脑袋就只好继续到处流浪了。法国人确定后，预备明年给这个头颅办个盛大葬礼，让他再次下葬。因为法国人都认为，亨利四世，算得上法国历史上最伟大的君主。

亨利三世为了取得亨利的支持，承诺确认他的王储地位，可亨利三世这样突然死掉，亨利正领大军在外，巴黎被天主教联盟控制，要想登基，真是难上加难。天主教那边拒不接受亨利，他们自己扶持了波旁的红衣主教为所谓的查理十世，说这个是正牌法王。

两派军队继续恶战，亨利的胡格诺派人马包围了巴黎。别人打架，围城的目的就是让城内弹尽粮绝，无力再战。亨利不敢啊，他是未来的法王，城内是他未来的子民，让巴黎的老百姓饿死，他恐怕就更没机会登基了，所以围久了，他还要往里送粮食，只要粮食不断，巴黎就一直攻不破。

两派打了这么多年，除了教派之争，还夹杂了权力之争，所以现在亨利的阵营也有大批的天主教徒，面对眼前这个几乎无解的困局，手下的天主教将领出了主意，其实这个题最好的解法就是亨利再次成为天主教徒。巴黎城内的主教也基本同意，只要亨利再次皈依，他们愿意奉他为主。

这也不算难为人，"圣巴托罗缪之夜"，亨利为了保命，已经皈依过一次。

这种事嘛，只要发生了一次，就可以考虑第二次。所以亨利权衡了一下，说了一句名言：巴黎，值得一场弥撒。

弥撒是天主教的仪式。原来说过，新教教义有个重要内容就是废除天主教这些个繁文缛节。亨利愿意在巴黎做弥撒，当然是以天主教徒的身份，换言之，他再次改变了信仰。

领袖背叛，很多胡格诺教徒转不过弯来，很愤怒，很失望。但是随亨利征战多年，看尽了这三十多年内战悲凉的教徒则开明多了。再打下去，法兰西就完了，老百姓真不能活了，退一步海阔天空吧。

1593 年，圣丹尼大教堂，布尔日大主教举行仪式，亨利四世正式皈依天主教。这次是诚心的，而且是真的。

1594 年，亨利带兵进入巴黎，巴黎的天主教市民在街上蜂拥着参观这位传奇的人物。过了一会儿，人群中开始高呼"国王万岁"！整个街道加入了这个欢呼，无论如何，国王现在是天主教徒了，是不是可以说，这场宗教内战可以不用再打了？

没这么简单，就算亨利成为天主教徒，愿意效忠他的，还是只有原来胡格诺派的五个城市，其他各地还被天主教联盟掌握，其中包括法王历代的加冕之地——兰斯。亨利没办法，可怜兮兮地在博斯的沙特尔大教堂戴上了法王的王冠，勉强登基成为亨利四世，他来自波旁家族，所以他的王朝就称为波旁王朝。办完法王的手续，亨利四世继续对顽固的天主教联盟军队作战。

1598 年，在战斗中取得优势的亨利四世颁布了著名的《南特赦令》。大意是：正式宣布天主教为国教，但是法国全境享受宗教自由，想信新教也没人管你，胡格诺教徒和天主教徒都能考公务员进政府上班等。总而言之，核心意思就是一条：宗教宽容，信仰自由。这个赦令一出，虽然各地还是有不服的，但基本可以宣布，胡格诺战争，终于结束了。

波旁王朝最坚实的奠基

胡格诺战争打了三十六年，看起来比百年战争时间短，可是其造成的危害，绝对不在英法百年战争之下。大家想啊，英国人来法国打仗，总要组织准备一下，打了一阵也要回去补给一下，所以虽然持续的时间长，但真正的激战并不多。宗教战争不一样，有人的地方就有教徒，只要是教徒就跟战争有关，而且全是法国自己的同胞，再加上外围下注各种帮忙的，基本上这36年说是只有8场战争，但小规模的破坏数不胜数。

据说亨利四世正式接手后，看着账本上的累累债务，看着工业农业的一片萧条，看着百姓的生活窘迫，看着国土的支离破碎，说：如果要面对这一切，深受这种苦难，还是死来得更容易。

他不能死，苦战这么多年，吃了多少苦，受了多少辱，终于等到这一天，自己一定要带领法兰西重新站起来。首先是要重建社会秩序，亨利四世将以前的国王议政会议细分了一下，将国务和财政管理分成两个部门，再细分出诸如外交军事等各种分支；向各地派出了征税官员；有了钱后又重金收买反对派，终于稳定了战后的国家秩序。

亨利四世人不错，从他两次改信宗教就知道为人随和，这样的主子，身边一定会吸引一些贤臣。帮助亨利力挽这个几乎破产的国家的，就是名臣苏利公爵。

苏利是公爵的属地，可苏利公爵这个名号后来太响了，所以历史书就都叫他苏利了。此人少年时就追随亨利四世，后来自然入阁成为重臣，因为他最擅长的事就是理财，入阁不久就成为法国的财长。

整个法兰西饥寒交迫，苏利认为：耕地和牧场是哺育法兰西的双乳。于是政府就大力扶持农牧业，多次颁布保护农业农田牧场林业之类的法律法规。

苏利重农业，而亨利四世更注重制造业和商业。里昂的丝绸，巴黎的玻璃、陶瓷、挂毯等都形成了很出名的产业，法国分别同德意志新教同盟、英国甚至是西班牙都签订了商贸协定，又在北美的魁北克建立了殖民地，到处做生意。

以农业为本扶持商业，亨利的这个复兴规划，当然还要包括基础设施的建设。道路和桥梁状况都得到了明显的改善，现在巴黎有两个地标性的景点就是出自亨利四世之手，第一个是横跨塞纳河的巴黎新桥，虽然叫新桥，但也是现在塞纳河上最古老的桥了；第二个就是巴黎的浮日广场。

亨利四世曾说过，他的治国理想是：每个法国农户周末时锅里能有一只鸡。能对改善民生提出这么明确的工作目标，亨利四世真值得好多人学习。

在位二十一年，亨利四世表现不错，经济复苏，国家恢复稳定，国土重新统一，一切向好，国运蒸蒸日上，奠定了后来法兰西成为欧洲之霸最重要的基础。亨利四世后的一百年，是法国历史上最辉煌的时代。

很多历史书夸大了亨利四世的建设成就，说他任内清偿了法国所有债务，这个恐怕有点夸张美化了，而会这样美化他，也是因为大家公认他是非常负责称职的国君。可以说，他是法兰西的千古一帝，所以有些法国人根据欧洲的传统，叫他亨利大帝，可惜他不是皇帝，只能叫亨利大王。

国内的宗教战争平息了，周围还是强敌环伺。看过《德意志：铁与血的历史》的读者知道，时间进入 17 世纪了，眼看着，欧洲一场大战又要开打，法国即将再次陷入战争。到底当时法国在欧洲是个什么环境呢？

法国是个天主教国家没错，因为亨利四世这个尴尬的立场，他肯定是跟新教徒在一起混更舒服。胡格诺战争中，西班牙和奥地利是支持天主教联盟的，英国和德意志的新教联盟则是胡格诺派的朋友。胡格诺派一直能跟天主教联盟死磕，后来还略占上风，跟英国在海上干掉了西班牙（1588 年英西海战）成为大洋霸主很有关系。另外还有一股势力，也就是法国东北部头顶的尼德兰地区，包括现在的荷兰、比利时、卢森堡。

尼德兰地区在 15 世纪初属于西班牙控制，有个西班牙总督在管事。15 世纪末，西班牙这种死封建统治严重制约该地区工商业发展，而西班牙人又不问青红皂白只管镇压提意见的群众，逼得尼德兰造反。当时的胡格诺派也和英国人一起，对尼德兰的革命给予了支持和帮助。尼德兰革命使该地区分裂，北部成立了世界上第一个资产阶级共和国——荷兰，而南部比利时这一片，继续留在西班牙管辖下，继续笃信天主教传统派。这样一来，荷兰就成为法国的朋友，比利时自然就是敌人。

左边是神圣罗马帝国、右边是西班牙、头顶是比利时，亨利四世觉得日子很憋屈。看着国家发展稍微稳当点，他也顾不上老百姓锅里有没有鸡了，就预备找哈布斯堡家族干一仗。

可以想象，这一仗打下来，又是一场巨大的劳民伤财，不知道会让亨利四世之前的努力浪费掉多少。好在上帝保全了他的名声，没给他机会让他犯傻。1610 年 5 月，预备出征的亨利四世御驾离开卢浮宫，去探望苏利。在一条狭窄的街道上，前面的马车突然撞车，堵塞交通，亨利四世正坐在自己的銮驾上等待交警过来处理呢，突然蹿出来一个人，跳上马车，连续两刀刺死了国王。

刺客当场被擒，关于这个人的背景和行刺原因，历史书都说得很模糊很暧昧，甚至很狗血。说是这个刺客，患有一种奇特的生理疾病，叫作"弑君症"，一辈子就想杀国王过瘾，后来终于得手了。一个刺客"被生病"能掩盖不少事。不过这么容易又让一个平头百姓杀掉了法王，证明法国的治安经过亨利大王这么多年的建设一点没好转。而且法王这么大一个干部，上街不封路，也不召警车开道，最后招致杀身之祸，也很令人欷歔。

玛戈王后

自从老杨的世界史陆续出版，吸引了一些之前完全不看历史书的读者，遭遇了一些很无奈的疑问。比如，年轻的小女读者拒绝认可梅林是个猥琐无赖的长胡子老头，她们认定梅林是英国电视剧《MEILIN》里面那个和亚瑟王有点小暧昧的白净帅哥，亨利八世也应该是《都铎》里面那个英挺俊朗还有点冷酷霸道的国王。以此类推，著名的玛戈皇后当然就应该是伊莎贝拉·阿加妮的样子。在电影《玛戈王后》中，三十九岁的伊莎贝拉·阿加妮演绎了性感的极致，那就是清纯。即使是乱发素颜、一脸惊恐也依然美得不可方物，不论各种野史传说如何，这部电影是最好的佐证，玛戈王后就是法国历史上最美的王后。

电影《玛戈王后》改编自大仲马的小说。原来老杨说过，大仲马的小说基本上都能找到历史原型。所以，老杨就根据这部电影，胡说点瓦卢瓦宫廷的野史绯闻。

玛戈是美第奇太后的小女儿。太后其貌不扬，还挺讲究，她进入法国宫廷后，大力提倡"细腰"运动，所谓"楚王好细腰，宫中多饿死"。法国宫廷里的女人，用各种办法勒住肚子，节食瘦腰，据说也饿死了不少人。美第奇太后自己一点不瘦，貌似腰也不细，她对这件事这么上心，恐怕是作为一个不受老公待见的怨妇的无事生非。

美第奇太后本来安排玛戈嫁西班牙或者葡萄牙的王室，后来看到宗教斗争火烧眉毛，才决定将女儿嫁给纳瓦尔的亨利。电影里，巴黎人叫亨利四世为乡巴佬，这个也是有根据的。且不说夹在法国和西班牙之间的纳瓦尔是个乡下小国，传说亨利四世出生，他父亲就用大蒜涂抹他的嘴唇，灌了他一口葡萄酒，算是受洗了。从此以后，亨利同学嗜食大蒜。江湖上还传说，亨利同学有点狐臭，脚臭尤其厉害，加上吃完大蒜的气味，再帅的帅哥也让人退避三舍了。

从之前的法国历史看，战乱分裂，王权一直摇摇晃晃，没什么时间搞精神文明建设。16世纪的法国宫廷，我们已经不能用任何道德标准来要求了，尤其是异装癖亨利三世上台后，法国王宫更加乱套。在这种环境下，别指望玛戈会是个淑女。

电影里，玛戈和自己的三个兄弟有点乱伦之情。这事不好说，玛戈大名叫"玛格丽特"，"玛戈"这个名字据说是她二哥查理九世给她起的。给自己妹妹一个昵称，恐怕不能算是乱伦的证据。至于亨利三世，他就更不可能了。

玛戈婚前公开的相好是吉斯家的亨利，玛戈也多次表达想嫁入吉斯家的愿望，这个理想是很难实现的。美第奇太后一直忙于限制吉斯家专权，怎么可能再给他家一个驸马之位呢。

美第奇太后选定纳瓦尔的亨利做女婿后，纳瓦尔的太后，也就是亨利的妈不同意，在胡格诺派贵族的压力下，不得不点头，很不情愿地到巴黎商议婚事彩礼嫁妆等事宜。玛戈的未来婆婆在巴黎突然就死了，说是病死的，可大部分人认定是美第奇太后毒杀的，至于原因，可想而知。

亨利和玛戈是标准的政治联姻，婆婆之死更让这个事增加了悲剧色彩。婚礼时，因为亨利的宗教信仰，有些仪式他拒绝配合，整个婚礼充满着不和谐。而婚礼上，主教问玛戈，愿不愿意嫁给亨利为妻，玛戈拒不回答，被查理九世按住她的头这一幕，有些历史书也有记载。

玛戈有自己的相好，亨利也有自己的情妇，这个婚姻反而可以为政治而政治，没有其他。在"圣巴托罗缪之夜"，玛戈舍命保护了亨利和他的几个随从让人很意外。她明明不爱这个人，对这桩婚姻也充满厌倦，为什么宁可跟自己的家族作对呢？根据电影，我们就相信，那是因为玛戈天性善良，对于这样的屠杀，她起了一个天主教徒的悲悯之心，忘掉了这些宗教差别。

法国宗教内乱这段，英国那边伊丽莎白一世女王在位。《英帝国：日不落之殇》里介绍过，早先，大家还都考虑要让女王成个家，法王亨利三世曾是候选人之一，不过后来，女王更青睐亨利三世的弟弟阿朗松公爵。这位阿朗松公爵，就是美第奇太后唯一没有成为法王的儿子。阿朗松公爵对新教同情，还帮助过荷兰的独立斗争，所以亨利四世被囚期间，阿朗松公爵经常跟他一起。

看着查理九世活不了几天，当时的亨利三世在波兰，巴黎有些新教徒就策划让阿朗松公爵登基，毕竟，他对新教是宽容的。而这个事情的几个主要操作者中，就有一个叫德·拉莫尔的，他是玛戈这段时间的情人。

阿朗松公爵最后没有登基，说明行动失败。拉莫尔被抓住后，被酷刑折磨致死，据说临死前他还向玛戈表达爱意。玛戈带走了拉莫尔的头颅，防腐处理后，用一个宝石棺材将其下葬。

玛戈再次保护亨利四世度过危机，最后还逃出巴黎，玛戈被亨利三世软禁几年后，也投奔他而去。在纳瓦尔的波堡，两夫妻总算在一起生活了三年多。这三年多也不算正常，基本上，你找你的情人，我找我的情人，各玩各的，难得碰面也是吵架，玛戈后来又回到了巴黎。

可怜玛戈，回到巴黎，亨利三世猜忌嫌弃她，回到纳瓦尔，亨利四世也不接受她，她只好到自己的封地阿让。后来她想发动政变来争取自己的地位，结果被亨利三世剿灭，一同被绞杀的，还有玛戈在阿让的情人，一个骑兵军官。这个事之后，玛戈就被亨利三世关在一个城堡里。在这个城堡里，玛戈度过了十八年。

从 1592 年开始，亨利四世就和玛戈讨论离婚的事。没有感情，也没有子嗣，离婚难以避免。玛戈同意离婚，可她想要保住法国王后之名，估计是这个事不好通融，足足闹了七年亨利四世才恢复了自由，玛戈保留了王后的名号，她将永远是玛戈王后。

亨利四世的私生活一点不比玛戈清爽，出名的就是好赌又好色。他一直有个固定的情妇叫加布里埃尔·埃斯特蕾。这个美女大家也见过，回忆一下弗朗索瓦一世时代，老杨曾经提到过，枫丹白露画派的重要画作——《埃斯特蕾姐妹》，画作中，右边的手拿一枚戒指的裸女就是加布里埃尔。

了解这个背景，大家就能看懂这幅油画了。左边的裸女是加布里埃尔的妹妹。她捏着姐姐的乳头，应该是暗指加布里埃尔已经怀孕；手上拿着戒指，预示着国王已经预备跟她结婚；后面的背景，宫女在缝衣，可以理解为为即将来临的婚礼或者是即将出生的太子做准备。

亨利四世跟玛戈离婚后，就想娶加布里埃尔为后，这个女人跟了他很多年，孩子也生了好几个，都是私生子，没有继承权。他正式迎娶加布里埃尔，她当时肚子里的孩子就可能是未来王储了。加布里埃尔没等到那一天，她死了，死状甚惨，口吐白沫，抽搐而死。加布里埃尔也算是著名的美女，没听说有羊痫风之类的病史，她这样地暴死，当然是谋杀。凶手呢？不想她成为法国王后的人太多了，都有嫌疑。

没有爱情了，就可以考虑现实问题了。苏利帮助亨利四世选择了美第奇家的玛丽，凯瑟琳太后的远房侄女，法国宫廷再次迎来了一位美第奇家族的王后以及来自佛罗伦萨充裕的陪嫁。

感谢欧洲历史上的画家，亨利四世和玛丽·美第奇的婚礼盛况我们也能看见。当时著名的德国画家鲁本斯将现场留在了画布上，画名叫《玛丽·美第奇与亨利四世的婚礼》，和上面这幅《埃斯特蕾姐妹》一起，都收藏在卢浮宫。

玛丽·美第奇很争气，虽然亨利四世也不太喜欢她，她还是在第二年顺利生下了太子。

亨利四世的前妻玛戈在那个幽暗阴森的城堡逐年老去，容颜衰退，每天忙着写一本回忆录。后来因为欠债，生活艰难，玛戈和亨利四世和解，回到巴黎，亨利四世帮她解决了财政危机。晚年的玛戈生活挺充实，扶持艺术家，支持文化事业，和玛丽王后的孩子关系都不错，据说后来的路易十三跟玛戈的关系比跟自己亲妈还好。

玛戈和玛丽和好，有点同病相怜的意思，玛戈是法律意义上的前妻，玛丽实质意义上也相当于"前妻"，因为亨利四世疯狂地爱上了另一个女人。

亨利四世看上了孔代亲王的妻子，算起来，这一任孔代亲王是亨利四世的侄子。五十多岁的亨利四世不顾老脸对年轻的侄媳妇纠缠不休，让孔代家族很无奈，最后，孔代亲王只好带着老婆夏洛特跑到了西属尼德兰也就是比利时去避难。比利时是属于西班牙的，亨利四世跟西班牙不对付，所以孔代选择跑到那里。

亨利四世将爱情进行到底。不好追到比利时去勾搭别人老婆，就逼当地把人交出来，人家不搭理他，他于是决定出兵开战。

野史虽然这么说，我们也不能因此认为亨利大王是个被女人搞昏头的糊涂虫。女人不过是个导火索，他看法国这几年建设得不错，有点实力，就存了称霸欧洲的野心，想跟左邻右舍开战，也是可以理解的。

亨利四世死后第五年，玛戈王后也在巴黎死去了。死前那几年，玛戈依然过着放浪形骸的生活，跟不少出身低微的人有过露水情缘，将她的"欲女"形象维持到了最后。

玛戈王后一生很悲剧。仔细回顾一下，她好像真没有害人或者阴谋诡计之类的行为，比她那个精于用毒的妈善良多了，她一次次地救了亨利四世，最后还能同意离婚，让玛丽为波旁生下继承人。应该说，对整个波旁王朝她是有功勋的。

不管作家或者文艺作品对玛戈如何美化，说她的美貌"不属于人间"，但从存世的油画看，玛戈算不得天姿国色，美第奇太后自己就相貌平庸，她生出天仙的概率能有多少呢？所以，跟德国的茜茜公主一样，我们自动屏蔽历史事实，在上面这段纷乱血腥的历史里，我们唯一深深记住的，就是伊莎贝拉·阿加妮那纯蓝澄澈的双眸。

十九　权臣+外戚的时代——路易十三

太后和她的意大利亲随

美第奇家的女人，都是来法国当太后的，而且天生都会玩权术。亨利四世遇刺，路易十三继位时才八岁，又一位美第奇摄政太后出现了。

太后来自意大利，天主教徒，所以她一主政，政策就向哈布斯堡王室倾斜。不仅给路易十三娶了西班牙的公主，还把自家的公主嫁到西班牙，亲上加亲，确定了自己的立场。

玛丽太后从意大利带来不少人，她跟自己的奶姐（一个奶妈喂养的）最好，这个奶姐能支配玛丽很多事。奶姐嫁给了太后的意大利侍从孔契尼，从此孔契尼也一步登天，不仅买了个侯爵的身份，还当上了元帅和首席大臣。

本来亨利四世驾崩，从来就不安分的贵族大臣就预备欺负孤儿寡母，看着意大利人现在呼风唤雨，小人得志，则更加生气。

法国的贵族又发扬传统，回到各自的封地，兴兵作乱，要求法王召开一个三级会议。这些封建贵族可以趁机在会上要求权力，挤对太后并控制国王。

1614年，太后不得不召开三级会议，满足贵族的要求，让贵族始料不及的是，他们原本以为可以控制会议，谁知第三等级的市民代表对这些封建贵族地主老财不满，他们愿意支持路易十三和太后。法国贵族演了一出搬起石头砸自己的脚的戏，懊恼非常。同时，大家一致认为，三级会议这个东西很危险，掌控不好容易自己害自己。所以，此后的一百多年，三级会议就不再召开了。

小国王总是要长大的，路易十三其实并不满意母后的安排，对于孔契尼在朝中作威作福，也很看不上。而且，随着小国王长大，他身边也会慢慢出现一帮出主意的人。

134

有个叫吕伊纳的贵族得到了国王的垂青，到底是小孩儿啊，吕伊纳最厉害的就是会训练猛禽用于狩猎，估计这个事让路易十三很崇拜，所以慢慢地吕伊纳就开始帮着策划别的事了。

吕伊纳告诉国王，要想亲政，就要扳倒太后，要扳倒太后，首先要解决孔契尼两口子。

1617年，十六岁的路易十三启动了亲政的大业。第一个重要的决定是：杀掉孔契尼。他做到了，孔契尼在大街上身中三枪而死，他死后，巴黎全城欢呼，都说国王英明，孔契尼的尸体后来还被巴黎市民分拆了。孔契尼的老婆被定罪为女巫，太后避祸布鲁尔。

路易十三基本上算个孝子，他只亲政，并不想整死老妈。所以，他找了个人在巴黎和布鲁尔之间调解，让老妈回到巴黎来，母子和解。

来往于巴黎和布鲁尔，给国王母子传话，还要安抚两边的情绪，是个挺考人的任务。路易十三派去的这个调解员很称职，后来，太后就真的回到了巴黎。看上去母子和好，其实从此法国宫廷王党和后党抗争的局面就形成了。

后党势力还是挺大的，孔契尼死后，他们的核心人物就是路易十三的弟弟奥尔良公爵，路易十三的老婆暗地里也跟婆婆一伙。太后遭此打击后，就计划着罢黜路易十三，让奥尔良公爵成为法王。

王党的阵营核心当然就是吕伊纳，吕伊纳玩阴谋诡计可以，办正经事水平一般，路易十三渐渐有点看不上他了，正好1621年，他死掉了，路易十三不得不给自己物色另外更有实力更有用的帮手。这时，他突然想到，那个帮着调解纠纷，最后终于将太后劝回巴黎的同志不错啊，可堪大用，让他过来试试吧。就这样，一个叫黎塞留的主教进入了法王的皇家内阁。

史上最成功的政治家

略懂欧洲历史的人，说到红衣主教，脑海里一般会浮现严厉、冷酷、果断、机心且权势喧天这样的形象。而这个形象的确立，应该说，跟欧洲历史上最出名的红衣主教黎塞留很有关系。

如果从成功学的角度来看，黎塞留的人生算是得分非常高的。前半生，他经营自己，后半生，他经营国家，都获得了他需要的成功。根据中国儒家同学的人生目标，了却君王天下事，他显然是做到了，至于有没有赢得生前身后名，则没有明确标准了。在老杨看来，老黎是个无比成功的人，但不见得是个受人爱戴或者崇敬的人。

1585 年，黎塞留生于巴黎。父亲参加了宗教战争，是亨利三世的亲信之一，后来又跟了亨利四世。五岁时，黎塞留的父亲就死了，他靠着王室的赞助，还清了债务，还读了军事学和神学的双学位。黎塞留在 1606 年被任命为法国最小的教区的主教。

看起来起步不算太好，挺暗淡，不过黎塞留善于抓住每个机会让自己出头。1614 年，法国的三级会议上，他积极主动地发言，措辞激烈，立场鲜明，非常忠诚地站在王室一边，为法王争取权益。三级会议王室取得了优势，黎塞留自然就留在国王和太后的脑子里了。

千万不要小看黎塞留在三级会议的发言，他这样表现自己正是一种刻意的人生经营。之前他读神学博士时，就托人找关系把自己的论文递给亨利四世，希望能被国王注意，可惜亨利四世对一个神学生的论文没兴趣。

太后觉得这小伙子不错，就让他到孔契尼身边当个秘书。孔契尼是个张狂的人，在他身边的人都有点小人得志鸡犬升天的优越感，只有黎塞留一直很低调，谨小慎微，不乱说乱动。所以，孔契尼倒台后亲信都受株连，黎塞留却得以保全，后来还能被国王路易十三看上，成为调解帝后矛盾的联络员，并借此入宫、入阁，成为路易十三的重要阁僚。

孔契尼刚倒台时，黎塞留觉得国王不待见自己，非常聪明地跑到教皇在法国的属地去公关，再次成功。1622 年，黎塞留成为红衣主教，随后就打造了一个红衣主教的经典形象，成为后来所有红衣主教的代言人。

1624 年，黎塞留成为首相。据说，老黎入宫前，写了本神书，这部神书拿到现在，还是可以给职场新人当指南用的，这部书是《自用宫廷行止守则及警言》。老黎自己给自己定了入宫的标准，老杨给翻译成入职指南大意如下：一、如果要让老板注意自己，就要经常在君主经过的地方溜达，当然也不能总溜达，要么显得太闲，要么就会显得太故意；二、不管什么事，不管有多急，老板生气的时候，最好不要去找他；三、公司里不管是奸人善人、高层还是在野的都不要得罪，都要保持友善，因为不知道哪朵云彩有雨；四、任何事，不要随便评论，不要随便说话，防止祸从口出；五、听到有用的语录或者典故，回家记下来，总有一天能派上用场。怎么样，实用吧？很多人说这个书应该不是老黎写的，可是看老黎入宫后的表现，太像他写的了。

这部入职指南让老黎在相位上干了十八年。这十八年，黎塞留干了不少事。主教身体虚弱，心理强大，事业心惊人。路易十三评价他，说他一天干的事，相当于别人一个星期干的。

其实，这十八年的岁月，老黎干的事最重要的就是三件：一、收拾并压制了胡格诺派；二、收拾并压制了不听话的大贵族；三、收拾并压制了哈布斯堡王朝。

亨利四世颁布《南特赦令》后，胡格诺派算是站稳脚跟了。毕竟法国是天主教的国家，胡格诺派总觉得他们得到的不够，加上之前的战争，他们的军事力量还在，军事要塞也在，在胡格诺派很多领地，他们几乎能自治。黎塞留先发起了对胡格诺派的斗争。

1627 年，黎塞留亲自带兵包围了胡格诺派的重要军事据点。这个据点在英国的支持下，死守不降，黎塞留打退英国的救援，大约包围了一年，最后是饥饿摧毁了胡格诺派这个大本营。

黎塞留为人铁腕无情，加上他还是红衣主教，所有人都认为，拿下胡格诺派，他恐怕会领导一场血腥清洗。没想到，他非常智慧地让路易十三给予大赦，参加战斗的胡格诺派战士没事就回家吧，不找你们算账，回去后，还可以继续信新教，爱信什么继续信，国王和主教都不干涉，唯一的要求就是解除武装，所在地的政治特权也不再享受，除了港口的防御工事，其他的工事都拆了吧。

黎塞留对胡格诺派的大度和开明，让整个基督教世界都很意外。而就是这件事，黎塞留向我们展示了一个真正政治家的智慧，国家安定当然是要超越宗教分歧的。

国内大贵族的反叛，就更加频繁了。路易十三亲政前，那些动乱分子被太后求爷爷告奶奶、使大把银子安抚住。路易十三亲政跟太后翻脸后，太后成为这些反叛的头目了，主要成员还包括路易十三的弟弟——奥尔良公爵加斯东、路易十三的老婆——奥地利的公主安娜。

从1619年开始，后党及支持者就开始发动叛乱，被一一镇压。而黎塞留成为首相后，每次一镇压完叛乱，就有几个贵族被关押甚至被砍头。后党渐渐认识到，黎塞留才是最危险的敌人，要想对付法王，首先要卸掉黎塞留这只臂膀。

1630年11月11日，因为路易十三那阵子对黎塞留的一些做法多有不满，偶尔家里聊天就表露出来。王后安娜和太后玛丽认为，黎塞留不行了，可以乘机让国王罢黜他了。于是，太后到路易十三面前控诉，说首相是个阴险小人，辜负国王的信任，等等。老妈一把鼻涕一把泪，言之凿凿的，路易十三的脸色也一阵阴沉一阵忧虑，太后感觉，今天这个事可能是有门了。黎塞留在巴黎甚至整个欧洲都有自己的密探网络，太后这出表演也瞒不过他。虽然这伙计平时泰山崩于前面不改其色，但这次也有点慌，他直入王宫见驾，满脸热泪表示自己的忠诚。太后看到这个情况，增加了表演的力度，直接开始哀号，有点泼妇的架势。路易十三实在看不下去了，转身离开，随后召见黎塞留，安抚他，让他安心本职工作，不要受影响，自己看好他。

黎塞留长松一口气后开始反击，太后被流放，王弟领了个通报批评留校察看，那些跟太后押宝的人臣都被关押。这个事件的起因，完全是太后和王后没搞清楚状况、看清楚形势，是愚蠢的行为，所以这一天被称为"愚人日"。关键时刻路易十三能站稳立场，坚定对黎塞留支持和信任，可见这个平时病恹恹，没什么主见的君主，心里还是很清楚的，良臣一般都是贤君造就的。

王弟屡教不改，后来又伙同贵族造反，都被黎塞留镇压。就在老黎去世的那一年，他还镇压了他过去的亲信主导的叛乱，处死了亲信，把王弟奥尔良公爵贬为庶民。

黎塞留的首相任期，恰逢惊动了整个欧洲的三十年战争爆发。1618年，神圣罗马帝国派出的天主教钦差到捷克的布拉格出差，被英雄的捷克新教徒从窗口丢出来，三十年战争就开始了。

战争过程老杨在《德意志：铁与血的历史》中记录了，战争分了几个阶段：先是波西米亚独立战争，失败；丹麦加入战斗，失败；瑞典雄狮威风八面，席卷德意志全境，最后遭遇华伦斯坦，再次失败。按说，不管三十年战争起因如何，法国是一定不会置身其外的。

原来说过，法兰西如今国土东边是奥地利，西南边是西班牙，北部是比利时，南部意大利北部城邦，全都属于哈布斯堡家族。而从波旁王朝一开始，法王就梦想着能拥有自然的疆界：西南方的边界应该是比利牛斯山，东部当然是推进到莱茵河，把哈布斯堡王朝打发到比利牛斯山那边去做一个小国，将土耳其等赶出欧洲，法国周围成立一圈中立的小国。

基本上，就是一个法国称霸欧洲的计划，这个计划的第一件大事，就是先要按住欧洲大陆上最横的哈布斯堡王朝。从亨利四世传下来的外交主旨就是，与西班牙奥地利为敌。为了打击哈布斯堡王朝，法国这个天主教国家就必须和新教的国家联手作战。

三十年战争的前半截，法国着急使不上劲儿，路易十三和黎塞留这对君臣忙着平乱呢！但他们对德意志的战场还是很关心的，丹麦和瑞典的出兵都得到了法国经济上和精神上的大力支持。

1635 年，看着哈布斯堡家族连赢三场，越来越嚣张，黎塞留觉得，再不出兵不行了。于是，法王派了个人跑到比利时的布鲁塞尔，大声宣读了一份战书，法国人正式加入战团，从幕后走到台前，表演了一场好戏。

法国先对西班牙宣战，谁知奥地利和西班牙同时行动，分南北两路夹击法国，好在法国的舰队在海上大胜西班牙的舰队，先遏制了西班牙的力量；在德意志的战场，法军和瑞典军队联手，步步进逼。1648 年，神圣罗马帝国皇帝终于承认无力再战，西班牙接着就后院起火，遭遇起义，也不好再打，哈布斯堡家族求和。

黎塞留没有看到法国最后的胜利，他死于 1642 年的疾病。虽然没有等到大结局，不过在他弥留的时间里，法国的优势和战争的结果已经非常明显，老黎应该是走得没有遗憾了。

老黎终结他政治生涯的文章《政治遗嘱》里说，他一生的目的，第一是让国王崇高，意思是王权高于一切，平息了内乱，让法国国王空前强大，他做到了；第二是让国王荣耀，意思是，要让法王在整个欧洲成为老大，打赢三十年战争，这个目的几乎也实现了。除了这些功绩，老黎还改革了法国的行政制度，在各省派设总督，总督对国王负责，管理各省所有事务，等于是加强了国王对地方的约束，强化了王权；为了便于控制地方，他还在各地设立了驿站；鼓励海外贸易和殖民地，致力于将法国产品推向国际市场；黎塞留建立了最早的出版检查制度，还创办了法国历史上第一份报刊《法兰西报》；而现在象征法兰西荣誉，会聚群英的世界著名学术机构——法兰西学院也是黎塞留建立的。老黎同志真是忙了不少事，不论从效率还是结果来说，老黎绝对算得上是古往今来最成功的政治家。

这样一个能人，应该全是褒扬吧，为什么还有人对老黎颇有微词呢？老黎是个成功的政客。政客有个特点，古语叫"一将功成万骨枯"，他们不太会关心底层百姓的要求和生死，老黎有句名言：老百姓如果太舒服，就不容易安分。所以，他一直没让老百姓太舒服，苛捐杂税，挖地三尺，逼得农民和市民还发动了好几场起义。

人无完人，我想黎塞留主教这样的人也不会在意后人的评价，因为他似乎已经看到，他的努力，让一个繁华锦绣的法兰西帝国慢慢升起。

老黎死后的半年，路易十三也死了。老黎太火，大家经常忽略他头上还有个法王。其实，有黎塞留这样的重臣，路易十三作为国王的态度是非常睿智的。路易十三多愁善感，每日里闷闷不乐，喜欢打猎和兵器，最喜欢的是音乐，他得肺结核眼看快不行了，还自己给自己写了首丧曲，供大家在丧礼演唱。应该说，他给后世法国人留下的印象算不错，中国人尤其喜欢他，他总是出现在咱家比较高端的酒席上，这位法王，是联络友情、打通关节、馈赠上级之佳品。老杨说的是法国最好的人头马——路易十三，全世界最尊贵的白兰地，一瓶值不少银子。最让法国人想不通的是，这么奢侈的物品，法国也没生产出多少来，怎么中国随处可见呢？竟可以普及到村主任那一级的干部。

路易十三跟安娜公主结婚很多年都没孩子，以为生不出来了。后来路易太子降生时，全国欢呼，如同阴霾已久的天空突然出现一轮红日。小路易像太阳一样闪亮降生在法兰西，带着明媚的光辉，他是真正的太阳王。

二十　太阳王——路易十四

巴黎人民的街垒情结

黎塞留和路易十三相继离世，路易十四四岁登基，当然又是太后摄政。好在黎塞留老同志有远见有计划，没死就给自己培养接班人了。

法国和西班牙两个天主教国家厮打，教皇认为很不妥，所以派了一个使节来调解两边的纠纷。调解纠纷最容易显示一个人的水平，当初黎塞留就是在这个项目上获得认可然后成就大业的。这个叫马札然的意大利人给黎塞留印象不错，就勾引他跳槽，把他留在法国，留在身边。

黎塞留弥留之际，拉着路易十三推荐了马札然。这个意大利人就接替老黎成为法国的首相，随后，还要扶持四岁的幼主。

马札然面临的第一件大事是彻底了断三十年战争。1648年，签订了《威斯特伐利亚和约》。法国是最大的赢家，拿回了念念不忘的阿尔萨斯和洛林地区，并因为哈布斯堡王朝的削弱，成为西欧的新霸主。

三十年战争，输家赢家都不好过，虽然法国加入得晚，撑到最后也是筋疲力尽无以为继了。为了维持这场战争，从黎塞留到马札然都要疯狂地征税，压榨百姓。

战争打完后，马札然回家一算，财政缺口太大了，要搞钱啊，税已经收不起了，外省那些税估计已经收到下个世纪去了，怎么办？哦，法官日子很舒服，平时又没什么事，对，停发各级法院法官四年的俸禄。

一听说有四年拿不到工资，巴黎高等法院立即翻脸。人家是高等法院，又不是进城的民工，他们讨要薪水有更高级的办法。

他们抛出了二十七条所谓的建议，要求国王召回派往各地横征暴敛中饱私囊的监督官、实行财政改革，以后关于收税之类的事没有高等法院同意不行；没有定罪，不能随便抓人等，有点要给国王上规矩的意思。

马札然和太后才不信这个邪呢，高等法院了不起啊，法官我们可以随便抓。这几个法官一抓，捅娄子了。1648年8月27日那天，两个小时里，巴黎的市民在街上堆出了一千二百个街垒，而且用投石机打马札然他们家窗户。这个画面太熟悉了，巴黎的同志们在自己街道上搞这种战斗工事，熟门熟路，工具手艺都常备无患。投石机法语叫"福隆德"，所以这个投石党运动又叫福隆德运动。

巴黎人尚武好斗，发起飙来不计后果。马札然知道这帮人的厉害，赶紧带着太后和路易十四逃出了巴黎。

马札然和太后将宫廷搬到圣日耳曼，召集孔代亲王带兵攻打巴黎。这时的孔代亲王叫路易二世，当年亨利三世死缠烂打的美女，就是他妈妈。路易二世号称是最伟大的孔代，参加三十年战争战功显赫，是现在法国贵族的头目。

太后召他收复巴黎，其实他心里并不愿意，马札然继承了黎塞留的思路，提升王权，遏制贵族，让以孔代为首的这帮人很不愉快。刚开始不情愿，后来不得不做了，其他的法国贵族都非常痛快地跟上帮忙，什么让他们改变了主意？查理一世上了断头台。

1649年1月30日，英国国王查理一世被砍掉了脑袋。这个事震惊了整个西欧各国的宫廷。对孔代和其他贵族来说，他们的权势和王权是共生的，如果巴黎市民真是崛起到可以干掉国王，对贵族真不是什么好事。之前是敷衍太后，现在是为了自己的未来，打架就动真格的了。

三个月后，高等法院妥协，王军入城。

可怜路易十四回到家，还没坐稳喝口水，街上又闹了。这次是孔代亲王引起的。他自恃有功，就想推倒马札然取而代之，阴谋败露，被太后逮捕。太后一抓人，街上就又砌街垒又丢石头。孔代亲王的王妃带着他的支持者起兵造反。太后无奈将孔代释放，他跑到西班牙，借了一支军队打回来，太后带着国王只好再次逃离巴黎。

孔代亲王的人马虽然很能打，却不够团结，被马札然成功分化导致失败。这就是第二次投石党运动。孔代最后投降法王，愿意再次效忠王上，说话算数，后来表现不错。

路易十四再回到巴黎，已经成年了。两次逃跑的经历，让他对巴黎很厌倦，对一个国王的权威更加看重。

1661年3月，马札然死去，跟他师傅一样，他正好也执政十八年。临终时，他嘱咐路易十四，不要再找新的首相，国王要自己掌控一切，独揽大权，首相会让国王失去部分权力。路易十四接受了这个建议。亲政后他宣布，朕是自己的首相！

朕即国家

因为没有首相帮忙，路易十四事必躬亲非常忙碌，他恐怕是法国历史上最勤政辛苦的国王。

路易十四亲政后的第一件大事，就是下令修建凡尔赛宫。大家可能奇怪，一个勤政的国王怎么一开始就不干正经事，一上台就大兴土木呢？路易十四是被刺激了，被"和珅"刺激的。

又穿越了？没有，法国版"和珅"，大名叫富凯。富凯在马札然时代是财政总监，算是首相的左右手。马札然自己搞了不少钱，他临死的时候，怕国王追查他的财产来源，就一脸真诚地说是要把财产转赠给路易十四。路易十四心想，我一个国王要你的遗产算个什么啊，况且你个老头也不容易，你那点钱还是自己留着吧。路易十四肯定没想到，马札然的遗产是个惊人的数字。

马札然能搞这么多钱，肯定是自己的财官帮忙，所以富凯不仅是一根绳上的蚂蚱，而且他完全可以搞得更多。路易十四亲政后，出于跟小国王拉近关系的考虑，富凯就邀请国王去家里做客。

在《罗马帝国：霸主养成记》，老杨讲过一个相同的请国王到家中做客的故事，教训是，招待国王，要吃好喝好，但绝对不能炫富。路易十四到了富凯家，吓了一跳，这伙计太有钱了，他家住在沃堡，豪华气派富丽堂皇，装饰着各种昂贵工艺品，其奢侈绝对胜过巴黎任何一座王宫，尤其是推平三个村庄建出的花园，光喷泉就有两百多个。富凯家族的标志是松鼠，所以到处有松鼠图案和雕像，路易十四注意到，松鼠雕像下用拉丁文刻了一句话：何处高枝我不攀？

富凯这一通招摇，以为是在拍马屁，谁知，路易十四朝蹶子踹了他一脚。路易十四二十三岁，还年轻呢，年轻人的心性，我堂堂一个国王，生活质量还不如你？回到巴黎，看到自己那几座宫殿城堡，越看越寒酸，越看越生气，越生气就越恨富凯，你小子这么嘚瑟，贪污的也是我的钱，我要把我自己的钱拿回来，修一座无法超越的宫殿。

路易十四离开沃堡时，一副酒足饭饱的样子，富凯以为这次迎驾功德圆满。几天后，国王说是要考察布列塔尼，让富凯陪着，一路上对他还挺亲热。突然有一天，开完一个国务会议，路易十四下令逮捕富凯。罪名很明显，贪赃枉法。富凯的案子审了三年，路易十四不理周围人的求情，判他终身监禁。1680年，这个倒霉鬼死在狱中。

富凯跌倒，路易吃饱。富凯的万贯家财都被国王接收了。正好因为两次投石党人的回忆，让路易十四很不喜欢巴黎，所以他下令，在巴黎郊区，原来路易十三打猎歇脚的一个小行宫基础上，开始修建凡尔赛宫。路易十四决心要建出一座全欧洲最华美的宫殿，投入的费用惊人。1682年，法国宫廷迁入凡尔赛宫。1710年，全部工程完工。路易十四的目的达到了，凡尔赛宫被公认是欧洲最大、最雄伟、最华丽的宫殿，无与伦比，成为后来很多王宫的样板，一直被模仿，从未被超越！

法王这么花钱，让新上任的财长很心痛，新财长就是接替富凯的柯尔伯。柯尔伯原来是马札然的亲信。马札然死后，安排柯尔伯给富凯做助手，其实是监视他。富凯倒台，柯尔伯就接手成为财政总监。

柯尔伯成为财长这几年，法国的经济高速增长，而且终于让长期负债累累的法国财政实现了收支平衡。怎么做到的呢？重商主义。

柯尔伯自己是商人出身，对商业感觉比较准确。他认定一件事，一切以挣钱为中心，法国生产的东西大量卖出去，外国的银子流回法国来，这个就是最完美的经济形态。

要想卖东西，首先要有东西。开办手工工场，皇家协办，政府贷款，专做高档奢侈品，丝绒水晶之类的，卖给其他国家的王室，他深知这些东西最容易获得暴利；既然是高档产品，一定要保障质量，所有行业都制定了相应的规范；有了东西，就要找市场，国内市场，取消关税，疏通道路，实现物流通畅，海外市场，建立东印度和西印度公司，努力拓展殖民地，为此还颁布法律，公开允许贩卖黑奴；只准法国的东西卖出去，最好不要让外国的东西卖进来赚法国人的钱，对外国商品和进港的船只都课以重税。

这几项措施下来，法国真是做到了日进斗金，国库的金银快速增长，法兰西空前繁荣。柯尔伯的名字，也就成了重商主义的代名词。

柯尔伯为法国带来经济复兴，让其他国家很羡慕。而且，他的这几项措施也很容易学啊。于是全欧洲进入商业竞争和对殖民地的争夺，这是后话了。

有这么个能人帮自己赚钱，路易十四花钱花得很爽，柯尔伯知道挣这些家当不容易，经常劝阻国王的铺张浪费。不过，他自己也知道，路易十四不会听的。

从小被贵族辖制，路易十四一亲政就坚定信念，要让自己成为最有权力的国王，谁也不能忤逆。他听说巴黎最高法院开会讨论他颁布的敕令，还穿着猎装的国王提着鞭子就冲进了法院，说："先生们，以后不要再开这种会议了！"为什么？因为"朕即是国家"。不久，他又冲进最高法院，销毁了法院投石党运动时所有的文件。国王在高等法院要威风，大家都不敢反抗，主要法官已经被他流的流抓的抓了，巴黎最不安分的高等法院因此老实了很长时间。

就这样，路易十四出了幼时的一口恶气，建立了非常专制的王权，谁也不敢反抗他，甚至明知道他在做蠢事，也不敢反对他，只好看着他一步步将法兰西带上辉煌，旋即又带向没落。

王的战争

路易十四一辈子搞了四场战争，人生的大部分光阴和法兰西的大部分钱财都耗在其中。

第一场，法兰西对阵西班牙。理由是，讨嫁妆。法国在三十年战争后继续收拾西班牙，都取得了胜利。西班牙的和谈条件之一，就是将公主玛丽嫁给法王。玛丽公主是西班牙的长公主，如果她唯一的弟弟没生儿子就死了，她将是西班牙的女王。

婚姻条件，西班牙割了几块地当嫁妆，其中包括原来割出去的鲁永区，还给公主五十万金埃居（当时的货币）陪嫁，而这笔钱也算是买断了玛丽的王位继承权。

地拿到了，玛丽也成为王后了，这五十万迟迟不见，路易十四也不催，他有他自己的打算。

玛丽公主的弟弟四岁的查理继位后，姐夫路易十四跳出来讨要这笔陪嫁银子。既然小舅子拿不出来，那好办，西属尼德兰——比利时卢森堡一带，法国早就想要，拿来抵吧。1667 年，路易十四御驾亲征，占领了尼德兰的若干城池，还顺带占领了弗朗什—孔泰（当时隶属西尼德兰）一带。第二年，英国荷兰加上瑞典觉得路易十四这样发展下去危险，组成了反法同盟，逼得法王签订条约，将弗朗什—孔泰归还。这一场战争被称为王后遗产战争。

虽然归还了弗朗什—孔泰，但路易十四打下的其他要塞都没还。这些要塞，正好是通向荷兰的大门。于是，路易十四预备找荷兰打一架。

荷兰和英国瑞典联手抑制了王后遗产战争的战果，让路易十四很光火。根据法王所谓自然疆界的野心，南部尼德兰要吃掉，荷兰也可以吃下去。为了准备这场战争，路易十四收买了英国和瑞典，拆散了这个三角同盟。1672 年，路易十四入侵荷兰。

越过默兹河，再越过莱茵河，法军一路顺利是因为法王麾下有许多优秀将领，包括投石党运动造反的孔代亲王。这次，路易十四惹的人更多了，西班牙、勃兰登堡、丹麦和奥地利都不干了，又结成"反法同盟"，路易十四一个单挑一群。

面对法王的入侵，本来正闹内乱、无政府状态的荷兰空前团结，他们重新拥戴奥兰治家族的威廉成为执政官。威廉为了驱赶法军，掘开了阿姆斯特丹的海堤，水淹七军，法军被迫撤退。

1679 年，这场乱战再次议和，显然是法军单打独斗还占了上风。所以，根据和约，路易十四拿到了他魂牵梦萦的弗朗什—孔泰地区。

过了几年，路易十四又把目光放在斯特拉斯堡。这个地点很熟，斯特拉斯堡誓言，将查理曼帝国分成了德国、法国和意大利。斯特拉斯堡一直属于神圣罗马帝国，接受新教后，这里成为一个自由市。自由市最容易招人惦记。

1681 年，路易十四将斯特拉斯堡据为己有。他选择这个时候出兵是有原因的，因为当时的神圣罗马帝国皇帝正被土耳其人缠住呢。没想到皇帝拉同盟的速度极快，西班牙、荷兰、瑞典再次加入，德意志几个实力雄厚的诸侯国也加入了这个大联盟。最要命的是，荷兰的执政威廉突然变成了英国国王威廉三世。这样一来，英国毫不犹豫也成了同盟。

路易十四真是了得，这么艰难的战斗，他居然坚持了十年。最后，他当然是输了，又是条约，将之前占的土地还回去，但是，斯特拉斯堡可以留下。路易十四在战前就几乎完全取得了斯特拉斯堡，这十年战争下来，赔了那么多好地，甚至包括北美的几块殖民地，也不过是留下这个地方，损失极大，而且非常丢脸。

输得不甘心啊，这帮人总是结伙对付我，我人缘这么差呢？！路易十四郁闷啊。他要再试一次，他不服！

1700 年，西班牙国王、路易十四的小舅子查理死掉了。查理死前，就提名路易十四的孙子菲利普接班，条件是，西班牙和法国不能合并。查理之所以会让自己的外甥孙子接班，主要是因为路易十四过去撒钱，按道理，哈布斯堡家族也有继位的资格。菲利普登基成为西班牙国王后，路易十四就蠢蠢欲动，欧洲马上感觉到，这个伙计似乎把西班牙也看成自己的产业了。为了防止两国合并，这帮子宿敌又打起来了。

十三年的鏖战，最后大家都打不动了。同盟国家一致同意，菲利普继续当西班牙国王吧，西班牙以后就属于波旁家族了，不过法西不要合并啊。

大家以为法国赢了？不，输惨了！战争之前，菲利普已经是西班牙国王了，如果不是路易十四瞎折腾，这场战事完全可以不发生。而为了获得这个本来就属于自己的王位，法国搭上的东西可多了：南美的殖民地全让给英国，英国还取得了直布罗陀，北美纽芬兰哈得孙湾开放给英国人随便用；法国割地给荷兰奥地利；意大利的大部分、西属尼德兰这些以前西班牙的地方，归还哈布斯堡家族，法军从洛林撤出。

这场战争打完，法国称霸欧洲的梦想暂时被打碎。取而代之的，是英国依仗自己庞大的海外殖民地日益强大，终于成就日不落帝国。

四场战争，路易十四打赢了前两场，后两场算是输了。大家看出来了，后两场战争，几乎全西欧都与路易十四为敌。尤其是神圣罗马帝国，本来新教诸侯和哈布斯堡家族不合，怎么也联手作战了呢？因为，路易十四出了一个昏招。

路易十四是个虔诚的天主教徒，又是个异常专制的君主。他认为，国内只能有一个宗教。1685年，他颁布了一个《枫丹白露敕令》，完全推翻他爷爷亨利四世颁布的《南特敕令》，收回所有对新教的宽容，以后在法国，只有天主教才合法。为了躲避迫害，法国的新教徒都逃亡其他国家。原来说过，新教徒一般都是些新新人类，有技术有手艺有产业还有钱，这帮人将他们的财产技术带到其他国家，路易十四自己都不知道是多大的损失。而他看得见的损失非常明显，那就是德意志新教的诸侯一致视路易十四为敌，愿意加入盟军教训他。

跟全欧洲打了四场，柯尔伯给法国攒下的家当赔光了。其实柯尔伯在1683年死后，法国的经济就一年不如一年，路易十四不仅把国家折腾散了，连自己都折腾散了。1715年，七十七岁的路易十四驾崩，在位七十二年，是法国历史上在位时间最长的国王。

路易十四光鲜亮丽的生活

现在法国带给我们的诸多关键词中，应该有奢华、时尚、美食这三样。而这三个词成为法国风尚，都来自路易十四。

前面已经说过很多关于法国的时尚，比如亨利二世的情妇引导了露额妆和低胸装的潮流，美第奇太后则倡导了束腰。美第奇太后来自高度发达的意大利，她的东西都挺高级的，不过因为她外形受限，好东西也穿不出个样子来。她带来了一个新鲜东西——高跟鞋。估计太后自己穿着不好看，她代言高跟鞋，没引起巴黎女人的跟风，没想到后来这种高跟鞋居然是被路易十四发扬光大了。

路易十四长得挺好，但个子很矮，一百六十厘米左右。为了让自己有个高高在上的威严，他就给自己特制了高跟鞋，每天穿着，也不嫌累，感觉好极了，引发好多巴黎矮子效仿。由此看出，高跟鞋最早是个功能性的产品，纯粹用于增高。那时候路易十四不知道有内增高这种技术，他踩着那么高的跟跌跌撞撞，满朝文武都替他捏一把汗。

另一种美第奇引入法国被路易十四成功推广的产品就是香水。都知道法国人爱香水，为什么？老杨听说的原因是中世纪时，法国人不爱洗澡。作为一个天主教国家，偶尔有些愚昧的迷信认识，对自己的身体看得比较重，能不洗尽量就不沾水了。

不洗澡总是有味道的，尤其是来自发达国家——意大利的王后，对法王的体味总是难以容忍，于是就将香水香精这些东西带入法国。像香水这样高科技的东西，中世纪的欧洲人肯定发明不出来，应该来自波斯或者埃及那些国家，"十字军"东征促进了这些物品的流通。香水进入法国后，因为有市场，所以在当地生根发芽，慢慢成为法国人的明星工业。

路易十四就非常喜欢香水，到了痴狂的程度。养了大量的香水师，用国家津贴，每天研究给国王制造不同的香氛。路易十四自己每天香飘万里地出现在朝堂上，就觉得朝臣气味不好，所以要求他们跟自己一样，每天喷一身香水再出门。在法国上朝议事，不戴个防毒面具，估计能被香味熏晕过去。按他们这种用香水的频率，香水工业必须规模化上产量，所以就有了法国香水现在的江湖地位了。

路易十四生活非常奢侈，奢侈到不怕麻烦的程度。而且，这个伙计是出名的饕餮之徒，非常好吃。于是，凡尔赛宫的饮宴就成了风景了。

话说法国人出身蛮夷，到中世纪都挺土鳖的，感谢文艺复兴，感谢意大利，让高卢老乡开了眼，尤其是美第奇太后这些来自意大利豪门的王后，嫁到乡下怕吃不惯，娘家肯定陪嫁了一个厨师团队。在意大利厨师团的启蒙下，法国人渐渐知道食物多样化和精致化。肉除了熏着吃，还可以煮肉丸子或者炖肉汤，当然要优选没有瘦肉精的猪肉。

法国人聪明，师傅领进门，修行立即高一等。先是跟风意大利菜，然后根据自己的口味和特产创出了属于法国自己风格的菜系。

烹饪学会了，接着就恶补用餐的礼仪。美第奇嫁入法国时，这帮子高卢人还不会用刀叉呢，吃饭一律用手抓。到了路易十四，吃饭的排场就吓人了，起、坐、喝汤、敬酒、吃面包都有明确的礼仪规范，而且每次用餐，伺候的用人满屋子都是。因为规矩多，需要用的人自然也多。总之是把简单的事情搞复杂，一餐饭吃下来，用人肯定筋疲力尽，吃的人也不见得轻松。路易十四崇尚奢华，不怕麻烦，他提升了用餐的规格和档次，可他自己不遵守，他说用刀叉吃饭娘娘腔（用香水穿高跟鞋不算娘娘腔？），所以当他的客人都小心谨慎切割食品时，他一律用手抓着踞案大嚼，反正也没人敢说他。

路易十四之后，法国美食渐渐坐稳了西餐的头把交椅。现在说到法国菜，不仅是代表精美精良精选的食材，更代表着高档的用餐环境，考究的餐具，正规的着装要求及花哨的用餐礼仪，当然还要搭配完美的法国红酒。全世界学做西餐最好的学校就是法国的蓝带厨师学校，西餐最权威的评级标准则是大名鼎鼎的《米其林饮食指南》。被这个法国"轮胎"公司评为三星的餐厅，口袋里没有大把的闲钱，或者是吃完不能报销的，老杨劝你别进去，有点烧钱。

所有的历史书都喜欢极细致地描绘路易十四时代宴客的排场，不过老杨认为，路易十四如果见识过满汉全席的排场，恐怕又会受刺激。按他这种不服输的脾气，不知道会不会拆了凡尔赛按紫禁城的标准盖一座，或者要求以后吃饭至少一百零九道菜（要比大清多一道）。

跟路易十四同时在位的，是咱家的康熙爷，巧的是这二位还都属于在职时间很长的。路易十四时代，中国和法国消费立场正好相反，法国人瞧咱们中国都是高档奢侈品，尤其是青花瓷，在上流社会之抢手啊。他们那时候是不好来中国，怕他们有移民倾向，大清拒签。否则法国女人也是带着大笔的现金，要求北京的商店封店让他们选，就跟现在中国人在巴黎买 LV 或者 GUCCI 一样。虽然法国女人不能来北京消费，康熙爷却放了路易十四的传教士进入中国。

路易十四是最忙的法王，凡事亲力亲为，他还能空出时间找乐子，参加演出。另一项被他推广并提升的项目就是芭蕾舞。他不是普通票友这么简单。这门最早起源于意大利文艺复兴的脚尖舞，到路易十四手里才规范化专业化，他还专门为芭蕾舞开办了学校。现在还通用的芭蕾舞的标准脚位、手位都是当时确定的。路易十四亲自上台演出，据说国王有非常完美的腿，就是有点短。大约是1653年，在一次大型演出上，路易十四扮成太阳神出场，造型富丽，姿容华美，惊艳了全场，从此他就被称为太阳王了。为了配合自己这个太阳神的身份，路易十四更加按神的标准享乐花钱。

食色，性也，爱吃的男人，好色的居多（一家之言啊！）。像路易十四这样的人，情妇肯定是常换常新的。

前面说过，法王弗朗索瓦一世非常人性地设立了"皇家情妇"这么个职位，行政级别不详，应该仅次于王后。堂堂一个法王，非逼得人家一夫一妻不合适。况且他们的婚姻大多是政治联姻，上床也是为了政治目的，挺让人同情的。现在允许养个情人在身边，一次只准一个，而且情人再受宠，也撼动不了王后的地位，生的孩子也别想继承王位。这证明在男女关系方面，法国人就是有创新意识。

路易十四娶了西班牙的玛丽公主，玛丽公主不仅陪嫁丰富，也带来了好东西，丰富了法国文化。西班牙的航海家不是最早在南美溜达嘛，发现了可可，西班牙人造出了巧克力。玛丽公主来到法国，送给夫君的其中一个礼物就是精美的巧克力，很快这种奇特香郁的食品就风靡了法国，成为上流社会的奢侈品。虽然现在比利时的巧克力被认为是最有名，但法国有几个牌子一直雄踞在高端巧克力市场。

玛丽王后生了三男三女，共六个孩子。不过，她知道，路易十四的心从来不在她身上。

路易十四的弟弟奥尔良公爵娶了英国的公主亨利埃塔，法王很快跟弟媳妇看对了眼。这一代的奥尔良公爵女里女气性向可疑，对哥哥跟老婆的频繁来往也不以为忤。路易十四跟弟媳妇鬼混中还不忘发掘新人，他突然发现弟媳的侍女路易丝·拉瓦莉埃颇有姿色，英国公主深明大义，就把她送给法王。

拉瓦莉埃给法王生了五个孩子。这个可怜的姑娘不知道"皇家情妇"这个位置，考的不仅是模样，还有头脑。没几年，她就发现法王又有新人了。

路易十四听说，蒙特斯潘侯爵夫人和她的姐妹号称是法国最美的女人，亲眼一见，果然名不虚传。拉瓦莉埃文静内向，可能还有点因为出身的自卑，可怜兮兮的；蒙特斯潘夫人正相反，她是高贵冶艳的。宫廷舞会上，她与法王配合得相得益彰，路易在她的衣香鬓影中又失了魂魄。

蒙特斯潘夫人成为法王新宠。根据拉瓦莉埃的性格，她不会发动一场女人战争争回自己的位置，而是默然退避，选择在修道院孤独终老。

侯爵听说自己的老婆上了法王的床，无奈又哀怨，换了一身黑衣丧服，面见法王，酸溜溜地说："以后俺是见不到俺婆娘了。"这个傻老爷们儿，没一点忠君爱国的思想，国王看上你老婆，应该万分荣幸才是，怎么能叫板呢。国王没饶他，将其放逐并软禁。

蒙特斯潘比拉瓦莉埃精明多了。她知道防患于未然，一边给路易十四生了六个孩子，一边还把自己保养得美美的，专宠后宫十九年。而她最狠最了不起的是：居然让路易十四封了她两个儿子为公爵！这两个可是私生子啊。

路易十四对这两个儿子宠爱有加，蒙特斯潘当然也知道要全力教养，问题是，她活动太多，她要经常陪法王应酬娱乐休闲。这些活动她不跟着不行，一步跟不上，说不定就有其他人跟上了。于是，她左挑右拣，挑了一个家庭女教师帮她陪着孩子。这个家教相貌中等、老实本分、知书达理，一看就能教好孩子。

这是世界史上最传奇的乌鸦变凤凰的故事，它启发了后来很多作家按这个思路编爱情小说。这个家庭教师，后来的人叫她曼特侬夫人。

曼特侬的父亲在宗教战争中失利，被关押，曼特侬降生在监狱里。后来随全家流放到法属西印度群岛，母亲亡故后，在巴黎的叔叔家存身，寄人篱下。这样的经历，让她对人情世故了然于心。

十六岁那年，她嫁给了当时著名的诗人——斯卡隆。斯卡隆在那个时代颇有文名，写小说和诗歌算得个人物，不过外形很猥琐，脾气暴躁，还是个瘸子。斯卡隆比曼特侬大了二十五岁，对小妻子也没什么怜惜。这次婚姻对曼特侬来说是个悲剧。

好在，这个悲剧也不光只给人眼泪。斯卡隆才华横溢，出口成章，曼特侬耳濡目染，居然在他身边修炼成一个才女。

蒙特斯潘夫人找家教，当然首先要求不能太漂亮，还要信仰虔诚，安分守己。路易十四初见曼特侬，看她一身黑衣，脸色暗淡，愁眉苦脸，很不爽，当时就跟蒙特斯潘说，他非常不喜欢这个新家教。这就对了嘛，蒙特斯潘要的就是这个效果啊。

曼特侬对两个王子倾注了很多心血，比他们的亲妈还负责。路易十四看在眼里，有点感动，作为奖励，赐给她曼特侬城堡，并封她为女侯爵。从此，大家就叫她曼特侬夫人了。

不知道从什么时候开始，路易十四很愿意让曼特侬留在身边，听她说话。这个女人知识渊博，经常有让国王很惊讶的见识和想法。对路易十四来说，美女太多了，可能跟自己说话分享心事心得的女人就太难找了。曼特侬为人安静内敛，相比之下，蒙特斯潘过于骄傲跋扈，宫里的人都说曼特侬夫人是个好人。

蒙特斯潘慢慢也老了，姿色不再。路易十四虽然视曼特侬为红颜知己，可对青春美色还有要求，于是一个不到二十岁的女子又来到国王身边。

蒙特斯潘看到自己失宠，跟其他昏头的后宫女子一样，开始玩蛊毒了，他们的称呼是"黑弥撒"。说巴黎有个巫婆，用婴儿的内脏做药，这种药让男人吃下去就会对她死心塌地，哪儿也不去了。女巫案闹得沸沸扬扬，作为重要客户，蒙特斯潘很快就被人供出来。路易十四想到自己吃了这么多年婴儿内脏，五内翻滚，怒不可遏。念她伺候自己这么多年，放她一马，没有处死，算是打入冷宫了吧。

经过这件事，路易十四体会到红颜祸水的危害，越发觉得曼特侬善良懂事，与世无争。1683 年，玛丽王后去世，路易十四完全可以在欧洲另寻一位公主，可他毅然跟曼特侬结了婚，虽然，这个王后只能是"地下式"。

说是地下夫妻，估计很多人都知道，只要不公开，不用向一个出身卑微家庭的教师行君臣之礼，贵族也觉得没什么不适。应该说，路易十四此后的很多决策和想法，多少都受到曼特侬的影响。渐渐地，这个没有名分的王后也掌控了凡尔赛宫，因为很多人发现，原来喧嚣奢华的凡尔赛宫，因为这个朴素女教师的入住，比原来安静了很多。

曼特侬陪伴路易十四度过了最后三十年的岁月，国王没再找另外的情妇，这种灵魂之交是真正牢不可破的爱情，什么样的春药都产生不了这个效果。

曼特侬比国王年长三岁，在路易十四死后的第四年去世，安葬在她一手创立的少女教育院里。

路易十四的故事太多了，挖掘不完，但是有一件事肯定是大家很想知道的，那就是传说中的铁面人。

铁面人的故事被大家知道也是源于大仲马。他的《三个火枪手》系列小说共三部，第一部是《三个火枪手》，第二部是《二十年后》，第三部叫《布拉热诺纳子爵》。这三部戏说历史的小说，讲的就是路易十三到路易十四这段历史。看大仲马的书，最大的乐趣就是猜，到底哪段故事是他编的，哪段故事是确有其事，据说真实的居多。

最后一部《布拉热诺纳子爵》中，就讲述了著名的铁面人的故事。路易十四时代，巴士底狱里关了一位神秘的犯人，他高大挺拔，举止优雅，戴着一个天鹅绒的面罩（小说中变成铁面罩），被关在一个干净考究的牢房里。狱卒对他很客气，犯人享用的衣食都很精致，只有一条，只要摘下面罩，立即杀无赦。

当时是真有这样一个犯人的，后来巴士底狱被攻克，巴黎市民看到了这座牢房，据说还看到了当时的记录，只知道有这么一位蒙面犯人，姓名来历一概成谜。

大仲马的小说里，铁面人是路易十四的孪生兄弟，假冒哥哥登上王位，后来被火枪手达尔尼昂识破，一夜之间，就将假货挫败，给他戴上面具，终身囚禁。这个说法没有证据，根据路易十四的性格，他把王位王权看得如此要紧，一个长得跟他一模一样的孪生兄弟，还试图篡位，没道理留着他，还好吃好喝地养活着，他完全可以神不知鬼不觉地将其做掉。

到底铁面人是谁，说法真是五花八门。有一个看上去很靠谱的，关乎路易十四的身世。说路易十四根本不是路易十三的儿子。前面说过，路易十三和安娜结婚二十三年才生了路易，两口子关系还一直不好，安娜还跟婆婆一起反老公。

年轻时生不出，突然老蚌生珠这个事应该也是有的，可根据很多资料，路易十三貌似对女人没兴趣。波旁家族的国王都有情妇吧，可路易十三没找过，而且最喜欢看描写同性恋的戏剧。黎塞留看着国王这个情状，知道如果王上无子，则王弟奥尔良公爵就是下任法王了，奥尔良公爵一直和太后一起叛乱，跟黎塞留有过节啊。于是黎塞留跟路易十三商量，如果你实在不愿意，就找其他人跟王后同床，生出孩子算陛下的。

路易十三觉得这办法可行，黎塞留就操作了一下，为保障王统，从几位先王的私生子里挑吧。王后成功怀孕产子，那个代工的就被打发到美国去了。路易十四临朝，他回来讨要好处，路易十四自然不认，但又觉得此事可疑，所以将他戴上头罩，好吃好喝养老送终。这个解释唯一站不住脚的是年纪，这伙计1703年才死。1703年，路易十四都六十五岁了。这如果是他亲爹，得是多老一个老头啊。又被推翻了。

路易十四的身世之谜又派生了一个说法，说是当时的警察头目。路易十三死后验尸，当时的医生不知怎么就认定路易十四不是路易十三生的，告诉了警察头目，于是警察头目被关了。这也不合理，杀掉不是更好吗？

还有人说，铁面人是富凯，死在狱中的是富凯的仆人，是他的替身，真的富凯戴着假面具活在巴士底狱。富凯的刑罚是法王亲自指使的，摆明要整死他，何必这么善待他呢？

更惊人的说法，是英国国王查理一世。说这家伙在伦敦被咔嚓的也是个替身，真身跑到法国，法王把他保护起来，只要保住性命，别的也不敢想了，所以牢里最安全。

根据伏尔泰的介绍，这位假面人被关在巴士底狱期间，欧洲各国并没有什么政要失踪或者消失，所以猜其他国家的人就更不靠边了。

要罗列假面人的假想身份，又是长篇论文，有骗稿费之嫌，所以就此打住。介绍这个，不过是让大家看电影时了解个大概吧，因为这种经典的题材，是会被不断翻拍的。

二十一　我不想长大之路易十五

路易十四在位七十二年，对后世儿孙十分不公平，以至于他熬死了儿子，又熬死孙子，到他熬不住的时候，只能让曾孙子继位了。跟十四一样，十五接班的时候，也只有五岁。

因为疾病，路易十五几乎是艰难保护下来的继位独苗。路易十四临终时，可能是反省了自己的一生。他告诫当时还听不懂话的路易十五：少盖房子少打仗，跟邻居好好处。

本来如果路易十五没了，则路易十四的侄儿奥尔良公爵可以继位，所以他看着路易十五很不爽。原来仅仅是让他主持摄政会议，结果他找到机会就独揽大权成为摄政王。路易十四死后，法国财政艰难，不是头脑非常清楚的人，根本无法力挽狂澜。奥尔良公爵野心大水平低，心里着急，就容易遇上神棍上当受骗。

泡沫的创始人——约翰·劳

在《英帝国：日不落之殇》中，老杨介绍过英国的"南海泡沫"和荷兰的"郁金香泡沫"，早期的金融领域出现过三次巨大的泡沫，另外一次就是在法国。而这三起"泡沫"中，至少有两起跟这篇的主人公约翰·劳有关。

约翰1671年出生在苏格兰，家里从事金融业务，他很小就在父亲的会计师事务所学习，对数字有天生的敏感。

老杨自己数学学得不好，对数学天才无比敬畏。数学的低级高手跟街坊四邻斗地主或者打麻将可以赢回买菜钱；中级高手可以去澳门或者拉斯维加斯算牌致富；高级高手则可以玩转一个国家的经济，轻易就富可敌国。物理学家要搞垮一个国家，还要费劲造原子弹，还要防备自己别给辐射弄死；数学家要搞垮一个国家，一点体力都不用。

约翰是数学天才，又在工作中有目的地培养自己金融方面的知识。差不多的时候，嫌苏格兰这个林子忒小，约翰飞进了伦敦。

跟其他的数学天才小书呆子不一样，约翰性格外向能言善道，高高大大的还挺招人喜欢。在伦敦谋生很容易，他不用正经找工作，他靠赌博就可以衣食无忧。约翰是个生性放荡的人，有钱有闲肯定招惹女人。为了一个女人，他跟别人决斗，直接要了情敌的命。

杀人偿命，约翰被逮捕。伦敦的司法机关效率低下，一天又一天，案子也整不出个结果。约翰可不会坐以待毙，他找到机会越狱，跑到了荷兰。

荷兰真是适合约翰修炼的地方，因为那里有最新锐的阿姆斯特丹银行。作为地球上第一个资本主义国家，荷兰的经济发展在当时是有很多先进性的。这里扩展了约翰的眼光，也启发了他的思路，他也明确了他的人生目标。当然，他在荷兰的生计也是靠赌博维持。

1705年，约翰写了《论货币与贸易——兼向国家供应货币的建议》一书，开始倡导发行纸币的事。在苏格兰，没人理他，而在英格兰，他的官司还没了结，他只好又回到欧洲大陆。终于有一天，千里马遇上了伯乐，约翰遇上了法国摄政奥尔良公爵。

奥尔良公爵接手的法国，除了庞大臃肿毫无效率的官僚体系，就是惊人的负债。法国全年的收入，一半以上用来还利息都不够，新的债务还在不断产生。

约翰·劳和奥尔良公爵传说是在赌桌上认识的，约翰的赌技出神入化，口才还天花乱坠。他把他想了好几年的东西，拿到奥尔良公爵面前一通忽悠，公爵越听越觉得实用，能解决问题，于是，就答应拿法国当政策试点了。

1716年，公爵支持约翰·劳成立了法兰西第一家私人银行——通用银行，这个银行的工作就是发行纸币。约翰·劳的思路是这样的，现在法国一片萧条，到处缺钱，可如果有大量的钱进入市场，有些萧条的行业可以重新启动，刺激法国经济，增加就业，发展贸易，慢慢地，市面上对货币的需求会越来越大，这样就是一个很旺盛的良性循环了。

讲一个简单的故事，大家就明白这个道理了。一游人到小镇游玩，想订一个房间，他交了一千元上楼看房，店老板赶紧把这一千元给屠户，支付他欠的肉钱；屠户拿了一千元马上去了养猪场还了猪钱；猪农还了饲料款；饲料商去付清了召妓的欠款；妓女赶紧去小店还了房钱；这一千元又回到了店老板手里。这时游客下楼，说房间不满意拿回一千元走人，但貌似全镇的问题都解决了。

纸币这东西，最早在中国的宋朝就出现了，到明朝用得还比较广泛。一张纸变成钱，除了印刷精美严格防伪，最重要的是有担保物。也就是说，总要对应一种价值稳定的东西，比如黄金白银。约翰·劳的想法是，现在货币不过是我们的一个刺激工具，只要使用的人暂时没有兑换要求，它就可以跟黄金白银没什么关系，先印着，先用着。

约翰·劳的纸币一面世就收到了很好的效果。之前因为摄政王对经济无力，只好在货币上想办法，降低金银币的成色等，让金银币的价值反而不稳定，纸币一出来，携带便利，支付从容，关键是价值稳定了，于是，很快被大家接受了。市面上突然出现这么多钱，肯定是可以刺激工商业发展的，法国经济真的开始复苏了，当年公债就下降了百分之二十一点五。

第一步奏效，约翰·劳马上启动第二步，大力发展海外贸易。1717 年 8 月，约翰·劳成立了一家叫"密西西比"的公司，获得了北美路易斯安那密西西比河流域的贸易特许权。公司成立后，以每股五百利弗尔（货币单位）的价格发行股票。

这个操作流程是这样的，要买密西西比的股票，你就要先去买国债（也可以叫国库券），国债换股票。这样一来，法国政府就得到了钱，而密西西比公司攒了一把国债。约翰·劳拿着这些国债也不找法国政府要，甚至可以销毁，法国政府每年付给他四百万利弗尔的利息。

当时的国库券严重贬值，五百利弗尔可能就值一百六十利弗尔左右，但是约翰·劳说，五百面值的国库券就可以换五百的股票，而且每年至少能收益两百利弗尔。大家算啊，一百六十元的东西，换了五百元的东西，到年底变成七百元，也就是说，一百六十元到年底变成七百元，这个投资收益太惊人了吧！

真有这样的好事？！法国人信，因为之前通用银行的信誉一直很好，而且据约翰·劳先生的说法，密西西比河流域遍地金银，你随便拿把小刀、小镜子或者一瓶酒，就能跟印第安人换一坨金子，因为他们太多了，拿着没用。

这下法国疯了，密西西比公司的股票遭到疯抢，股价节节攀升，贵族为了买到股票，托朋友找关系走后门的无所不用其极。传说有个贵妇为了买股票，天天在路上等约翰·劳的马车，终于有一天看到了，她就下令让仆人把马车撞树上，制造一起交通事故，等约翰·劳下车询问，赶紧扑上去要求申购！不久，密西西比公司兼并东印度公司成为印度公司，通用银行也成为皇家银行，以后这里印钞票，就是以法兰西的信用作担保了。

印度公司一边发行新股票，一边旧的股票猛涨，吸引周围国家都来投机，所谓的国际热钱啊，巴黎的房价也是跟着暴涨，尤其是证交所那条街，随便一个小铺子都日进斗金。现在，要满足这个流通量，又需要大量的货币，皇家银行就开足马力印吧。于是，公司股价越来越高，纸币也就随着越印越多。光 1719 年，五个月的时间，银行就印了近十亿利弗尔的纸币。

五百利弗尔一股的股票，最高时涨到了一万八千利弗尔，黑市更是过了两万利弗尔。伴随着股价惊人的升幅，约翰·劳也步步高升成为法国的财长。当时法国议会有些略微懂事的提出了自己的疑虑，说这样发行纸币会不会出事啊。摄政王不管啊，他只看见政府的债务正在快速清偿，他现在有大把钱花销，而且没钱用还能随时印出来，世界上真有这样的天堂啊！

摄政王不懂经济学，约翰·劳是懂的，现在收手，也还有救。可能眼前的一切已经超出他的预期，他没想到他的理想和思想这么容易就变成了现实。他如今在法国如同上帝，一般人到了这个程度，你再指望他冷静控制，几乎是不可能了。

拐点出现了。首先是孔代亲王要买新股，买不到，生气了，抛售了股票，然后就说要把手上的纸币全换成铸币。他有多少纸币呢，开了三驾马车去的。这样的挤兑要了约翰·劳的命，因为银行只有五亿利弗尔的金银库存，可市面上有超过三十亿利弗尔的钞票，这要都来兑，谁兑得出来啊？所以，摄政王制止了孔代亲王的行为。但是这个事引起了很多高智商贵族的警惕，他们开始感觉到，其中很有猫腻。于是他们就开始私下偷偷将股票抛售，纸币再兑成铸币，或者买成金银制品，偷偷运出国外。

直接引发股灾的是来自路易斯安那矿工的消息，那里并没有找到黄金！这样一来，印度公司就启动了崩盘的进程，虽然其间约翰·劳和摄政王联手几次托住了股价，摄政王甚至不惜利用各种行政命令想保全印度公司，1721年9月股价还是回到了五百利弗尔的发行价。当然，此后还一路下跌。

这个所谓"密西西比泡沫"不断膨胀的阶段，刺激得邻居都想效仿，学得最快的就是英格兰。他们照着玩了一次"南海泡沫"。所以说，英格兰的那幕金融悲剧也是约翰·劳间接造成的。

1721年，救市无望，法国政府宣布恢复流通铸币。几个月后，印度公司彻底关门，密西西比泡沫碎了。

这样的一场股灾，对法国的影响是可以想象的。天文数字的财政亏空就不说了，几乎所有的国民都被卷入其中，血本无归，法国人从此时开始有很长的一段时间不相信银行，不相信纸币。18世纪至19世纪，欧洲经济快速发展的时期，法国人一朝被蛇咬，十年怕井绳，所以一直不敢参与其中。因为铸币的缺乏，通缩和经济萧条一直让法国政府无力应对，王室深陷债务不可自拔，只能盘剥百姓，恶性循环几轮后，会出现大革命之类的事就不奇怪了。

约翰·劳最后靠假护照逃离法国，在威尼斯潦倒终老。墓碑上刻着：著名的苏格兰人，数学天下无双，他用简单的算术，让法兰西彻底破产。其实，这家伙不算坏人，他在法国挣的钱都用于在法国的投资了，他是真心看好他营造的法国前景的。后来离开法国时，这个曾经点石成金的财神爷几乎身无分文。好在他赌术仍在，后来的日子里还可以养活自己。

昏君多半是妖女培养的

密西西比泡沫破碎后不久，奥尔良公爵死了，他不死也不知道该怎么办。路易十五成年了，还成了亲，但拒绝亲政，他还没玩够呢。他的私人教师，当时已经七十三岁的弗勒里红衣主教不得不接下首相的位置，帮这个不懂事的国王处理国事。

弗勒里老爷子工作很有成效，都说他治国的这一段，是大革命前法兰西的最后一段平静岁月。老爷子年龄大了，不爱折腾，上任就先稳定了货币，规范了征税系统，然后就是跟欧洲各国搞好关系，能不打架尽量不打。十六年的时间里，欧洲又感觉法国恢复了荣光和精神。然而，不管弗勒里愿不愿意，让法国不打仗是很困难的。

路易十五在位的第一场战事，波兰王位战争。又是这个，欧洲的战争多半跟王位之争有关。这次起因要从路易十五的婚事说起（也多半是联姻引发的）。路易十五娶了波兰废王的公主，为帮逊位的岳父拿回波兰王位，路易十五跟奥地利和俄国打了一场。这场架也算有收获，虽然岳父还是没成为国王，但法国辗转收回了洛林。

1744年，弗勒里去世，路易十五三十四岁了，他必须亲政了。那一刹那，他好像是突然长大了。他雄心万丈地说，他要学曾祖父路易十四，不用首相，事必躬亲。

他学曾祖父真学像了，尤其在狩猎和泡妞方面都成专家了。至于路易十四的勤政，他就真学不到了。

路易十五治国，离不开一个女人，他的情妇蓬皮杜夫人。蓬皮杜夫人闺名让娜，出生在一个财政职员家里，嫁了个贵族，进入巴黎上流社会。

让娜不仅天生丽质，聪慧伶俐，而且有非常出众的学识、谈吐、气质。这样的女人在当时的巴黎，很容易就成为沙龙的女主人或者女主角。让娜的沙龙是巴黎沙龙中的明星，吸引了当时很多名士。有位常客，叫伏尔泰。伏尔泰一见让娜，就为之倾倒，写了很多文字把她夸成仙女，说她是"巴黎最美的女人"。

路易十五一天到晚考虑的事，不是打猎就是泡妞，听到让娜的艳名，他当然就留了心。法王要勾搭一位贵妇，在当时应该很容易，况且，路易十五据说还长得非常英俊。1745年，让娜就成了路易十五的官方情妇，被称为蓬皮杜侯爵夫人，进入了凡尔赛宫。

蓬皮杜夫人最聪明的地方就在于，她不满足于上国王的床就算了，她要彻底拴住国王的心，让路易十五离不开她。跟所有之前有心机的皇家情妇一样，蓬皮杜夫人身边也很快围满了投机者，当然这中间也有真正的人才。蓬皮杜夫人的这些门客中，最重要的是警察机关和邮政部门的头目。

那个时代也没个隐私保护，邮政部部长如果想要看看私人信件，还是能做到的，加上蓬皮杜夫人广布耳目，巴黎甚至全国上下的有关动静，她都能第一时间知道。根据第一手资料，她的幕僚会给她策划方案，她再转卖给路易十五。很快，路易十五就发现，这个女人相当于一个首相的功能了。满朝文武渐渐发现法王对蓬皮杜夫人言听计从，于是有事都先跑去找她商量通融。渐渐地，蓬皮杜夫人的房间成了办事衙门，很多政策政令人事调配，包括打仗的计划都从这里传出来。

蓬皮杜夫人最牛的事，就是将法国推进了七年战争。传说，她力主参战的原因，是怕自己年长色衰拴不住法王，只要国家投入战斗，法王就没心情找新的小妞，还要天天到她这里来寻求对策。

法国投入七年战争，要从奥地利王位战争说起。请大家参看《德意志：铁与血的历史》，哈布斯堡王朝家族绝嗣，玛丽亚·特蕾莎成为奥地利女王，她的老公成了神圣罗马帝国皇帝，引发了当时一场奥地利王位战争。战争的结果是，普鲁士发展壮大。

在这场战争中，法国一直是支持普鲁士的，因为跟哈布斯堡家族是宿敌，支持敌人的对手很正常。这架打完之后，奥地利那边就派了个人，女王和女人好沟通，奥地利的使节成功打动了蓬皮杜夫人。在这个情妇的耳旁风下，法国答应，下次打架，跟奥地利一伙。

前面我们多次说过了法国的海外殖民地，这里已经成为法国财政的主要进项。对法国来说，保住旧的殖民地，并争取新的地盘，非常重要。存了这个想法，势必遭遇最大的对手——英格兰。现在的欧洲，在殖民地商业这一项上，尤其是美洲和印度两个地区，英法算是平分秋色，但双方都知道，这些利益，只能独霸，不可分享。

在欧洲大陆，法国一手促成了普鲁士崛起，也很有些后悔。要知道，法国自认现在是欧洲老大，普鲁士壮大得这么神速，破坏了西欧的权力均衡，法国人很不爽。

如此算来，法国进入七年战争是最忙的。因为它既要在陆上遏制普鲁士，还要在海上对付英格兰，这几乎是这两个地区最强的武装。

在蓬皮杜夫人为首的主战派怂恿下，法国一个猛子就扎下了水。

七年战争分别在《英帝国：日不落之殇》和《德意志：铁与血的历史》里描述过了，英国人非常聪明地让普鲁士在陆上牵制法军，他家则坐收了海上的渔利。英国舰队几乎摧毁了法国舰队，没有了海军的支持，殖民地的法军自然无力御敌，所以，在殖民地的各种战事慢慢也都失利了。

1760 年，加拿大的蒙特利尔和魁北克被英国人占领。随后，法国在印度的总督又投降了英军，将法国在印度的商业据点拱手送上。

海上打不过，陆地上沙皇突然又倒戈跟普鲁士一个战壕，法国打不动了。1763 年，七年战争签订了《巴黎和约》。加拿大、俄亥俄、密西西比河左岸的整个路易斯安那及塞内加尔全部让给英国。至于印度呢，几个商业据点可以还给法国，这几个商业据点挺赚钱的，法国人就感觉也没输光了老本。然而路易十五自己感觉不到，因为这个和约，法国几乎放弃了所有海上的争夺，也放弃了成为世界经济强国的野心。这个西欧霸主，慢慢地成为欧洲二等国家。

打不过英国了，但是有机会遏制它给它添堵也不错。正好，地中海上有个岛，叫科西嘉岛。这个岛上的人相当骁悍，狂放不驯，从罗马开始，各种人都统治过他们，他们从来不服，要独立。此时他们隶属意大利的热那亚公国，也是天天闹，闹得热那亚头昏脑涨。算了，把这邪神打发了吧。正好，法国人失去了北美殖民地，就想在地中海占一块，以后就是法属科西嘉岛了。

科西嘉岛绝对是烫手的山芋啊，放在谁手里谁都烫得叫唤。反正都知道科西嘉岛即将成为历史的焦点，所以关于它怎么折腾法国人的故事，我们以后再说吧。

七年战争期间，蓬皮杜夫人的目的达到了，她的闺房成为战斗指挥部，传说前线将士经常收到国王情妇用眉笔批注过的作战计划。蓬皮杜夫人的权势也空前的强大。

蓬皮杜夫人不仅会玩权术，更会花钱。路易十五在她身上花钱花海了，这两口子奢侈生活留下的名言就是：我死后，哪管洪水滔天。一语成谶，果然就洪水滔天了。

然而，蓬皮杜夫人还不能算是个单纯的妖妃，她对法国的文化艺术的推动作用还是很显著的。当时流行于法国乃至全欧洲的洛可可风格，就来自她的喜爱和推广，比如法式家具上那些细腻烦琐的雕花，像芭蕾舞者一样的椅脚。老杨给人上课时是这样解释洛可可艺术的：一看就想到小妇人的闺房，带点甜腻腻的香味，透着暧昧，那个就肯定是洛可可风格。洛可可风格的艺术就像是蓬皮杜夫人本人，所以她又被称为洛可可女王。

蓬皮杜夫人主持扩建或者重新装修了很多建筑，最有名的就是现在法国总统上班的爱丽舍宫。她还资助了《百科全书》的出版，扶持和帮助了很多当时的文人。

1764 年，蓬皮杜夫人因肺炎去世。作为情妇，她赢了，路易十五一直很依赖她，凡事找她商量，成为习惯。蓬皮杜夫人去世后，路易十五才感觉到，自己好长时间没有灵欲合一地风流快活过了。

法王要找女人，身边自然有拉皮条的弄臣。他们也知道，对法王现在这个年纪这个状态，一般的女人束手无策，所以帮他找来了巴黎名妓杜巴里夫人。主流的历史书喜欢回避杜巴里的背景身份，把她当作普通的法王情妇处理，生怕一仔细研究，历史书就写成了艳情小说。实际上，路易十五和杜巴里夫人的故事真就是艳情小说的范畴。杜巴里夫人让年近六十的路易十五恢复了青春。作为回报，杜巴里夫人也可以掺和朝政了。对路易十五来说，只要自己不操心，这国家谁管都行。

杜巴里夫人对法国的危害恐怕也不在蓬皮杜夫人之下。蓬皮杜夫人有点智慧，有些事办得还靠谱，比如她晚年慧眼，提拔了外交大臣舒瓦瑟尔。他在战后励精图治，重建法国舰队，立志要找英国报仇雪恨。最值得称道的，是他建立了一支非常精锐的炮兵部队，后来就是这支部队让拿破仑纵横欧洲。可惜，这样一个人物不见容于国王情妇，他被杜巴里整下台了。

1774 年，路易十五死于天花，怕传染，棺椁密封，在黑夜偷偷下葬。路易十五有个外号叫"受爱戴者"，回顾他的一生，真没啥值得爱戴的地方。

二十二　那些花儿之二

路易十五下课，所有人都知道，法国历史最宏大壮丽的篇章要来了。每到这种关头，我们一定要驻足休息，看看路旁的花草，清点历史的遗珠。

我思故我在

恐怕很少人不知道，这句名言出自笛卡儿。这一直被当作极端主观唯心主义的名言，意思是说：因为我在思考，所以我的存在是真实的。唯物主义认为，你首先是存在才会思考，不是因为你思考才存在的。对于这两种争论，老杨只能无奈地在脑门上画三条黑线，因为我实在想不通，搞不清思考和存在的顺序，会对生活造成什么影响，我炖鸡汤炒鸡蛋的时候，干吗要考虑这个世界是先有鸡还是先有蛋呢？

如果所有人都像老杨这么愚昧，世界就不会进步了，所以，隔三岔五历史上就会冒出笛卡儿这种人。

笛卡儿出生在瓦卢瓦王朝向波旁王朝过渡时代的法国土伦，超级天才都是体弱多病的。因为家境优越，他大部分时间居然可以在床上读书。学完了基础的传统课程，笛卡儿困惑了。他发现他学这么多东西，几乎没用，这让他质疑，只有数学还多少有点意思。算了，书读着没劲了，出去溜达，到各国游历去。事实证明，行万里路是比读万卷书有用。

1619 年 11 月 10 日的夜晚，笛卡儿连续做了三个奇特的梦。第一个梦是：自己被狂风从学校卷到风吹不到的地方；第二个梦是：得到了打开自然宝库的钥匙；第三个梦是：背诵奥生尼的诗句"我应该沿着哪条人生之路走下去"。笛卡儿这么聪明的人，自己会解梦，都说这一天是笛卡儿一生中思想上的转折点。从这天开始，笛卡儿明确了人生规划——他要创立前人没有的学

165

说和学科。

老杨说过，欧洲的天才没法分专业，他们什么都专。笛卡儿，到底算他是数学家还是物理学家还是哲学家还是天文学家等，不知道，反正这些个领域的历史书上都有他的大名。

一定要分个顺序的话，最牛的应该是数学。笛卡儿之前，代数和几何是各自独立的。那时候，代数算新型学科，从希腊罗马流传下来的数学研究，都是针对图形的。笛卡儿考虑，怎么能把代数和几何融合到一起把数学搞得更艰深呢？

某天，笛卡儿生病卧床，他这样的人再病脑子也不闲着，继续思考。要想把代数和几何结合，就是要将图形与方程对应。怎么实现？墙角的蜘蛛网给了他启示（数学家普遍不会收拾屋子）。他想到，图形上的每个点，都可以通过一组数字确定。

下面的事他就豁然开朗了，墙角如果是个原点，源于墙角的三条墙线就能确定蜘蛛的每个位置。哦，懂了，这就是我们经常用到的坐标系，而笛卡儿成功地组合了代数和几何的这门神奇的功课，就是解析几何。

老杨学不懂是自己愚钝，绝对不敢诋毁这门学科的伟大，解析几何让数学产生了更多更难的学科，函数、变数以及后来的微积分。应该说，笛卡儿的研究是数学研究上的一个转折点。

笛卡儿在别的方面的研究和成就就不一一列举了，跟解析几何一样的深奥枯燥。1637年，他发表了最有名的著作《正确思维和发现科学真理的方法论》，通常称为《方法论》。

《方法论》提出了处理问题的四个方法：1.怀疑一切；2.把难的问题分成若干小问题；3.按问题的难易程度排序，先解决容易的；4.全部问题解决后总和检验，看整个问题解决了没有。

方法论这四条一直到20世纪都被欧洲人认为是解决问题的金科玉律，应该说，它是西方近代科学技术飞速发展的重要基础。直到1960年，人们才发现，这种方式解决不了所有的问题。比如研究人体机能，你搞清楚了每个脏器的作用，还是搞不清人体工作的原理，还要研究脏器之间存在着的联系和互动才行，于是后来又出现了系统工程。

笛卡儿终身未婚，不知道有没有谈恋爱，不过有个绯闻是关于他的。传说因为法国闹疫情，笛卡儿就到了瑞典，认识了当时瑞典的公主克里斯汀。笛卡儿成为公主的数学老师，将直角坐标系倾力相传。时间长了，师生产生了爱情，还闹得上下皆知。国王大怒，要杀掉笛卡儿，克里斯汀以自己的性命相胁，国王饶了笛卡儿，将他赶回法国。

回国后的笛卡儿不断地给克里斯汀写信，都被国王截留。写了十三封信后，笛卡儿因肺炎死去。最后一封信落在国王手里，只有一个公式：$R = A(1 - \sin\theta)$，国王找了很多人研究，也不知道这是个什么密码。国王就把信交给了公主，公主用这个公式在坐标上画出了一个心形。这个公式就是著名的"心形线"，后来好多书呆子把它当情书用。

这样的情书，算得上是终极浪漫。可是，计算一下笛卡儿的死亡时间和他应瑞典女王克里斯汀邀请去瑞典的时间，这个带着无上智慧的浪漫故事应该不是笛卡儿做的。几百年来，大家认定是他，那就他吧。我们也乐于看到一个学术界的巨匠有如此浪漫细腻的心思。

黑格尔说笛卡儿是"现代哲学之父"，也是近代资产阶级哲学的奠基人，他带给法国乃至欧洲历史一个革命性的思路就是"理性"。以后的故事里，我们会看到，他倡导的"理性主义"如何改变法国历史。

喜剧大师莫里哀

法国有两个有名的莫里哀，一个是 17 世纪的著名剧作家，另一个是 20 世纪的著名轻音乐家——保罗·莫里哀，保罗·莫里哀乐团现在是世界三大轻音乐团之一，我们经常会看到他们的演出消息。下面要说的，是路易十四王朝的那一个。

说到莫里哀，要提到之前说过的一个地方，黎塞留帮法王路易十四建立的法兰西研究院。叫这个名字可能不准确，因为这个研究院最早的性质，基本上就是为法国的文学作品提供某种规范或制度，制定一些法国八股文之类的规矩。所以，这个机构看起来是一种对文化的保护和推广，其实还含着一点禁锢和监督。

17 世纪的法国，是古典主义文学的时代。所谓古典主义，重点在"典"，尊重传统尊重规则，学院的做派，规规矩矩不要出格。法国那时流行戏剧，所以法兰西学院对剧本创作提出了规则。

当时戏剧剧本要求按"三一律"来布置结构，也就是说，在一个地点、一天内发生的一个故事从开头直到末尾贯穿整部戏。这个听起来就很难，完全要求故事情节的生动和对白的精彩，很考剧作家的功夫。而莫里哀就是崛起于这种规则下的喜剧作家，"三一律"最伟大的作品就是《伪君子》。

五幕剧，一个场景，一天时间发生的故事，还有不少人物，各有性格。整个故事发生在巴黎一个贵族奥尔贡的家里。先是奥尔贡的老妈指责家里所有人都不上进、不靠谱，比起达尔丢夫差得太远。奥尔贡的女儿和侍女都不服，认为达尔丢夫是个伪君子。奥尔贡回来，把达尔丢夫夸成圣人，而这个圣人是他在教堂认识，为他的虔诚和圣洁所折服，所以请到家里来住的一个教士。

奥尔贡把达尔丢夫待若上宾，实在不知道怎么表达敬仰，就说要把女儿嫁给他。女儿有自己的爱人，坚持不从。而达尔丢夫就是个骗子，他吃饱喝足后就想勾搭奥尔贡的老婆。所有人都告诉奥尔贡达尔丢夫是个坏人，他不信，他最后要把家产都给他。

收到家产后，达尔丢夫露出了本色，要赶奥尔贡一家出门。好在有个英明的王爷早知道达尔丢夫的底细，所以公正裁判，逮捕了骗子，还了奥尔贡家产。

这部是欧洲著名的喜剧，在没有特技和恶搞的年代，喜剧全凭台词。老杨看的是中译本，只能努力去试想这些语言能幽默到什么程度。不能不承认，单就达尔丢夫屡次为自己辩解时的那种伪善的装模作样的语言，就很有趣。

同时，大家也发现，这个戏里虽然说了达尔丢夫是个骗子，可他说话行为的方式跟当时的教士完全一致，要不然也不会骗了奥尔贡。因此，我们可以认定，莫里哀这样写，就有讽刺教会的意思。

莫里哀出生于公务员家庭，他本来可以子承父业成为国王侍从，可是他却跟朋友组成剧团，到处流浪。这种民间采风的经历，也是他后来剧本更贴近大众审美的原因。

1658 年，莫里哀在巴黎遇见了知音——路易十四。他进入巴黎的第一部喜剧《可笑的女才子》就遭到了贵族拍砖和抵制。因为这个戏，明显是讽刺了上流社会青年贵族男女的假模假式。路易十四支持他，并且将国王的剧场给他演出。有了这些条件，莫里哀进入他创作的巅峰，成为巴黎戏剧界的红人。

《伪君子》上映时引起轰动，刺激了教会，下令禁演。莫里哀这时也算个大腕了，他也知道他的戏是路易十四离不开的消遣，所以他写信给路易十四，说要是禁演，他以后就不写了。路易十四还真怕，赶紧安抚他，并允许《伪君子》公映。

1669 年，《伪君子》一口气演了二十八场，购买门票的情景，可以参考2011 年 3 月我国部分地区抢盐的混乱，据说有几个人差点被挤窒息了。

莫里哀一生创作了三十多部喜剧，多半是嘲讽贵族、教士、资产阶级或者是上流社会，对下层的百姓有着明显的偏爱和同情。他有个跟白居易一样的习惯，写完一个作品就读给女仆听。他这位女仆是个有天赋的戏剧评论家，感觉非常准确。莫里哀开始只是让她听懂，看她的反应，后来发现，女仆反应冷淡的作品，观众也反应不佳；女仆听完激动的剧本，观众反应也会很好。有一天，他拿了别人写的剧本读，听到一半女仆就说：这不是你写的！证明女仆不是麻木地听，是真正听懂了。后来，这个女仆成为莫里哀私家御用的随身评论员。

莫里哀死于 1673 年，当年他带病亲自主演最后一部戏《无病呻吟》。剧中他要演一个没病装病的人，其实当时莫里哀已经病入膏肓。他在台上的本色演出让大家对他的演技大声叫好，下台后不久，莫里哀咯血而死。

教会一直抵制他、诋毁他，是在路易十四的坚持下，莫里哀才被葬在教会的墓园。后来传说，莫里哀的墓地找不到了，怀疑是被教会偷偷挖走了。不过，法兰西研究院在大厅为他立了一尊石像，底座上刻着：他的荣誉什么也不缺少，我们的荣誉却少了他。

莫里哀是大师级的剧作家、一流的导演，甚至也是一流的演员，他还培养了大批优秀的演员。他要是活在今天，地位不可想象，他公司的股票估计能在主板上市。不过在那个时代，如果不是剧团维持得艰难，他也不至于带病上台，辛劳而终。

西方戏剧界将莫里哀与莎士比亚并列，说他是老莎之后成就最高的剧作家，而且他把欧洲 17 世纪的戏剧直接提升到了近现代戏剧的水平。

路易十四时代有三位成就很高的戏剧家，除了莫里哀，另两位是高乃依和让·拉辛。这个时代还有一位著名的寓言诗人——拉封丹，他对《伊索寓言》进行了改写和再创造。我们现在熟悉的《狼和小羊》《狐狸和乌鸦》，都来自他的《寓言诗》一书。有句俗语说，如果法国人只会背一首诗，这首诗肯定是拉封丹的寓言诗。

二十三　启蒙时代F4

什么是启蒙运动？法语中，"启蒙"这个词是光明的意思，所谓启蒙运动就是在黑暗中发现光明，或者自动地点亮火种。

欧洲从封建社会升级进化到资本主义社会，是个挺艰苦挺漫长的过程，至少发生过两场重大的涉及各领域的变革才逐步实现。第一个是文艺复兴，第二个就是启蒙运动。

文艺复兴起源于14世纪至16世纪的意大利，首先是文艺领域的创新而后扩大到宗教、科技等各领域。这个时候的人们，已经开始清醒地认识到，天主教教会宣扬的一切，到底是不是值得怀疑的？普通人是不是也应该有自己的尊严和价值？死后的世界不能确定，活着是不是可以让自己感觉好一点？人有追求幸福的权利。

文艺复兴只是个小小的觉醒，作为当时刚刚萌芽的资本主义，意识还不是很清楚，目标也不是太明确，只能是反对教会束缚，然后到古希腊和古罗马的文化中去寻找他们认为可以对抗封建专制统治的东西。于是，这次运动的最大成就表现在艺术方面。

而到17世纪就不一样了，自然科学高速发展，人的视野也逐渐开阔，最重要的是资本主义长大了，成熟了，他们知道自己需要什么并且应该怎么做了。而且，作为他们行动的支持，自然就形成了系统的配合资本主义发展的思想体系，进而他们想到要建立全新的政治制度和社会形态。

启蒙运动最早出现在英国，他家是君主立宪制的国家，很有想象空间。不过后来，整个运动的中心搬到了法国，也让整个运动的高潮在这里发生。

为什么是法国？当然是法国。第一，大家还记得，路易十四颁布了《枫丹白露令》推翻了《南特赦令》，席卷欧洲的宗教改革，只有在法国，天主教几乎是完胜，教会权力依然非常强大，对法国人的禁锢依然很顽固。第二，经过太阳王的辉煌，虽然路易十五是个昏君，可法王的王权在欧洲国家仍然是最强悍的。原来的巴黎高等法院还可以时不常地对国王的命令做个评估，路易十四提着鞭子闹了几场后，连巴黎高等法院这个最不驯服的单位都老实了。路易十五时代，奥尔良公爵为了获得摄政王的资格，对高等法院又放开了一些权力，但对王权的高高在上没什么影响。法王这么牛，他身边的贵族当然也牛，整个法国社会等级制度异常森严。第三，法国虽然一直在战争中，国库时穷时富，可家里的工商业还有不同程度的发展。在法国社会阶层中，第三等级，也就是政治地位最低的那个阶层，空前壮大了，有钱有人，可就是没权，还要看那两个阶层的脸色。第四，法国出了笛卡儿，他提出的"理性主义"，一直被认为是启蒙思想的根源。

讲完了背景，让我们怀着最大的敬意，请出改变了欧洲甚至世界的这几个神一般的大师。第一位，当然是孟德斯鸠。

孟德斯鸠出生在 1689 年，正好一百年后，法国人革命了。孟德斯鸠出身很好，二十七岁，他就世袭了他家波尔多法院院长的职务，还是男爵。

孟德斯鸠吃着路易十四的俸禄，他还总说人家不好。1721 年，他化名写了一部《波斯人信札》，通过两个在法国游历的波斯人写的信件，描绘了一下法国当时的社会现状，基本上都是阴暗面，遣词行文也含着讽刺，对大老板路易十四抨击得尤为严重。这样的书，在哪个社会都容易受欢迎。

这本书的成功坚定了孟德斯鸠要把事业进行到底，他卖掉了法院院长的头衔，开始游历。那段时间法王应该很憎恨英国，因为好些人去英国转了一圈回来后，就更加把法国看得一无是处。

英国的君主立宪制给孟德斯鸠很好地上了一课。英国的游学经历，让孟德斯鸠从一个只会披露、揭发、牢骚满腹的青年真正成为对现状不满能挖出根源提出对策的思想家。

1748 年，孟德斯鸠二十年心血凝成的巨著《论法的精神》出版，震撼了世界，前后共印发了二十二版。

全书六卷三十一章，以法律为中心，遍涉政治、经济、宗教、历史、地理等领域，内容极为丰富，可以说是一部资产阶级法学的百科全书。

这本书中，孟德斯鸠仔细研究了三种政体，专制、君主立宪、共和的优劣。在孟德斯鸠看来，共和制无疑是最好的，可是共和制的基础是"道德"，很难实现；而专制肯定是搞不成的，那是"恐怖"的；只有君主立宪制，通过贵族和民选的议员帮助君主管理国家，以全体成员的"荣誉感"为基础，这个是最靠谱最实用的。

为了保障君主立宪制的公正公平，孟德斯鸠提出，国家的权力应该分成三个部分，立法权、行政权和司法权，这三种权力一定要掌握在不同的集团手里，互相牵制互相制约，绝对不能合并。三权分立说是这本书的精髓，因为大家都知道，这个东西，到现在为止仍然被主要资本主义国家奉为国家组织机构的基本原则。老杨再次申明，社会主义国家不需要这个。

这本书还有一个很重要的理论，就是"地理环境说"。它认为地理环境，如气候、土壤等，对人民的性格、处事办法有影响，所以立法应考虑这些因素。这个说法，有人质疑。不过"一方水土养一方人"，地域形成的文化和传统各不相同，孟德斯鸠这个说法其实也挺在理。

孟德斯鸠这本著作对西方国家的影响很全面，且不说他关于法制和政体的这些论述，有一个跟咱们相关的内容，那就是，孟德斯鸠根据道听途说的流言蜚语，将我们的大清王朝形容得颇为黑暗。

在《论法的精神》中，孟德斯鸠将中国视为专制的典型，形容大清皇帝的统治是恐怖的。他还说，中国人很奸诈，尤其是做生意，喜欢骗人。孟德斯鸠大叔平生就没见过几个中国人，跟他说中国坏话的，都是在中国转了一圈没赚到油水的。孟德斯鸠作为一个哲学家不客观啊，你说你没经过实地调查研究，怎么能瞎说呢？孟德斯鸠写书的时候，是咱们乾隆爷当家的时代，乾隆爷文治武功、潇洒倜傥，比他家那个昏君路易十五肯定强多了去了。

我们认为他瞎说，欧洲可不这么看。这本书出来之前啊，欧洲人对咱们上邦大国还多少有点崇敬，看了这本书之后，他们都感觉，不论是在道德还是在开化程度上，我们都输了一筹，渐渐对大清就产生些许的不敬。他这个说法后来还影响了不少欧洲哲学家，比如康德，没事就喜欢拿中国当反面典型。鉴于他们都死了，我们也不跟他们计较了。

1755 年，六十六岁的孟德斯鸠死在旅途中。跟很多其他的欧洲思想家一样，不管活着的时候他们如何怀疑上帝或者质疑信仰，死的时候，都很卑微地承认上帝是伟大的。

孟德斯鸠五岁的时候，伏尔泰出生了。老杨经常用伏尔泰来对抗周围人强行灌输给我的养生论，伏尔泰这个老伙计，一出生就半死不活，一辈子病病歪歪，人生大部分时间都是躺着的，他站着费劲啊，而且消化不良，瘦得像麻秆。奇迹的是，在18世纪，就这么个病秧子药罐子，竟活了八十四岁。

伏尔泰是笔名，他本名老长了。跟孟德斯鸠一样，出生在一个法律工作者家庭，中产阶级，生活水平小康。要不是经济条件不错，就这个身体，早玩儿完了。

跟韩寒同学一样，伏尔泰中学之后就开始文学创作了。他一进文坛，就预备给自己打造一个意见领袖的形象，写了很多讽刺教会和宫廷的诗，有点极端还有点刻薄。某天，当时的摄政王为了节约开支，卖掉了皇室马厩一半的骏马，伏尔泰听说后评论：卖掉马有什么用，最明智的办法是裁掉朝廷里半数的蠢驴。就这么个口没遮拦的人，两次被投入巴士底狱。这期间，他启用了"伏尔泰"这个笔名。第三次又犯事，他实在不愿意再到巴士底狱去观光了，就逃到了英国。

伏尔泰也去"朝圣"了，他跑去了英国，又被洗脑了。有个著名的故事，说伏尔泰在英国街上穿着打扮有点突兀，英国混混看他是个瘦弱的法国人，就想欺负他，正要揍他，他说："我投生在法国而没有投生在英国，已经够不幸的了，你们还打我？"把英国混混直接逗乐了，放了他一马。从后来伏尔泰传世的名言来看，这伙计口才应该是了得。

回到法国，伏尔泰也开始以笔为武器，展开对宗教神权和专制王权的斗争。特别要交代一下，孟德斯鸠卖掉法官之位赚了不少钱，所以写些禁书也不影响生活。伏尔泰日子更好过，这伙计有投机天才，他找了个数学家，研究了当时法国发行的一种彩票，并发现了漏洞，因此赚了好大一笔钱。后来他用这笔钱炒股，据说又赚了三倍的利润。都说伏尔泰是个高产的作家，其实他在金融投资方面的天才绝对不输于文采，他最多的时候拥有二十多个庄园，有一千多个仆人。

伏尔泰从英国回到法国的第一部作品就是《哲学通信》,是他游历英国的感悟和心得,向法国人详细介绍了牛顿、培根等大腕及他们的思想。这部书被评价得很高,说它是投向旧制度的第一颗炮弹,甚至说它是启蒙运动开始的标志。

这本书又导致他被驱逐出巴黎,他跑到了法国东部,住进了西雷城堡,而且一住就是十五年。西雷城堡不属于伏尔泰,他的主人是夏特莱伯爵。夏特莱伯爵不是伏尔泰的"粉丝",他老婆是,而且都知道夏特莱夫人跟伏尔泰绝对不是普通的朋友关系。夏特莱两口子年龄差异大,夏特莱夫人生完几个孩子后,基本跟老公就保持了纯洁的友谊。夏特莱伯爵够意思,看见老婆的情人遇难,主动贡献自己的城堡给伏尔泰和老婆同居,这是一种什么精神啊!

十五年后,夏特莱夫人去世,伏尔泰去了普鲁士,《德意志:铁与血的历史》里有伏尔泰在普鲁士的故事。跟腓特烈二世闹翻后,他又回到了巴黎。在普鲁士的五年时间里,伏尔泰写成了《路易十四时代》一书,记录并赞美了路易十四的功绩。这本书明确反映了伏尔泰的政治思想,那就是,开明君主制,君主是不能废的,要寄希望于碰上一个思想开明、公正正义的好君主。

伏尔泰的两部哲理小说《老实人》《天真汉》也颇有影响。另外,他还创作了五十多部剧本,还曾经将咱们那部经典的《赵氏孤儿》拿去改写,整了一部《中国孤儿》,在当时挺畅销,不知道有没有支付陈凯歌导演改编的有关费用。而陈导演选择这个题材,恐怕也是考虑到欧美人对该故事的略知一二,方便打入国际市场。

"我可能不同意你的观点,但是我誓死捍卫你说话的权利",这句爆红的语录一向被认为出自伏尔泰。后来发现不是,但也反映了他的思想。一般认为,伏尔泰是启蒙时代最重要的哲学家,最牛的称号是"欧洲的良心"。临终前,他到法兰西学院讲话,穿着俄国女沙皇叶卡捷琳娜二世送的裘皮大衣,路上他的"粉丝"纷纷爬上车,从大衣上撕下一块留作纪念,据说没有哪一位战争胜利的统帅会在巴黎受到这样热烈的欢迎。这种欢迎方式不值得提倡,可怜伏尔泰最后像个丐帮帮主一样进了法兰西学院。

1791 年，伏尔泰的骸骨被迁入先贤祠，路上有十万人送葬，道路两旁观礼的人数超过六十万。

不论是孟德斯鸠还是伏尔泰，他们都是百科全书派的支持者。所谓百科全书派，就是编撰《百科全书》时形成的一个思想团体，有点激进，他们的中心人物就是狄德罗。

狄德罗算是孟德斯鸠和伏尔泰的下一辈，生于 18 世纪初。1745 年，法国出版商想将英国的百科全书译成法文，找狄德罗接这个活。狄德罗看完觉得，这个大英百科全书有点落伍啊，很多东西都没有及时更新。他干脆说，别翻了，我们自己编一部新的吧。于是，法国的《百科全书》工程就开始了。

从 1751 年到 1772 年，法国的《百科全书》共出版了二十八卷，全书共三十五卷，基本收录了人类需要掌握的所有知识，无论是自然科学还是人文科学，这部《百科全书》代表着 18 世纪文明的最高水平。为编撰这套书，集合了当时最杰出的人才、最先进的思想和最清晰的头脑，而这 28 卷书可以说基本囊括了 18 世纪法国启蒙思想的全部精神。

狄德罗和百科全书派是唯物主义和无神论的。他们认为迷信和愚昧无知是人类的大故，自然就是各种元素组成的，没有什么超自然精神实体存在。

在宗教思想方面，百科全书派要比孟德斯鸠这些早期的同志激进多了，可在政治方面，依然没有突破，狄德罗也主张开明君主制，从来没想过要推翻君主制度。这恐怕跟他的出身和生活条件有关，狄德罗也是个有钱人，而且是个很讲究的有钱人。

传说有一天，有个朋友送给狄德罗一件精美的睡袍，他穿上后感觉挺美，在屋里来回乱转。这一转，他发现问题了，跟这件华丽精致的睡袍相比，自己的地毯又旧又粗，家具款式落伍，连镜子都显得很暗淡。于是，狄德罗就一点点地换家具，换装修，终于有一天，他觉得他住的屋子能搭配他的睡袍了，心满意足了。可回过头一想，不对啊，我这一通忙，都是区区一件睡袍闹的，怎么我的生活就被一件睡袍辖制了呢？

这个故事，大家一点都不陌生，老杨经常看到女孩子因为买了一双袜子而要买搭配的鞋，为了这双鞋再搭个包，进而再搭配一身衣服。后来觉得老公搭配不上，只好换一个。这种为了配套引发的折腾，被后来的美国经济学家起了个名字叫"狄德罗效应"，说的主要是过度消费的美国人。

孟德斯鸠、伏尔泰、狄德罗三位，共同点可能很多，而最大的相似点就是，他们都很富裕，从来不用烦恼生计，他们也没机会跟下层普通劳动人民来往。相反，他们更多的是跟各国君主有交情。所以，他们的思想体系中，对"君主"这个称号还是怀着传统的恭敬，他们也很难想到要为人民争取政治权利的事。真能想出这个的，必须是一位来自底层的穷人兄弟。下一位出场的，是卢梭。

让–雅克·卢梭生于 1712 年的日内瓦。虽说是生在瑞士，不过因为他成就在法国，我们就经常稀里糊涂当他是法国人。母亲生他时死于产褥热，没妈的孩子开始了悲惨的生涯。

卢梭先是投靠了舅舅，做个小学徒，后来父亲再婚，卢梭就出走，过着近乎流浪的生活。当时有些富裕的贵族出于某种善心，愿意帮助或者扶持一些贫苦的年轻人，十四岁的卢梭被送到法国昂西小城一位夫人那里（法国昂西现在以国际动画节出名）。

这位夫人就是华伦夫人，如果读过卢梭的《忏悔录》，对这位夫人应该不陌生，卢梭给了这个女人很多赞誉之词。可以说，是华伦夫人一手造就了卢梭。

少年的卢梭看着不像有出息的人，甚至有人告诉华伦夫人，这孩子虽然不算弱智，也看不出什么天赋，能在小教堂当个神父就很了不得了。华伦夫人没有放弃，她努力寻找卢梭身上的特长和优势。终于，华伦夫人发现，卢梭可能是有音乐天赋的，于是就着手培养。

卢梭儿时就喜欢读书，也读了不少，而真正系统地受教育，是在华伦夫人身边才开始的。卢梭开始叫华伦夫人为"妈妈"。二十岁后，母子关系发生了变化。华伦夫人向自己一手带大的孩子张开了怀抱，卢梭成为华伦夫人的情人。

写了几篇关于音乐的论文，卢梭开始闯巴黎了。他的音乐理论作品得到了不少行家的高度称赞，但是出版后销量却很差，让他很受打击。

在巴黎，卢梭认识了狄德罗，并加入了狄德罗的工作，在《百科全书》中负责音乐部分的编撰。两人结下了深厚的友情。狄德罗宗教观点激进，早晚会闯祸，终于有一天被捕进了监狱。

卢梭四处奔走想把好友捞出来，可惜他也没有背景靠山，不过是徒劳无功。他所能做的，就是经常去探监。

有一天，去探监的路上卢梭发现了一则征文启事，题目是"艺术和科学的进步是否对改良风气有益"。卢梭看到这个题目，就觉得灵感如泉涌。见到狄德罗，他就说起这件事，狄德罗当然是鼓励他写下自己的灵感，拿去投稿。

卢梭撰文《论艺术与科学》应征，获得头名，估计还有点奖金。最重要的是，巴黎开始注意这个年轻人。

不久，卢梭写成了一部喜剧并大获成功，当时的路易十五要召见他，被他拒绝了。巴黎的浮华和喧嚣让他很厌倦，他决定隐居，主要的生活来源是抄乐谱。而就是在隐居的这6年里，卢梭创作了好几部传世名著。

1761年，《爱弥尔》出版。都知道这是一本关于如何教育小孩子的书，可是一问世就被当作异端邪说，还马上被禁了。卢梭在这本书里强调要尊重孩子的天性，让其自然发展的教育理念。估计教会和政府觉得，这样子教小孩儿，能把全法国的孩子都废了，所以下令禁毁该书。

法国待不住，回瑞士去，瑞士又宣布他写的是禁书，只好又跑去英国。在英国跟朋友处得不好，于是又偷偷地回了法国。就在这段时间，卢梭的《忏悔录》开始在民间传阅，并流行。卢梭一直遭到迫害，甚至专门有人写书来攻击他的人品揭发他某些不愿被人知道的故事。鉴于别人爆料都是丑化自己，卢梭干脆亲自写一部自传详细讲述自己的生平，因为当时的处境，自传写得颇为心酸伤感。但是，该书文学价值非常高。本来在文学史上自传成为旷世名著的非常少，《忏悔录》绝对是其中的佼佼者，都说这部作品启发了19世纪的法国文学。

我们现在说启蒙思想呢，到底卢梭的思想是什么呢？这就要提到他另一部作品《社会契约论》。书一开篇就说"人是生而平等的"，"主权者代表公共意志，这个意志必须有益于全社会；由主权者授权的行政官员来实现这一意志；最后，必须有形成这一意志的公民群体"。也就是说，政府的行为必须代表全体公民的意志。如果政府不能代表全体公民的意志，那么这个契约就要毁坏，则人民可以改变政府，甚至通过暴力手段。

卢梭提出了一种全新的建立政府、监督政府的方式，在后来的法国大革命中，这部书几乎就是《圣经》。而这部书也被认为是西方现代民主制度的基石。所以，在启蒙时代这四杰中，卢梭似乎比前面三个地位高。

卢梭不是圣人，性格略有缺陷，人缘也似乎不好。他跟狄德罗后来产生了矛盾。最出名的，就是跟伏尔泰的不和。

卢梭生在日内瓦，成名在法国，伏尔泰生在法国，后来很长时间都在日内瓦。不知道是不是文人相轻，两人一直有芥蒂。卢梭想改善关系，将自己写的《论人类不平等的起源》送给伏尔泰阅读，这篇文章是另一次的征文，虽然这次没有获奖，但这篇文章在思想史上是有重要地位的。其实文章的思想跟伏尔泰的思想没有本质的冲突，可伏尔泰读完后，评价得非常刻薄，从此两人就正式结怨。

伏尔泰后来挤对卢梭毫不留情，甚至还说日内瓦大剧院着火是卢梭干的，因为他反对建大剧院，后来又说他的《社会契约论》反社会，在揭发卢梭的私生活不道德的人中，就有伏尔泰。

两人在观念上到底有什么对峙呢？伏尔泰认为应该通过教育缓慢而和平地改变人性，转变后的人性自然能制定出更好的制度；卢梭认为，首先要将不好的旧制度铲除推翻，不惜使用激烈的行动，然后在心灵的引导下去建立新的制度。

卢梭和伏尔泰的争斗后来发展得越来越幼稚，两个才华横溢的知识分子都不惜人身攻击对方。而最纠结的是，同一年（1778年），这两位前后脚去世，因为在人间分不出胜负，两人到天堂继续斗嘴去了。

也不能怪伏尔泰揭卢梭的老底，卢梭在私生活方面确实不怎么样。他写了一本举世闻名的儿童教育书，可他自己一点也不喜欢小孩儿，他把自己的五个孩子都丢进了孤儿院，虽然他后来解释是生活压力太大，养不起。而他跟一个女仆同居了三十三年，却因为人家出身低微没有文化不肯正式迎娶。这个女人毫无怨言给他生了五个永远见不到也不知去向的孩子。看到卢梭这个行为方式，就不奇怪他能有在当时看来惊世骇俗的思想。

伏尔泰和卢梭是最能代表法国的大思想家，是两颗同样闪亮的明星。有人说，这两人加在一起，就代表着全部的法兰西精神。

终于介绍完这四位大拿了，有点枯燥，有点晦涩，然而总算是讲完了。其实除了这四位，启蒙时代还有几位名家，需要特别提及的是剧作家博马舍，莫扎特那部著名的歌剧《费加罗的婚礼》就是改编自博马舍的同名戏剧。

二十四　锁匠国王路易十六

路易十五跟波兰王后生了八个女儿、两个儿子，活到成年的是太子和六个女儿。都说路易十五是好爸爸，喜欢孩子特别是那几个女儿。路易十五本人活得不着调，儿女也难得幸福。女儿大部分进了修道院，传闻是因为路易十五安排嫁妆手头不宽裕。而金尊玉贵的太子爷，生活就更加悲惨。

太子经常说的话是："如果我不幸成为国王……"可见他对国王生涯很排斥。路易十五也不待见这唯一的儿子，理由是，这娃不抽不喝不嫖不赌，打猎不去，美女不泡，毫无乃父之风，将来肯定没有出息。

上帝满足了太子的祈祷，他死在路易十五驾崩前，躲过了这悲剧的王位，而将自己的亲生儿子送上了绝路。太子为人低调朴素，跟凡尔赛宫的奢华格格不入，如果他能撑到继位，法国的历史可能就不一样了。

路易十六来了。

波旁家遗传肥胖，十六胖乎乎的很迟钝。其实他迟钝跟体型真没关系，他就是个反应很慢有点磨叽的人，缺乏自信，畏畏缩缩。杜巴里夫人入宫后，十六被爷爷喧嚣的生活吓坏了，经常把自己关在房间里，深宅。

咱家大明有个皇帝叫朱由校，也就是明熹宗，这伙计做皇帝的水平我们就不评价了，反正大明不久就散伙了。朱由校是中国历史上著名的木匠，打家具的手艺那真是神乎其技，引领着家具业在当时的潮流和技术革新。在建筑方面也甚有天赋，他如果不是皇帝，大明可能好多了，他自己恐怕也幸福多了。

路易十六跟朱由校是哥儿俩，他俩如果联手出去接工程，那就是绝代双骄。路易十六在泥瓦活方面深有造诣，最牛的是制锁。在对锁的研究和开发领域，路易十六可以算宗师，他制锁不是为了销售也不考虑实用，纯为消遣，所以每一把都精工细作，件件称得上是精品或者工艺品。

朱由校当皇帝，大小事就交给魏忠贤，好坏都有他顶着，我们绝对不会埋怨一个木匠葬送了国家。路易十六不一样，玩归玩，他还是有点责任心的，对祖父留下的烂摊子，他很想做点什么。可惜，他是个没有主见容易受外界影响的人，内心有点小善良，但更多的是脆弱，于是在一些他自己都想不明白的状态中，一步步走向了毁灭。

路易十六是个蔫巴人，这样一个国王入主绚丽闪亮的凡尔赛宫，有点不搭，有点浪费。好在，他娶了一个很配凡尔赛宫的老婆。

奥地利女王特蕾莎有十六个孩子，最小的女儿叫玛丽·安托瓦内特，公认乖巧可人，美丽开朗。作为神圣罗马帝国的小公主，都知道她长大至少是一国之后，所以从小对她的教育就非常严谨规范。教归教，架不住人家不学啊，老师和家长又不好揍她。不学无术之外，性格还无法无天，最小的孩子，自然受宠，在皇帝两口子看来，小女儿不上进没啥追求，将来肯定也不懂朝政，不会掺和政治，就是一个糊糊涂涂的王后而后糊糊涂涂的太后，锦衣玉食生孩子，一辈子简单快乐就过去呗。

玛丽不到十五岁就跟路易十六成婚到了巴黎，这个地方果然比维也纳好玩啊，地方又大又漂亮，蓬皮杜夫人留下的洛可可风格的装饰，让她非常喜欢，她大力推广并改良得更夸张。玛丽在奥地利真没学到什么规矩，进入凡尔赛宫，她也从来不知道一个太子妃和王后应该是什么样的，在对她所有的评价中，"轻浮"两个字是最常出现的。

传说路易十六在夫妻生活方面略有不足，恐怕这也是他自闭玩锁的原因之一。他对这个如花似玉的老婆是很迁就的，甚至到了纵容的地步。玛丽想要的东西，他变着法子满足她。

凡尔赛宫旁边有个小特里亚农宫，是路易十五送给杜巴里夫人的。后来，路易十六当作礼物送给了玛丽。这个玩具真好，玛丽的时间就都消耗在这个小宫殿里了。世界各地的奇珍异宝、奇花异草不用说，玛丽喜欢玩农庄，在宫里开辟出一个小村庄。她可不是为了玩偷菜啊，她更有品位，她养一堆奶牛，扮挤奶女工玩。据估计，为了打造自己的这个小乐园，玛丽砸进了大约80万法郎。这在18世纪的法国，绝对是相当大的一笔钱了，当时一个普通工匠的四口之家，一年的生活费一千多法郎也就够了。

王后在凡尔赛玩开心农场，自然是要加很多好友。她的闺密可没这么闲情逸致，陪伴王后的目的不过是给自己或者家族获取利益。有什么要紧呢，只要开口，王后愿意让这些伙伴愉快。

国王沉默寡言，也不喜欢开 party，王后只好自己玩。玛丽不顾规矩到处溜达，参加各种假面舞会。在一次舞会上，玛丽被瑞典伯爵费尔森迷住了。伯爵风度翩翩，能言善道，骑上马能纵横疆场，下了马舞技超群，路易十六跟他比，那真是一个锁匠和伯爵的区别。王后坠入了爱河。玛丽是放肆且头脑简单的人，这种关系她也不懂掩饰，费尔森就经常出入在王后的私人小天地。

玛丽对钱没概念，国库里的钱就是自己的钱，想买什么都可以随便用。衣服、鞋子、首饰永远不够，赌博的手气永远不好。慢慢地，大家都知道路易十六找了个"赤字夫人"，中国话叫"败家娘们儿"，是导致国库空虚的罪魁祸首。

1785 年发生了一件事，让玛丽的形象更加跌入谷底。说有个德拉莫特伯爵夫人，是个混迹于上流社会的女骗子，她自称和王后是闺密，骗了不少人。

斯特拉斯堡的红衣主教罗昂，早年曾在维也纳做大使，态度不谨慎，得罪过奥地利女王，于是女王嘱咐自己的闺女也就是玛丽王后，这家伙永不录用。罗昂郁郁不得志，到处托人帮忙想跟国王和王后修复关系。

巴黎某个珠宝商做了一条项链，镶了六百多颗钻石，两千八百克拉，大约价值一百六十万法郎（法国大革命后，法国开始用法郎做货币，老杨提前用了）。法国王室一直挥霍无度，从杜巴里夫人到玛丽王后都是看见钻石眼睛放光的主儿，可这条巨无霸的钻石项链，却一直没有进宫。

某天，女骗子德拉莫特夫人就跟罗昂说，其实王后很喜欢那条项链，但是最近手头紧，你去跟珠宝商说，先拿走项链，回头分期支付款项。都知道王后喜欢买珠宝，都知道她经常手头紧，罗昂根本就不怀疑这中间有问题，真的跑去找珠宝商，代表王后拿走了项链。他是红衣主教，他说话人家还是相信的。

罗昂把项链交给女骗子，德拉莫特夫人当然没有给王后，她将钻石项链拆分出售了。珠宝商迟迟没有等到第一期款项，就直接到王宫去要钱，这个事才算穿帮了。

女骗子被判鞭刑并监禁，后来跑到英国，据说还写了部回忆录。罗昂主教虽然也是受害者，无罪释放，但也被逐出了宫廷。

谁也没想到，整个事件最大的受害者反而是国王两口子。其实玛丽很早就看过这项链，以她的脾气，知道有这么个东西怎么会不买呢？那是因为她不喜欢，认为款式粗鲁，华而不实，所以一直没搭理巴黎那个珠宝商。整个事件，她真的一点都不知情。可法国人把这账算她头上，要不是她奢侈出名能有这事吗？一百六十万法郎的项链啊，这女人花了法国多少钱啊！

很多历史学家都说，"项链丑闻"是路易十六和玛丽最后被推翻的重要起因。这个事之后，老百姓对这两个人失去了最后的尊敬和信任，后来下手时，一点都没留情。

玛丽王后有个人人皆知的故事，她在自己的小农庄花天酒地时，有个侍从说法国的老百姓已经吃不上面包了，王后粲然一笑说："他们可以吃蛋糕啊！"雷得侍从风中凌乱。不过，从玛丽在大革命中的表现看，她不至于这么傻，故事恐怕有点杜撰，抑或是她没心没肺随口开了个玩笑，但关于老百姓吃不上面包，倒是事实。

二十五　法国大革命

财长走马灯

大致介绍了路易十六两口子，并不是说这两口的人品导致他们被砍头，玩锁和花钱不见得会祸国殃民，但如果国家本来就千疮百孔，那么一点点百姓的埋怨都可能引发灭顶之灾。到底路易十六接手了一个什么样的法国呢？

路易十六一上班，首先就遭遇了天灾。1774 年至 1788 年，天灾连连，年景总是不好，农业歉收，小麦价格上涨，很多城市因为得不到充足的粮食供应，开始有人骚乱暴动。

随后，又是人祸。七年战争，法国吃了大亏，丢了北美的殖民地，一直想报仇，于是，义无反顾地栽进了北美独立战争的浑水。

1774 年，也就是路易十六登基那年，英国在北美的十三个殖民地张罗着要独立。美国人分析了一下，以他们当时的实力跟宗主国叫板，肯定死得很惨，于是，有个胆子特别大的人就想到欧洲去找人帮忙。

你要问那段时间谁是世界上胆子最大的人，很多人会回答：富兰克林。这家伙居然在下雨天找闪电玩，还没给劈死。胆子大，运气好，所以他自告奋勇去欧洲拉援兵。富兰克林找对了人，英国的殖民地闹独立，法国人乐死了，肯定要帮忙啊。

正在法国预备帮忙还没正式出手时，有个法国贵族叫拉法耶特的坐不住了。他用自己的钱买了一条军舰，招募了一支军队，躲过英国人的围堵，航行两个月，在北美登陆。第二天，他见到了一个叫乔治·华盛顿的人，两人结为密友，随后，法国盟军陆续大规模登陆。客观地说，是北美十三个州的军队帮着法军完成了北美独立战争。后来拉法耶特成为美国人心目中有特殊交情的法国人，第一次世界大战美军登陆时，大喊：拉法耶特，我们来了！

1783 年，英国人终于在凡尔赛签订和约，同意了北美的独立。不管美国人现在如何自吹自擂他们在独立战争中的表现，基本可以说，没有来自欧洲尤其是法国的支持，殖民地的农民军根本是以卵击石。为了支援这一仗，法国人花掉了十五亿法郎。

路易十六知道财政问题很致命，他登基后那十来年，到处找能人，看能不能帮国库搞到钱。路易十六的财长有著名的四大金刚。

第一位接下这烂摊子的，叫杜尔哥，简称杜哥。杜哥是《百科全书》的编撰之一，也是启蒙运动那一伙的，所以一上台就说要改革。

杜哥是重农主义的，自从密西西比泡沫破灭后，法国好多人对商业金融这些事排斥，就觉得种地养猪发展农业最安全。杜哥的思路包括：谷物贸易自由化，制止粮食投机。本来法国有强征农民修筑道路的传统，杜哥要求以后不许这样欺压农民了，改收普遍的财产税，用以养护道路。保障宗教宽容；控制封建庄园的扩张；最狠的一条，向神职人员征税！

原来说过，法国社会有三个等级，第一等级神职人员，这帮人占有大量的土地和资源，不但从来不交税，他们还可以对自己的地盘征税。第二等级是贵族，这时候的贵族分两种：老牌的传统贵族，被称为"佩剑贵族"，他们占有大量的土地，也享受很多权力；另一种是在 16 至 17 世纪中，很多人花钱买官职，也获得贵族身份，比如各级法院法官，他们就成为所谓的"穿袍贵族"。第三等级则是从富有的资产阶级到叫花子，大约占法国人口 90% 以上，他们几乎可以说是承担了绝大部分的徭役，却没有任何政治上的地位。

杜哥的政策一出来，第三等级当然叫好，教会和贵族绝对不干啊。法令要到高等法院注册才能实行，杜哥的条令发到法院，法官拒不受理。

路易十六本来是很支持杜哥的，可他心理能量太低了，压力一大，就自动退却。满朝文武都是第一、第二等级的，他们在朝上联合挤对杜哥，路易十六就扛不住了，算了，杜哥下课，别把人都得罪光了啊。

1777 年，内克接了杜哥的位置给路易十六找钱。内克是来自瑞士的银行家，金融奇才。他有个在历史上比他还有名的闺女，江湖人称斯塔尔夫人，这个女人后来让拿破仑头痛得要命。

内克不喜欢土里刨食。农业有用吗？一年一年，法国不是冻就是旱，再不就是冰雹，农业什么时候能有效益啊。最实在的还是商业，自由市场经济，重商主义才是王道。

商业这东西，首先要世道太平吧。法国忙着在美国打仗呢，内克的首要任务是保障对战争的供应源源不绝。内克是玩金融的，讲究的是流通，没钱就借呗，付利息，以后慢慢还。

内克有路子啊，真的借到不少钱，缓解了国库压力。但是他心里也有数，借总是要还的，还是要在法国开源节流。开源暂时办不好，节流是可以的，路易十六的宫廷和朝臣，该压缩的费用是要压缩一下了啊。

其实措施挺温和的，没伤筋动骨，法王周围那些人又不干了，又针对内克说三道四。内克有点性格，对老子叽叽歪歪是吧，老子不干了，撂挑子了。

玛丽王后力荐卡隆接替内克。卡隆学过法律买了个律师职位，不过巴黎的律师都挺恨他，因为早年间他帮路易十五收拾过布列塔尼的法院。

知道自己不受欢迎，卡隆上任还是小心谨慎的。可是，到最后他不得不承认，要解决法国的财政问题而又不得罪特权阶层，这是个不可能的任务。而实际上，只要想动特权阶层，他的财政总监就干不下去了。

卡隆提出，全国的国民平等分担赋税；取消教会、贵族各种免税；废除阻碍自由贸易发展的内部关税壁垒和法规。

卡隆知道这几条很难通过并实施，就建议国王重新召开三级会议，希望通过第三等级的支持，迫使特权阶级放弃一点利益。

前面说过，三级会议这东西一百多年都没开了，在法王看来，三级会议就是自己对王国失去完全控制的标志，所以路易十六也不愿意开。卡隆于是又建议，那就把特权阶层组织起来开个会，他们如果愿意为国家大局牺牲一点，所有的问题都解决了。

1787 年，所谓的"显贵会议"召开，别指望"显贵"能有什么爱国心大局观，卡隆这几条被他们骂死了。而且一致认为，卡隆这个没用的东西出这种馊主意挑唆国王，实属罪大恶极，国王赶紧炒他鱿鱼。

路易十六再次屈服，好吧，马上让卡隆走吧。王后说，没事，让图卢兹的大主教布里埃纳来接班。

布里埃纳本来也是开显贵会议的，也是反对卡隆方案的人之一，如今他接下这烫手的山芋，不得不承认，只有卡隆的办法才能解决问题，所以他将卡隆的方案柔化处理了一下。不管怎么处理，显贵肯定是要承担一点税赋责任了。

显贵会议继续不同意，布里埃纳就把方案递到了高等法院，希望获得他们的支持。高等法院在路易十四那朝后一直像霜打的茄子。不过，巴黎的高等法院一直视限制王权为己任，从没动摇过。趁着这个机会，他们又向法王发难了。他们说，要开征新的税，必须通过三级会议。

法王看高等法院又来劲儿了，觉得不能惯这些人毛病啊，抓几个，流放。谁知大规模暴动马上就开始了。巴黎市民支持法官，这次没在街上砌街垒，他们爬上屋顶，向警察丢瓦片。巴黎的人民在使用暴力方面一直是灵活机动、因地制宜的。

没办法了，布里埃纳只好同意在 1789 年 5 月 1 日召开三级会议。随后，他辞职走人了。这活太难了，谁爱干谁干去吧！

有能人呢，内克又回来了，而且是带着大把银子回来的。不知道又从哪里借来一笔钱，解决了法国的燃眉之急，内克的形象空前高大。有钱说话就管用，他提出，开三级会议的时候，第三等级的代表一票算两票，另两个等级，一票就是一票。这样等于增强了第三等级对抗一二等级的力量，让第三等级一片欢呼啊。

好了，所有的事就等开会再说吧。

从凡尔赛宫到网球场

说好了 1789 年 5 月开会，从 1788 年开始，情况就越来越差。各地都歉收，物价飞涨。英国的工业革命发展蓬勃，他家价廉物美的工业品进入法国，直接冲击了法国本土工业，工厂关门，工人失业，而面包的价格却天天上涨，终于让老百姓支持不住了。农民起义已经在很多地方蔓延。

在巴黎，从 1789 年初开始，一本小册子就疯狂转发流行着，名字叫"第三等级是什么"，是一个叫西哀斯的修道院长写的。小册子中心的一句话是：第三等级是什么？是一切！他的地位是什么？什么都不是！他们要做什么？

取得地位！

西哀斯是个神职人员，按道理属于第一等级，他发的这个册子，简直可以说是第三等级的斗争动员。于是，西哀斯就成了那段时间第三等级的代表，而像他这样，明明属于一二等级却公开支持第三等级的人出现了不少。让第三等级取得相应的政治地位，能够参与国事，成为这次会议他们的主要目标。

结果，西哀斯被选为巴黎第三等级的代表出席会议，成为革命早期的领袖之一。后来西哀斯的生涯证明，这个伙计头脑清楚，心明眼亮，是绝顶高明的政治家。

终于开会了。会址选在凡尔赛宫的游乐厅。选在这里开会，其实是挺笨的。本来第三等级就憎恨特权阶层的腐化和堕落，凡尔赛宫金碧辉煌，正是王室铺张浪费的标志。而且巴黎市民动辄喜欢上街丢石头砸窗户，在巴黎附近开会，一个不留神就又陷入战场。可是国王和贵族想不到这些，让他们长途跋涉去外地开会，没有五星级酒店，晚上又没地方跳舞，他们才不干呢。

会议是通过冗长的仪式开始的，这个仪式包含着一二等级对第三等级的轻视和刻薄，路易十六当然也表示了对第三等级的不耐烦。在会议厅落座，第三等级已经吃了不少白眼。尽管如此，第三等级还是揣着美好的愿望，他们都指望内克财长抛出他的财务改革方案，为第三等级争取利益。

结果，他们失望了。内克的主要工作是站起来念账单，比裹脚布还长的账单子。这伙计念到一半累得不行，叫助手帮忙念完的。随后，就是对第三等级的教育，让他们以大局为重，不要搞事。法王需要全体臣民忠诚帮助，克服眼前的困难。

第三等级知道了，这个会议，他们是达不到目的了。他们只好提出，三个等级共同审查代表资格。也就是说，第三等级要求了解一二等级的代表构成，什么人，怎么选出来的。一二等级当然不答应，你们以为自己是谁啊，给你们脸了是吧？

代表资格的事，扯皮一个月。这一个月的时间，第三等级这些代表原本不认识，现在都混熟了，而且找到了战友的感觉。这时贵族等级提出，他们将独立成立一个议会。这样一来，三个等级就是三个议会，那么大家争取的取消政治特权的事就永远做不成了。第三等级一不做二不休，我们也成立议会，而且我们的是唯一代表法国的"国民议会"，第一第二等级的人自己考虑，要不要加入进来。

第三等级代表着法国百分九十六以上的人口，他们当然感觉自己是真正的国民代表。第一等级的教士比较识时务，考虑几天后，投票通过，加入这个"国民议会"。

看到第一等级投降，第二等级急了，找路易十六，赶紧地，想办法制止这么无法无天的事啊！

路易十六能想到什么好办法啊，他自己是个锁匠，觉得锁就是最管用的呗。他说第三等级的那个会议厅要装修，直接把门锁了，不让人进去了（老杨每看到这段就笑翻，路易十六真是个老实人）。

巴黎这么大，找几百人开会的地方不容易吗？凡尔赛宫不远处有个网球场，第三等级到那里集合，"国民议会"继续讨论事务。

进入网球场开会，577 名第三等级的代表和少数第一等级代表感到了一阵悲壮。他们决定，先宣誓，这个著名的网球场宣言就是：不制定和通过宪法，绝不散会！

几天后，看着这帮人真的不散，法王派人过来交涉了。当时开会的一个代表对法王的来使说：去告诉你的主子，人民的意志让我们来到这里，只有刺刀才能让我们离开！

话说到这个份儿上，已经很危险了，路易十六权衡了一下，下令，一二等级跟第三等级合并开会，宣布成立"制宪会议"，想整宪法你们就整吧。到现在为止，一切都好，没打架没流血也没人上街，第三等级达到了自己的第一目的。

巴士底狱的华丽胜利

到底怎么就动手了呢？王后不干了呗。

从小时候看，玛丽王后真是个大大咧咧没啥头脑算计的人，都以为她除了吃喝玩乐一概不懂。没想到，随着年龄越来越大，估计是夜店玩不动了，她就开始搞政治玩了。

国王和贵族同意了第三等级制宪，心里当然是不情愿的，玛丽王后更是火大，制定宪法了，以后法国就是君主立宪制的国家，她和国王以后怎么混啊。于是，他们集合了军队找了一票外籍雇佣军在巴黎城外集结预备着。

　　制宪会议让国王解散城外的军队，路易十六拒不接受，并且解除了内克的职务，巴黎人的情绪又被刺激了。一个年轻的律师跳上一张桌子，对巴黎人发表了一场演说。他提醒巴黎人民，经过了 1788 年那么困难的冬天，没想到 1789 年大家还是吃不饱，物价飞涨，失业加剧，面包房都没有面包，而法王全然不顾大家的死活，还要发动军队大屠杀。

　　演讲的直接后果就是，巴黎人又上街了。不过，这次，他们不丢瓦片和半截砖了，他们需要武器，他们要预备和真正的军队战斗。

　　第三等级的部分代表成立了一个委员会，还组织了一个装备简陋的民团。民团的任务不仅准备对抗城外的军队，还要控制巴黎城内的秩序，防止坏分子的打砸抢烧。

　　第一个要解决的就是武器，在巴黎各相关单位转了一圈，抢到了一批武器，包括火炮。枪炮有了，没有弹药啊，最后收到的消息是，巴士底狱有，而且巴士底狱据说是关了很多受迫害的政治犯。

　　原来说过，巴士底狱是城外的防御堡垒，随着巴黎市区的扩大，巴士底狱就跑进城里了。当初建的时候也没考虑过景观规划，也没想过要跟巴黎的风景配套，所以它又高又笨，灰头土脑，加上厚实的城墙，一圈八个巨大的塔楼，从三十多米的高处俯瞰巴黎，异常狰狞，相当影响市容。

　　1789 年 7 月 14 日，世界历史上最激动人心的一天。巴黎的市民高喊：到巴士底狱去！扑向了所谓"法国封建主义的象征"。

　　驻守巴士底狱的八十二名法国士兵和三十二名瑞士士兵估计眩晕了好一阵儿，谁能想到一座监狱，也没关几个人，突然成了焦点呢？守军的头目慌乱之下也只好开火反击，双方就算开战了。

　　那八个塔楼布了大炮，巴黎市民也有大炮啊，推来布上，一通乱轰。民兵嘛，打仗也没个章法，牺牲了九十八个人的生命，总算拿下了巴士底狱。守军头目被群殴，砍死后脑袋被剁下来示众。

　　攻陷巴士底狱，第一是要找弹药，发现没多少；第二是释放政治犯，发现也没多少，七个犯人，有一个还是正经坏蛋。实际意义并不重要，关键是象征意义。它振奋了民众的精神也算锻炼了民团队伍，大家还都初步了解了大炮的使用办法。

后来，巴士底狱在民众的要求下被夷为平地。这个怪兽从此消失在巴黎，让后人对这场华美的革命只能想象。据说当时夷平巴士底狱的革命党人用巴士底狱的材料做纪念品贩卖，还赚了不少小钱。

人权宣言

巴士底狱的胜利传遍全国，法国各地都仿效巴黎成立自治政府，把法王派来的督察官之类的赶走，不交税了，也不服从任何人了，一切都乱套了。革命和骚乱一般都是共生的，尤其是还有大量的失业者和流浪汉，他们全国一串联，更加乱上加乱。

管事的没了，听说还有外国军队在边境随时要打进来，犯罪分子盗抢严重，各地的农民为了自己的身家安全，都搞到了武器，还组成小规模的民团。枪在手，就不会安分了。原来欺负人的大地主和贵族，如今正躲在城堡里惴惴不安呢，赶紧冲进去，那些借契、地契、卖身契啥的一概烧掉。

巴黎的制宪会议里，还是以有地有产的人为主啊，听说自己的家园和土地都被农民端了，急了。先别说宪法的事了，先想想怎么平息这个混乱恐慌的状况吧。

8月4日晚，巴黎不眠夜，议会一致认为，镇压肯定不行，如今真正的敌人正陈兵边境，这当口镇压老百姓，还不知道便宜了谁呢。不能打，就哄吧，切实满足一点底层百姓的需求，让他们看到一点前景，可能他们就不闹了。

这真是悲壮的一夜啊，许多贵族站起来表示愿意放弃特权，免除农民的徭役，改良某些不合理不公平的做法。这些贵族想到自己居然能够为了国家民族牺牲自己的利益，不禁油然而生对自己的自豪感。决议带着激情通过的时候，贵族拥抱着痛哭失声，不是伤心的啊，人家是自己把自己感动哭了。

8月4日的决议虽然是在冲动中完成的，后来很多贵族冷静后也略有后悔，细节上颇多计较。不过，大部分还都算是落实了，至少，封建制度基本上算是废除了。谁又能想到，法国贵族死守不放几百年根深蒂固的旧制度，会在他们 high 了一晚后，被放弃和打碎了呢？

接着，立宪工作继续进行。8 月 26 日，在整合制宪会议各大腕的草案精华后，宪法的序言、人类发展史上最令人激动的文献——《人权宣言》诞生了。

《人权宣言》共十七条，中心内容都是名言：人是生来而且永远自由平等的，自由权、财产权、安全和反压迫是天赋人权不可剥夺，法律是"公意"的体现，人民有言论、信仰、自由的权利，私有财产不可侵犯等。

《人权宣言》在人类社会发展史上的地位就不用啰唆了，虽然还囿于当时环境有局限性，但它的进步性也是空前和伟大的了。

国民议会忙了这么多事，法国像一锅煮滚的热粥，法王路易十六忙什么去了？路易十六喜欢写日记，没啥文采，多半是流水账。7 月 14 日，巴黎市民攻陷巴士底狱那天，这位爷的日记是：14 日，星期二，无事！

这种蔫巴性格让他的近侍都很着急，没事你妹啊，革命了知道不？！路易十六这才着急了，根据他一向的办事风格，有压力就低头呗！

行，朕承认国民议会，认可在网球场宣誓中表现积极的巴伊同学担任巴黎市长，北美独立战争的英雄拉法耶特是国民自卫队的司令，把内克召回来重新上班。在市政厅，路易十六戴上了带有新的法国标志帽徽的帽子，三种颜色，象征巴黎的红色、蓝色和象征波旁王朝的白色。

国王合作，深明大义，起义人民很欣慰。可有很多老牌贵族选择了流亡国外。

随着《人权宣言》的出台，路易十六越想越觉得忧愤难平，加上还有玛丽王后一直在耳旁吹风。要说王后在这段时间表现得可圈可点，整个凡尔赛宫只有她一个人坚持不屈服，跟娘家保持联络，寻求支援。

10 月 1 日，路易十六在凡尔赛宫宴请来自佛兰德尔的军官，佛兰德尔的军团可是国王的死忠。军爷喝高了有点冲动，把刚戴上的三色帽摘下来丢在地上狠踩，又把象征波旁的白色帽戴上。

两天后，巴黎就知道了宴会的事。而且其中特别的细节是，玛丽王后竟然要戴上黑色的帽徽——象征哈布斯堡王朝。这个外国的女人，到底怀着什么样的心肠？

10月5日，一群来自中央菜市场的妇女一早8点就聚集在市政厅门前，她们要面包，要食物。对于巴黎市的食物短缺，物价飞涨，早就不是老爷们儿关心的事了，巴黎的妇女承担了这方面的抗议责任。老爷们儿争取政治地位去了，妇女的作用就是争取食物呗，但这次的聚会，事情发生了变化。

妇女冲进市政厅，还拿着武器，她们要求去凡尔赛找国王，尤其是来自奥地利那个奢侈的外国女人，让她过来看看巴黎妇女过着什么样的日子。

攻陷巴士底狱时的一个活跃分子自告奋勇充当了向导，主动要求带着各位大姐大嫂到凡尔赛去，天空还下着雨，这个妇女队伍有六七千人。据说这些人很多也不是自愿，而是被逼着来的，政治斗争没有妇孺之分，大家都是工具都是武器。

妇女是先头部队，后来国民卫队的士兵也要求跟着一起去，他们要找国王算账，他请客吃饭还要侮辱民族徽章的罪。这样一来，进军凡尔赛的队伍又多了两万名男同志。

下午5点，妇女队伍走到了凡尔赛宫门前，浑身湿透，样子挺狼狈。路易十六很客气，妇女就是要点面包粮食嘛，国王承诺，把凡尔赛所有的粮食都运到巴黎去。

妇女是来要粮食的，后面跟的国民卫队可不是，他们要求国王接受已经拟定的宪政法令，而且必须将宫廷迁到巴黎去，因为国王和王后应该活在巴黎人民的监督之下。

路易十六可以让步，没问题，可是这些人从巴黎过来，累得人仰马翻，毫无耐心。找到个机会，有些人就冲进了凡尔赛宫，遭遇宫廷卫队阻挡，几个人被杀。国民卫队此时趁机冲进来占领了王宫，国王和王后藏匿。

没有什么商量了，走吧，次日下午1点，法王宫廷，起驾前往巴黎。从凡尔赛回到巴黎这一路真热闹，面包有了，国王有了，一切都有了。士兵把面包挑在刺刀上举着，后面跟着一车车的小麦和面粉，国王的车驾看起来也毫无派头，那些憎恨玛丽王后的士兵，会冷不防地对王后的马车车顶开枪，一路吓得玛丽心惊肉跳。

这是又一场伟大的胜利，宫廷搬到巴黎了，国王以后就被国民议会控制了，一切一切，居然来得如此轻松，如此容易。也许，就是因为到现在为止，一切都太简单，才会发生后面的故事。

跑不掉的法王

法王回到巴黎，整个巴黎的局势进入了一段相对平静的时期。法国的第一部宪法，正在被制宪会议商讨定夺中。

看着平静，其实一点不平静，整个法国的局势还是很混乱，逃亡在外的贵族站稳脚之后，各自联络帮手，预备杀回来恢复河山。王后的娘家奥地利和普鲁士都感觉，法国这么闹，对他们这些君主国家是个恶劣的榜样，如果不帮着法王镇压这场大逆不道的造反，后果会不堪设想。流亡贵族和普奥的军队都做好了进入法国的准备。

宪法就要诞生，一旦通过，则大势已去，一个君主立宪制的国王就跟废物一样了。路易十六不能想象这个结局，想到外面有人接应，他终于下定决心逃跑。这伙计就是迟钝，其实之前很多人劝他跑，有很多跑的机会他都不跑。

1791年6月20日，法王一家十一口趁午夜时分出逃。其实之前王后将珠宝首饰之类的往外国运，已经引起了宫女的警觉。本来计划安排他们乘小马车分别走，路易十六不干，于是十一个人挤在一辆巨大的重型马车上跑路，非常之引人注目。

在离国境线不远的瓦雷纳，路易十六被人认出，警钟响彻全镇，所有人都赶来将国王的车驾团团围住，逃跑计划彻底破产。

其实法国的民众对路易十六还是有感情的，他们只恨玛丽王后而已，即使是从凡尔赛宫逼他们回到巴黎，一路上对国王都很客气。可国王居然要逃跑，民众一时还不能接受。大部分人都认为，路易十六肯定是被外国反动势力派特务来绑架了。谁知，路易十六自己不争气，你说你逃跑就逃跑吧，还要整临别赠言，留下一封信，强烈谴责乱臣贼子忤逆不忠，还说自己宁死也不能同意君主立宪这个事，他要投向境外的反法军队，打回巴黎来，收拾乱党！

行了，叛逃还要勾结外国势力打自己的国家，这个肯定有罪了，先关起来吧。

路易十六逃跑未遂这个事，整个改变了大革命的走向。本来大部分人都觉得君主立宪挺好的，现在路易十六这个德行让大家失望，就觉得，法王不要了，直接共和算了，因而引发了共和派的崛起。同时，也引发了所有革命都不可避免的问题，也就是革命党的分裂、内讧，当然，都是为了夺权。

整个法国大革命，最红的社团就是雅各宾派。法国人跟英国人学了新玩意儿，搞政治俱乐部。三级会议期间，为了争取自己的权利，来自布列塔尼的代表就聚在一起，团结就是力量，让他们在会议中挺出风头的，渐渐地，吸引了别的地区过来加入。后来他们迁入巴黎，吸收的人就更多了，法国大革命几乎所有的明星都是这里培养出来的。

雅各宾派发展得太快规模也太大了，成员自然品种流杂了。在雅各宾派内，就有立宪派和共和派两个明显分化的派别。在如何对待被抓回来的国王这个问题上，分歧加大了。

立宪派的意思呢，路易十六一回来就道歉了，认罪态度不错，国王嘛，该原谅还是要原谅，原谅了就让他回宫，戴上王冠继续上班。共和派当然不干，这家伙已经叛国了哦，还让他当国王？

吵翻了，立宪派说，我们走，不在这里混了。他们跑到斐杨修道院去集会了，以后就叫斐杨派。这一派的头目包括教士西哀斯和现在的国民卫队司令拉法耶特。

斐杨派姿态强硬。有部分激进的派系上街要求罢黜国王，拉法耶特毫不犹豫带兵上街，当场打死五十个人。拉法耶特的英雄形象从此蒙尘。

立宪派赢了。他们说，国王是被挟持的，以后不要追究了，大家赶紧把宪法搞出来吧。

1791年9月，法兰西历史上的第一部宪法诞生了，正式宣告君主立宪制国家成立。一切贵族和世袭的头衔都取消了，国家主权属于国民，实行三权分立制度；立法权交给立法议会，立法议会每两年通过选举产生，成年男子都有选举权，最高行政权还是属于国王等。

宪法有了，制宪会议的工作就算完成了。随后，立法议会也根据宪法被选举出来，正式上班。最初的革命理想基本都实现了，这个法国大革命就算完美胜利了吧？当然不是，一般开头太容易的事，往往蕴藏着很多危机。

断头台谁主沉浮

立法议会开始工作了。国王坐上面，左边是激进派，右边是保守派，中间坐着温和派。据说，这就是左翼右翼这两个政治称谓的来历。

保守派就是斐杨派，现在他们是多数党，算是主事的。激进派都是雅各宾派的，但是他们内部也有分化。有一部分相对温和一点的，被叫作吉伦特派；还有一派特别激进，一开会就喜欢找高凳子坐，被称为山岳派。至于中间的温和派嘛，也可以叫他们骑墙派，哪头风大就往哪头倒。

此时的法国局势依然恶劣，因为粮食之类的问题根本没解决，货币贬值，物价高涨，到处都有人投机倒把，到处都有人囤积居奇，自然更多的农民在造反在起义，面包店和食品店之类的经常被袭击，东南部都成抢劫乐园了。而有一批教士因为特权被剥夺，还组织了一帮子虔诚的天主教民众造反。

国内的事比不上国外的事闹心。奥地利皇帝和普鲁士国王已经号召全欧洲组织对法国的盟军，流亡在外的贵族，比如孔代亲王已经跨上战马，摩拳擦掌。

立法议会也不示弱，他们也通过法令隔空喊话：流亡的法国贵族赶紧回国；反叛的教士马上投降，并宣誓效忠宪法；至于反法的国家，你们最好不要插手我国内政！

法令也颁了，狠话也喊过了，对方不听啊。这时立法议会又吵翻了，吵的内容是，如何面对即将而来的战争。执政的斐杨派分了两派，大部分主和，小部分主战。和的人怕打不过还丢失了革命成果，主战派以拉法耶特为首，认为不打，革命成果不巩固，斐杨派的地位不稳定。吉伦特派坚定主战，这一派大部分是自由商人，对"输出"很敏感，既要输出革命也要输出法国的商品；最反战的是山岳派，山岳派的想法很简单，攘外必先安内，法国最重要的问题根本就不是边境上的军队，而是在内部、在宫廷，战争只会帮助法王毁掉革命。最强硬反战人士大名叫作罗伯斯庇尔，还有两个他的革命战友，一个叫丹东，一个叫马拉。

罗伯斯庇尔说对了，法王巴不得打起来。外国那些军队是进来帮他恢复王权的，而以法军现在这个混乱的状况，只要开打，肯定是一塌糊涂。路易十六用他立宪君主的权力，罢免了主和的斐杨派内阁，任命吉伦特派组成新的内阁。然后，法王非常愉快地向奥地利宣战。史上非常罕见，一个国王这么急切而且渴望地让另一个国家的军队来攻打自己的国家。

一般写历史都是以年为单位，1792 年至 1793 年，法国每个月都出大事。如果路易十六能认真负责地写日记，他应该是像这样记录的。

1792 年 4 月 20 日，今天怀着激动的心情对奥地利宣战了。王后玛丽很高兴，为了表达高兴的心情，专门跑出去买了几个名牌的包包。朕再三提醒玛丽，现在消费一定要低调。

5 月，法国的军队指挥官大部分是贵族，他们比朕还希望奥地利能够取胜。王后每天忙于将法军的作战计划转发给她的奥地利亲戚。显然，神圣罗马帝国的弗朗茨二世皇帝对他的姑姑姑父的处境非常关心，奥地利和普鲁士的军队进展得很顺利。朕和王后愿意为他们的每一场胜利喝彩。

6 月，吉伦特派说，朕和王后应该对战败负有责任，让朕同意解散现在的王室军队，并从各郡征调后备军。朕绝对不同意这种做法。吉伦特派开始不好控制了，朕于是罢免了这个内阁，让斐杨派的人回来组阁，虽然朕现在是立宪君主，好在还有炒他们鱿鱼的权力。

6 月 20 日，真是惊心动魄的一天，巴黎街上的无裤汉又疯了，他们居然到王宫来威胁朕，听侍从说，宫外聚了三万人呢！这些逆贼在桌上放了张椅子，让朕坐上去。何其大胆，这是要批斗朕吗？朕龙体肥胖，坐那么高掉下来，他们就是弑君啊！这些巴黎小市民，虽然穿不起紧身马裤，现在都戴着顶红帽子，他们可没有小红帽善良，这红帽子就是逆贼的标志。好在朕聪明，随手抓了一顶红帽子戴上了。朕皇威尚存，如今戴了逆贼的帽子，他们连话都说不出来了，当时就散了。倒是吓得朕一身冷汗。（当时的巴黎，贵族穿紧身马裤加长袜，平民穿不起，只穿普通长裤，贵族所以嘲笑他们为"无裤汉"。小红帽在当时是最激进的革命派的标志。路易十六肥胖，被"小红帽"一吓，汗如雨下。旁边的无裤汉递来一杯水，法王接来一饮而尽。无裤汉很感动，放了他一马。——老杨给路易十六日记加的批语。）

7月，雅各宾派的罗伯斯庇尔煽动很多人参了军，各地来的义勇军听说有一万多人呢。马赛组织的义勇军一路唱着歌进了巴黎，现在巴黎人到处都在唱了，说是叫"马赛曲"，荒腔走板的，朕和王后都觉得听了心脏很不舒服。（一个叫鲁热·德利尔的写了一首《莱茵军歌》，马赛的义勇军赶赴巴黎时，一路高唱。进入巴黎后，所有的义勇军都觉得这歌鼓舞士气，振奋精神，开始传唱。因为是马赛人带来的，所以叫"马赛曲"，后来成为法国的国歌。）

7月25日，普鲁士的布伦瑞克公爵说，如果朕和王后受到伤害，他必将巴黎夷为平地。公爵分明是好心，不过这个时候说，搞不好会害了朕一家子。

路易十六的日记节选到此，估计后来他也没心思写了。他猜对了，布伦瑞克的威胁，把本来就很上火的巴黎人彻底点着了。

8月10日，一群人来到市政厅，就说原来的巴黎政府办事不力要葬送国家，马上关门歇菜，组成巴黎全新的自治政府——巴黎公社，首脑就是罗伯斯庇尔。巴黎公社领导国民卫队，第一件事就是进入王宫，把里通外国的法王、王后揪出来，押送丹普尔监狱。

国王没了，作为君主立宪制的斐杨派当然也就跟着倒台，吉伦特派再次把持了政权。把持政权其实也没什么用，现在最吓人的组织还是罗伯斯庇尔的巴黎公社和他们随时可以煽动的无裤汉。

9月，普奥联军占领了凡尔登，巴黎的东北门户被打开了，巴黎危殆。在巴黎公社号召下，无裤汉集合了六万大军，准备迎敌。

社会一动荡，谣言就横生。从大革命开始，巴黎就是各种谣言的集散地。普奥大军压境，巴黎人更是陷入一种惶恐加热血的古怪情绪，心理变态的人很多。这段时间传得最盛的消息就是，不仅国王里通外国，那些因为反对共和反对宪法而关在监狱里的反动派，也跟外国的敌人勾结，预备里应外合，毁灭巴黎。

9月5日，一些带着武器的民众冲进了各监狱，不问青红皂白开始杀人，监狱里东倒西歪全是惨不忍睹的尸体，很多还是被虐杀的。据说杀人的杀得兴起，居然还给妇女准备了座位，欢迎闲着没事的去围观。一千二百多人被杀，血流成河，被史书称为"九月屠杀"。由这个画面，我们基本可以认定，巴黎人失控了。

好在这种疯狂也可以用在战场上。9月20日，在凡尔登以南的瓦尔密，这些毫无战斗经验的无裤汉居然击溃了欧洲最骁勇善战的武装——普鲁士的军队！不是普鲁士打不赢啊，实在是霸道的怕碰上不要命的。面对普军的炮火，无裤汉用剑挑着自己的帽子，喊着口号一步不退，让普军在心理上很受伤。毕竟这场战争，普鲁士名不正言不顺的，士兵哪有法国人那种搏命的士气啊，干脆撤退得了。

第二天，巴黎新的国民公会开幕。这个国民公会虽然是仓促选出来的，但在当时那个情况下，也只有靠他们主持大局了。9月22日，通过决议，废除王权，正式成立共和国。这个共和国史称法兰西第一共和国。大家都知道，后来还有好几个共和国呢。

国民公会内又有派系，吉伦特派、山岳派、中间派，其实中间派人数最多，可这帮人什么事也干不了，所以基本上就是吉伦特派和山岳派扯皮，吉伦特派人多一点，暂时占上风。

现在的巴黎啊，整个一个基地组织，民众满腔热血在心口翻滚。吉伦特派以商人为主，还有些彬彬有礼的知识分子，他们最怕乱，就想着赶紧恢复秩序，让巴黎人恢复理性。山岳派不一样啊，山岳派跟巴黎人的情绪是一致的，或者说，巴黎人这么 high，就是他们煽动的。山岳派认为，这个时候，不能安静不能平静，要保持斗志，战斗到底，革命尚未成功，所有人还需玩命。

这两边面临的第一个分歧是，拿路易十六这倒霉孩子怎么办？吉伦特派主张，国王还是要留着，杀了他，跟他有千丝万缕的欧洲王室都要打过来了；山岳派认为，路易十六已经是叛国贼了，必须咔嚓。

要不怎么说路易十六是倒霉孩子呢。他不是喜欢玩锁吗？巴黎有个锁匠经常在宫里跟国王一起研究锁，是路易十六学术上的知音啊。路易十六在杜伊勒宫里有个秘密的橱柜，藏得密实，最高级的是配置了路易十六凝毕生功力打的一把绝世好锁，即使找到这个柜子，也打不开这把锁。国王的锁匠知音自告奋勇来解决问题，看来他技高一筹，真的打开了国王的锁。橱柜里是路易十六绝对不敢示人的信件，他跟普奥和其他国家的通信，邀请他们来攻打法国，还提供法军的情报。

这可是人赃俱获了，吉伦特派也哑口无言了。国民公会投票，三百六十一人同意死刑，二十六人觉得可以缓刑，三百三十四人反对，非常微弱的优势，路易十六玩儿完了。

1793 年 1 月 21 日，在现在的巴黎协和广场，三十九岁的路易十六被干净利落地切掉了脑袋。

路易十六被切脑袋这个事，还启发了一个真理，人啊，一定要学门手艺，咱们耶稣基督还可以靠做木匠谋生呢。

话说早年间法国判死刑处决挺啰唆的，要么是车裂，五马分尸，要么是绞死，死半天才能死干净。也就是大革命那几年，才使用断头台这东西。一刀切下来，直接切掉脑袋，又快又利落，现场还容易清理。当时的铡刀砍了几个人后就卷刃了，多亏路易十六脑子好，想到将刀片改成三角形，解决了困扰刽子手的大问题。因为一直不知道自己这项工艺革新好不好用，所以路易十六非常负责任地亲自试用了一次。技不压身啊，你都不知道你的某项技能会在什么时候帮你大忙。断头台可以被认为是当时最有用的发明，因为后来的日子，这种仪器的使用频率太高了。

路易十六是史上著名的邋遢鬼。根据他的日记，这个容易出汗的胖子在二十六年里洗过四十三次澡，平均一年不到两次。也不能怪他，那年月，不爱洗澡是法国人的通病。就是不知道行刑前路易十六有没有洗个澡，要不然刽子手也挺受罪的。据说在路易十六被关押监禁的日子里，没条件玩锁，十六发狠读了几本书，看完伏尔泰和卢梭的书，法王哭着说："朕的王朝就是被这两个人毁掉的！"这哥们儿至少是死了一个明白。

恐怖主义发祥地

此时必须要给罗伯斯庇尔写小传记了，因为后面的故事，他是男一号。

罗伯斯庇尔出生于法国北部的阿拉斯，家中的长子，六岁时母亲在生下第五个孩子后去世，而这第五个孩子不久也死了，父亲随后离家出走死在外地，他被外祖母和姑妈抚养长大。家庭的不完整，也许是他后来性格偏激的根源之一。

十二岁那年，当地神父奖励了罗伯斯庇尔一笔奖学金，他进入巴黎路易大学的中学学习。品学兼优，是尖子生。路易十六登基后，跟玛丽王后经过他的学校，他被选出来站在路边给国王朗诵拉丁文诗歌。小罗读得很投入，可国王的车驾完全没有停留，从他身边一闪而过，还将泥水溅在他唯一的新衣服上。

取得法学学位后，小罗回到了家乡，成为一名法官。深受启蒙运动影响，又是个虔诚的卢梭信徒，所以在执法时公平公正富有同情心，在当地口碑很好。

三级会议期间，小罗被选为代表。他加入了雅各宾俱乐部，在1790年甚至被选为主席，他还是山岳派主要领导。1790年，斐杨派离开了雅各宾俱乐部。1792年，又因为分歧，吉伦特派也从雅各宾俱乐部分离出去。这样一来，雅各宾俱乐部就成了山岳派一家的天下。巴黎公社成立后，罗伯斯庇尔有意无意地煽动巴黎人的动荡不安，尤其是"九月屠杀"，他似乎也是幕后主导之一。基本可以说，如果巴黎此时像个基地组织大本营，罗伯斯庇尔可以算得上是大头目，尤其是在讨论路易十六的刑罚时，小罗频频发言，表情激动，像是跟国王有私人恩怨。看得出，他的理性也正一点点消失。早年的小罗根本没这么猛，他反对奴隶制，反对新闻审查，甚至还反对死刑呢。

国民公会斩了路易十六，让全欧洲都震惊了。本来像英国、荷兰这些国家，他们对于法国大革命还是挺宽容的，可国王被杀，这件事性质就变了。而当政的吉伦特派此时正兴致勃勃蠢蠢欲动想攻击欧洲其他的国家，输出法国的革命，并继续扩张法国所谓的"自然疆界"。当时的法军已经向尼德兰附近进发，准备拿下荷兰了。

英国、荷兰、西班牙、撒丁王国加上原来的普奥，一致认为，必须联手收拾无法无天的法国乱党。1793年初，欧洲历史上最执着的打架同伙，反法同盟成立了。这个是第一次，以后还有漫长的岁月要这么结伙同行呢。

大家已经感觉到了，大革命到现在，混乱依旧，除了杀掉国王，其他所有的问题都没解决。如今整个欧洲都扑向法国，内忧外患的法兰西在崩溃的边缘，而吉伦特派和雅各宾派忙着抢夺领导权，还没吵清楚到底谁该出来主持大局。

到 6 月，两派的斗争决出了结果，雅各宾派集合八万大军聚集在国民公会附近，让吉伦特派投降。吉伦特派也没想到，原来的革命同志这么大规模地动手，甚至还布置了一百多门大炮。面对这么大的场面，吉伦特派非常无奈地交出了权力，部分骨干被捕，雅各宾派掌握了政权。

雅各宾派接管了战火飘摇中的法国，内部的反叛和外国的反法同盟一样的激烈。第一件事干什么呢？雅各宾派还是挺规矩的，他们觉得，自己掌权了，首先应该捣鼓出一部宪法来。效率很高，"雅各宾宪法"真的就给弄出来了，公认比 1791 年的宪法更进步，更符合资本主义发展。然而，它没有机会实施。

眼下法国最要紧的事，不管是平乱还是抗敌，都需要一支军队，到哪里去征兵呢？雅各宾派决定，先土改，让农民舒服了、高兴了，就会帮着政府去打仗了。国有资产被分割成小块出售，流亡在外的那些贵族的土地，拿来切块，分给农民；农村公社的土地平均分配，无偿废除所有的封建义务和权利。法国农民从来没见过这么慷慨的馈赠，感激之余，纷纷报名参军，到当年夏天，雅各宾派拥有了一支超过六十万人的军队。

雅各宾派是战时政府，一切以平乱为最高目的。所有的政策都为战争服务，难免就有些严苛。这时，又出了一件大事。

7 月 13 日，罗伯斯庇尔的战友、雅各宾派主要领导之一、巴黎最著名的报纸《人民之友》创始人和编辑马拉被刺死在浴缸里。

在雅各宾派一步步走上权力巅峰的道路上，马拉是起了重要作用的，他的演讲和文章刺激了多次巴黎人的运动，包括"九月屠杀"在内的多次大规模屠杀行动，都有马拉的煽动在起作用。几万人围攻国民公会，吉伦特派被迫交出政权，也是马拉的演讲推动的。马拉坚持暴力革命，从来不介意杀人，恨他的人应该不少。

吉伦特派在野后，就想找马拉报仇。这时，有个来自诺曼底的二十五岁姑娘，夏洛特·科黛出现了。年轻女孩子掺和政治，很容易狂热。她支持吉伦特派的主张，反对暴力运动，一说让她去刺杀马拉，她就油然而生一种使命感。

马拉有皮肤病，总要泡在水里，所以经常在浴缸里办公。科黛说自己是革命党，有份重要名单要交给马拉。虽然马拉的太太极力阻挡一个年轻姑娘去看自己的老公洗澡，可人家既然铁心杀人，她是死乞白赖也要进去的。没费什么事，一刀就捅在马拉心脏。

马拉的好朋友，著名画家雅克·路易·大卫听说马拉遇刺，第一时间赶到现场。这个画家做事比较离谱，也不说先把朋友的尸体盖上，让死者瞑目，居然对着尸体就开始画画。大家都知道，他的这幅杀人现场"照片"就是名画《马拉之死》，现存于比利时布鲁塞尔博物馆。

马拉死了，雅各宾派意识到自己的战时救国政策还是过于怀柔了，非常时期非常行为，法国史上最血腥的恐怖时代就这样开始了。

首先是经济管制。之前的吉伦特派是主张自由市场经济的，物价由市场决定。雅各宾派将主要物品的价格全部统一，其他商品限制最高价格，建立统一机构征粮并严厉打击投机倒把。价格控制，直接导致了黑市交易盛行，加上政府为了保证军队供应，对普通百姓的生活水平并不在意，巴黎还实行了面包限量供应之类的，这些都让民众对雅各宾政府心生怨怼。

然后是文化管制。雅各宾派是激进派嘛，激进派就得跟旧世界彻底切断。旧世界的中心就是宗教，所以要去基督教化，要破四旧。哪个是四旧啊？第一就是历法，当时的历法是1582年格里高利教皇在恺撒儒略历的基础上制定的，也就是我们现在说的阳历。雅各宾政府宣布，不能用了，以后用"共和历"。具体什么情况不说了，不过以后1月、2月、3月不能用了，显得没文化，起个风花雪月的名字吧，1月叫雪月，2月叫雨月，3月叫风月，还有热月、雾月、花月、芽月之类的。

听着是很好啊，可阳历用了这么久，一时难以适应啊。最离谱的是连时间都变了，每天十小时，每小时一百分钟，每分钟一百秒。太折磨人了，巴黎人本来就有点疯了，被这个新历法一搅和，估计能疯得更厉害。

最糟的是，雅各宾派先疯了。周围都是敌人，总有人对自己的政策叽叽歪歪，怎么办？国民公会通过一项决议：对一切阴谋分子采取恐怖行动！这句话是名言，因为它为后来的社会创造了一个使用频率很高的词：恐怖主义。

巴黎是第一个被恐怖主义血洗的城市。路易十六死了，玛丽王后还活着呢，上断头台去找路易十六吧。玛丽王后维持了最后的仪态，据说临刑前踩了刽子手的脚，她还非常礼貌地道歉，而后从容赴死。

吉伦特派那几个大佬，更该杀了。吉伦特派的首脑慷慨赴死，他们很多人都是高声唱着歌走上断头台的。这一轮对吉伦特派的清洗中，最引人注目的是罗兰夫人的死。

罗兰夫人是吉伦特派大佬罗兰的夫人，罗兰比罗兰夫人大二十岁，不论是头脑还是学识，都比不上自己的老婆。因为不能直接从政，罗兰夫人成为罗兰背后的重要幕僚。而罗兰夫人本人也成为巴黎著名的沙龙女王，早年间罗伯斯庇尔也在罗兰夫人身边转呢。因为罗兰夫人沙龙的影响力，一般认为罗兰夫人是吉伦特派的灵魂人物。

在雅各宾派抓捕吉伦特派时，很多吉伦特派的人物都选择了逃跑。罗兰夫人帮助罗兰逃出了巴黎，而她自己淡定地在家里等待抓捕。

罗兰夫人在断头台上跟她在沙龙里一样优雅高贵。临终时，她说了一句震动过无数人的名言：自由啊！多少罪恶假汝之名！而她另一句名言现在也经常被使用：认识的人越多，我越羡慕狗。不得不说，这一段时间的法国历史中，法国的女人给我们留下了深刻的印象。

罗兰夫人死后不久，在远离巴黎的一片树林里，罗兰先生将拐杖插进了自己的胸口。正如罗兰夫人临死时说的：我死了，恐怕我丈夫也活不下去。

要感谢断头台的发明，这一段雅各宾派杀人太多了，有人说两万，也有人说四万，不管几万，如果没有称手的工具，真会把刽子手累死。在南特，雅各宾人发明了更好的杀人办法，把要杀的人赶到一艘船上，船底凿几个洞，到了卢瓦尔河中心，一次可杀掉一船人。去法国旅游，建议不要吃卢瓦尔河里的鱼虾。

恐怖主义挺见效的，国内的叛乱基本被压制，法军击退了反法同盟，甚至开始反击并拿下了比利时。共和国的危机已经解决了，还要不要继续这种高压的恐怖统治，雅各宾派内部也分化了。有一帮更激进的认为要恐怖到底，杀光为止；罗伯斯庇尔（三十八岁了）的老战友丹东则觉得政策应该温和下来。而作为国民公会主席的罗伯斯庇尔是中间派，夹在中间左右摇摆。

激进派跟底层民众不错，他们可以煽动老百姓闹事；丹东这边和资产阶级不错，也经常挟持着资产阶级跟罗伯斯庇尔叫板。夹在中间的罗伯斯庇尔不耐烦了，而且对罗伯斯庇尔来说，这两边都不着调，别烦了，全杀掉！

杀到这个程度，罗伯斯庇尔身边已经没有朋友，好在他的敌人也暂时不敢惹他，他几乎可以独裁了。此时的罗伯斯庇尔，不知道神智是不是还清醒，他又想出一个事来。

1794 年 6 月，罗伯斯庇尔搞了个最高主宰节，要求大家从此信仰一个叫"最高主宰"的"东东"。可能是个神，也可能是罗伯斯庇尔自己，反正是崇拜一个子虚乌有的东西。刚刚不准信基督了，现在又弄出来一个新的神，还大张旗鼓地组织了一场"拜神"活动。罗伯斯庇尔在活动中演出得很投入，不管是议员，还是百姓，都相信这位最高首脑的脑子已经烧坏了。

看到大家对"最高主宰"很冷淡，罗伯斯庇尔又起了杀心。就在他组织"最高主宰节"的这个月，他又杀了一千多人。这一千多人里，贵族教士已经不多了，倒是普通民众陷入其中。

全巴黎人人自危，都觉得朝不保夕，套用一句最流行的话：不知道断头台和明天，哪一个会先来。终于有人清醒过来了，只要罗伯斯庇尔不死，大家都可能死，自己想要不死，就要让罗伯斯庇尔先死！

督政府——一切为了孵化巨星

1794 年 7 月 26 日，罗伯斯庇尔敏锐地感到国民公会有一股对他很不满的力量，于是他发表了一通威吓言论，"我依然相信阴谋存在"。这话太吓人了，很明显，他还要杀人啊。

第二天，国民公会开会现场就真的出现了"阴谋"，罗伯斯庇尔亲信的发言被打断，有人高喊要打倒暴君，而罗伯斯庇尔几次想上台申辩，都被阻拦。

随后，大会通过，逮捕罗伯斯庇尔和他的亲信。

巴黎公社还是罗伯斯庇尔的拥趸，听说领导被抓，赶紧动手，趁国民大会还没反应过来，又把罗伯斯庇尔救了。此时的罗伯斯庇尔如果够威够利，就应该果断地再组织一次巴黎公社的起义，推翻他已经不能控制的国民公会，然而罗伯斯庇尔突然迟钝迟疑了。

罗伯斯庇尔主持国民公会是中间派，为了让自己权力清净，他杀掉了左右两派的头目。而左派是最激进最好斗的。此时此刻，如果左派还在，恐怕会毫不犹豫地跳起来帮罗伯斯庇尔夺回统治，然而没有了。

罗伯斯庇尔失去了激进派，国民公会却掌握着军队。罗伯斯庇尔一让开，国民公会里原本很低调安逸的几个政客就跳出来了。最醒目的是一位来自普罗旺斯的贵族，风流倜傥、有女人无数的巴拉斯。

巴拉斯和军队扑向了市政厅，罗伯斯庇尔知道大势已去，预备一枪打爆自己的脑袋。不知道是不是枪法不好，没打爆，把下颌打破了（另一说是进入市政厅的小兵打的）。罗伯斯庇尔又被国民公会逮捕。

7月28日，不用审判不用羁押，罗伯斯庇尔和他的同党游街一圈，上断头台。罗伯斯庇尔之前杀那么多人，很多革命党面对死亡都非常洒脱豪放，所以他也想保留最后的尊严，在断头台上还谈笑风生的。不过看客可没人为他喝彩，他也不知道，在他的脑袋飞上天空那一刹那，现场爆发了轰鸣的掌声和欢呼，持续了十来分钟。

罗伯斯庇尔一生未婚，生活简朴，传说他喜欢一袭白衣加上一头白色假发，有轻微洁癖。而他在政治上表现出来的果决，也可以归入洁癖。他自己不贪不占，被称为"不可腐蚀的人"，所以他看不上别人生活腐化堕落，比如他的老战友丹东。有洁癖的人，洗东西都比较彻底，所以他的政治清洗才如此的不通情理。历史上对罗伯斯庇尔的评价很多面，说暴君、疯子、英雄、殉道者的什么都有，但是有一点必须承认，他的恐怖统治的确在当时那个形势下保住了法国大革命的成果，保住了法兰西第一共和国。

根据共和历，7月就是所谓的"热月"，推翻罗伯斯庇尔的这场政变，被称为"热月政变"。国民公会里所有参与扳倒罗伯斯庇尔的人并不是一个团伙，也没有共同的政治主张，他们能联系在一起，纯粹是出于共同的对罗伯斯庇尔的恐惧，怕自己成为下一个断头台上的死鬼。所以，当这帮人取得了政权，我们只能叫他们热月党人。

热月党人内部什么派系的都有，清点下来，右派也就是温和派，主张停止恐怖统治的占了大多数，后来没被整死的吉伦特派又回到国民公会。这样一来，主张缓和国内形势，恢复资本主义自由经济的呼声最高。

热月政变后的法国，真是热闹。雅各宾派恐怖统治时代，主张严肃谨慎，反对奢侈浪费，谁享乐谁有罪。大家都要看无裤汉的脸色，他们的衣着打扮、简朴的生活才是主流，法国人尤其是贵族一直咬着牙过着收敛低调的日子。

雅各宾派倒台，被憋屈了这么久，突然一放松，巴黎人像饿久的人突然看到食物一样，陷入一种疯狂的带有补偿式的享乐状态。舞会、沙龙，所有的骄奢淫逸变本加厉地回归到巴黎人的生活中。

有个西班牙银行家的女儿叫特蕾丝亚·卡巴吕斯成为这段时间的"沙龙圣母"。大家还记得，大革命时代的沙龙女王罗兰夫人主打知性牌，她的沙龙成为革命者交流思想的圣地。卡巴吕斯的沙龙完全不一样，因为沙龙的女主人辗转在男人中间，做过许多高层的情妇，所以每个男人上门都有见识一下的意思。卡巴吕斯本人是个绝色美女，气质风骚，喜欢穿复古的希腊式连衣裙，非常透明。因此，卡巴吕斯的沙龙走的是香艳路线，是巴黎最受欢迎的聚会场所。而她身上肉隐肉现的连衣裙，自然也就引领了巴黎服装的潮流。

老男人去找卡巴吕斯了，年轻的男子呢？那些贵族的子弟，找出了自己很久不穿的奇装异服，露着胸口，披散着长发，拎着一根短棍，走上大街，占领街道，抓捕雅各宾派的余党，捣毁许多革命的纪念物。

这是一段被突然释放的狂欢，缘于热月党人刚执政时的宽容和放松。然而不久，热月党人就发现，宽容的统治根本无法建立自己的统治秩序。

热月党人关闭了雅各宾俱乐部，取消了产品的限价，市场马上就陷入了一片混乱，投机倒把，追求暴利，大资产阶级趁机发国难财。大革命时发行的货币崩溃，老百姓生活愈加艰难无着。为了面包，民众发动了两次起义，都被热月党人无情镇压。

恐怖统治危机重重，宽容的统治又压制不了局面，共和制的政府貌似解决不了法国的这道题了。这时，有一帮人感觉他们的机会来了，他们就是沉寂已久的王党分子。

路易十六两口子被铡，他们的孩子呢？其实路易十六一死，流亡境外的法国贵族就宣布太子成为路易十七。路易十七从懂事时就知道自己是囚徒，他活了十岁，死在监狱里。

一听说路易十七死了，流亡在意大利的路易十六的弟弟普罗旺斯公爵就自称为路易十八，国内的反动势力和国外的复辟分子们都拥他为主，预备打回来恢复波旁家的王朝。

1795 年 6 月，在英国人的支持下，王党分子在法国西部海岸的基伯隆半岛登陆。热月党人是革命起家的，在革命中发了财，要是王党分子复辟成功或者是境外的反法同盟取得胜利，他们的下场就很悲惨了。所以，在对待王党分子和反法同盟的事情上，是绝对不能留情的。

基伯隆战役，法军大胜，王党分子全被处决。这一战让热月党人也变得心狠手辣了。不论是镇压起义、扑灭复辟还是对抗反法同盟，有一支彪悍的军队才是最重要的。

1795 年，国民公会公布了新的宪法（每伙人上台都要换一部宪法）。根据这部 1795 年的宪法，成立了立法的两院，元老院和五百人院，而行政权则归五人组成的督政府，督政府主席每年换一次，这五个人轮流做。

既然是新的两院，就要重新选举吧。热月党人很怕王党分子借选举翻身，所以他们就规定，新的立法机构里，必须有三分之二是以前国民公会的成员。这样一来，王党分子永远拿不到多数，在政治上也就没有势力。王党气不过，就开始纠集一些人准备搞武装暴动。

国民公会的军队都在边境，巴黎支持他们的人数很少，能用的军队也不过几千人。而王党用各种办法集合了四万多人。当时巴黎防务的总司令巴拉斯临危受命，解决这个生死一线的危局。巴拉斯马上想到了一个人，一个正在巴黎落魄的年轻人，穿着件破大衣，每天晃悠悠的无所事事，这个年轻人个子不高，说话带着浓重的意大利口音，他名叫波拿巴。

波拿巴临危受命很兴奋，他只有一个要求，就是巴拉斯不能干涉他的决策。巴拉斯一辈子最高明的事恐怕就是对这个小个子的发掘与信任，他配合小个子部署了杜伊勒宫，等待王党分子来进攻。

谁也没想到，小个子的平乱办法是在巴黎使用火炮。两万多王党分子正准备冲进杜伊勒宫推翻国民公会，宫内轰鸣着发出了炮弹。一个小时的炮轰，王党分子宣布投降，因为实在想不到，世界上还有人敢这么玩，这么狠。

小个子再次名动巴黎，为自己炸出了一条金光大道。而他的伯乐巴拉斯当然也顺利上位，进入督政府，成为法国政界的大拿。

督政府对法国的状况基本也是无力的。督政府和新宪法，走的都是中间路线，不要太民主，也不要王党。这种骑墙派最容易两头不到岸，两头得罪人。这时，法国政界出了一个很前卫的明星人物。

弗朗索瓦·巴贝夫，他组织了一个平等派。主张生产资料和生活资料一律公有；公社中集体劳动，产品交公共仓库，每个人都平等地从仓库中领取同样的生活必需品。看出来了吧，这个伙计搞的这个叫"共产主义"。他还主张暴力革命取得政权。实在太前卫太高端了，可以想象是会被拍灭的。巴贝夫被捕处死，也许他对当时的法国是没什么影响的，但他留下的这套共产主义思想肯定会在以后的某天成为人们的一种重要尝试。

督政府的统治很动荡，很飘摇，不论是王党分子，还是雅各宾派的余党，找到机会就卷土重来。为了在两院选举中保证这两派都不要得势，督政府唯一能借助的就是军队的力量，而将军被麻烦多了就不耐烦了，既然这个督政府什么事都需要军队解决，那就该成立个军政府嘛！

二十六　拿破仑

终于等到这一篇了，终于等到这个人了。根据老杨的分析，历史人物跟演艺明星一样，分两类，同性喜欢的一般是实力派，异性喜欢的多半是偶像派，如果同性、异性都喜欢，那就珍贵了，那是菠萝派。我们即将要请出来的拿破仑陛下，绝对是又热又甜的菠萝派，麦当劳刚出炉的那种，而且两百年来一直都是。

从科西嘉到巴黎

地中海上有个科西嘉岛，是地中海的第四大岛屿，与意大利、法国隔海相望。跟其他的地中海岛屿一样，这里先后被迦太基人、罗马人统治过，后来就一直被意大利的各城邦小国占据。因而这个岛上，不论是生活习惯还是语言，都是意大利的。

大约从 15 世纪开始，科西嘉岛就控制在热那亚手里，他们还控制不好。小岛孤悬海上，走一趟须行船，诸多不便，热那亚人也不见得有耐心经常走动表示关心，基本上就是一出事就严加镇压。本来岛民性格上就缺乏约束，又被暴政压制久了，就容易形成很偏激的性格。科西嘉人好勇斗狠，有纠纷喜欢私了，仇杀在岛上颇为盛行。

科西嘉人一直反抗热那亚的统治，想独立。1755 年，岛上有个叫保利的，居然号称要建立一个科西嘉共和国。他还真付诸行动颁布了宪法还组建了海军。热那亚人搞不定了，正好有个冤大头，也就是法兰西想接手，热那亚赶紧收了一笔钱，把这个烫手的山芋丢掉了。

法国人接手后第一件事就是先推平这个科西嘉共和国。保利领导了一场挺艰苦的反法斗争。结果是，保利逃亡，科西嘉正式落到法国人手里。

大约就是保利失败的这一年，1769年8月15日，拿破仑·波拿巴出生了，在一个叫阿雅克修的小城。拿破仑这个名字的意思是"荒野雄狮"。

拿破仑的祖上算是科西嘉的贵族，他父亲也参加过保利的独立战争。法国取得科西嘉岛后，着力安抚当地的名流。拿破仑的母亲现在生了五男三女，共八个孩子，有八个孩子的父亲就不能耍态度了，拿破仑的父亲接受了法国人的招安。法国政府确认波拿巴家族的贵族地位，还允许他家的两个儿子一个女儿去法国进入贵族学校就读，大儿子可以成为神职人员，二儿子将是未来的军官。

拿破仑进入布里埃纳军校就读。他是孤僻的，这是贵族学校，他的同学都是法国贵族。拿破仑一直说科西嘉方言，类似意大利北部的口音，法语说得不好。北方的法国人一般都看不起南方的，更何况是意大利那头的。所以，拿破仑在这里饱受歧视。

面对同学的嘲笑，拿破仑心里满满的全是仇恨，他恨法国人，他恨法国人占领了他的科西嘉家园，他恨他们占了他的家园还要取笑他。我们可以相信，这时，他视整个法兰西为敌。

十六岁，拿破仑在巴黎军官学校成为少尉，他不得不辍学提前服役。因为父亲去世，他对家庭有不可推卸的责任，他要挣钱养家。这个小个子的少尉被分配在瓦朗斯的某个军团。

薪水微薄，年轻人没办法跟其他军官一样花天酒地，他对那些事也不是太有兴趣。唯一的休闲活动就是读书了，在战友谈笑和喧哗中，拿破仑给自己打造了一方宁静，宁静并不孤独，孟德斯鸠、伏尔泰、卢梭一个个通过书本跟他交流。除了启蒙思想的重要读物，拿破仑涉猎很广，炮兵的原理，攻坚战法，各国的历史、宪法、法律、风俗、天文、地理、气象，几乎无所不读。而我们仔细分析，这些功课如果一定要分类，基本都可以归入帝王之学。

对，此时的拿破仑是野心勃勃的。不过，如果此时老杨穿越回去告诉他，他将君临法兰西，他恐怕会当场吓吐血。他此时最大的理想和野心是，回到科西嘉岛，重新领导一场独立战争，脱离法国的统治。

1789年，法国大革命爆发。拿破仑认为这是个绝好的机会，他戴着象征革命的帽子回到了科西嘉岛，找到流亡归来的保利，跟他宣讲自己对解放科

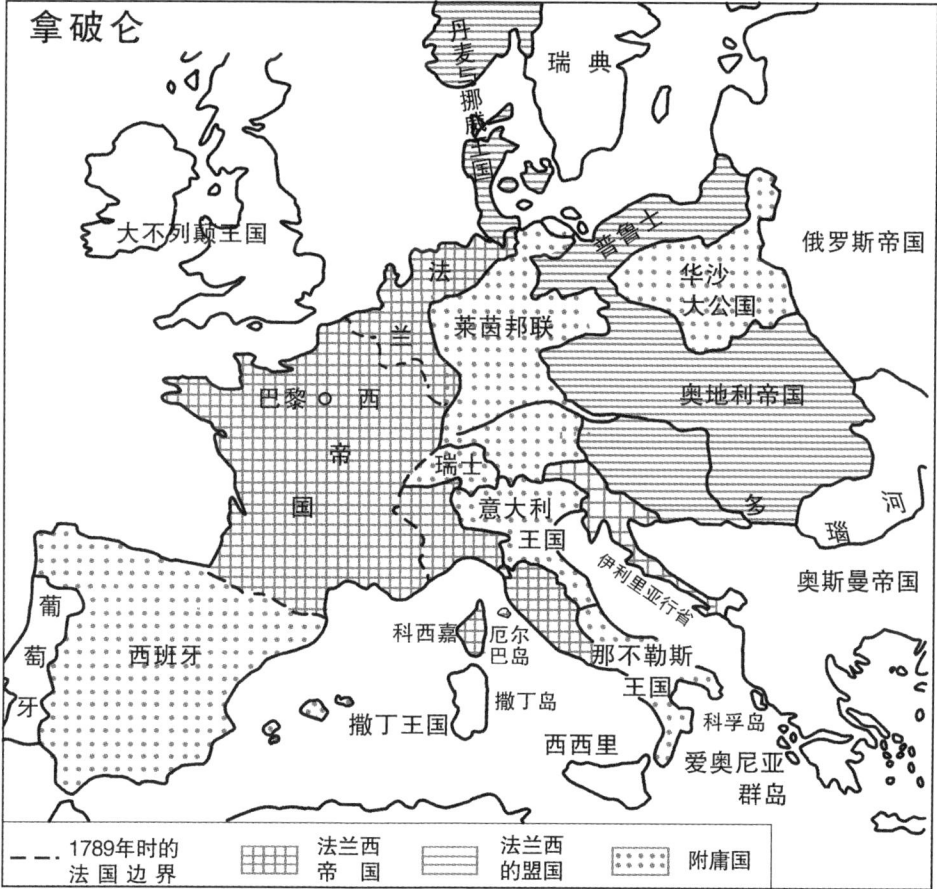

拿破仑

大不列颠王国

丹麦
挪威王国

瑞典

俄罗斯帝国

法兰西

莱茵邦联

普鲁士

华沙
大公国

奥地利帝国

巴黎 ○ 西
帝
国

瑞士

意大利
王国

伊利里亚行省

多

瑙

河

奥斯曼帝国

葡
萄
牙

西班牙

科西嘉
尼尔
巴岛

撒丁王国

撒丁岛

那不勒斯
王国

西西里

科孚岛

爱奥尼亚
群岛

	1789年时的 法国边界		法兰西 帝　国		法兰西 的盟国		附庸国

西嘉的诸多想法，而保利似乎很难跟这个热血青年保持同步。

从此后，科西嘉成为拿破仑最重要的事业。为了科西嘉的事业，拿破仑加入了雅各宾俱乐部，以为能通过这支激进的革命力量达到目的。在科西嘉岛上，波拿巴的家族和保利为了争夺这个小岛的领导权，反目成仇。

这时，要提到拿破仑的大弟弟吕西安。恐怕在整个家族，各方面能力能够和拿破仑匹配的，就是这个弟弟，精明能干，还跟拿破仑一样的坚持固执。

吕西安是个天才政治家也是个亲法派。在波拿巴家族与保利集团斗得激烈时，他向国民公会告发，说是保利预备将科西嘉出卖给英国。保利的确流亡英国很多年，还一直认定英国的体制可以移植到科西嘉岛，所以这样的指控，看起来没有冤枉他。

国民公会已经确认了科西嘉岛是法国新划定的八十三个省份中的一个，很重视，下令逮捕保利，并派军队过去执行。

保利在科西嘉岛根基太深了，吕西安的控告，让波拿巴家族得罪了一岛的人，他们包围了阿雅克修的拿破仑的家。

这个岛已经容不下这个家族了。1793 年，拿破仑一家包括他的母亲几乎是一无所有地离开了科西嘉岛。本来想解放家乡，现在却被家乡的父老乡亲放逐，拿破仑离开时的心情五味杂陈，如今既然没有家了，就只好处处是家了。或许，有一天，他还能以胜利者的姿态回来？

全家在马赛暂且存身，生活得很拮据。现在是一等中尉的拿破仑，长期驻地在尼斯。为了生计，他也只能跑来跑去找机会。好在不久，家境有了一点儿转机，拿破仑的大哥约瑟夫，这个一表人才还一事无成的人，居然娶到了马赛一个丝绸商的女儿，找了个军需官的工作，总算是基本解决了家中的温饱问题。而拿破仑也情窦初开，看中了自己嫂嫂的妹妹——德西蕾。

1793 年，法国遭遇了第一次反法同盟的打击。因为法国南部一直是保皇党的地盘，土伦城内的王党分子居然将法国在地中海的舰队三十多艘战舰以及土伦要塞拱手送给了英国人。到当年 9 月底，土伦城内来自各国的联军有一万四千多人。为了稳固这个进攻法国的大本营，联军在土伦外围构建了大批防御工事。

国民公会要求夺回土伦这个要塞，拿破仑被派到土伦指挥炮兵。这里要特别提到一点，拿破仑是个雅各宾派的革命党，而且是个上面有人的雅各宾派。巴黎有个人非常欣赏他，一直支持他，这个人是罗伯斯庇尔的弟弟。

土伦的指挥官也就是拿破仑的上司一直很外行，对土伦的军事行动毫无进展。拿破仑这时提出了自己的战法，也就是集合最强的火力，打击一个点，切断土伦里的联军跟海上英国舰队的联系，城内的联军没有退路没有支援只能投降。

战役的发展跟拿破仑预想的一样，密集的火炮打掉了英军一个坚固的工事，让英国的舰队暴露在法军的火力中，舰队被迫撤退。而土伦的联军军队怕被舰队丢下，也赶紧上船逃离，法军收复了土伦。

这次战役，拿破仑在坐骑中弹后，徒步随步兵冲锋，小腿肚子被英军的长矛刺中。这是他第一次负伤。当然，后来的生涯他不用这样冲锋，所以也没再负伤。

土伦炮战是拿破仑的成名战，整个巴黎都知道了这颗新星，国民公会给予他破格提升。1794 年，二十五岁，他成为炮兵准将。

拿破仑准将被派回尼斯，负责构筑法国南部的防线。此时已经有不少人愿意追随他，他将自己的弟弟路易带在身边做副官。

刚刚升腾的事业遭遇了意外，罗伯斯庇尔倒台了，他的弟弟，也就是最支持拿破仑的人也跟着一起被砍头。热月党人到处搜捕雅各宾派的党羽，拿破仑也是其中之一，惴惴不安地等待几天后，终于有人来将他带走，关进了监狱。

好在热月党人刚开始也不是乱杀人，拿破仑名声在外，他们恐怕是觉得这个人早晚还有用，所以没几天他就被释放了。回到巴黎后，热月党人居然要将他调入步兵，为的是将他与他之前的炮兵部队的旧部隔离，防止他们有阴谋。

拿破仑一直以炮兵为自豪，让他加入步兵，他还不如不干。怎么办？歇着吧，在巴黎等机会。

又回到了落魄的时光，没有钱，没事干。偶尔他会去上流社会的聚会，那时的人不都在聚会嘛，看到土伦战役的英雄垂头丧气，面黄肌瘦，一副灰头土脑的样子，恐怕当时很多人都觉得这伙计应该是没啥前途了。

小个子恺撒

留在巴黎，机会总是有的。热月党人和王党分子终于撕破脸，要在巴黎展开一场恶战了。此前所有的巴黎市民起义几乎都获得了成功，只要能组织到几万人上街，包围皇宫或者是议会总部，都能达到目的。这一次，保王党也纠集了几万人，他们准备围攻国民公会的总部——杜伊勒宫，推倒热月党人的政府。

巴黎的防务此时由巴拉斯负责。后来的历史对巴拉斯做评价，除了他出神入化的泡妞功夫，就是他慧眼识才重新扶持起了拿破仑。

前面说过这段战事了，拿破仑的成功在于他快了王党分子一步，在郊区拉回了四十门大炮，并连夜部署在杜伊勒宫。

炮战之后，督政府上台，巴拉斯成为国家元首之一，而拿破仑就接他的班负责巴黎的防务。此番东山再起，能屈能伸，让更多的人对他刮目相看，也吸引了更多的人来追随他。

有权了，有地位了，有点钱了，还有自己的人马了，拿破仑看上去变化也不大。作为一个科西嘉人，他对家族的重视很像中国的潮州人，他还是习惯于把所有的收入交给他母亲，而几个弟弟也都安排了很好的职位。只有吕西安，这个跟他一样犟的弟弟，他似乎对哥哥的成就总有些酸溜溜的不服。

现在的拿破仑急于成个家，科西嘉人嘛，有个家心里才能安定。拿破仑一直催促德西蕾嫁给他，还求大哥约瑟夫帮着说合，可不知为什么，德西蕾就是下不了决心跟他结婚。就这样，她错过了成为欧洲最有地位的女人的机会。

有一天，拿破仑的办公室来了个面庞清秀、姿态优雅的小男孩儿，他彬彬有礼地请求拿破仑，能不能归还他母亲的一把宝剑，因为那是他死去的父亲留下的。

小男孩儿叫欧仁，现在的瑞典、挪威、比利时、卢森堡等王室，都算是他的后代。不过他当时可不知道这些，他只知道，他妈妈看上了这个叫拿破仑的矮个男人，他过来要这把宝剑，就是要让妈妈有机会接触这个男人。

拿破仑成为巴黎防务司令后，禁止民众私藏武器，所以他还真的缴了这把宝剑。可能欧仁和拿破仑就是有某种奇怪的缘分，拿破仑当时就归还了宝剑。几天后，欧仁的妈妈亲自过来感谢拿破仑将军。

原来这就是著名的约瑟芬，拿破仑是听说过这个女人的。在巴黎，她的名声并不好，就在不久前，她要求某个政治要员娶她，而这个要员因为老婆怀孕拒绝了她，闹得风风雨雨的。如今，这个女人是巴拉斯的公开的情妇，是巴拉斯很多情妇之一。

对一个巴黎女人来说，恐怕这些传闻会给她增加性感。约瑟芬出生在西印度群岛的法国殖民地，生长在热带的甘蔗园里。跟巴黎本地的美女相比，她棕色的肌肤带着特殊的加勒比海风情，让无数的法国男人晕菜。她原来的丈夫是保王党，被雅各宾派杀头，本来她也是被判了死刑的，挽救她性命的就是她的美貌。出狱后，虽然热月党人后来归还了她的地产和家当，不过因为她那个花花公子的前夫，财产本来也不多，她和两个孩子的生活，大约也只能靠她不断地委身不同的男人来维持。

拿破仑第一次见到约瑟芬就拜倒在她裙下，虽然这个女人至少比他大了六岁。此时的拿破仑也不是很富裕，可巴黎上流社会都在传说这个小个子的前途，约瑟芬需要找个依靠，或者说，是长期饭票。

巴拉斯挺有大佬的胸襟的，在跟拿破仑分享了约瑟芬一阵后，他决定退出。女人他太多了，可像拿破仑这样，每次都能帮他解决危机的"武器"可不多，他支持拿破仑娶了这个女人。为了给自己曾经的女人一个交代，巴拉斯任命拿破仑为意大利方面军的总司令，让他指挥法军攻打意大利。

1796年，在对付反法同盟的战斗中非常顺利的督政府准备主动出击，彻底了结联军对法国的威胁。督政府的第一目标是土地辽阔但还管不住的神圣罗马帝国。两支远征军，一支越过莱茵河进入德意志南部，另一支则进入意大利北部，拿破仑就成为这支意大利远征军的司令。

因为马上要出征，拿破仑向约瑟芬求婚。约瑟芬虽然答应了，不过在她心里对拿破仑还暂时没产生什么深厚的爱情，反正这家伙一结婚就出征了，还不知道什么时候能回家呢，对自己的生活没什么影响的。

跟约瑟芬婚礼后的第二天，拿破仑就带兵出发了。不管是约瑟芬还是巴拉斯都没想到，这个小个子从翻越阿尔卑斯山开始，就一步步将自己打造成了恺撒。

刚到尼斯的军营，拿破仑接手的是一支懈怠简陋的军队，整个法国社会动荡，物价混乱，物品匮乏，军队经常得不到正常的补给，也没有保障。拿破仑上任的第一件事本来是严肃军纪，禁止士兵作奸犯科，可是大兵实在太穷太苦了，要是不偶尔偷鸡摸狗，诈骗抢劫，这日子真过不动啊。尤其是即将面对翻越阿尔卑斯山，去跟强大的奥地利军队动手，法国士兵更是觉得前途莫测。针对这个情况，拿破仑换了个思路。他跟士兵说，只要翻越这道雪峰，就是繁花似锦的意大利平原，那里粮满囤，谷满仓，鸡鸭成群，牛羊遍地，还有成堆的好姑娘。

这种动员是最管用的，法军穿过积雪的山口，温暖而富饶的意大利向他们张开了怀抱，果然如司令说的，这地方真适合打仗。

法军是整齐划一的正规部队，对方是奥地利和撒丁王国的联军，基本上都是雇佣军，语言都不能统一呢。加上拿破仑对意大利战争早有准备，对意大利的风土人情、地理环境了如指掌，一战之下，就分出了高低。

督政府的战争除了报仇还要输出革命，法军在意大利宣传大革命思想，告诉意大利人，要帮他们建立没有王权压迫、众生平等的共和国。总而言之，法国人在意大利取得了军事和政治的双丰收。在拿破仑的主导下，1797 年 10 月，奥地利妥协的《康波福米奥和约》签订。奥地利承认莱茵河沿岸部分地区是法国的地盘，意大利那些被法国征服的国家成立共和国，按法兰西第一共和国的款式组建。作为感谢，拿破仑肢解了威尼斯共和国送给奥地利。

奥地利低头，第一次反法同盟就算正式瓦解，全欧洲都震惊了。而更惊的，反而是巴黎的督政府。拿破仑现在几乎是意大利之主，教皇不仅向法国纳了一笔巨款，还把教皇国收藏的珍宝献出来，全法国都欢呼拿破仑的名字，他的画像进了很多贵族的客厅。

拿破仑在意大利节节推进时，督政府也尝试过牵制他。不过自从拿破仑进了意大利，基本就不受督政府控制了，而他陆续不断地把金银、珍宝、艺术品送到巴黎，督政府收了人家这些东西，也不好意思对他太严肃。自从

1793 年卢浮宫被革命群众开辟成博物馆，正好就收纳拿破仑打回来的这些东西。拿破仑的军队在意大利的劫掠也让当地颇有微词。军队解决了温饱后，拿破仑也想过要搞点道德建设，然而他的手下都成了惯匪，管也管不好了。

1797 年 12 月，拿破仑凯旋巴黎，督政府虽然心存不安，还是为他举办了大型的庆祝活动，这位法兰西英雄受到了巴黎山呼海啸的欢迎。

反法同盟其他国家都歇菜了，只有英国还在硬挺，而督政府出于不可告人的目的，就张罗着安排新出炉的意大利战神跨海远征英格兰，彻底收拾这个宿敌。

拿破仑头脑清醒多了，他研究了一下英法海军的对比以及英国沿海的工事情况后，认为打英格兰还不到时候，但是英国人一定要收拾，有更好的办法，就是吃掉印度。要吃掉印度，就先占领埃及，切断英国和印度的联系。

督政府高兴啊，不管拿破仑这个招好不好，至少，这个危险的家伙又可以离开巴黎了，要不然督政府每天盯着他，还要计算他可能会做的动作，太折磨人了。

从"十字军"时代开始，占领埃及就是法国人的一个美梦。此时的埃及奉土耳其为宗主，国内实际权力掌握在马穆留克手里，他们是原来来自高加索和黑海的奴隶兵，号称是世界上最骁勇善战的骑兵兵团。

1798 年 5 月，拿破仑和他的舰队、远征军包括一百六十七名各种学者专家从土伦起航，航向埃及。

拿破仑自己是个爱学习有文化的统帅，面对即将要征服的历史悠久的神秘国度，他除了军事上的计划，还有科学文化上的考虑。后来的结果证明，远征埃及，最大的价值就在这一百六十七位学者身上了。

出海第一战很顺利，因为拿破仑的第一计划是拿下马耳他岛。还记得吧，这个岛居住着"十字军"时代三大骑士团中硕果仅存的医院骑士团，面对法国三百多艘战舰和那个刚取得了意大利的小个子，骑士团也没脾气，法国占领了这个岛。拿破仑花了几天的时间，在岛上整饬秩序，重建了政府和经济。

拿破仑要远征埃及，英国人不知道吗？当时还真不知道，都以为法国人是要在英伦三岛找地方登陆。后来得到消息，英国赶紧派出了拿破仑的宿敌纳尔逊率领一个小型的舰队去追击法军。

在《英帝国：日不落之殇》中介绍过，纳尔逊的问题就出在，在海上他比拿破仑高得太多了，让他这样一个海战天才去茫茫地中海追击一个炮兵司令，是很容易找不到的。因为纳尔逊都到了埃及尼罗河口了，拿破仑同学还不知道在哪里晃悠，于是纳尔逊只好掉头回去找。

拿破仑的舰队能顺利穿越地中海在埃及登陆，不能不说是运气太好了，而纳尔逊又非常倒霉地遭遇了几场风暴和逆风。否则，拿破仑的埃及之行恐怕在海上就有了结果。

法军一登陆就要面对马穆留克的顽强抵抗。拿破仑打仗，讲究知己知彼。他了解过埃及的文化，所以这次的战前动员跟意大利不一样，他再三强调军纪，再三强调不要侮辱对手的宗教。登陆后，这个伙计的战法就是一边进攻一边满嘴谎言，说自己是帮助土耳其政府收拾马穆留克的，说法国人其实是很喜欢穆斯林的，自己前一阵儿还收拾了教皇，因为这老头经常挑唆基督教跟伊斯兰兄弟干仗等。

沙漠气候恶劣，法军根本不知道世界上还有这么不适合人类生存的地方。拿破仑再天才，他事先也不知道沙漠作战是需要很多准备的，于是历尽千辛万苦，饶是如此，法军在埃及还都取得了辉煌的胜利，尤其是在金字塔下的一战，马穆留克的骑兵和埃及古老的法老都被拿破仑的大炮炸得魂飞魄散。当然，法老的魂魄早就不知道跑哪里去了。拿破仑进入开罗，成为埃及之主。

一切从纳尔逊终于找到法国舰队开始变坏。以英国海军的实力，一旦法军的舰队被他们锁定，下场肯定是覆灭。好在纳尔逊还给拿破仑留了两艘快船，否则拿破仑就真要考虑在埃及当地办个户口了。

拿破仑入侵埃及前，专门派人去土耳其斡旋，但在法国舰队被纳尔逊全部打掉后，土耳其对法国宣战了，这说明斡旋肯定是没有起到效果。土耳其也不单干，他还联合了俄国，当然还有英国，成立了第二次反法同盟。

土耳其一宣战，之前拿破仑那些来帮助埃及人反抗马穆留克之类的说法就不攻自破了，伊斯兰世界又宣称要发起对法国人的圣战，开罗的老百姓发动起义，土耳其的兵马也开进了埃及。

法军依然在取胜，可拿破仑担心退路，更担心巴黎的情况。海上的商人带来了他需要的消息，不出他所料，他辛苦打下的意大利又失去了。面对再次从欧洲各地集合而来的敌人，督政府扛不住了。

拿破仑决定，他要回巴黎去。他认定了，督政府这帮玩意儿，除了坑爹啥也干不成。要挽救法国，要解决危机，他必须回去，他要取得最高的领导权，全盘领导法国对抗欧洲的所有敌人。

1799 年 8 月，拿破仑抛弃了他疲惫不堪的军队，带着几个亲随，秘密起航，两个月后在法国南部登陆，回到巴黎。

拿破仑远征埃及之战看起来似乎是失败的，至少他的战略目的没有达到，如果一定要在军事上总结一点收获，那就是他应该学会了如何在沙漠打仗。但实际上，从整个历史发展上看，这次远征却是非常有价值的，一个传统而神秘的古老国家对欧洲打开了大门，法国人经过大革命洗礼后的思想和精神像一阵清风吹拂了这片旧得发霉的土地，让东西两种文明开始在埃及逐渐融合，奠定了现代埃及的基础。拿破仑带去的学者的工作，使研究埃及成为一个专门的学科，极大提升了埃及的文化科学水平。更值得一提的是，在埃及期间，拿破仑非常详细而清晰地提出过开凿苏伊士运河的思路和办法。所以说，这次失败的军事行动，在人文方面的建树其实是很伟大的。

不是法王，是皇帝

把自己的军团留下，自己跑到巴黎争权，从这时起，拿破仑已经不是一个军事统帅而是个政治家了。

从意大利到埃及，拿破仑的远征之路并不好过。因为他总能收到约瑟芬跟其他人有染的消息。在埃及炙热干燥的沙漠，约瑟芬在巴黎的行为让他心烦意乱。好在当时有个军官，让老婆女扮男装偷偷上了船，一起来到埃及。

拿破仑情急之下也没得挑选，他更不敢对穆斯林的本地妇女下手，只好就把这个小军官的老婆勾搭上手，还把小军官打发回家出差了。他以为他也找个情人，能平复约瑟芬带给他的羞辱，可结果让他更痛苦，因为这个女人天天跟他混，却一直不见怀孕。科西嘉人对子嗣异常看重，拿破仑想生个儿子都快想疯了。

约瑟芬之前生过两个孩子，跟了拿破仑就没动静了，这个军官的老婆也不结果，拿破仑私下不得不怀疑问题在自己身上，搞不好自己就绝后了。可怜这个震慑了全欧洲的男人也不好意思找个男科医院检查一下。

儿子的事再考虑，现在最重要的是考虑巴黎的事。

虽然有点像败逃，但巴黎的人民并不介意，他们依然上街热烈地欢迎拿破仑回家。金字塔前的胜利被传成了神话，而他居然能从英国舰队密集的游弋中渡过地中海回到法国，正说明这个小个子是幸运的，而且蒙神保佑的。

回到巴黎，拿破仑不可避免要碰上几个政坛的重要人物，第一位就是西哀斯。还记得吧，就是这个教士写的《第三等级是什么》的小册子点燃了巴黎。另一位是个主教，叫塔列朗。塔列朗从小就摔成瘸子，幼时的残疾让他成为一个表面很和善内心很阴暗的人。大家想啊，这两位都是天主教的神职人员，法国大革命这段时间里，斐扬派、保皇党、吉伦特、雅各宾、热月党几度风雨几度春秋，一茬茬的，死了多少人垮了多少人啊！而这两位作为神职人员能在革命的惊涛骇浪中屹立不倒，尤其是最终还能稳坐在共和国的政界高层，他们拥有多么神奇的生存智慧和政治手段啊！拿破仑刚从军人过渡到政客，这两个老狐狸正好能带他快速入门。

作为督政府的外长，塔列朗很早就看好拿破仑的前景，并主动与之结交。而西哀斯作为刚当选的督政府主席，看着法国现在飘摇不定，觉得有必要重建制度，修改宪法，以巩固他代表的自由资产阶级的利益，因此他很需要有人拎着刀帮自己清除异己，达到目的。在塔列朗的牵线搭桥下，西哀斯决定和拿破仑结盟，办大事。

1799年11月9日，共和历的雾月。大家都知道，这个著名的"雾月政变"造就了拿破仑的大业。可能很多人不知道，"雾月政变"并不是听上去那么漂亮，政变过程中拿破仑非常狼狈，而且险些失败。

拿破仑将推翻督政府和两院的事分了两天来做。第一天，他想办法将原本在两个地方开会的元老院和五百人院凑到了一起，而当时督政府的五个执政，被他或者恐吓或者利诱，都觉得再坚持下去凶多吉少，自动散了。五人中最聪明的是巴拉斯，拿破仑让塔列朗拎着一袋子金币劝他提前退休，结果他钱都不要，一看到塔列朗来访就自动签字下课。塔列朗据说是把金币中饱

222

私囊了。拿破仑是巴拉斯发掘的，他非常清楚小个子会干出什么事来。

第一天的事挺顺利，可没有直接解散两院，结果一夜之间，很多议员就感觉到了这个事情不对。第二天，拿破仑冲进元老院，让他们解散，老贵族胆子小，当时就从了。可五百人院的人种就复杂多了，拿破仑进入五百人院要求解散时，遭到了议员的围殴和谩骂。拿破仑虽然身经百战，可被一帮穿长袍的人围在中间拳打脚踢掐脖子还是第一次，他这才知道议会大厅也是战场，干仗也是要出人命的。

拿破仑被议员围殴，而挑唆拿破仑办事的幕后策划西哀斯并不出面。他已做好了准备，如果拿破仑失手，他就第一时间撒丫子溜，让小个子承担全部的后果。

拿破仑还是运气好啊，他还有个帮手，他最有才的弟弟吕西安。因为拿破仑的战绩和名声，吕西安刚刚做了这个月五百人院的议长。他喝止了议员，让拿破仑趁机跑了出去。门外有支军队，巴黎卫队。

巴黎卫队不是拿破仑的军队，他自己的军队在埃及呢。所以，看着拿破仑丢盔弃甲地跑出来，门外的士兵也不准备冲进去报仇，拿破仑叫唤了半天，没人搭理他。

这时，吕西安走了出来，他以议长的名义下令，让巴黎卫队进场逮捕叛乱分子。巴黎卫队的士兵都是些共和标兵，他们听到议会里叫拿破仑为暴君，说他是下一个克伦威尔，所以都觉得支持他政变是不对的。这时吕西安拔出剑来，顶在拿破仑的心口上说：我发誓，如果有一天他妨碍法兰西的自由，我会亲手了结我的亲哥哥。

总算说服了巴黎卫队进入议院，五百人院的议员四散逃跑，好多人是喊着"共和万岁"跳窗户跑的。

两院解散，大功告成。当夜，一些比较随和不添乱的议员投票，废除督政府，拿破仑、西哀斯、迪科成为临时执政，并从两院选出五十人起草新的宪法，现在的法国政府被称为执政府。

西哀斯本来是找拿破仑当枪使，预备用完就扔掉，此时就给拿破仑安排了个闲职，许以高薪，想养着他。西哀斯看人不准，能够使用拿破仑的，恐怕只有他自己。他没费劲就架空了西哀斯，独自接下了制定宪法这个活儿。

法国大革命，先后出了三部宪法，法国政坛随便找个人就是宪法专家，而拿破仑同学早就潜心研究过各国的法律，更是个行家，而且他非常清楚自己需要什么。所以，他口授别人记录，九十五条新宪法条款顷刻之间就出炉了。

这部 1799 年宪法是军政府的法律，拿破仑成为第一执政，绝对老大，任期十年，其他的条款也都是为专制统治服务。也就是说，拿破仑现在领导的，是一个独裁统治的共和国。

新首脑的工作非常利落，行政、经济、意识形态，三件大事一气呵成。行政方面重新界定了行政区域，让他们更适应中央集权的统治。经济方面，改革税收制度，各地的征税权力全部收归中央，这个办法让督政府时代亏空的国库很快就得到了充实；1800 年，拿破仑还建立了法兰西银行，重建了证券制度。意识形态就是宗教，拿破仑跟罗马教廷签订了《教务专约》，法国承认天主教是法国大多数人的宗教，允许法国人信新教，只要不犯法，允许宗教活动。为了感谢拿破仑的宗教宽容，教皇答应，之前没收的教会财物不要了，法国终于实现了难得的宗教和平。

执政府以很高的效率稳定了雾月政变后的法国形势，而在这一轮的内政管理中，拿破仑最值得称道的工作就是制定了一部民法法典，也就是著名的《拿破仑法典》。这是资本主义国家最早的一部民法典，语言简洁、逻辑严谨，强调和巩固了资本主义国家的形态，确认了法国大革命的成果。这部法典随着拿破仑的征战传遍欧洲，为后来欧洲挣脱封建主义的束缚，陆续建立资本主义国家起了巨大的推动作用，而后欧洲国家的民法大部分都以此为蓝本。即使是现在的法国民法，其大体框架还是这部《拿破仑法典》。所以拿破仑临死时说，他一生最不朽的功绩就是《拿破仑法典》。

拿破仑这么好整以暇地治理国家，第二次反法同盟去哪里了？被打跑了呗。雾月政变后，拿破仑就对联军求和，人家不答应，逼得拿破仑再次顶风冒雪翻越了阿尔卑斯山口，二次出征意大利。意大利北部的风水很旺拿破仑，他一过去就能赢。奥地利首先放弃，同意莱茵河左岸都归法国，德意志南部靠近法国的那些联邦也归法国说了算，意大利北部的共和国继续存在。

看着奥地利不玩了，俄国就有点犹豫，拿破仑趁机一把拉住沙皇，要求以后结盟。沙皇权衡了一下，答应了，于是欧洲大陆上那几个敌人都退出了。剩下的英国孤掌难鸣，国内反战情绪高涨，估计自己单独对战拿破仑也没有胜算，和谈吧。就这样，1802年，第二次反法同盟也散伙了。

内政外战，可圈可点，拿破仑获得了大多数法国人的认可。第二次反法同盟结束这一年，拿破仑要求人民选他终身执政，民众很愉快地答应了。

管理执政府的这几年，拿破仑遭遇了两次暗杀。第一次是在去歌剧院的路上遭遇了炸弹，炸死了街上二十多人，拿破仑和约瑟芬幸免。第二次则是1803年，英国人指使流亡的保王党人偷偷登陆，潜入巴黎刺杀拿破仑。整个计划一早就被法国的情报人员掌握，所以一直等所有参与者进入法国，一并逮捕。有个波旁家族的倒霉公爵被认为是复辟的主谋，法军越境到德意志抓他回来，枪决了。

这两次暗杀虽然都是保王党人所为，不过拿破仑趁机清洗了雅各宾派的残余。而第二次谋杀后，拿破仑有了个新的想法。波旁家族这样前仆后继地要复辟，欧洲各国哭着喊着要帮着他们复辟，如果法国有了国王，他们还复辟什么呢？像拿破仑这样的天才，他的家族难道不应该世代领导法国对抗这些敌人吗？

拿破仑要当法王。不！国王是个陈腐的概念，代表旧的时代，是被大革命推翻的东西，不能再用了，法国的最高首脑应该是皇帝！

民主时代了，不能说称帝就称帝啊，至少要征求公民的意见吧？同意拿破仑·波拿巴同学做法兰西皇帝的举手。太意外了，大革命十五年，不就是推翻王权，推翻独裁吗？可是，在1804年的投票中，只有两千多人投了反对票，三百万法国人同意拿破仑成为皇帝。当年他们要求杀死路易十六时有多激动，此时拥护拿破仑就有多狂热。那些幸存于世，最早参加过攻陷巴士底狱的老革命，目瞪口呆。

君临欧洲

法兰西历史上第一次有皇帝登基，一定要慎重隆重。拿破仑专门邀请了当时的教皇来涂油加冕。1804 年 12 月 2 日，教皇涂完了油，正准备给他戴上皇冠，拿破仑一把抢过来，自己戴上了，随后又亲自给约瑟芬戴上了皇后的冠冕，教皇举着手，表情很僵硬。

现在的拿破仑应该叫拿破仑一世，这个皇帝一点不知道自己金尊玉贵，应该养尊处优。如今他是绝对老大，他想干什么都行。遗憾的是，这位老大一天到晚想的不过就是打架而已。

1805 年，第三次反法同盟又开始了。英国人的刺杀拿破仑计划失败，恼羞成怒；俄国人换了个沙皇，亚历山大主政了，这伙计面对拿破仑觉得"鸭梨山大"，还是跟英国人联手安全；奥地利呢，拿破仑称帝了，神圣罗马帝国的皇帝贬值了。最恨的是，拿破仑还跑到意大利，给自己搞了一顶意大利国王的王冠。

对拿破仑来说，陆上战争跟谁打他都不怵，想到英国，就有点不淡定，英吉利海峡看着像大堑一样。

本来正忙于渡海登陆的事，这边听说反法联盟又组团了，只好先解决陆上的问题。在拿破仑看来，他收拾奥地利手到擒来，所以第一目标，大军直奔维也纳。这次，他准备给神圣罗马帝国的皇帝彻底上一课。

第一战完美无比，法军通过急行军，包围了猝不及防的奥军主力，3 万多奥军并装备投降，法军占领了乌尔姆要塞，法国士兵很得意地说，他们是靠长跑取得了胜利。随后大军继续向维也纳进发。

陆上战役的成功总要搭配一件海上的失败。行军的路上，拿破仑收到了悲惨的消息，特拉法加海战，法国舰队再次全军覆没，唯一的收获，恐怕是英国那位海上战神纳尔逊牺牲。

纳尔逊是拿破仑的克星，拿破仑对这位总是让自己吃瘪的对手却是心怀崇敬的，后来的法国海军还被要求悬挂纳尔逊的画像。

舰队被灭，海军司令被俘，这些事影响不到拿破仑，此时他回师海上也于事无补，不如一门心思进发维也纳吧。好在上帝给了他补偿，很快他就收获了他打架生涯最大的辉煌。

1805 年 11 月底，拿破仑率五万三千人进驻奥斯特里茨，在现在的斯洛伐克境内，当年是个荒芜的平原，这附近已经云集了奥俄联军八万五千人。

大战前夕，拿破仑就不断示弱，希望能跟奥俄和谈，而且部队也做出了准备撤退的动作。联军想到特拉法加海战法国海军全军覆没，拿破仑撤回去也很正常，于是不准备搭理拿破仑示弱，想凭借一场漂亮的战役击溃法军的主力。

12 月 2 日一早，皇帝陛下加冕一周年的纪念日，联军开始进攻了。法军果然很弱，整个右翼暴露，联军一击即溃。然而，这一切都是计，法军的两万增援部队还没有进入战场，右翼的虚空也是拿破仑的诱敌之计。一切如拿破仑的计划，俄奥联军被事先藏好的法军冷不防地突破，只能向冰封的湖面上溃逃。不幸的是，拿破仑的炮群早就对准了这里。

下午 4 点多，恶战结束，拿破仑骑马巡视战场，联军伤亡被俘两万六千人、一百八十六门大炮及四十五面团旗；法军伤亡八千五百人，只有一面团旗的损失。法军大胜。这场战役的另外两位主角，神圣罗马帝国皇帝和俄国沙皇险些被擒。而这一场大战因为云集了欧洲三位皇帝，又被称为三皇会战。显然，拿破仑这个半路出家的皇帝比那两个天生贵胄加起来都强。

1805 年 12 月 4 日，法奥达成停火协议。12 月 27 日，奥地利和法国签订和约。奥地利退出反法同盟，弗兰西斯二世放弃自己"神圣罗马帝国皇帝"的封号。这样一来，第三次反法同盟又被瓦解，神圣罗马帝国的历史也告终结。

奥斯特里茨战役不仅是战史上的重要战役，也是拿破仑生命中最重要的一战。此战后，他真正确立了欧洲霸主的地位，开始了君临欧洲的历史。第三次同盟的幕后黑手——英国首相小皮特听说战役的结果后，当场就病倒，临终时让人摘下墙上的军事地图，说，今后十年都用不上了。

为了庆祝这个伟大的胜利，第二年，皇帝就下令，在巴黎市中心建造凯旋门，并亲手奠下第一块基石。

神圣罗马帝国落幕，本来支离破碎的国土更碎了，在《德意志：铁与血的历史》中提到，普鲁士崛起，一直妄图剔除奥地利统一德意志。如今拿破仑将德意志西部和南部的十六个诸侯国组成莱茵联邦，全部掌握在自己手里，这就让普鲁士闹心了。

第一次、第二次的反法同盟，普鲁士选择看热闹，还忙着分波兰，把名声搞得很坏。第三次反法同盟，他家倒是很想出兵了，不过动作慢了，拿破仑眨眼工夫就结束了战事，而他动作这么神速也是怕普鲁士投入战斗。所以，第三次反法同盟失败，普鲁士也有点责任。不过事后，他家还派个使臣过去祝贺拿破仑获胜。

为了拿回莱茵联邦，普鲁士张罗着再组团打架，英国和俄国马上同意了，死马当活马医。当时普鲁士的陆军号称欧陆最精锐的部队，英国和俄国也想让普鲁士对抗法兰西试试看。

拿破仑一直视普鲁士的腓特烈大王为偶像，也实在不愿意与他一手建立的军队碰撞，可此时的普鲁士王后是个特别能"作"的女人，认定了之前拿破仑在欧洲这么手顺，完全是因为普鲁士没有出手，普鲁士的军官甚至到法国大使馆的台阶上去磨刀叫板。在拿破仑提出和平条件让普王偏安无效后，第四次反法同盟成立了。

1806年10月，十六万大军进发柏林。不管之前拿破仑对这一战有什么样神圣的想法，或者是欧洲其他国家对这场巅峰对决有什么样的期待，买票看热闹的全都后悔，一天之内的两次大战，普鲁士军队即被摧毁。两周后，法军进入柏林，拿破仑来到腓特烈大王的墓前表示遗憾。

普鲁士沦陷，波兰人很高兴。因为被俄国和普鲁士分割，波兰人对这两个国家深恶痛绝，拿破仑被波兰人视为救星，就指望他再干掉俄国，恢复波兰的国土。

临近隆冬，滴水成冰，继埃及的沙漠作战后，法军又面临暴风雪中的战场。幸亏有波兰人帮忙，异常艰难，伤亡惨重，好在总算是打赢了，俄军退却，法军当然也无力追击。

拿破仑累了，谁干这么多事不累啊。展开欧洲地图，我们帮他清算一下战果吧：老对手奥地利服了，不敢乱说乱动了；沙皇同意结盟，并接受拿破仑在欧洲所有的占领；普鲁士拆了，其西部的零碎国土被拿破仑整合成一个独立的国家——威斯特伐利亚。拿破仑现在是法兰西的皇帝、意大利国王、莱茵联邦的保护者。大哥约瑟夫成为那不勒斯的国王，两个弟弟路易和热罗姆分别接掌了荷兰和刚成立的威斯特伐利亚，都是国王。科西嘉人家族意识强烈，喜欢玩家族企业。所以，拿破仑派出去的高层管理人员全是亲属。现在对拿破仑来说，土地太大、亲戚太少是个问题。

皇帝的军队在欧洲大陆上欢腾，所有的重要港口和码头也都被法军控制，可是，英伦三岛，法国人依然够不着。在大陆，拿破仑已经无限接近神了，可就是不能进化到水陆两栖，真是人生憾事。

不能过海也有收拾他们的办法。在柏林，这个军事天才准备跟英国人打经济战，下达了著名的大陆封锁令：整个欧洲大陆的市场对英国封闭，所有隶属法国的各国，与英国不仅不准发生贸易关系，而且要断绝一般来往；对法国统治下的欧洲的英国侨民，一律宣布为战俘；所有英国的货物和商船，全部没收。从这个命令上看，皇帝陛下在对待英国的问题上，已经完全丧失了理性。

无法说清楚大陆封锁令到底是封锁了谁。刚开始英国人是挺蒙，损失严重。可是英国毕竟还有辽阔的海外市场，按拿破仑的思路，想"饿死"英国几乎不可能。而欧洲市场对英国还有非常严重的依赖，封锁的同时，大陆各国尤其是法国自己，损失更严重。

哪里有封锁哪里就有走私。英国在葡萄牙等地设置了各种隐蔽的货栈，走私生意如火如荼。为了保障大陆封锁令的有效，拿破仑发兵葡萄牙，杀一儆百教育违纪分子。

到了葡萄牙也就到了西班牙，已经拜服在拿破仑的马靴下成为附庸的西班牙人，正好有事请皇帝给帮个忙。

前面说过，现在西班牙的统治者是波旁家族的。正好王室内部父子君臣内讧，太子爷请拿破仑帮忙争位。拿破仑觉得，既然法国的波旁王朝都已经被波拿巴王朝取代，西班牙的波旁王朝也没有存在的必要了。所以他过去，直接将西班牙国王父子绑到法国关起来，然后派了自己的大哥约瑟过去当国王了。对拿破仑来说，换掉一个国王，跟各省干部对调差不多。

本来拿破仑侵入欧洲这么多国家，大家还都挺平静的，奥地利和普鲁士的老百姓还欢迎法军进城呢。可西班牙这个事把性质搞坏了，英雄的西班牙人民觉得，他们的王室被绑架侮辱，自己的国家被法国人占领，拿破仑是侵略者。于是，西班牙人居然自发地组织了反法的抵抗运动。英国人一看，赶紧过来支援这场欧洲大陆难得的民族觉醒运动。

拿破仑习惯了对反法同盟那各怀心事的联合正规军作战，没打过这种万众一心同仇敌忾的游击战争，头次遭遇这四面八方全民皆兵的战法。法军意外地遭遇了失败，逼得皇帝不得不御驾亲征，到西班牙平乱。

法军陷在人民战争的汪洋大海里，英国人反应奇快，马上号召第五次反法同盟。这次只有奥地利欢迎，普鲁士正在韬光养晦，预备准备充分后一举复国；沙皇觉得，刚跟人家签约不久，要毁约也得等一阵。所以，这第五次反法同盟，其实也就是奥地利人配合着西班牙的英军在行动。

除去外部的压力，拿破仑王朝的内部也出现了奸臣，不，应该叫叛臣。一直是拿破仑重要幕僚的塔列朗，这位政客中的极品，看多了王朝起伏，对局势的发展高瞻远瞩，他似乎已经感觉到拿破仑进入了震荡期，还逐步向下。于是塔列朗未雨绸缪地开始给皇帝设计结局，主要动作就是跟英国人结党。

大陆封锁令让法国经济遭受打击，拿破仑这第五次对反法同盟的战斗，显得异乎寻常的艰苦，连屡败屡战的奥地利都让法军吃了不少苦头。最要命的是，西班牙人把全欧洲都教坏了，此时奥地利、普鲁士和德意志的其他地区的人民，突然都觉悟觉醒了，发现居然还有民族自尊心这种东西，都呐喊着要反侵略，抵抗法国侵略者呢。

拿破仑还是赢了，先取得了西班牙，建立了西班牙波拿巴王朝的统治，然后掉头德意志战场，再次进入维也纳，摆平了奥地利。皇帝生气了，不给奥地利脸了，他肢解了奥地利的国土。

连续三次以少胜多粉碎反法同盟，拿破仑帝国真正成为欧洲的主人。他经常去拜谒查理曼的陵墓，不知道从什么时候开始，重建查理曼帝国成为他的动力和目标。现在，基本可以说他做到了。

人生不如意十常八九，无后为大

1809 年，四十岁的拿破仑站在欧洲版图面前。他在想什么？想女人啊，想到底有没有女人能给他生个儿子啊。要不然这份庞大的家业，以后留给谁啊？

话说在柏林期间，应该是皇帝身心愉悦的至高点。拆了普鲁士、揍了沙俄、恐吓了奥地利、制裁了不列颠，拿破仑在军事和政治上都获得完美的胜利，而最让他高兴的事，恐怕是听说自己有了个儿子。

拿破仑没登大位前，每次出征在外，约瑟芬都给自己找安慰，私生活多姿多彩的。后来成为皇后，她收敛了，不敢了，她比皇帝大好几岁呢，又一直不生育，皇后之位悬着呢，哪敢再放肆啊。倒是拿破仑补上了这一课，在巴黎，经常有各种女人被皇帝陛下临幸。而就是这些女人中的一位，居然给拿破仑生了个儿子。

皇帝看不上孩子的妈，不过是露水情缘的产物，绝对不够资格继承法兰西帝国的大位。这个事的最大意义就是，终于让皇帝松了一口气，原来自己没有病，是有能力繁衍后代的。于是，再有合适的女人被皇帝看中，这个事就带着特殊的意义了。

波兰被从普鲁士和俄国手中挽救回来成立了华沙大公国，由拿破仑最喜欢的萨克森国王去管理。波兰人铭感圣恩，他们奉献了皇帝最需要的东西表达感谢，一位金发碧眼小巧玲珑的美丽女郎，瓦莱夫斯卡伯爵夫人。

这位被称为"波兰夫人"的美女初见拿破仑还不到二十岁。她恐怕是拿破仑唯一遇上的，一开始就拒绝他的女人。而这个小猫一般温顺的波兰女孩儿为了国家，成为皇帝的情妇，却是最懂事贤淑，还死心塌地的。后来拿破仑将她带回巴黎，她安静地守在皇帝身边，绝少抛头露面。即使生下一个儿子，而拿破仑不给这个私生子名分，这个小女人也不吵不闹、不生事端。甚至，她都不跟拿破仑提任何金钱上的要求。

约瑟芬让拿破仑迷恋，波兰夫人让拿破仑疼爱，可这两个女人，都担不起法兰西的未来。拿破仑需要一个血统高贵的儿子，也需要一个可以跟法兰西帝国匹配的皇后。

四十岁那年，虽然依然深爱着这个女人，拿破仑还是痛苦万分地下了休妻的决定。他甚至亲自送走了约瑟芬，还答应经常去探望她，并维持她奢侈的生活。拿破仑自己其实一直很节俭。

通过奥地利梅特涅首相的牵线搭桥，拿破仑为法国迎来了一位来自哈布斯堡家族的皇后。拿破仑不是不知道法国人对奥地利女人的敌意，可他的选择范围也只能局限于奥地利或者沙皇俄国。此时的沙皇不知道揣着什么主意，拒绝了拿破仑对自己妹妹的求婚，所以奥地利的玛丽公主就成了唯一的选项。

哈布斯堡家族的繁殖能力是最让拿破仑欣赏的，好在玛丽皇后也争气，两年后，她为法兰西帝国生下了最尊贵的太子。这个带着万千宠爱，和着一百零一响礼炮声降落在这个世界的孩子，被皇帝封为罗马王。对拿破仑来说，打下多少城池多大的江山能比得上这来之不易的儿子呢？

战神陨落

一切源于大陆封锁令。本来经济就不发达的俄国深受其害，英国是他家粮食和木材的主要市场，而封闭的俄国也就是从英国那里获得点殖民地产品改善生活质量。亚历山大委身拿破仑，获得的好处不过是一部分波兰的土地，可现在跟对英的贸易相比，就如同为捡芝麻丢掉西瓜。俄国老百姓怨声载道，沙皇自己也觉得这买卖不划算。于是，亚历山大偷偷地就开放了港口，不仅私下恢复了跟英国的贸易，还帮着把英国的产品卖到了欧洲各地。

不光是俄国不听话，西班牙的事也一直不能了结，虽然拿破仑的大哥成了西班牙国王，可这可怜的王位需要大量法国军队镇守，西班牙不屈不挠孜孜不倦的反法活动从没有消停过。英国有个叫韦尔斯利的将领带兵在葡萄牙登陆，给了西班牙的反抗运动巨大支持。打又打不完，撤又不能撤，可怜几十万的法国大军，就这么不明不白不清不楚地被牵制在伊比利亚半岛，如同陷在烂泥里。

拿破仑艺高人胆大，谁说西班牙打不完我就不能发动新的征战啊。当务之急，必须教训沙皇，沙俄老实了，欧洲才算全部臣服，到时候英国自然不敢撒野了。

1812 年 6 月，拿破仑启动军事生涯最大的冒险，发动六十万大军征俄。现在拿破仑再出兵，统帅的就是八国联军了，他岳父家的奥地利兵、普鲁士兵、波兰的、瑞士的、荷兰的、意大利的，五花八门的。

进军的时间选得很好，拿破仑知道，必须在天气恶劣前速战速决。大军跑得也挺快，不到 10 月，进入了莫斯科。

这样的远征，后勤补给往往比战场斯杀更重要，俄国人根本不跟拿破仑正面作战，他们就是喜欢偷袭粮道。法军疲饿交加进入莫斯科时，俄国人发扬了宁为玉碎不为瓦全的精神，他们居然烧掉了首都，然后集体撤离。拿破仑满心欢喜进入的是一座满目疮痍的废都。既没有安身之所，也没有果腹之物，拿破仑在莫斯科百无聊赖等了几天，确定沙皇绝对不会跑来投降后，下令撤退。

沙皇亚历山大笑了，他所有的等待和牺牲就为了等这一天，俄军会直接将归心似箭想回家的法国人送回老家。这一路上，拿破仑又见识到了一种全新的战争艺术，那就是神出鬼没轻捷灵动的哥萨克骑兵。他们行踪飘忽地袭击这支又冷又饿毫无战斗力和士气的队伍，找到机会甚至还屠杀他们，六十万东征大军最后活着到达波兰的，剩了不到九万。而撤退中的拿破仑再次抛弃了自己的队伍，他听说巴黎有人趁机谋反，所以提前跑回家。这支残部支撑回到巴黎的大约两万人。

虽然及时粉碎政变保住了王位，可兵败如山倒，波拿巴王朝已经不可避免地进入暮年。沙皇借着大胜再次组织反法联盟，这是第六次了。

所有的敌人都来了，沙俄、英国、要复国的普鲁士、不顾亲戚情分的奥地利、一直没有放弃的西班牙和葡萄牙、在波罗的海受够了气的瑞典，还要加上全欧洲民族主义觉醒的普罗大众。

皇帝已经没有军队了，法国稚嫩的年轻人都上了战场，兵力比起联军还是相差甚远。可就是带着这样一个全是新手的部队，在 1813 年的上半年间，拿破仑还是可以取得对联军的胜利。毁灭开始于 1813 年 10 月的莱比锡会战，拿破仑的大军终于被击溃。第二年，就在拿破仑还在战场上苦苦挣扎的时刻，他留在巴黎镇守的大哥约瑟夫开城投降，沙皇带着联军进入巴黎。他送给拿破仑的首都是一座废墟，拿破仑送给他的首都可真是金碧辉煌啊。老狐狸塔列朗主持了所有的工作，之前他已经和沙皇联络得非常愉快了。

拿破仑还想作困兽之斗，可他手下的元帅却不愿意再打了："大哥，跟着你，有点累！"如今大势已去，认怂放手，放大家一条生路吧。

1814年4月6日，拿破仑不得不签下了退位诏书，路易十六幸存的弟弟在联军的扶持下登基，波旁王朝的路易十八。

拿破仑退位后吞服鸦片自杀，被抢救过来。没死成就活着吧，联军对他还算客气，让他带着四百多人马到一个叫厄尔巴的小岛做岛主，不仅年金优渥，还可以保留皇帝的头衔呢。

好莱坞恐怖片有个规律，怪兽或者外星人或者妖魔鬼怪啥的，一旦被打倒，当时肯定不会死，沉寂一会儿，让大家的心在半空中飞一会儿，一定会突然跳起来吓人一跳然后再打一场。强人如果一倒下就没戏了，肯定影响票房。拿破仑作为深受各界喜爱的菠萝派，绝对不会让观众失望。

厄尔巴岛的皇帝岛主做一行爱一行，他做皇帝八方征战，做了岛主他就发展生计，这个小岛在他的打理下，很快就有声有色欣欣向荣了。他还在岛上筑起了坚固的工事，让很多人都觉得，这个神仙恐怕是收心从良准备在小岛上终老了。

法国人就算是对拿破仑有微词，可更不喜欢波旁王朝，尤其是路易十八像个废物似的，跟拿破仑相比直接可以送去废品收购站。法国的老百姓从来没有这么想念一个人啊。

拿破仑也想念大家，所以不到一年，他就带着他的亲随和跟他一起去岛上的几百近卫军悄然登陆了。这个伙计虽然打海战不行，在海上逃跑却是高手，如同他从埃及的回程，再次躲过了重重监视。

科西嘉的魔王回来了。这个消息让巴黎都地震了。路易十八派人去阻截拿破仑，这些派去的军队，一见拿破仑就脱下帽子表达了对统帅的思念之情。随后，这一路北上巴黎，所有被派来的军队都回到了旧主旗下。拿破仑说话算数，他说他不费一枪一弹就可以进入巴黎。

再次回来的拿破仑觉悟了，他知道他之前的统治过于独裁专断，上帝既然给了他第二次机会，他希望能改变所有的错，重新来过。

反法同盟可不给他机会，本来这帮人在维也纳忙着战后分赃呢，一听说拿破仑回到巴黎了，慌了。好在队伍还现成，赶紧把第七次同盟组织起来吧。

虽然仓促间拿破仑根本无法组建称手的军队，武器装备也不好筹备，可他还是决定迎战，甚至主动出击。

全欧的敌人来自三个方向，俄奥的联军预备越过莱茵河；在比利时，英国和普鲁士的联军已经在那里等候，四个国家的两支联军即将会合。南面是意大利西班牙方面的军队。最危险的当然是北面，如果四国军队会师，将是不可战胜的力量，所以拿破仑决定主动出击在比利时的英普联军，将他们消灭在俄奥联军到来之前。

英普联军驻守在布鲁塞尔南郊滑铁卢小镇的一个高地上。这场战役赌上了拿破仑的一切，所以第一次出击时，久没动手的拿破仑找到了猛虎出笼的状态，首先遭遇的普鲁士军队立即被击溃，并向布鲁塞尔撤退。

拿破仑下令格鲁西元帅追击普鲁士军队。拿破仑的南征北战消耗最大的就是他手下那些经验丰富英勇善战的将领。这位格鲁西元帅没什么特别的才能，不过是拿破仑实在要用人而又无人可用的选择。

格鲁西接受的命令很简单，追上普鲁士军队，消灭他们，实在不能消灭，也要防止他们掉头回来支援英军。

送走格鲁西和三分之一的军团，拿破仑全力进攻英军驻守的高地。守在高地上那个英国人是拿破仑的眼中钉肉中刺，在西班牙的时候就让拿破仑很头痛，如今他已经是威灵顿公爵了，更加得意而且嚣张。他在高地上建起了坚固的工事，存心要调戏拿破仑最擅长的火炮。

拿破仑无法将他的火炮用到得心应手，因为天不遂人愿，居然下起了瓢泼大雨，满地的泥泞，一塌糊涂。

拿破仑和威灵顿这一轮胶着的攻防战从 11 点打到下午 1 点，法军四次冲上高地，四次被打回来，伤亡惨重，双方都疲惫不堪。而此时，不论是拿破仑还是威灵顿都知道，有一个因素可以快速决定这场战斗的胜负。那就是，撤退的普军和追击的法军谁会先回来增援。

正当拿破仑看准对手防线的缺口准备第五次进攻时，突然看到了黑压压一片人马疾驰而来。让他崩溃的是，来的是普鲁士的军队。

法军哪儿去了呢？格鲁西元帅对皇帝很忠诚，也非常忠厚，他接受的命令是追击普军，所以高地那边连天的炮响没有干扰他，虽然他一直找不到普军的踪影，可在没接到新的任务前，他是不会离开他的岗位的。后人评价滑铁卢战役，很多人都说，是格鲁西葬送了拿破仑。

滑铁卢战场的惨状让威灵顿公爵自己都不寒而栗。这个科西嘉人跑回来，又将这么多无辜的年轻人送给了死神，算算他一生，又将多少人送上了绝路呢。

不能再给拿破仑机会了。这次，他将被放逐属于英国管辖的圣赫勒拿岛，那里潮湿炎热，生活艰苦，而且不准带兵，岛上还有人专门监视。这次，他再也别想离开了。

这个不世出的强人在这个荒岛上生活了五年，心理上的痛苦肯定远远大于条件简陋带来的烦恼，好在偶尔会有过去忠心的部从来探望他，所有的谈话都要在岛上的英军严密监视下。有一天，有个部从送给拿破仑一副做工精良的象棋，后来这副象棋就陪伴他打发了很多无聊的岁月。不玩象棋的日子，他踯躅在海边，研究这个海岛的形态。他想，如果有一份详细的路线图，我可以逃离这个海岛，或许有机会重来。

1821年5月5日，带着不甘可能还有病痛，五十二岁的拿破仑在这个荒岛死去，死因一直成谜。根据他留下的头发检验，体内的砒霜超标，于是很多人分析他死于中毒。盛行的一种分析认为，给他吃砒霜也不是为了害他，是他忠诚的随从为了帮他离开小岛，想每天用一点砒霜让他生病，或许英国人会同意他回大陆去治疗。不过，现在权威的说法是胃癌，拿破仑一直为胃痛所苦，而他家貌似有胃癌的遗传。

他是荒野雄狮，在失去所有的战力后，找僻静的地方孤独而逝也符合身份。然而，最悲剧的是，后来，他在岛上天天摩挲的象棋被拍卖，在拍卖清洗时，工人发现象棋底部有暗格，暗格里赫然是圣赫勒拿岛的地图，能够帮助拿破仑逃出孤岛，逃出生天的地图。这副象棋天天在他手里摩挲，他居然一点儿也没发现部下这份良苦用心。

拿破仑的三个女人结局各异，玛丽皇后在老公第一次退位时就跑回娘家。其实，在对待拿破仑的问题上，如果玛丽皇后愿意帮他说话，或者奥地利方面会柔和一点。可惜，奥地利自从出了特蕾莎女王这样一个高品质女人后，公主就一代不如一代。玛丽成为法国皇后，有很多机会可以帮助法国和奥地利弥合矛盾，让事情有另一个走向，可她似乎从不考虑这些。不能因此得出她忠于奥地利这个结论，感觉她更多地像头脑简单不懂事。她带着儿子跑回维也纳后，很快跟一个奥地利军官打得火热。第七次反法同盟准备对拿破仑宣战时，奥地利方面曾咨询她的想法，她居然说，她跟拿破仑不再有任何关系，她将自己置于盟国的保护之下！

约瑟芬死于拿破仑第一次被流放，据说约瑟芬死前又辉煌了一阵子。因为沙皇、普王之类的进入巴黎后，都对拿破仑一生钟爱的女人很好奇，于是约瑟芬的城堡又车水马龙了。1814 年，路易十八突然下令召见约瑟芬，好在之前她得了感冒没几天就死了，否则，她去见路易十八这个动作，对拿破仑未免有点侮辱。拿破仑后来才知道约瑟芬死去的消息，伤心欲绝。据说，他死前还在呼唤约瑟芬的名字，这个女人给拿破仑留下的印记，深入肌骨，谁也不能取代。

约瑟芬是拿破仑最爱的女人，波兰夫人毋庸置疑是最爱拿破仑的女人。即使是在圣赫勒拿岛流放的日子，波兰夫人也经常带着孩子去探望他，不离不弃。上帝可怜这个女人，她生的那个私生子后来很有出息。

从 1789 年至 1815 年，法国人创造了近三十年辉煌的历史，一次次的革命动荡变迁沉浮，高潮迭起，精彩万分。遗憾的是，这场华丽的大戏落幕时，虽然实质上的法国乃至整个欧洲，都已被这场变革深刻地影响甚至改变，不过，从表象上看，似乎是从终点又回到起点，浪花淘尽无数英雄。看着波旁家的胖子国王又摇摇摆摆地登上了王位，老杨不得不感慨万分。

二十七　最后的波旁

路易十八是路易十六的弟弟，路易十七死在狱中，他就被奉为法王，虽然这个法王大部分的时间都找不到巴黎在什么地方。

路易十八这个人，思想还是挺进步的，早年间对第三等级还抱以同情和些许的支持。当然，对于推倒了波旁家王位这个事，他再开明也是不会接受的。路易十六逃跑被抓回来后，这些王室成员感觉事情有点严重了，有条件的都往外国跑，路易十八就是这个时候流亡在外。

拿破仑倒台，他在外国军队扶持下登基。拿破仑卷土重来时，他撒丫子溜出了法国。等到滑铁卢拿破仑战败，他又以最快的速度出现在王位上。五十九岁高龄了，肥胖兼严重的痛风，居然还身手灵活。反正这个伙计自己不出力打架，单等正确的时间出现在正确的位置。

复辟初期，路易十八发现，经过这一轮革命，让法国完全回到当初是不可能了，比较明智的做法，就是对大革命产生的结果做出适当妥协。所以，他一开始就答应，建立君主立宪的国家体制，保障宗教自由和公民人身自由，而且绝对不会找革命党翻旧账。

1814 年，路易十八的政府又搞出来一部宪法——《1814 年宪章》。这段时间，法国人换个宪法比巴黎的女人换衣服还快呢。这部宪法也没什么新鲜的，虽然是君主立宪，法王的权力肯定是比英王要大多了。

宪章没引起法国百姓什么兴趣，对他们来说，让大家过几天安稳日子是最重要的，《宪法》爱怎么改就怎么改吧。只有一点，那些封建的苛捐杂税或者是劳役绝对不能恢复了。

老百姓没反应或者说麻木了，不等于路易十八的日子就好过了。被革命又没丢了命的老牌贵族、天主教的高僧之类的就很不爽。他们吃了这么大的苦头，终于取得了最后的胜利，如果不能报仇雪恨，不能拿回失去的一切，

238

他们这罪不是白遭了吗？

路易十八知道自己始终是这个阶层的代表，他必须依靠这些遗老遗少的支持，所以他也必须对这帮人妥协。

两头都想妥协、两头都妥协不了的结果，直接导致拿破仑不费一枪一弹重返巴黎。路易十八再次复位，自己非常清楚，就是极端保王党的行为不得人心才让自己的政权如此脆弱。可在保王分子看来，就是之前没有对拿破仑分子或革命党残余进行清洗和报复，才会导致拿破仑卷土重来。所以，保王党决定加大力度和幅度清算自己的仇人，而且，要报复的不仅仅是保王党。

欧洲人每次组团打架完了都要惩罚战败国并且分赃奖励自己，本来他们只是想温和地惩戒一下法国，拿破仑这一轮回来，让他们受了惊吓，所以认为必须严厉批评法国人。他们要求：法国退回1790年的疆域，五年之内罚款七亿法郎，抢来的艺术品和珍宝退回原主。

看到这个惩罚条例，先出卖了拿破仑，现在又在波旁政府任首相的塔列朗赶紧辞职，不想担这个骂名，于是路易十八起用了黎塞留首相。

这个黎塞留是原来那位黎塞留的家族后裔，天赋不错。他接班的主要工作除了还赔款，就是帮助路易十八平衡跟极端保王党之间的关系。王要和保王党博弈，这种事在历史上还是比较少见。

赔款工作进行得不错，三年时间，也就是1818年，七亿法郎还清了，反法同盟的军队总算撤出了法国；要归还的艺术品，鉴于没有清单，苦主也不全，卢浮宫还是偷偷留下了不少。黎塞留解决不了的还是保王党的问题，他们要求得太多，路易十八和黎塞留都知道，真按他们说的办，估计又要引发革命了。

在民众和极端保王党之间维持平衡，路易十八和他的阁僚如履薄冰。可防不胜防，一个意外事件，让这个平衡被彻底打坏，路易十八不得不对保王党低头了。

1820年2月的一天，在巴黎歌剧院门口，阿图瓦伯爵的儿子贝里公爵被人刺杀。凶手名叫卢韦尔，号称自己是受了神启替天行道。阿图瓦伯爵是路易十八的弟弟，路易十八无嗣，阿图瓦伯爵是第一位的王位继承人，而他的幼子贝里公爵当然也是王位继承人。所以，贝里公爵遇刺，不仅仅是一位王室遇害，保王党将事件定性为，革命党想让波旁家族绝嗣，以达到再次推翻王朝的目的！

在这个指导思想下，路易十八的态度就必须很清晰了，那就是全力支持保王党，让他们该报仇就报仇，该杀人就杀人。这一轮行动最引人注目的是教士。保王党认为，只有恢复当初的天主教的地位和信仰，才能从根本清理忤逆分子。于是，教士又出动了，关闭学校，清理教授，开办教会学校，连小学老师都必须出示有教堂神甫签字的证才能上岗教书。那一阵子，法国最有前途最热门的专业就是上神学院。

法国大革命的标志是三色旗，波旁家的标志是白色，教士穿的是黑袍。这一段历史就是三色旗倒下，白色恐怖蔓延，黑色幽灵横行其间。

1824 年，路易十八驾崩，七十岁的老人家头脑还是很清醒。临终时，他预言：我的弟弟恐怕难以死在这张床上。

路易十八的弟弟就是阿图瓦伯爵，他继位后是为查理十世。同样大部分时间流亡在外，查理十世比路易十八努力多了。流亡海外时，他就天天忙于联络各路人马配合反法同盟。波旁复辟后，他还不闲着，他又成了极端保王党的头目。他居住的地方简直就是极端分子的大本营，而且也是个处处跟自己哥哥为难的小朝廷。

现在他终于登基了，为了表明自己恢复波旁王权的雄心壮志，他还专门跑到兰斯去，按照当年的全套仪仗加冕。他的宣言是：宁可去砍树，也不做英王那样的国王！保王党迎来了自己朝思暮想的君主，查理十世也就配合着这帮看不清形势鼠目寸光的倒霉孩子一步步走向灭亡。

查理十世最清楚自己的支持者需要什么，他们最闹心的不就是被革命夺取的财产和土地吗？补偿他们！补多少？十亿！每个流亡的贵族可以得到1789 年前他从自己财产上收入的二十倍！限制出版物，严厉惩罚对天主教大不敬的人等。总之，是以最高的效率将法国带回大革命之前的氛围。

通过操纵议会，查理十世如愿让他最心仪的人成为首相，这个人叫作波利尼亚克。波利尼亚克是极端君主派，国内跟君主派对立而且实力雄厚的就是以工业资本家为主体的自由派。波利尼亚克再极端，坐上了首相之位也不能不考虑如何安抚或者压制自由派。到底如何处理王权和自由派强大实力间的冲突呢？转移矛盾啊。波利尼亚克觉得，如果这时候法国能发动对外的征伐，让资产阶级又看到海外的市场和法兰西称霸的希望，说不定对国王就崇拜了，服从了，不对着干了，拿破仑不就是胜在武功卓绝吗？

波利尼亚克兴致勃勃提出一个整理欧洲版图的方案。他认为，土耳其辖下的罗马尼亚和小亚细亚应该割让给俄罗斯，君士坦丁堡就归普鲁士，比利时可以划给法国，这样一分就天下大吉了。这个方案被人评价为法国外交史上"最引人毛骨悚然"的方案，好在欧洲没人搭理他。

这伙计进取心不止，欧洲没人理他，他就决定打到非洲去主张霸权。好在他在非洲还是挺受重视的，1830 年 7 月，法军开进了阿尔及利亚，似乎没费什么劲就让对方的统治者献城投降。虽然法军在政治上取得了这个地区，可当地的百姓从来没有屈服过，不屈不挠地反抗来自欧洲的莫名其妙的侵略者。十几年后，法国才宣布大致占领，而阿尔及利亚人此起彼伏的反法斗争也一直没有停止。

波利尼亚克这些作为对他主子没产生什么好影响，对法国也没产生什么好影响。如果非要找一个贡献，那就是让后来的阿尔及利亚人齐达内顺利地进入法国踢球了。

自由派对国王和波利尼亚克这对君臣非常不满，要求重新选举内阁。查理十世以为首相刚刚占领阿尔及利亚，支持率肯定很高，选举咱不怕。谁知，阿尔及利亚的战事又被无视了，自由派大胜，成为议会的多数。查理十世很无奈，不管他多么想回到大革命前的光辉岁月，选举议会这个事还是宪法规定的，他或许可以操纵，却不能废除。所以，选举就成了自由派反对他最有效的武器。

好在《1814 年的宪章》还有国王最后的王牌，里面有一条，如果国家安全受威胁，国王可以颁布特别法令，这个法令是早就准备好了的。

查理十世最后签发的这项让波旁彻底终结的法令叫作"七月敕令"，共四条：一、关闭报社；二、解散议会；三、改变选举法，以后有土地的才有选举权，商人缴的"营业税"不作数；四、重新选举。

这四条一公布，大家基本可以猜到，以法国人的脾气和资产阶级的实力，巴黎大街又要变成战场了。

二十八　七月王朝

　　世界上恐怕没有哪个城市的居民能够像巴黎人这样适应环境。没事的时候，巴黎衣香鬓影，满城春光；一有不爽，街上的石板路旁的大树就被拿过来砌成街垒，将自己生活的家园直接变成屠场。你能想象吗？行走在香榭丽舍大街上，不论你多么的时尚精致或者风情万种，你脚下踩着的街道，都有可能被好几代巴黎人的鲜血清洗过。

　　就在查理十世和波利尼亚克觉得自己出了一着狠棋的时候，巴黎人又筑起了街垒，他们搞武器巷战之类的都是祖传的手艺，不是因为想作乱而是动作娴熟。巴黎圣母院在当天就竖起了三色旗，王室军队仓皇平乱，顷刻间就被干掉了两千多人。

　　第二天，卢浮宫和杜伊勒宫就被占领。第三天，查理十世低头认错，想收回赦令，然而一切都已无可挽回。三天，仅仅用了三天，巴黎的市民就又推翻了一个国王，一个王朝。

　　巴黎人战斗力惊人，还暴脾气一点就着，很适合给别有用心的人当枪使。这一次又被哪个方面利用了呢？大资产阶级、大金融家之类的。他们在报纸上煽风点火，巴黎市民浴血苦战时他们就躲着随时预备卷逃，待看到国王逃跑了，他们马上跳出来摘取胜利的果实。

　　巴黎人革命的时候要求的是共和，可在大资本家看来，法国一共和，就又成了全欧洲的眼中钉，又在全欧洲树敌了，还是应该坚持君主立宪，可以选一个开明靠谱的国王嘛。

　　于是奥尔良公爵路易·腓力举着三色旗出现了。奥尔良公爵这个名号一直是路易十三的一个儿子及其后裔世袭。在大革命期间，路易·腓力的父亲一直是作为第三等级的贵族代表支持革命，还宣布自己放弃了贵族头衔，改了个平民的名字，后来被雅各宾派送上了断头台。

路易・腓力前半生也一直在流亡，他是作为一个革命党流亡的。七月革命成功，资本家和银行家需要一个革命党自由派的国王时，路易・腓力当然是最好的选择，况且他还拥有波旁王朝的血统呢！

巴黎老百姓的理想是建立一个共和国，可建立共和国这个事貌似比在街上砌街垒要难多了，而且他们也没有能出头露脸的领袖，只好退而求其次，接受一个尽量开明的君主立宪制国家吧。

路易・腓力在议会加冕成为法王，这个法王跟之前的貌似不太一样，所以也不好叫他路易十九。他本是奥尔良公爵，他的王朝就是奥尔良王朝吧，因为来自七月革命，大家习惯称为"七月王朝"。

国王是被选举出来的，必须答谢选民。谁是他的选民？金融资本家。七月王朝开始的立国思想就是为这些党国栋梁服务。然而，七月王朝也是个两头不到岸的产物，它势必面临两股反对者，一股要求回到君主政治，一股要求共和。除了这两股政治意向不同的反对派，立宪制内部还有分化，一帮人被称为"运动派"，他们认为法国应该在七月革命的基础上深化改革，不断完善宪法；另一帮被称为"抗拒派"，觉得法国的革命应该适可而止了，就这样能守住眼前的成果就不错了。

路易・腓力国王号称是平民国王，喜欢打把伞上街溜达，找家庭主妇聊天。这个亲民形象可以理解为作秀，因为在他骨子里，其实是很保守很怕改革的，他是"抗拒派"的首领，还要为金融资本家争取利益。所以，不管他作秀或者不作秀，反对他的人总在那里，不离不弃。

七月王朝这一段，法国正式进入了工业革命。法国的工业革命跟英国就没法比了，这个国家因为种种原因，还停留在小农经济阶段。农村人口占了百分之七十，所有人都在自己的地里收获维生的一切。法国是到了 20 世纪 30 年代，才让城市人口超过了农村人口，在欧洲大国中，真是一个特别的例外。

国王是个害怕革新、害怕新事物的人，所以法国的工业创新就更难见到了。但是基础设施，比如铁路、公路、运河啥的还是蹒跚地前进着，法国人刚开始对铁路都很排斥，可以巴黎为中心的铁路网在 1848 年左右也算基本成型了。

虽然动作慢，但工业革命还是工业革命，它必然产生的结果就是产业工人增加了。如果是小资本家或者小工厂主能享有部分政治权利，为了他们自己的产业持续发展，他们也会制定让工人好过些的政策法规，可如今当道的是大金融资本家，底层工人的生产生活状况对他们并无直接影响，以致法国的产业工人生活得很不好。工作条件差，工资低，城市环境恶劣，还经常暴发霍乱之类的大型疫症。整个七月王朝，各地工人的起义是经常发生的。

路易·腓力是波旁的血系，别指望他真的对权力毫无野心，统治的后期，他经常有操纵议会之类的动作。他也是没办法，国家乱啊，总找不到合适的人来管理。

最后一年，终于找到合格的首相了。所谓合格，是法王的感觉，因为这个首相最对他的脾气，大名叫基佐。

基佐在历史上的大名主要是因为他是个了不起的历史学家，说他是优秀的政治家，老杨都不好意思。这老哥的巨作就是《欧洲文明史》，经常被老杨拿来当参考书用，先在此隆重感谢他，然后就是批判。

你说好好写历史就完了呗，你掺和啥政治啊，你又不懂。基佐和法王是一路的，都是极端的"抗拒派"，老人家认为，什么都不坏，什么都不用改。唯一比较有活力的行动就是终于镇压了阿尔及利亚人的反抗，终于将这个国家控制在法国手里。

基佐最不赞成扩大选民人数和范围，当很多人批评法国的选举就是有钱人的游戏时，这老家伙的回答是："致富去吧，有钱就能玩选举了！"他对金融资本家的保护扶持是赤裸裸的，甚至牺牲民众的利益鼓励他们的投机行为，不仅中下层民众不支持他，连高层的工业大资产阶级都觉得他偏心眼。如此看来，法王和基佐的政府，支持范围是非常狭窄的，基本可以说，下盘严重不稳。

法国黏滞不动，周围的邻居可都在进步，体制非常轻捷的英国，刚刚完成了自己的议会改革，让法国邻居很触动。1847 年，英国爆发生产过剩造成的经济危机又牵连了法国，让法国人的生活更糟糕，于是，让基佐下台、政府改革的呼声越来越高。这个时候，法国人还真的只是希望改革而已。

基佐老先生自己是个历史学家，他居然不知道神秘年份来了，法国甚至整个欧洲都坐在火山口上了。这是 1848 年。

二十九　法国 1848

其他国家 1848 年的遭遇大致讲过了，法国人如何经历这个热血澎湃的年份呢？他家的事更热闹。

不知道从什么时候起，法国人就喜欢组织饭局。我们老话说：革命不是请客吃饭！在法国，革命就是请客吃饭。有些事不值当上街干仗，可又要表达诉求，怎么办呢？法国不是美食国度嘛，又小农意识，大家有事啊，可以坐下一起吃个饭，边吃边讨论，吃好喝好说不定就什么脾气都没有了。这种"饭局政治"成了各大门派表达政治愿望的潮流。聚餐人数和规模也越来越大，吃完后还发表相应的通告或者请愿书。

基佐也知道这种饭局相当于政治集会，他可能是感觉一帮吃货能成什么气候呢，而且吃饭的时候头脑一般都很迟钝，这么多年了，巴黎人民不都没上街没砌街垒了嘛，吃点饭能搞出什么事呢？因而对这种"饭局政治"，他从来是嘲讽加刻薄的。

1848 年 1 月 19 日，共和派又张罗饭局。看形势，这次饭局阵仗很大。基佐有点慌，怕出乱子，这么多人，万一喝高了也是妨碍社会治安是吧，所以他下令，不许吃！

宪法没规定不准聚餐吃饭吧，你说不许就不许啊。改期，饭局照旧。组织者还在各种报刊上发布了聚餐的消息。还说，这次吃饭，就是要提醒并要求政府改革议会选举，改革不合理制度等。共和派的议员欢欣鼓舞都要参加，就连底层的老百姓，虽然轮不上吃，可看到这个宴会的目的和诉求，还都挺兴奋的。

宴会改在 2 月 22 日，主办方开始在香榭丽舍大街摆桌子，看起来像大型流水席。2 月 21 日，政府再次下令，不得聚餐开宴。

本来巴黎人是不想闹了，能吃饭解决的事为啥要对砍呢？现在吃饭不解决问题了，唯一能解决问题的办法就是老办法。于是，工人、大学生、手工业者又上街了！

路易·腓力发现事态严重，撤换了基佐，这老人家后来就在英国著书立说去了。法王换了好几个首相试探民意，这次巴黎市民的目的非常明确，就是要让国王下课，实现共和。眼看着好多的国民自卫军都倒戈加入了起义，路易·腓力知道大势已去，赶紧辞职，把王位传给孙子，孙子的妈妈还妄图成为摄政太后。在巴黎人的不依不饶下，这母子俩也只好流亡了。又一个王朝死在巴黎市民手里，这次革命被称为"二月革命"。

其实，不论法国的王位如何更替，国家性质如何转变，会让巴黎人上街打仗，根本的原因从来就是两条：饥饿和失业。如果不解决这两个问题，什么政府什么人上台都不稳当。

二月革命后，又是资产阶级拿到了政权，巴黎的无产阶级没有明确的领导集团，每次战斗胜利后都迷茫，只好谁能组织政府收拾后事就听谁的。好在这次资产阶级学乖了，老老实实组织了一个共和制的政府，政府的带头人是当时著名的诗人拉马丁，新成立的法兰西共和国从前面算下来，是第二共和国。

和基佐一样，拉马丁在文化史上的地位是很高的，他被称为浪漫主义诗歌的开创人。啥是浪漫主义诗歌呢？就是不赞美神也不押韵讲格式了，心里怎么想就怎么写，写生活写感觉写心情写属于自己的喜怒哀乐。拉马丁经历了几段美丽而没有结果的爱情，所以就写出了很缠绵很凄美的诗句，从而开创了一个诗歌的新时代。不过，诗歌是最凝练的语言，要翻译成另外的语言还保持原味几乎不可能，看了几首拉马丁的诗，意境倒有，其他的没感觉。

能操控文字不代表能操控一国政府，老杨一直都说，文人玩政治，没几个死得好看的。让我们看看诗人的政府忙了些什么。

天下是工人阶级打下来的，打架的原因是失业和饥饿，这容易解决啊，政府开工程招募工人上班就行了。

巴黎成立了一个叫国家工场的机构，招募失业工人，每天给两法郎工资，来者不拒，不用简历不用面试英语不用过四级。好家伙，十二万人过来报名。

国家工场每天干什么呢？到郊外平整土地啊，修个沟渠铺个马路啥的，刚刚巴黎不是经历一场恶战吗？街垒要收走，砍倒的树也要种上。可这些活不用十二万人啊，那怎么办？没事，工资照发，每天过来点个卯到处晃荡吧。

每人每天两法郎呢，这个支出很庞大。政府要增加税收，否则财政缺口太大了。工人不敢惹，找农民吧。之前不是说过，法国最多的还是农民，而且他们只要有一片地，总能对付着吃饱，没事不上街闹事。

四十五生丁税，以土地税为例，交一法郎的土地税，就要搭配四十五生丁的附加税（1法郎＝100生丁）。而土地税基本都是由土地的直接经营者来交，所以等于是让农民增加了百分之四十五的税收。

农民不满这种无理的增税，国家工场也难以为继。共和国政府效率高啊，既然开不下去就直接关门呗。未婚的青年男工就参军去，其他的到外省去，自谋职业。如此一来，工人又被直接得罪了。

又来了，巴黎好不容易整理干净的大街又摆上了，又开打了。这是六月革命，想必是因为天气比2月暖和些，所以这次革命，更加激烈。

拉马丁是个浪漫派诗人，这些年革命也亲身经历了好几场，没想到这次是自己被革，正预备接受命运的安排呢，可有狠角色不服输。当时的陆军部长路易·卡芬雅克认为，面对造反，一定要镇压。

卡芬雅克让大炮上了街，对起义人群血腥镇压。他成功了，六月革命失败。虽然整个革命过程双方死伤约一千人，可事后的清算规模就大了，大约有一万五千人被捕，有四千多人被流放到阿尔及利亚。卡芬雅克早先是阿尔及利亚的总督，估计他是感觉那个地方适合改造革命党，他还非常体面地给自己赢得了一个"六月屠夫"的光荣称号。

经过革命的洗礼，共和国的性质变了，资产阶级的温和派显然不够用了，只有卡芬雅克这样的鹰派可以维持法兰西的秩序。

新成立的政府怎么不颁布宪法呢？是啊，忙不过来。经过六月革命一番折腾，大家发现，新国家没有宪法就没有秩序，不稳定还不正式。所以，革命后制宪的效率加快了。11月，第二共和国宪法获得通过。

新宪法最大的亮点就是扩大的选举权。根据新宪法，可以拥有选票的人口从原来的二十万增加到九百万。选举总统，四年一届，要连任必须重新参加选举。在以卡芬雅克为首的这一派活动下，共和国的总统权力很大，可以不受议会的约束。

宪法出来了，选民也有了，选总统吧。大家想想为什么卡芬雅克会支持让总统的权力很大呢？因为他是候选人之一，而且，他觉得镇压六月革命他是国家英雄，这个总统之位，他几乎可以手到擒来。拉马丁也是候选人之一，他可没有卡芬雅克这么强大的自信。

法兰西热闹了，第一次这么多人选举，而且是选国家的最高领导人啊。参选总统这个事根本不需要经验，天生就会。反正是天花乱坠地向选民许诺好处巴结选民呗。

法国大部分男人经过这么多年的斗争，终于获得了选举的权利，可真到这一天，他们还迷茫，因为他们大部分都是文盲啊，那几个候选人讲的那些事他们也听不懂啊。而且，六个候选人有五个来自之前的临时政府，法国老百姓对临时政府可一点好感都没有，要不然也不会革命了，更气人的是他们还血腥镇压过革命呢。那五个都是临时政府的坏人，老百姓不喜欢，就算不恨他们也不了解不认识他们，怎么能让他们成为国家的主宰呢。如此一来，剩下的那个人，临时政府造孽都跟他无关，他形象完整。最重要的是，大家都认识他啊，他大名叫路易·波拿巴。谁都知道，这家伙是大家都很崇敬很怀念的拿破仑大帝的亲侄子！

1848 年 12 月 10 日，这个革命年度的最后一场革命，法国的老百姓用选票报了六月革命的仇，七百五十万张选票，路易·波拿巴获得了其中的五百五十万张，以绝对优势当选为法兰西第二共和国也是法国历史上的首位总统！

三十　不想当皇帝的总统不是好侄子

路易·波拿巴从哪里冒出来的，拿破仑那一篇不是结束了吗？

路易·波拿巴是拿破仑的侄子，拿破仑第二个弟弟路易和约瑟芬女儿的儿子。好复杂的关系啊，这不乱伦吗？是有点乱，也就是说，约瑟芬跟前夫生的女儿嫁给了拿破仑的弟弟，又是小叔子又是女婿。

拿破仑帝国时代，路易被奉为荷兰国王。在兄弟中，荷兰国王算是靠谱的。拿破仑宣布大陆封锁令，路易就坚决不配合。他认为，荷兰是个商业国家，对英国依赖很重，难道二哥叫我去当国王，是为了让我害死这个国家吗？大陆封锁令期间，路易一直顶风作案跟英国偷偷交易，还经常上书皇帝希望通融。后来，拿破仑发兵沙俄，要求所有盟国出兵帮忙，路易也拒不配合。拿破仑对这个弟弟非常恼火，通融不过，他就罢免了路易的王位，将荷兰并入了法国。

路易·波拿巴生在巴黎，二伯倒台就流亡国外，后来入了瑞士籍。

1832 年，拿破仑的亲儿子罗马王死了。这个金尊玉贵的王太子，随玛丽皇后回到奥地利后，一直托庇在外公身边，没吃苦没遭罪，身体还不好，二十一岁就得肺结核死了。

路易收到这个消息，马上就开始以拿破仑的继承人自居，开始了非常微弱的造反行动。七月王朝期间，他发动了两次政变，都被压制。1840 年那一次，他还被抓住关起来判了终身监禁。好在拿破仑保佑他，五年后，居然越狱跑到英国去了。二月革命，他感觉机会来了，回到法国开始积攒政治资本。

临时政府很不欢迎这个家伙，他满世界贴传单发广告，居然把自己整成了议员而后是总统候选人。拿破仑给他留下了无法用金钱计量的资本，那就是民众的崇敬。所以，他能在 1848 年 12 月 20 日宣誓成为法兰西首任总统。而最让其他落选者闹心的是，这家伙得了便宜还卖乖，当选后还感慨：在法国，我一个人都不认识！

知道他一个人都不认识，临时政府就准备看他热闹，路易跟那几个候选人商量能不能帮自己组阁，这几位谁也不理他。

从大革命开始，法兰西的政治特色就是派系林立。总统当选，他面临一个选择，将来他的政权需要依靠哪一帮哪一派？

总统有哪些选择呢？第一个当然是共和派，临时政府那帮子，现在正把持着制宪议会；另一帮是秩序党，他们号称要稳住旧的秩序，其实就是想回到君主立宪制去。秩序党也分两派，一派支持波旁家族，一派支持奥尔良家族。总统自己当然也有支持者，也就是所谓的波拿巴派。

不管在哪一派眼中，这个总统衣着怪异，造型滑稽，每天就知道捯饬两撇可笑的胡子，看上去没什么脑子，要把他架空成为傀儡一点难度都没有。然而他们没想到的是，他们这些玩政治玩了一辈子的老麻雀，就是被这个看似糊涂的"菜鸟"狠狠调戏了。

眼下共和派势力最大，而且不搭理总统，路易决定依靠秩序党建立自己的地位。秩序党也正有此意，他们当然也想借助总统打击共和派。秩序党的奥尔良派大佬巴罗受命组阁，总统又把巴黎的卫戍部队和国民自卫军的指挥权交给了秩序党正统派的一位将领。内阁和军队掌握在秩序党手里，议会操控在共和派手里。这种安排，就是让两边更加对立。

在总统的帮助下，借助大选，秩序党干掉了共和派，不久就掌握了议会。现在秩序党觉得自己一党独大，单等这个不着调的总统任期一到，他们就扶持自己的人选成为总统，进而还可以恢复君主立宪制。既然要扶持下任总统，就要早做准备啊。

秩序党本来就不是一个正式的政党，不过是苟合的一群政客，他们不是有的支持波旁家、有的支持奥尔良家吗？开始内讧了。

临时政府制定的宪法规定，总统不受议会控制，还可以撤换任命内阁。一看到秩序党取得了议会，路易就先一步罢免了巴罗的内阁，随后，又用同样的办法剥夺了秩序党掌握的军权。在秩序党内讧争执下任总统的时候，国家的行政权和军权都已掌握在路易手里。

秩序党不介意总统权力大，因为权力再大，1852年他也要下课重选。路易现在要考虑的问题是，如何能改变宪法延长总统任期呢？

修宪可是大事，需要四分之三的议员同意。总统先在全国发起了一个请愿运动，居然有上百万人同意修改宪法。

这下秩序党感觉不对了，他们知道，现在修宪是民愿所向，如果议会不通过，则路易总统大有理由发动政变实现自己的目的。果然，议会投票，尽管秩序党占大多数屈服了同意修宪，可还有一些极端分子之类的不同意，没有通过修改宪法。这样一来，总统只有一个办法了。

特别要说明的是，从 1848 年当选到 1851 年 3 年中，路易大部分时间都懒懒散散，不按时上班，也不正经结婚，一天到晚混情妇，花钱如流水。他跟议会的重要矛盾之一，就是自己的薪水总是不够用，为了让自己收支平衡，跟议会讨价还价成为常态。虽然是这样，他在老百姓心目中形象还一直不错，因为不管是共和制还是君主制都把人得罪光了，总统中规中矩的，形象亲和，经常走访民间，招待军队，增加军饷，民众支持率一直很高。他要求修宪连任，很多人支持他，秩序党内讧，有些人看不到前途，都主动投到总统这边来。所以，不管是选举还是政变，路易要延长总统任期，支持者还是很多的。

1851 年 12 月 2 日，一个纪念日，拿破仑在这天登基，三皇会战大获全胜也是这一天，路易·波拿巴也选择了这一天。

当晚，总统发布布告：让人民投票决定是否延长总统任期并赋予他新的权力。同时，军队出动，把所有反对派的大佬全部逮捕，并控制了需要控制的所有部门。

整个过程难度不大，就看巴黎市民什么反应。共和派意识到他们一直担心的政变开始了，赶紧上街鼓动市民暴动，然而力度太小了，很快就被镇压。

此时的总统，几乎已经实现了独裁，可他承诺的是，通过普选来确定自己的未来。二十天后，投票开始，路易再次完胜大选，他获得了七百五十万张选票中的五百五十万张支持票。这样一来，总统任期延长到十年，总统还可以指定继承人，一个独裁的共和政府又确立起来了。

路易就满足了吗？他来自皇帝的家族，已经成了独裁的总统，为什么不继续进步成为皇帝？而且，这家人的血统就是喜欢通过共和制加冕为帝。

用了大约一年的时间，路易在做舆论宣传，或者说是洗脑。拿破仑帝国的鹰标志被挂得到处都是，原先"自由、平等、博爱"的口号悄悄地没了踪影。因为已经控制了宣传机器，所以法国人每天收到的资讯就是，恢复帝制急迫且必要。对法国人来说，帝制或者共和他们都见过了，没有哪边是完美的，如今大家都很麻木，只要有饭吃，别扰民，爱谁谁，政府怎么折腾都行。唯一让民众有点担忧的是，上一个皇帝哪儿都挺好，就太爱打仗了，战端一起，谁也别想过安稳日子。这个皇帝也是那家出来的，要是遗传了穷兵黩武怎么办？

路易深谙民众的心声，他再三强调：帝国是和平的！那没问题了，大家投票吧！只要全民投票，路易一定可以达到目的！路易·波拿巴通过全民大选成为法兰西第二帝国的皇帝。大革命的结果居然是民众选举了一个皇帝出来，真是法国特色的革命啊！

三十一　他是波拿巴，却不是拿破仑

路易·波拿巴成为皇帝，自觉将罗马王算作拿破仑二世，他自己顺延为拿破仑三世。

拿破仑三世统治法兰西十八年，一般的历史书都将之分为两部分，前一部分是专制的帝国，皇帝试图恢复帝国无上的皇权，后一部分是他发现普天之下莫非王土难以实现，为缓和矛盾，又出让了部分权力，所以被称为"自由帝国"。这两部分，时间界限模糊，但从这个转变来看，三世是个识时务者。

我们一听说专制统治就习惯性认为其腐朽落后，不过，对拿破仑三世我们还是公道点。在发展生产振兴经济方面，皇帝的工作算是合格偏优秀了。

在第二帝国时期，法国完成了工业革命，跟英国不能比，但是在欧洲也算前茅。最大的变化是蒸汽动力的全面使用，工业中的机械化增长了四倍，铁路的里程数也增长了四倍。

拿破仑三世喜欢模仿拿破仑一世，可他非常智慧地选择了和拿破仑的死敌英国和解，并签订了自由贸易协定。在这个协定下，英法获得了漂亮的双赢。

加利福尼亚和澳大利亚发现了金矿，并大规模开采，让世界贸易空前的热火。交通发达，贸易兴旺，连带生产企业当然都跟着大发展。法国的农民发现，守着一亩三分地饿不死也富不了，城市里的机会似乎更好，终于顽固的法国农民离开了土地，投入了工业生产或者贸易；留在农村的人也有改善，拿破仑三世知道广大的农民是他忠诚的票仓，所以对农业和农村改造的扶持力度也是非常大的。这段时间里，法国的农产品年均增长率也创造了新高。

经济的繁荣离不开银行信贷业的发达，法国人慢慢忘记了早年密西西比泡沫留下的阴影，愿意将钱交给银行保管。就是在第二帝国时期，法国的银行系统开始细分化服务，出现了专门的信贷银行，这些金融方面的力量正是本时段法国经济高速发展的重要基础。

经济发展，人民生活水平相应提高。看到法兰西渐有盛世的荣光，拿破仑三世也需要打造形象工程，他下令，首都巴黎旧城改造。

不论巴黎现在多么耀眼，我们可以想象18世纪之前它的风貌。在前面的历史里，巴黎不是作为一个风情之都或者艺术之都被我们神往，而是因为血腥的街垒战经常让我们出冷汗。巴黎古老陈旧，年久失修，卫生设施匮乏，排水系统原始，整个城市拥挤而且肮脏，所以经常成为霍乱等疾病的疫区。

拿破仑三世起用塞纳的行政长官奥斯曼公爵规划改造一个新的巴黎。这位奥斯曼大喊一声：变身！巴黎就大变身了（看清楚，是奥斯曼不是奥特曼！）。虽然不是超人，但奥斯曼公爵真忙了不少事，从地面到地下，给巴黎动了大手术。现在去巴黎，基本就是检查他的工作成果：市区扩大，巴黎大歌剧院拔地而起，国家图书馆、卢浮宫扩建；建立了庞大的地下水道系统；市中心建成了著名的"中央市场"，城市两头则是万森公园和布伦森林公园；城市的主干道绿化成为林荫大道，塞纳河上建立若干桥梁。

旧城改造总是个见仁见智的工作，奥斯曼在巴黎的规划也经常受人诟病。他拆毁了两万五千多座旧的建筑，取而代之的是七万多座全新的建筑，肯定是强拆，所以巴黎的很多市民骂他，说他毫无品位，把那些带有古老传统和经典美感的老建筑拆除，盖了一些古怪难看的东西。其实，巴黎人最想骂他的是，道路拓宽整平了，以后再有街垒战，对付配有火炮等高精尖武器的正规军就不方便了，奥斯曼的阴谋就是帮助皇帝镇压未来可能发生的市民起义。

巴黎新城的建设还有一个重要特点，就是让阶级分化更加明显。以前穷人和富人都聚居在一起，大不了是一二层住有钱人，穷人住顶楼或者阁楼。经过现在的规划，内城各方面条件好了，当然富人也就向内城集中，穷人尤其是工人环绕内城住在城乡接合部，这一条无产阶级居住的环状地带，被称为"红色腰带"。一听就知道这样的贫富分化，内外有别会产生大麻烦。

法国在第二帝国时的经济振兴，究其根本原因，是因为之前的大革命，几番政权更替，法国一直动荡不安。拿破仑三世当朝的时期，法国的政局大体上是稳定而和谐的，法国本来的经济基础不错，只要能修身养性不闹事，这会是一个富庶祥和的国家。怕只怕，这个局面不知道能不能持续。

拿破仑三世一直以拿破仑一世为自己的目标和偶像。大家都知道，拿破仑在历史上的大名，绝大部分来自他的赫赫武功。现在法兰西兴旺发达，拿破仑三世觉得自己不能这么不思进取，他蠢蠢欲动想帮二伯雪耻，他不敢找英国报仇，他想的是，拿回法兰西在欧洲的大哥地位。

自从英国越来越威武，法国人知道海外殖民地是太重要了，所以1857年，首先巩固了阿尔及利亚的全境占领。

从1830年法国人开进阿尔及利亚到第二帝国才勉强占领，三十年的工夫才搞定这个北非国家。相比较法国人对另一个东方大国的蹂躏，阿尔及利亚的战争，属于投入产出比极低的。

看到英国在大清王朝打开了局面，法国也跟着加入了。1844年，跟清政府签订了《黄埔条约》，正式加入抢劫团伙，蚕食中国。

第二帝国时代，法国人在东方收入颇丰，最得意的事是伙同英国人一起在1860年烧了圆明园。拿破仑一世通过征伐抢了欧洲的不少奇珍异宝，拿破仑三世时代对圆明园的劫掠，让他对法国的文化贡献一点儿不输给他二伯。

因为大清政府罩不住了，随后不久，柬埔寨和越南都落入法国手中，成为他家的殖民地。这一轮抢殖民地，法国人选择和英国人联手协作，绝不狗咬狗一嘴毛，因而效率极高，也让法国人迎头赶上，成为仅次于大英帝国的世界第二大殖民帝国。抢殖民地对法国人来说是欢迎的，尤其是对资产阶级，原料和市场多多益善，法国经济的一片大好也是殖民地的重要贡献。

可惜地球这么大，不知道哪块云彩会下暴雨。法国人在显赫的大清帝国如鱼得水要得兴奋，没想到自己会栽在一个南美小国手里。

1860年，南美的墨西哥爆发革命，新政府的总统说自己经济困难，之前墨西哥欠欧洲几个国家的债务就还不上了。

欠债不还，懂不懂法啊？几个债主都是有船有兵有闲的主儿，英国、法国、西班牙，三家联手，打上门去要债。

经过谈判，英国和西班牙就先撤了，因为大家都有点顾忌北美的美利坚。当时美国人的想法是，我们美国不干预欧洲的事务，但你们欧洲人最好也别到美洲来搞事。法国人不信邪，因为他们看到美国当时正南北内战呢，顾不上南美的事，而且拿破仑三世自己拿自己当干部，觉得自己有责任有义务帮助墨西哥恢复君主制的秩序。

法国坚持在墨西哥主持大局，还派去了自己选的墨西哥国王。可是墨西哥的总统带着他的支持者毫不退缩地用游击战抗争，法国前后搭进去六千五百多人、三亿法郎也没稳定局势。最要命的是，美国的内战打完了，他们有空找法国人的麻烦了。

1867年，法军被迫撤出胶着了五年的墨西哥战场，皇帝扶持的墨西哥国王立即被推翻，处死。赔了大钱，还丢了老脸，法国人都很郁闷。

从拿破仑三世对墨西哥的态度，就知道这个伙计那点喜欢揽事管事的虚荣心。闲着没事的时候，他就祈祷在欧洲赶紧出事，最好出大事。好在欧洲这个地区，只要想打架，不愁没有战场。

所有的赌徒之所以变成赌徒，大都是因为初入赌场时手气和运气俱佳，因而沉溺不可自拔。拿破仑三世在欧洲战场的初次练手，也让他感觉很爽。

第一战对阵沙俄，也就是克里木战争。在《罗马帝国：霸主养成记》中，大家已经了解到土耳其地区对欧洲各国的敏感和刺激。对巴尔干半岛最上心的，就是俄国人。他家往东往北都没有扩张的空间，往西又是黑帮林立的。所以，他家最好的发展方向就是向南，控制巴尔干半岛，还能拥有对地中海的出海口，以后在全球的各种博弈中占尽好处。

俄国人觊觎地中海，英国人就觉得印度很危险；土耳其是法国的传统盟国，又是法国商品的重要市场，所以法兰西也觉得危险。如此一来，本来第二帝国时期英法就不错，现在更有了结盟联手的必要。

克里木战争貌似惊动了很多国家，其实真打也就是一年，而且战争规模也不大，俄国人战败就认输。战争规模不大，死的人可一点不少，五十多万人死亡，而且是法国人死得最多。虽然克里木战争号称世界史上第一次的现代化战争，可真正战死的士兵非常少，这几十万人大多死于霍乱等疾病。而法国人传统的不太讲卫生，也让他们吃了大亏。

这些病死在异乡的法国士兵，为他们的皇帝陛下争取到了做东的权力，参战诸国齐聚巴黎，由拿破仑三世主持了表彰战胜国惩罚战败国的《巴黎和约》。法皇又烧包又嘚瑟，法国貌似又回到欧洲的顶峰，法国人忘记了皇帝曾经许诺的"和平"。

一朝尝鲜就念念不忘，战胜的感觉让人欲罢不能。拿破仑三世这次预备帮助意大利对抗奥地利，最好是彻底赶走奥地利，让在哈布斯堡王朝统治下四分五裂几个世纪的意大利实现统一。

《德意志：铁与血的历史》介绍过意大利的撒丁王国，这个位于意大利西北部的国家是整个意大利半岛唯一独立的君主立宪制国家。经过19世纪中期的改革，撒丁王国日益强大而且正以统一意大利为己任。拿破仑三世就在此时出现在撒丁王国身边，许诺要帮助他们实现目标。

1859年，拿破仑三世和撒丁王国的首相联手设套，让奥地利主动宣战启动了战争。法军和撒丁王国的联军配合默契，取得了开场的几次重要战役的胜利。拿破仑三世非常重视，甚至御驾亲征到意大利前线督战。拿破仑三世对战争的热情有点叶公好龙，他也没见识过真正的战场，后人估计他是被战争的惨烈程度吓坏了，居然在法撒联军即将取得最后的胜利的重要关头，单独和奥地利议和了。

吓坏了倒不至于，对拿破仑三世来说，他不见得喜欢一个统一的意大利。这场战争削弱了老对手奥地利，也让周围的小国见识到了法兰西的军威，目的达到。况且，皇帝已经兑现诺言派兵帮忙，意大利方面也要兑现诺言，割让尼斯和萨伏依给法国。

意大利暗地里骂法国背信弃义，可法国人自己很膨胀，意大利的胜利让所有人感觉，拿破仑三世已经洗刷了拿破仑一世的战败之耻。

得意得太早了，拿破仑三世是没碰上此时欧洲真正的对手呢。他虽然听说了，可他并不相信。身边那个叫普鲁士的国家终将统一德意志，让一个兵强马壮的军事大国凛然矗立在法兰西的门前。

《德意志：铁与血的历史》中，老杨详细描述了普鲁士三场大战统一德意志的事，从普鲁士的角度来说，大战并获胜是水到渠成。可到底参战前，法国国内是个什么环境呢？

19世纪60年代以前，法国的经济高速发展，英国、美国、德国一样在发展。美洲和大洋洲的金矿开采，让这些资本主义国家像打了鸡血一样横冲直撞。大家都知道，这样的经济形势容易引发过度投资然后就产品过剩。1857

年，在美国首先爆发了经济危机，进而影响全欧洲。后来这样的经济危机就搞成了慢性病，隔十来年就发作一次。

法国人有班上有饭吃一般不闹，一失业，习惯性地想到要造政府的反。而巴黎的工人，经过这么多次的革命行动，终于找到了组织和方向。他们已经非常清楚，要让自己的权益有保障，必须参政议政或者直接掌握政权。资产阶级在经济危机中吃了大亏，其中颇有势力的共和派自然认为所有的问题都是万恶的君主制造成的。

这两派的敌意很快就震动了拿破仑三世，这伙计最好的一点就是对工人运动多少有点敬畏。马上松手，开始适度地增加自由度。这也是第二帝国后期所谓"自由帝国"的来历。为了稳定政权，拿破仑三世又使用了自己百战百胜的法宝，就是让全民投票，看看自己君临法兰西这么多年是不是不得人心。

法兰西的农民兄弟忠诚而厚道，容易认死理。拿破仑三世挺好的啊，没苛捐杂税盘剥百姓啊，还把俺们村收拾得挺漂亮，干吗让人家下课啊，俺们挺他！就这样，这一轮投票皇帝又赢了，虽然支持率比以前是差多了，但还是取得了大多数选票，再次确认了帝国的合法性。

权也放了，自由也给了，可反对皇帝的人还是越来越多。看来要找一件事转移一下大家的注意力，转移一下巴黎错综复杂的矛盾。

《德意志：铁与血的历史》里说过，拿破仑三世一头栽进这场战争是受了俾斯麦阴谋的调戏，年事已高，身体还不好的法国皇帝，恐怕自己都不知道两方实力上的差距。普鲁士有四十七万人马，加上南部德意志各诸侯国的大力支持，所有的德国人都知道，战胜法兰西，德意志将迎来一片晴朗的天空；法军有二十万人，跟普鲁士无冤无仇，只听说普鲁士对皇帝陛下不礼貌，没感觉有非要揍他们的必要啊。

这场战争无论从动机、实力还是士气上看，法国没打就已经输了。7月宣战，8月30日拿破仑三世的主力被围困在色当，普鲁士的几百门大炮对着城内猛轰，法军伤亡惨重。皇帝再一次害怕了，虽然他后来说，他的投降是为了减少法国士兵的伤亡。9月2日，法皇举起了白旗，俾斯麦一脸揶揄将皇帝迎进了自己的大帐，一个投降的皇帝比被冰雹打过的茄子还狼狈。

三十二　法国时尚产业的奠基人

　　走到这里，读者终于忍不住投诉了，老杨你带我来法国，天天让我们逛军事博物馆，女读者很烦躁，到巴黎了，什么时候去购物啊？是啊，照顾女读者，赶紧进入巴黎那些耀眼的品牌店吧。老杨专门为大家找来了巴黎购物最好的导购小姐，法国皇后欧仁妮。

　　拿破仑三世一辈子都挺混混，难得的安静就是坐牢。这是个标准的浪子，一直做到法国总统，他依然保持单身，不结婚，纯鬼混。

　　总统绝后不要紧，当了皇帝，就不能耍单了，找老婆生孩子，那是帝国大事。波拿巴家族一直是欧洲各世家的眼中钉，欧洲的王室将拿破仑视为魔头，而非要隆而重之集合这么多人打他一个，有个根源心理，就是觉得这家人出身低微，窃居皇帝之位，让全欧洲的王室跟着掉价。皇位嘛，一定是祖上传下来的才值钱，半路出家得来的，身份上总是差一点。

　　拿破仑三世在全欧洲物色公主，街坊邻居都觉得很掉价。后来他只好自由恋爱，自己找了一个。

　　这是一位西班牙女郎，名叫欧仁妮。父亲是西班牙贵族，亲法派的，参加过法国军队的战争，所以后来在西班牙被视为敌人。他娶了一位美国商人的女儿，生下了两个女儿，欧仁妮是最小的那个。

　　欧仁妮的妈妈是个精明女人，或者是因为来自商人家庭，对巴黎的社交界有很多憧憬，带着两个女儿在巴黎混圈子。欧仁妮十三岁，父亲去世，母亲带着姐妹俩开始了四海为家的生涯，在各国的首都或者温泉城市蹉跎岁月，也留意着如何能让这两个美丽的女儿有个好的未来。

　　混圈子的高手就是要让圈子螺旋上升，终于有一天，欧仁妮混到了巴黎波拿巴家族的圈子里。拿破仑三世一边在欧洲各地物色公主，一边察觉到自己在欧洲王室眼中的低微，他堂堂一个法皇，向维多利亚女王的侄女求亲，人家还说要考虑考虑。就在这时，在某次 party 上，欧仁妮出现在拿破仑三世的视线里。

欧仁妮是大美女，有个参照标准，后人将她与奥地利皇后茜茜并列，认为是当时的双艳。欧仁妮可没有英国女王侄女那么大的谱，皇帝垂青，天赐良缘，赶紧办喜事吧。成为皇后那一年，欧仁妮二十六岁，拿破仑三世四十四岁。

媳妇一定随丈母娘，欧仁妮的妈精明能干，欧仁妮在宫里住熟了就尝试干政。正好皇帝喜欢打架，只要老公一出门，她自然成为摄政，还挺强硬的。

欧仁妮不算旺夫，她干预的事结果并不好。墨西哥战争，传说就是墨西哥的法国移民说服了皇后，在皇后的支持和坚持下，法国跑到地球另一边输了很丢人的一仗。另一次就是普法战争，面对普鲁士的调戏，皇后比皇帝生气，她认为皇帝必须亲自出手收拾普鲁士乡下人。在色当即将被围时，拿破仑三世看到形势恶劣，曾可怜兮兮地要求撤军回家，又是皇后坚定地认为老公无敌老公必胜，还说："老公，看你的！"于是老公就被生擒了。

欧仁妮也并不是对法国毫无贡献，只是皇后的工作见效都比较慢。最了不起的工作，就是她一手扶持了苏伊士运河的开凿。为了缩短欧洲到印度和太平洋的距离，遏制英国的称霸，从拿破仑一世开始就计划这个工程，因为种种阻滞没有成功。到拿破仑三世这辈，皇后推荐了自己的表哥雷赛布，这位深谙埃及事务的外交官通过行贿等方式，终于让埃及同意由雷赛布组建的"运河公司"负责开凿运河。1859 年至 1869 年，经过十年的艰苦工程，这条地球上最重要的国际航道终于开通，皇后专门乘船参加了首航。

欧仁妮皇后比之前的法国王后都见过世面，因为他家的军队洗劫了圆明园，来自古老华夏的千年瑰宝被送到欧仁妮面前。她专门建立了枫丹白露宫的中国馆，将这些东西集中保存，这里收藏着上千件中国宝贝。很多人都说，枫丹白露的中国馆是圆明园在欧洲的重现。慈禧老佛爷断没想到，她辛苦收藏这么些好东西就是为了便宜另一个女人。

行了，知道导购小姐来头很猛，带读者去逛名牌店吧！

皇帝两口子经常出门，他俩甚至跑到意大利、阿尔及利亚等自家占领的土地上巡游了一圈。皇后出门啊，东西就是多，大包小件的，尤其是皇后那些满是蕾丝的蓬蓬裙，放在箱子里总是不服帖。有个出身木匠家的小子帮皇后解决了行李打包的问题，平盖的旅行箱解决了衣物摆放的麻烦。当时火车旅行刚盛行，这种不会把衣服压成咸菜也不会在颠簸中滚倒的箱子受到大家的欢迎。

1854年，借着替皇后服务的荣耀，有个小木匠在巴黎开设了自己的第一个皮具店。当然，在皇后的帮衬和推广下，生意很快就做大了，从一个小作坊慢慢发展成规模化的工厂。

大家猜到了，这个木匠小子的大名肯定是路易·威登。香榭丽舍大街70号，当年的小店现在是全球规模最大的旅行皮具店，是中国旅行者的最爱，至于这个品牌的价值，我想就不用再多介绍了。在中国，随着人民生活水平越来越高，经常看到连卖菜的大妈都背着一个饰有"LV"标志的包包。路易·威登在天有灵，当兴奋于他的产品得到如此的普及。

巴黎已经是香水之都了，欧仁妮皇后虽然来自西班牙，可不喜欢香水的女人基本没有。进宫后，一家成立于1828年的香水店引起了欧仁妮皇后的注意。这家香水店根据客人的需要调配属于客人自己的香水，产品浪漫而优雅，尤其他们为皇后特制的香水还带着拿破仑时代的蜜蜂标志，让皇帝和皇后非常欣喜，从此成为皇宫的御用香水品牌。这家经欧仁妮皇后品题而后身价百倍的品牌就是娇兰。当年为皇后特供的金箔蜂姿琉金瓶的帝王之水也成为娇兰镇店的瑰宝，代表这个品牌高高在上的皇室背景。

欧仁妮皇后还成就了两个著名的珠宝品牌，一个叫卡地亚，一个叫蒂凡尼。卡地亚最早在巴黎的店就是为皇家服务，欧仁妮皇后是重要客户；而远在美国的蒂凡尼，则是因为收购了欧仁妮皇后的一颗鲜黄色钻石而名声大噪，这颗黄钻还成为蒂凡尼的象征。

1857年，一颗小行星被发现，被用欧仁妮的名字来命名。之前有星星被发现，人们都冠以各种神仙的名字，欧仁妮之后，开始用地球人的名字来命名了。

欧仁妮皇后不是路易十六那个败家老婆。作为一个皇后，她貌似也没有因为高消费被诟病。不过，女人总是依附男人存在的，拿破仑三世被擒，美丽的皇后该何去何从，老杨后面再说。

三十三　那些花儿之三

第二帝国结束，法国的历史即将进入一个全新的阶段。在这个热火朝天的革命时代，法国的文化界更是精英荟萃，名人辈出。我们暂停脚步，去探访一下他们。

圣西门和傅立叶

市面上闹成这样了，最忙的除了镇压的军队维持的各类政府，恐怕就是各种思想家了。18 至 19 世纪，法国的思想家、哲学家不得不提的有两位，一位叫圣西门，一位叫傅立叶。

圣西门出身一个颇有传统的贵族世家，不过这娃从小看就是个坏坯子，调皮捣蛋，喜欢玩枪支之类的凶器。他懒散不爱学习，有一次老师实在看不下去，想用藤条抽他，没想到他先下手为强，把一把铅笔刀插进了老师的屁股。

胆大妄为好闯祸，留在法国很危险，正好拉法耶特组织人马去北美帮着美国人闹独立，圣西门赶紧跟上，去美国打了一架，算是度过了最容易学坏的青春时代。

大革命爆发，圣西门这样的人肯定跟着掺和，1793 年入狱关了近一年。靠投机土地发了一笔小财，又因为理财无方很快穷困潦倒，寄居在仆人家里。

"作"够了，圣西门开始考虑问题了。虽然整个大革命是资产阶级徐徐上升的过程，不过，圣西门越过资产阶级，看得更远。

他认为，资本主义国家也是一个剥削人的社会，游手好闲的无用权贵高高在上，而为国家创造财富的百姓却被压在底层。他说：法国如果突然失去三千名科学家、艺术家和手工业者，整个民族就会变成一具没有灵魂的僵尸；

而法国如果死去三万王公、贵族、元帅、主教，不会给社会带来任何损害。

圣西门承认，资本主义取代封建主义是个进步，但是资本主义也只是过渡，将来一定有更好的社会制度出现。看明白了吧，这个伙计是个社会主义者。

他想象中的社会主义是什么样的呢？实行实业制度。简单地说，国家应该由实业家和学者管理，没有特权阶级，计划经济，人人劳动，多劳多得，生产的目的就是满足所有人的需要。而且他提出了无产阶级要解放。不过，他依然没想过要通过暴力革命达到目的。

他这个想法一说出来，估计就有人说，想得美！所有想得美的思想家，我们都叫他们空想社会主义。

空想没有经济价值啊，圣西门的仆人死后，没人养他了，他更潦倒窘迫。六十三岁那年，他决定自杀。最神奇的是，他对自己打了七发子弹，只有一发打中，还仅仅打瞎了一只眼睛。后来靠着学生的资助，勉强又活了两年死去。

不要小看圣西门的空想，他的思想启发了当时的很多人，他最大的"粉丝"就是拿破仑三世。想不到吧，在法国坐牢期间，拿破仑三世读了很多书，成为圣西门主义的忠实信徒，后来他能在大选中屡屡得手，跟他对圣西门思想的利用很有关系，而且实业制度也启发了第二帝国的整个工业金融体系。

傅立叶是个富二代，因为雅各宾派的清算，让他失去了生意，一贫如洗，所以他对革命实在提不起兴趣。他认为，社会的改造应该通过良心发现来完成。

他认为，资产阶级建立的所谓文明制度也不过是社会发展的一个阶段。这种制度是万恶之源，是人与人互相敌对的战争，是贫富分化的极端、商业欺诈的乐园、道德败坏的温床。他主张消灭文明制度，建立和谐制度。

让我们看看他理想的和谐社会跟我们想象的是不是一样啊：成立一种工农结合的社会基层组织——"法朗吉"。每个"法朗吉"由大约一千六百人组成。在"法朗吉"内，人人劳动，男女平等，脑力劳动者和体力劳动者、工人和农民协作劳动，没有城乡差异，还能自由选择工种，每次工作时间不超过两个小时。

他还为"法朗吉"绘制了一套建筑蓝图。所有成员都住在他设计的宫殿里，有食堂、商场、俱乐部、图书馆等。一侧是工厂区，另一侧是生活住宅区。"法朗吉"是招股建设的。收入按劳动、资本和才能分配。

这种和谐社会我们想都不敢想，傅立叶不仅敢想，他还付诸实践。他觉得，如果他能说服四千个有权势的人，这个事就能做成。所以他给不少有钱人、贵族，包括拿破仑三世都写了信，非常拽地跟他们约时间，说是要找他们谈话。每天中午12点到下午1点，傅立叶同学就收拾打扮、穿着正式地等待这些人过来听课，望穿双眼等到生命的尽头，居然没一个人上门的。

傅立叶这个当然更是空想。圣西门、傅立叶加上英国的欧文，他们是欧洲三大空想社会主义的思想家，他们的空想却是马克思思想体系的重要基础。

文学界的盛大聚会

看这个标题就知道，老杨要带大家访问19世纪的法国文学圈。这个圈子不好混啊，高人、牛人、神人扎堆在这里。我们就以拿破仑三世战败的1870年为界吧，如果把整个19世纪都算上，普通的文学青年恐怕会眼花缭乱。

文学这东西，最是不好评论，谁说知音体不是文章，梨花体不算诗呢？作家只能按收入排榜，绝对不好按文章的优劣排榜，非要给韩寒和郭敬明的文字分个高下，估计会收到一车的板砖和臭鸡蛋。面对19世纪法国出产的这么多作家，老杨必须做个取舍，如果真要一一介绍，恐怕这本书可以改名为《法国作家传》。

徇个私，先访问自己最喜欢的那个，好像之前提过无数次了，老杨的偶像，大仲马。

老杨一说出这个名字，肯定会遭到文化人的耻笑。中国的文学有个标准，特别是评价特定时代的文学时有个标准，那就是必须深刻反映社会现实，要么挖掘出什么，要么就批判什么，不忧国忧民不痛不痒的文字，于人类发展社会变革就没有意义，所以算不得一流作品。如果一个文学家不首先是个思想家或者政治家，则他的作品的档次也不高。很多人都说大仲马不算文学家，最多算通俗小说家，介绍19世纪的法国作家，第一个提到他，说明老杨不懂文学。

不懂就不懂吧，就像老杨从来不承认"八千里路云和月"要比"杨柳岸，晓风残月"更有文学价值。喜爱大仲马，就是喜爱他是一流的小说家，他是古往今来最会编故事的人。而老杨一直认为，一个小说家最重要的工作，就是把小说写好看，而不是把小说写严肃或者承担教化责任。

大仲马是个混血儿，混得比较惨，当时当地，他的奶奶居然是他爷爷的黑奴。大仲马的祖上本来还能算个贵族，可因为黑奴血统，他父亲行走江湖时，家族很忌讳他用家族的姓氏抛头露面，于是父亲就一直使用"仲马"姓氏。到大仲马行走江湖时，母亲问他，用爷爷的姓氏还是奶奶的姓氏出门，大仲马依然选择了黑奴的姓氏。他那时就不介意贵族的头衔，所以后来才会成为一个支持共和的革命党。

家境并不富裕，大仲马进入巴黎的费用来自他高超的打弹子的手艺。碰上父亲的老友，大仲马在巴黎找了份公务员的工作，闲暇就给法兰西剧院写剧本，写了三年，都没有获得认可，直到《亨利三世》大获成功。

我经常感觉大仲马有点类似冯小刚，一旦上道，他非常清楚什么样的东西能招徕更多的观众。要知道，一个人把自己的作品搞得高深莫测、曲高和寡是很容易的，而能得到大多数人的喜爱和追捧却是非常难的，老杨最瞧不上一辈子没整出过畅销的作品，却总说畅销的作品媚俗不上档次的人。

《亨利三世》后，大仲马就算上道了，他的剧本成为收视保障，然而带给他巨大财富的，却是小说创造。最让其他人嫉妒的是，本以为这家伙是个专业写剧本的，没想到他写小说的功力更高。所有嫉妒他的人中，比较明显的就是大文豪巴尔扎克。

大仲马的小说中，最受全世界欢迎的肯定是《基度山伯爵》。这本书的好看程度就不用介绍了，在那个没有盗版没有百度文库的时代，这本书让大仲马暴富。

其实在《基度山伯爵》之前，那套著名的《三剑客》已经让大仲马成为当时大红大紫的作家。《三剑客》三部曲在报纸上连载，跟它同时连载的是巴尔扎克的作品，读者每天看得不过瘾，要求报社把巴尔扎克的文章撤掉，版面留给大仲马，这个事让巴尔扎克很抓狂，甚至扬言要找大仲马决斗。虽然决斗最后没有实现，不过巴尔扎克隔三岔五拿大仲马的血统来嘲笑，显得很不厚道。老杨总是遗憾当时没有网络，否则能直播这二位的对掐肯定很有意思。

大仲马的小说以情节取胜，曲折惊险，高潮迭起，对话生动，人物鲜明。而他那种以历史事实为基础，似真似假发展故事情节的方式，也受到后世很多作家的模仿。比如我们的金庸老爷子，他就说过，大仲马是对他影响最大的小说家，所以当金庸说到韦小宝参与了《尼布楚条约》的签字时，我们都会心一笑。而他塑造的四个火枪手的形象，恐怕也是后来动不动就出现各种F4的灵感源泉。

大仲马的做派特别旧文人，放浪形骸，挥霍无度，喜欢女人喜欢吃，不论女人还是美食都不节制，所以是个好色的大胖子。在巴黎当公务员期间，跟自己楼下的女裁缝同居，女裁缝为他生下了一个儿子。直到这个孩子七岁，大仲马才接受他，但是拒不承认女裁缝是儿子的妈。

儿子当然就是小仲马。大仲马获得抚养权后，就把小仲马送进寄宿学校，小仲马的成长过程中，见惯的是父亲放荡不羁的生活以及他身边眼花缭乱的各种女人和私生子女。都说小仲马对底层女子的关怀和对家庭爱情的重视来自父亲非常恶劣的言传身教，其实更应该说，小仲马成年后那段声色犬马的日子也是家学传统。

小仲马开始文学创作时，屡被退稿，大仲马就告诉他，最容易的办法就是，你署名并说明你是大仲马的儿子。小仲马却没有这样做，待《茶花女》引起编辑注意和重视时，小仲马才公布了自己的身份。

1848年，《茶花女》问世，惊艳了法国文坛，甚至评论家认为《茶花女》的价值已经在大仲马的《基度山伯爵》之上。

《茶花女》是根据小仲马自己的爱情故事写成的。"茶花女"在历史上确有其人，是当时的巴黎名妓玛丽·迪普莱西。她喜欢茶花，每天身上必装饰茶花一朵，时红时白。如果她戴着红色茶花，则表示当天不接客；如果是白色茶花，其花语就是欢迎来访。

小仲马和玛丽相遇在戏院，根据咱们熟悉的历史，文学小青年和名妓常

266

常能够一刹那互相吸引，而后天雷地火地火花四溢。而这又是个经典穷小子无力负担的故事，玛丽是名妓，生活质量上去了就下不来，小仲马算个富二代，不过大仲马的钱自己还不够花呢，又能有多少支持儿子泡名妓呢。玛丽原本以为一份真正的爱情能填充她出卖肉体产生的空虚，没想到，唯一能填充空虚的其实只有财富。最后，小仲马不得不放弃这段"他负担不了的幸福"。

《茶花女》的女主角虽然是个妓女，但却是历史上最著名的纯爱故事（这里特别要为纯爱正名，纯爱重点是爱，不是有没有上过床），可现实中小仲马和茶花女的故事，却是充满物质诱惑的罪恶。二十三岁的玛丽最后死于肺结核，小仲马并没有临终探视或者倾诉自己无悔不变的爱情。无论如何，将一个挺庸俗的爱情故事升华到这么纯美的境界，还感动了古往今来这么多人，成为永恒的爱情经典，不能不说是作家的能耐。

《茶花女》获得成功，小仲马洗心革面成了"妇女之友"，后来的作品都是保障妇女儿童合法权益，或者是爱惜婚姻远离情人之类的。小仲马如果混到今天，估计能成为电视剧之王，没《蜗居》什么事了。

特别值得一提的是，《茶花女》是第一部被翻译进我国的外国小说。1897年，我国著名的不懂外文的翻译天才林纾将其翻译成文言文。这份洋人的爱情故事同样轰动了中国。严复评价："可怜一卷茶花女，断尽支那荡子肠。"《茶花女》进入中国，让中国的文人拓开了思路，看来爱情不一定非要张生和崔莺莺、柳梦梅和杜丽娘啊，中国的爱情小说也由此进入了一个新的阶段。

《茶花女》被改编成剧本上映，当年是万人空巷，万人争说。小仲马写信给大仲马，说：这么轰动，我一时以为这是您的作品。大仲马回信说：我最好的作品是你，我的儿子！

说完了老杨喜欢的大小仲马，不得不把武林宗师请出来了。都认识，一位是雨果，一位是巴尔扎克。

要说到这两位大师，一定要先介绍19世纪初欧洲文化界形成的两个流派：一种叫浪漫主义，一种叫批判现实主义。

主义之类，最有爱了，因为这样一分类，你看不看，都知道大概是个什么样的东西。

浪漫主义，很好理解啊，浪漫嘛，花前月下卿卿我我是低级浪漫，高级浪漫就是遵从本心的浮想联翩。如果现实让你不愉快，你就想象一个让你愉快的理想世界，然后极尽激情地描绘它、赞美它，这就是浪漫主义了。浪漫主义的要点就是注重个人感情和感觉，没有拘束地发泄出来，你可以大江东去，雄姿英发，也可以小乔初嫁，浮生若梦。

批判现实主义就严重了，貌似在咱们国家，这一类的作品总是被评价得最高。社会罪恶或者腐败或者各种问题，发现、揭露、挖掘、批判而后结束，问题又多又大，就是没有解决办法。

法国的浪漫主义是大革命的产物。中世纪以来，人性一直被天主教和传统贵族禁锢着，文化的主流是循规蹈矩逆来顺受的古典主义，而法国大革命的起起伏伏，又让人感觉启蒙运动倡导的"理性国家"也不靠谱。随着人们越来越重视自己的内心状态，天性得以释放，浪漫主义自然就产生了。

浪漫主义文学的代表人物，就是维克多·雨果。

我们现在说到雨果，都冠以大文学家或者文豪这样的称呼。其实，雨果是个忙得要命的政治家。

雨果生于一个颇有政治氛围的家庭，父亲是拿破仑的大哥手下的军官，共和党人，母亲却是保王党。雨果幼时成名，因为诗歌创作。十八岁，因为连续在重大的诗歌比赛中获奖，他进入巴黎大学图卢兹学院成为院士，成为一个名人。

年轻时的雨果是个保王党，支持波旁家族，看不上拿破仑。他受到复辟后的路易十八的赏识，拿国王的津贴过着挺舒服的日子，还跟自己的初恋情人结婚了。

雨果伴随着巴黎的政治空气和革命精神成长，渐渐地接受了共和的思想。1827 年，他写了剧本《克伦威尔》。他为这个剧本写的序言成为文学史上的重要文献，被认为是浪漫主义的宣言、浪漫主义文艺的经典、讨伐古典主义的檄文。也就是这篇文章，让他成为法兰西浪漫主义文学的代表人物。

1830 年，巴黎街上闹"七月革命"，雨果把自己关在家里创造《巴黎圣母院》。第二年，七月王朝正式建立，《巴黎圣母院》出版。革命空闲期，革命群众有时间看小说，这本书很快获得"史诗"之类的评价。而七月王朝发现这伙计有点影响力，就拉他下水玩政治。

三十九岁那年，雨果成为法兰西文学院院士，三年后，成了作协主席，享受正部级待遇（法兰西文学院主席）。

这时候的雨果有点御用文人的范儿，经常帮当时的法王路易·腓力歌功颂德，居然给自己搞到一个贵族的身份，他貌似还挺高兴，证明这位同学的政治倾向那时是相当地摇摆不定。

玩政治的雨果不会写东西了，他给他的情妇著名演员朱丽叶写了个剧本，演出时被喝倒彩。于是他就干脆很久不写东西，专心玩政治。

七月王朝被推翻，雨果加入了共和政府，路易·波拿巴竞选总统，他还投了赞成票。可当波拿巴要求登基为帝时，雨果就不答应了。上篇说到，路易·波拿巴发动政变后，巴黎有零星的反抗暴动，雨果就是煽动这些暴动的主要责任人。所以拿破仑三世清算时，雨果就开始了漫长的流亡生涯。

流亡好啊，总算想起来作家才是自己的主业。在这期间，雨果除了极尽一个作家之能事讽刺挖苦拿破仑三世，就是写下了伟大的巨著《悲惨世界》。这部作品无疑是雨果的巅峰。如果说《巴黎圣母院》仅仅是剖析了人与宗教的问题，那么在《悲惨世界》中，雨果开始着重于描写人与人、人与社会的各方面。

雨果在拿破仑三世被俘后回到巴黎，面对普鲁士的入侵，他号召巴黎人勇敢地反抗保卫国家，而后的巴黎公社运动虽然他并不支持，但是后来公社被镇压时，他又到处奔走，希望政府能宽容对待巴黎公社的运动成员。应该说，晚年的雨果已经没有了政治家那种阶层党派的狭隘见识，这反而让他的政治影响力达到了巅峰。

话说英法联军烧了圆明园后，雨果曾著文批评这个行为，还希望法国有朝一日能将赃物归还苦主。我们不能因此认为雨果是中国人民的老朋友，只不过拿破仑三世是他的仇家，仇家干的所有事，都值得批判。

雨果写了不少东西，著作很多，他在情书这个项目上还保持着一项世界纪录。他和初恋女友抵制了重重压力结合，婚后不久，老婆就给他戴上了绿帽子。雨果此时也毫不客气地爱上了女演员朱丽叶，并从此开始，一天给朱丽叶写一封情书，写了快五十年，有一万八千多封。虽然在这个过程中，雨果曾移情别恋过，不过情书没有中断，严重怀疑后来的情书跟"情"无关，完全是写成了习惯。

1885 年，雨果辞世，法兰西人给了他最高的荣誉、最深切的怀念，巴黎举行了国葬，棺椁放在凯旋门下供人瞻仰，然后被移入法国所有大贤最后的归宿——先贤祠。《悲惨世界》被认为是当时欧洲成就最高的文学作品之一。而在法国，唯一可与之抗衡的，就是巴尔扎克的《人间喜剧》。

前面说到巴尔扎克形象挺不好的，作为钟爱大仲马的老杨，肯定是对巴尔扎克略有不爽。爽不爽是我自己的事，不能因此抹杀这位大仙在文学界的地位，大家都叫他文豪呢！

《人间喜剧》是什么？它不是一本书，它是一堆书。1841 年，四十二岁的巴尔扎克制订了一个工作计划，他要写尽法兰西社会的方方面面，写尽活在当时的各种人。他计划写一百四十部各种小说，结合成一部集子，叫"人间喜剧"。我们看完这些书，基本上对当时法兰西的社会形态、人民生活，就有了一个大致的认识。可惜只完成了九十一部，巴尔扎克就去世了。九十一部作品中，不少是名著，其中的《欧也尼·葛朗台》和《高老头》最著名。

巴尔扎克的成名之路没有雨果顺利，三十一岁之前虽然也写了不少东西，但都没什么影响力。让他大红大紫的作品是《驴皮记》，一个潦倒的青年意外获得了一块驴皮，这皮能满足他所有的欲望和愿望，不过一旦实现了愿望，驴皮就会缩小，同时寿命也缩短。总结中心思想，这部小说大概是说人的欲望对生命的摧残。

这部小说不知道是不是反映巴尔扎克的本心，老杨一直觉得，这个伙计就是个欲望过多的人。巴尔扎克成名后，特意给自己改了个名字，原本他叫奥诺雷·巴尔扎克，他改成了奥诺雷·德·巴尔扎克。别小看中间这个"德"字，加上这个字，巴尔扎克就自己把自己送进了贵族圈子。

其实巴尔扎克出身农民，不过他父亲后来发达了。作为长子，他不被母亲喜爱，很早就被丢进寄宿学校，几乎被家人遗忘。后来在巴黎功成名就，上流社会可以把他看作标准的"凤凰男"。"凤凰男"的特点就是自卑和自傲都很极致，巴尔扎克表现得特别明显。

出名后，巴尔扎克改了名字混迹巴黎的上流社会，他摆谱没人理他，因为知道他的来历。为了表示自己的愤懑，抑或是搞怪吸引人注意，他花了很大一笔钱，买了一根镶满宝石的巨大手杖，手杖上还刻着一句话：我粉碎一切障碍。

励志故事中，喜欢将这根手杖描绘成巴尔扎克坚强不屈战胜困难争取胜利的重要象征，理性地看，这个动作多少有点冒傻气。据说是达到目的了，后来他举着这么根手杖行走江湖，所有人都觉得还是对他客气点好。巴尔扎克身材肥胖，模样砢碜，这根手杖让他获得了不少注视和关注。

买根奢侈的手杖不算什么，巴尔扎克的花钱之豪爽是出了名的。跟大仲马一样，喜欢吃，讲究吃，尤其嗜吃牡蛎，一天吃上百个。没钱就跟出版商预支，这个出版商不借就找另一个，反正以他的名气人家多少都会卖面子。也就是因为开销太大，逼得他超负荷地写作，据说是积劳成疾。像他这么吃能身体健康才怪呢。

巴尔扎克对女人的品位是个亮点，他钟爱熟女，还不是一般熟，是熟透的那种。二十二岁那年，他看上了他的第一个情人，自家的邻居伯尔尼夫人。这位夫人有九个孩子，比巴尔扎克的老妈还老一岁。

有很多人认为巴尔扎克喜欢大女人是因为缺乏母爱，这是宽厚的说法，巴尔扎克自己都不避讳，他的理想是找一位有钱的女人。对一个总是债台高筑，挣的永远赶不上花的的浪子来说，有钱的女人是最好的归宿。以巴尔扎克的外在条件，他抓住一个年轻而富有的贵族小姐的概率几乎为零。

伯尔尼夫人有钱有头衔，这是巴尔扎克早年倚重的。几年后，二十七岁的文豪又看上了一位公爵夫人，对方四十一岁。

巴尔扎克找个有钱女人的理想终于有一天就实现了。有个乌克兰的贵族妇女，给他写了封匿名信表达了仰慕之情。巴尔扎克凭着多年跟熟女打交道的丰富经验，一眼就分辨出这位"粉丝"是个渴望激情还有能力消费激情的女人，于是他启动了自己最擅长的武器，也就是文字，开始给这位夫人写情书。这位贵妇就是罕斯卡夫人。

两位网恋了好几年，夫人被巴尔扎克的文字迷得五迷三道，后来终于忍不住提出网友见面。一见之下，有人欢喜有人愁，巴尔扎克赚了，罕斯卡夫人不仅有钱有地位，居然还是个美女。倒是罕斯卡夫人有点失望，巴尔扎克不管怎么打扮，都是个不修边幅有点邋遢的胖子。

巴尔扎克对付女人还是有办法的，他最终还是搞定了。罕斯卡的老公死后，罕斯卡经过长时间的犹豫，终于下定决心嫁给他，并跟他到法国生活。巴尔扎克实现了自己生活的最大理想，抱得美人归，还有可能一劳永逸解决经济窘境。然而，他没意识到，这桩婚姻可能就是那张驴皮，婚后第五个月，巴尔扎克死了。

没有缺陷的文人，不是正常的文人。巴尔扎克文豪兼大师的地位，不用老杨啰唆了，他算是批判现实主义的重要代表。他死后，雨果为他写了悼词，他的敌人大仲马愿意为他扶灵，他的名字总是跟"伟大"联系在一起，让我们忘记他所有的缺点吧。

说了是作家的大 party，才四个作家怎么够呢？还有啊，这个时期大名鼎鼎的法国作家还有司汤达和他的《红与黑》，福楼拜和他的《包法利夫人》，梅里美和他的《卡门》，诗人波德莱尔和他的大作《恶之花》。

这个作家集团中，有一道亮眼的风景，就是女作家乔治·桑。乔治·桑的文学作品可能大家不熟悉，但很多人都知道她跟波兰音乐家肖邦近十年的姐弟恋。乔治·桑是个民主派，还倡导妇女解放，应该算是最早的妇女解放分子。在巴黎的社交圈，经常看到乔治·桑一身男装，穿着长裤出现，惊世骇俗，独特而另类。乔治·桑开创了对农民和农村生活的描写，清新的田园牧歌，为法国的文学增加了一种题材。

女战神还是浴女

看到这个标题，就知道这是要介绍画家了。对，先来的是路人皆知的名画《自由引导人民》的作者德拉克洛瓦。

德拉克洛瓦有个外号，叫"浪漫主义的狮子"。说他一提起画笔，所有的激情就喷薄而出，不可遏制，所以他的画大气磅礴，色彩炽烈，极具张力。

前面说到《马拉之死》的作者，雅克·路易·大卫是德拉克洛瓦的入门师傅。不过德拉克洛瓦的画风显然更受到荷兰画家鲁本斯的影响，尤其是色彩的应用。

《自由引导人民》取材于法国的七月革命，惨烈的街垒战。德拉克洛瓦应该是在自己的工作室目睹了那三天的战事。街垒战中，有位叫克拉拉·莱辛的姑娘，率先举起了象征自由的三色旗，还有个叫阿莱儿的少年，将三色旗插到巴黎圣母院的桥头时，中枪牺牲。

这两个人物构成了整个画面的主题，德拉克洛瓦浪漫主义的构思，将图中的少女与希腊的女神结合，高大圣洁。画面左侧那个戴着礼帽，穿着正式的年轻人，应该就是画家本人。他紧握着枪，眼中闪着光，看得出，画家为这三天的革命激动感动。

1831年，这幅画在巴黎展出时引起轰动，德国诗人海涅还专门写了诗歌赞美。画面太有煽动性了，政府感觉有点蛊惑作用，所以被送进卢浮宫，又被拿出来，一直到1874年，才算在卢浮宫安家稳定。

这幅画显然是被法国人认为是法兰西民族精神的代表，而巴黎那几年经常上演的街垒战，也需要有个记录，留个念想，后来这幅画曾经被印在100法郎的钞票上。

因为《自由引导人民》太成功了，所以人们往往忽略了德拉克洛瓦其他的作品。在卢浮宫，他的作品被开辟了好几间专门的展厅。德拉克洛瓦是肖邦的好朋友，他为肖邦和乔治·桑作过一幅画，后来切割成两张进入市场，都是重量级的名画。

德拉克洛瓦是浪漫主义画派的杰出代表，对后来的印象画派和凡·高都产生了巨大的影响。浪漫主义是跟古典主义对抗而产生的，可我们不能说，古典主义的画风就不能看了。18至19世纪，还有一位画家虽然没有德拉克洛瓦影响大，但也值得我们记录一下。

法国新古典主义的旗手，安格尔。你可以不知道他的名字，但他的作品你肯定见过，当然是仿制品。这幅作品就是《泉》，一说就知道，一个丰满的裸女，左肩上扛着一个水瓶，水流倾泻而下。

这幅裸女画几乎是西方人体画美的极限了。安格尔用了二十六年时间，到七十六岁高龄才最终完稿。画面中的少女，圆润细腻，青春柔美，表现出安格尔对女人身体由衷的崇拜和赞美。

　　安格尔有很多裸女图，《土耳其浴女》和《瓦平松浴女》都是名作。如果大家将安格尔和德拉克洛瓦的作品放在一起看，就会明显地看出区别。安格尔的作品画面恬静而深幽，德拉克洛瓦激烈而热情。安格尔像水，德拉克洛瓦则像火；安格尔让人安宁，德拉克洛瓦让人激动。

　　德拉克洛瓦和安格尔让浪漫主义和古典主义碰撞出了最华美的画面，两人的争论是当时法国画坛的重要话题。而这两人争论的一个焦点就是，线条和色彩，哪个才是一幅画最重要的。

　　高手要对抗才能产生，可能就是因为有彼此的存在，才让各自的特点张扬到极致，这两人的画都是瑰宝。

三十四　共和国尘埃落定

抵抗是愚蠢的壮举

上一篇介绍了法国的文化名人，其实在法国这段历史里，历史学家是个亮点，历史这门学问貌似也深受欢迎。根据老杨之前表达过的迂腐思想，一个做学问的人如果从了政，他受尊敬的程度多少会打些折扣，比如前面说过的基佐。我们先要介绍另一个陷入政治的历史学家，他叫梯也尔。

之前法国的这段革命史里，虽然老杨没有提到梯也尔这个人，但是他可以说在每个阶段都很积极，都在起作用。也许他对革命看得比别人都真切，所以他能写成一部十卷本的巨著《法国革命史》。

梯也尔应该算奥尔良派，七月革命后，就是通过他的牵线搭桥，让大银行家支持路易·腓力建立了七月王朝，他被任命为首相。七月王朝后期，国王有了权力欲，首相梯也尔对权力也很在意，所以君臣有了芥蒂，另一位历史学家基佐取代了梯也尔打理内阁，梯也尔一落野，就成为刻薄的反对派。

路易·波拿巴参选第二共和国的总统，梯也尔几乎是他的竞选办公室主任，尽力宣传，是波拿巴取得大胜的头号功臣。

跟雨果一样，可以支持总统，但不愿意看到波拿巴称帝。他忘了，他当年为波拿巴竞选做的所有宣传都是描述和回忆拿破仑帝国的荣光。波拿巴成功后，梯也尔在巴黎策动暴乱，被镇压，他本人也被流放。后来还是回到巴黎，成为议员，坚持发表些让皇帝不爽的言论。

1870 年，拿破仑三世色当被擒，巴黎震动。所有当年反对拿破仑称帝的老革命都跳出来了，9 月 2 日拿破仑三世投降，根据巴黎人民的暴动效率，9 月 4 日，法兰西第三共和国就诞生了，所有人都称这个仓促诞生的共和国为"早产儿"，显然是一小群反应迅速的政客投机成功。

共和政府当然是共和派当家，当务之急，巴黎人民还群情汹涌，而普鲁士的俾斯麦抓了皇帝也没有收手的意思，已经攻入了法兰西的疆域，明显向巴黎开来。共和政府只好请巴黎总督特罗胥将军来主持大局，无他，不过是因为他手上有兵。

特罗胥这个丘八头子绝不吃亏：既然求我，我就是老大，不仅要求全部的军队指挥权，还要做政府首脑。

这个时候还有选择吗？都听特罗胥的吧。就这样，一个看似预备领导抗战维持全国局势的国防政府诞生了。特罗胥争权时气场很强大，都以为他也是俾斯麦一流的人物，带领法国人跟铁血首相铁血地死磕。没想到的是，这个伙计居然是法国历史上最大的窝囊废之一。

眼看巴黎被围，特罗胥就开始散布悲观情绪，并断言，跟普鲁士对战，将是一场愚蠢的壮举。他的主要工作就是派出梯也尔，仗着他的老脸到欧洲各国游说，希望他们出面暂停普鲁士的攻势。

俾斯麦的目的已经很明显了，他就是要进逼巴黎城下，逼这个曾经的欧洲霸主割地、赔款，他谁的面子也不会给。梯也尔公费绕着欧洲旅游了一圈，各家都招待得不错，不过普鲁士的军队一天也没停歇，巴黎终于在普鲁士的包围之中。特罗胥政府认为，投降是唯一的出路。

国乱方显忠良，有特罗胥和梯也尔这种胆小的，就有不要命的，比如甘必大。甘必大是个律师，也是组建第三共和国的重要人物。他跟巴黎大多数人一样，觉得与其答应割地求和的条件，还不如放手一搏。在巴黎被困后，他居然冒死乘坐一个热气球飞出了城，到外省组建了几十万人的军队，跟普鲁士作战。

甘必大的努力比不上特罗胥的放弃，被围在梅斯的法军十八万人向普鲁士投降，巴黎已经没有食物，老鼠都成为美食。巴黎人还是挺硬骨头的，就是在这种情况下，还是不能接受政府投降，甚至不断起义，抗议政府企图投降。

越是这么闹，特罗胥越是觉得应该赶紧投降，了断了跟普鲁士的麻烦，回头再收拾这群"暴民"。1871 年 1 月，普法停战，巴黎交出所有的武器和防御工事，除了留下一个师，其他的法军全部成为战俘。俾斯麦觉得"早产儿政府"不够正式，于是要求他们赶紧选个像样的国民政府出来谈判，因为肯定是要巨额赔款的，政府不靠谱，以后欠款跟谁要啊？

这次选政府，其实就是再选战还是和。如果主战派能成为议会多数，当然他们会坚持抗战。可惜，主和派占了上风，他们的获胜奖励是，到俾斯麦跟前，接受他的侮辱。

梯也尔在这次选举中成为政府首脑，成为谈判代表，无论如何，他都要尽力让法国的损失降到最低。其实也不能更低了，普鲁士要求五十亿金法郎，普鲁士军队驻扎在北方，等赔款付清他们再撤；割地呢？大家都猜到了，那片纠结了两国几百年的阿尔萨斯和洛林。梯也尔最值得表扬的工作是保住了阿尔萨斯省的贝尔福城，那里算是个军事要冲。

主和派政府和议和条款能够成功，要归结于外省的压力。历史上，法国的政治貌似一直受巴黎的形势左右，而这一次，巴黎本地人坚定主战并拒不接受条约，是外省的选票让这件事提前了结了。这个事也让很多人看到，巴黎是法国社会动荡不安的原点和根源。

巴黎公社，圣地悲歌

因为雨果、甘必大等主战刺儿头的退出，此时的共和国政府内大部分都是些君主派人士，所以意见非常容易统一。他们碰头一商量，就认为，政府设在巴黎，容易被巴黎这些职业暴民冲击或者辖制，应该把首都迁出去，离开这个让人头大的是非之地。在梯也尔的坚持下，他们选择了凡尔赛。

梯也尔这段时间的表现出奇铁腕，他貌似已经下定决心将巴黎人得罪光。不仅迁都，还公布了一些法案，让巴黎的中下层阶级生活艰难。不过这次法国政府得罪的，已经不是巴黎的普通民众，而是一支军队。

巴黎一直有一支半独立的国民自卫队，原来规定缴税一定程度的市民可以加入，面对普鲁士的进攻，甘必大下令，所有爱国志士都可以来。大量的巴黎工人加入了这支队伍，大约有三十万人，而且在巴黎成立了自己的中央委员会。巴黎人没有军队的时候就敢和政府拼命，如今有了这样一支大军，更不可能安分守己了。

事态恶化的起因是大炮。国民自卫军通过募捐或者是自己制造等方式搞到了四百多门大炮。法国政府对普鲁士投降时承诺交出所有的武器，而国民自卫军却将大炮转移，坚决不交。梯也尔想起这些大炮就吃不下、睡不着，他派出政府军夺取这些大炮，引起国民自卫军的反抗，他们抓住政府军的军官，百般羞辱后处死。

这个大炮事件直接导致了 1871 年 3 月 18 日开始的巴黎公社起义。梯也尔下令所有的政府部门和军队撤离到凡尔赛，迁都行动像逃跑一样完成了。

巴黎公社起义，算是革命圣地巴黎史上最壮美的一场行动，终于让每次战斗都冲在前面的巴黎市民当家做主进入了市政厅，并建立起能为他们自己服务的政府。3 月 28 日，经过民主选举的巴黎公社宣誓成立。二十万国民自卫军和市民在市政厅广场狂欢。这是世界上第一个号称无产阶级领导的政权，在整个无产阶级的革命斗争史上，它有火炬或者灯塔之类的地位。

梯也尔政府看到普鲁士的军队腿发软，对待巴黎公社倒是很骁勇。梯也尔请求普鲁士帮忙，不对，这个时候应该叫他们德意志了。俾斯麦肯定支持啊，法国如果持续内战，或者巴黎公社取得了胜利，他家的赔款找谁收啊，说不定还要打一场呢。本来德国只许法国保留三万人的军队，现在允许他们扩军，还把十万战俘放回。

内战正式开始，过程中有不少政客居中调停。可巴黎人太悍了，他们说调停就是反叛，而梯也尔也发了狠，也放话，为了法国，他可以放弃巴黎。

5 月 21 日，在内奸的帮助下，梯也尔的军队从圣克鲁门冲进了市区，最残酷的"五月流血周"开始了。从 21 日到 28 日，双方都杀红了眼，巴黎再次变成屠场，不过，看起来政府军更像屠夫。巴黎公社最后的成员撤退到巴黎城东的拉雪兹神父公墓，凭借墓碑之间的过道坚持巷战，不到两百名的公社成员对抗近五千名的政府军。

浴血奋战以社员被俘而后被集体枪杀结束。拉雪兹公墓东北角的一段土墙，因为见证了巴黎公社社员最后的热血成为重要的历史古迹，被称为"巴黎公社社员墙"。

七十二天，这个伟大的政权存在了七十二天，可能因为时间短暂，他们几乎没有时间犯错，所以他们存在得如此完美、如此让人神往。

激战中血流成河，公社社员作战伤亡的数字一直不明，倒是战后的清算，死的人不少，大约有两万人未经任何审判被杀，还有一万多人被流放到阿尔及利亚等地。前面提过，雨果等人虽然不支持公社的行动，但梯也尔事后的屠杀也让人看不下去。梯也尔这一轮的屠杀，为他自己赢得了一个"丑陋侏儒"的光荣称号。

公社失败，满城杀戮，有个没被清算的公社社员叫欧仁·鲍狄埃，悲愤难抑写了一首歌词，搭配《马赛曲》的旋律。1889年，鲍狄埃死后的第二年，法国的工人作曲家皮埃尔·迪盖特重新为这首歌词谱了曲，后来这首歌传遍世界，成为被翻译语言最多的流行歌曲，名字叫"国际歌"。

九十年的选择题答案

因为镇压巴黎公社有功，梯也尔众望所归成为法兰西共和国的总统，当然他还兼任着首相，大权在握。

也许梯也尔是屠夫是反派，可对法兰西第三共和国来说，他是有功的。通过发行公债，他提前十八个月付清了赔款，让德国占领军离开了法国，还组建了一支有五十万人的常备军。在最短最快的时间里，稳定了法国战后的政治经济形势。

巴黎公社的失败，给巴黎人留下了永久的伤痕，一次次的街垒，一次次的战斗，一群群的死亡，往事并不如烟，想起来就沉重万分。巴黎人骁悍的血性终于被打颓废了，他们争累了，巴黎公社的革命，是革命的巴黎市民完美的谢幕，以后，他们不打了。

从1789年以来，法国的政局总是不能平稳落地，很大程度上，是因为巴黎人隔三岔五地将局势弄得更复杂。如今这个最危险的变数平静了，政坛的几股势力几大门派决定分出个高下，看谁最后掌握法国的未来。

我们再来复习一下这几大门派：波旁派，他们还是坚持君主制的国家，让波旁家的后裔，查理十世的孙子尚伯尔登基成为法王；奥尔良派，他们的主子是路易·腓力的孙子巴黎伯爵，他们的目标是君主立宪制的国家；波拿巴派，拿破仑三世被普鲁士关了一年后，放他到英国，跟皇后欧仁妮团聚，他有个儿子叫欧仁，被这一派称为皇太子，他们的目的也就很明白；共和派，这一派不用解释，他们是绝对不接受前面三个国王或者皇帝的。

梯也尔本来是奥尔良派，所以这一派认为，老梯会在站稳脚跟后恢复君主立宪制，让巴黎伯爵成为法王。老梯是个手腕高明的政客。对于政客来说，加入任何派系都是为自己的权力目标服务，这跟信仰之类的事毫无关系。如今梯也尔已经是权力的顶峰，他干吗要给自己配个领导啊。成为总统后，梯也尔就有意无意逐渐疏远了奥尔良派，生怕他们缠上自己。

老梯以为他提前付清了赔款，重建了战后繁荣，他就立于不败之地了。殊不知江湖上的帮派，从来是进入容易出来难。他忘了，整个议会就是一个以保王党为主的议会，要不然他怎么那么容易成为总统呢。

看着赔款逐步付清，德国军队陆续撤走，保王党预备清理不守规矩的叛徒。没几天，老梯就下课了，接替他的，是虔诚的天主教军人，毫无政治头脑和野心的麦克－马洪元帅。特别说明一下，大家熟悉的麦克马洪线跟这位麦克－马洪元帅没啥子关系，那是英国人的事。

如果说老梯掺和过过去这些年法国所有的政治斗争，麦克－马洪可以说参与过这段时间法国的所有的主要战事。在阿尔及利亚、克里木等地区的表现，还让他很红。色当战役法皇投降，麦克－马洪就在身边，也跟着举了白旗，获释后，成为凡尔赛政府军的领导，镇压巴黎公社起义也算他军人生涯的一场胜利吧。

麦克－马洪是个有点极端的教徒，他参政的目的就是恢复"道德秩序"，所谓秩序就是指在天主教廷控制下的教权势力。当然，教权势力和王权势力是共生共荣的。

条件成熟了，保王党开始运作了。保王党有两支，原来就是因为分歧，最后便宜了共和派和波拿巴派。悲剧不能再重演了，这次保王党的伙计空前地有政治智慧，波旁派支持的尚伯尔伯爵没有子嗣，就先由他登基恢复君主制，然后将奥尔良派的巴黎伯爵立为继承人，将来政权再过渡到奥尔良派手里，多好。

这两帮人肯合体，那是空前强大了，所有人都等待着波旁胜利复辟那一天了。两帮政客有智慧，他们这两个主子就不太懂事了，他俩在政体上就谁也不让谁，后来为了旗帜还翻脸了。尚伯尔伯爵说是用波旁王室的白色旗，而且坚决不放弃列祖列宗的旗帜；巴黎伯爵要保留三色旗，也不松口。

保王派的合并因为争论而搁浅，君主制的恢复自然也就停滞了。当时的教皇看得直跳脚，说：俩傻孩子，那不就是一块破布吗？！

波旁派和奥尔良派翻脸，麦克－马洪的任期被延长，等待这个问题解决。没想到，悲剧又重演了，保王派的内讧再次便宜了波拿巴派，拿破仑三世虽然死了，可他儿子已经成年了，而且已经出现了一股拥戴"皇太子"的势力。

现在不论是保王派，还是共和派，都想到了路易·波拿巴是如何意外地渔翁得利，登基为皇的。为了对付两边共同的敌人波拿巴，保王派和共和派决定搁置争议，赶紧搞出一部宪法来，杜绝波拿巴家的复辟之路。之前因为帮派斗争，共和国建立这么久了，一直就没制定宪法。

1875 年，又一部宪法通过。这次的宪法由三个法律文件组成，很简单，很简陋，甚至有点不伦不类，因为政体根本不能确定。连宪法都不知道怎么制定，显见政体之争是当务之急，保王派和共和派的终极较量是赶紧确定一个体制，要不然写历史的人都会烦死。

甘必大回到了我们的视线，作为共和派的首领，领导了共和派的斗争。麦克－马洪和甘必大的政治素养高下明显，这二位到底怎么斗法，真是枯燥的政治，我们已经看了九十年，实在不能再看了，直接公布结果吧。

1879 年，共和派终于取得了两院和内阁，麦克－马洪辞职，共和派的格列维成为总统。这个老伙计当选时七十一岁，也不敢乱操心，大小事议会说了算，法国正式成为一个议会制的共和国。法国人九十年的斗争，不仅让皇帝国王统统滚蛋，连总统都用来做了摆设，革命得相当彻底。

6 月，共和国尘埃落定，选择题出了最终的结果。为了庆祝这个胜利，参众两院规定：法国的首都还是巴黎；《马赛曲》成为法国的国歌；7 月 14 日，定为法国的国庆节。

三十五　共和国政府和三块板砖

法国的君主派就是输在分裂，这段体制之争的战争中，共和派一直整齐划一地行动。共和派也不是一个固定的党组织啊，他们不过是支持共和的人抱团而已，一旦得手，他们肯定也要分派划地盘的。

共和派在分裂，分成了两支，一支很温和，一支很激进。温和派比较务实，虽然现在法国并不完美，但我们不用急着疯跑，应该谨慎渐进慢慢地推进改革，一定要等到最安全最有把握的机会，不要引发社会动荡；激进派认为，改革就应该大刀阔斧，最好是一步到位。

这两派有个焦点问题的对峙，那就是要不要报仇。找谁报仇？当然是德意志。那份割地、赔款的条约丧权辱国啊，法国人现在提起德国人就牙根痒痒。法国经济刚刚恢复点儿，法国人就呼吁政府，收复失地，报仇雪恨。温和派觉得，仇要报，但是要等机会，这一派就喜欢说"等机会"，所以有人叫他们"机会主义派"；激进派显然天天张罗着揍德国人。

法国经过快一个世纪的各种革命，真有点伤不起了，所以共和国刚开始的这段，温和派比较讨好，他们小心翼翼地扶持着摇摆的第三共和国走过了学步期。然而，一次次的各种冲击，也终于让温和派支持不住了。

第一件动摇了温和派统治的大事，布朗热事件。说到这个事件之前，我们要交代未来法国历史的一个重要刺儿头，如果没有他，19世纪前后的法国历史恐怕没这么热闹，这个人叫克列孟梭。

这是个医生的儿子，早年自己也学医，第二帝国时期，言论过激，坐过牢。后来游历了美国，对美国的政治制度和国家形态非常赞赏。拿破仑三世被俘，他被临时政府选为区长，正式进入政界。让他曝光率很高的是，在凡尔赛与巴黎公社对峙期间，他充当调停人，来往行走，当然，这个工作基本无效。

第三共和国确立，克列孟梭进入议会，成为激进派的大佬，天天放炮，经常对温和派的政府进行各种攻击，大嘴有时还很刻薄。他有个外号叫"老虎"。

温和派很温，他们总是力求淡化"复仇"情绪，重点扩展法国的海外殖民地。激进派对这个事很看不上，于是，激进派就预备给温和派一个刺激，也就是布朗热事件。

1886年，克列孟梭推荐了自己中学的校友布朗热将军担任陆军部部长。克列孟梭的推荐有自己的目的，因为他感觉布朗热是个激进的鹰派，会支持对德复仇。在激进派支持下，布朗热开始打造形象，我们不能说他是作秀啊：改善士兵的生活待遇，原来用饭盒吃饭，现在改用盘子（估计是能装多点）；营房的岗亭刷上红白蓝三种颜色；还准许军人留胡子；取消特权阶层的兵役豁免；将五年兵役缩短为三年。最吸引眼球的是，他号召征召新兵，要随时预备对德开战！

效果真好，布朗热马上成了明星，他全身戎装，骑着黑马穿行在巴黎的街道，一脸的坚毅，有复仇战神的感觉。一时间，他成为法国最红的政治人物，超过在朝的总统总理。

这样一个人成为明星，让温和派有点慌张，于是下令让布朗热下放外省。布朗热乘火车离开巴黎那天可热闹了，约十五万人到车站送他，有几个激进派的议员爬上火车头，不准火车开动。

温和派还没处理好这个偶像，自己内部又出了问题。当时的总统格列维的女婿，居然伙同别人倒卖由总统发放的荣誉军团勋章。布朗热的拥趸这下更闹了，你看看总统什么德行，给我们布朗热将军提鞋都不配。

温和派一慌，越做越错，他们居然将布朗热解除了军籍！本来共和国法律规定，军人是不能参政的，现在布朗热不是军人了，他一参加大选，谁能与敌啊？

果然，1889年，布朗热大热成为议员，而他之前组合的来自各派的"粉丝"自动成为布朗热党人，也跟着水涨船高进入了众议院。反对派已经发现，布朗热可能会是推翻现有制度和现有政府的一把军刀。

此时，布朗热的地位几乎接近神，满大街流行的是他的肖像和像章，关于他的歌曲有三百多首，他随便干点什么，就有人写诗写曲地讴歌他。

军刀出鞘，就应该见血封喉，布朗热党人就煽动他，让他直接政变，夺取政权。布朗热显然是个外表强悍内心虚弱的人，对政治的认识很傻很天真，他觉得，半年后他一定能靠大选走到权力的顶峰，不需要搞政变这种得罪人的事。

政治角力，不进则退，天予不取，你就自认倒霉。温和派痛定思痛，很快发现了布朗热的弱点，借口他跟保王党之间有阴谋，说要逮捕他。谁知，这个天天号称要为法兰西流血牺牲的大英雄，听说政府要逮捕自己，既不抗争也不辩护，他带着情妇跑到比利时去了！

这下子偶像崩塌，原来这伙计是这么个玩意儿啊。结果这玩意儿破罐子破摔，不惜丢人丢到姥姥家。一年后，他情妇肺结核死了，他居然在墓前饮枪自尽。一个该殉国的人殉情了，激进派方面表示压力很大。一手捧红布朗热的克列孟梭恨铁不成钢，非常刻薄地评价：这伙计死了和活着都一样，不过是个陆军少尉。意思是说，布朗热的智商情商，也就配个陆军少尉了。

布朗热轻飘飘地死了，他留下的影响却很沉重，法兰西的民族主义空前高涨，对德发动复仇战呼声越来越高。而倒霉的共和国政府又遭遇了丑闻。

前面介绍过第二帝国欧仁妮皇后的表哥雷赛布。他一手主持了苏伊士运河的开凿，立了大功，而后接了个新的工程，雷赛布和著名的工程师埃菲尔，对，就是造巴黎铁塔那位，联手建立了巴拿马运河公司，预备按苏伊士运河的模式开凿巴拿马运河。

巴拿马运河的难度超出了雷赛布的算计，工程本来就困难重重，运河公司的人还都喜欢拿工程款挥霍，很快资金链就遭遇了危险。运河公司决定到法国发行一种按期抽签还本的债券渡过难关。债券可不能想发就发，要政府同意啊，最正常的办法，行贿呗。把"有关部门"的人物都买通，债券自然就通过了。

债券顺利发行了，运河公司拿到钱了，不久就宣布负债十二亿八千万法郎而破产，工程进行了不到一半就停工了。破产就破产吧，跑到那么远的地方开运河，总是有风险的，虽然购买债券的几十万投资者损失严重，可在政府的安抚下，这个风波也就过去了。

谁知，三年之后，1892年，这个破产事件的盖子被揭开，巴拿马公司掩盖真实经营状况还滥用、挪用投资，整个一伙骗钱的，而他们骗钱的过程中，贿赂了大量的政府官员，都有名有姓有凭有据被提出来，发表在报纸上。

这可真是个爆炸事件，引发群情激愤。议会不得不出面调查。不过，不论是运河公司高层还是涉案议员，集体死不认罪。最后的解决办法是，雷赛布父子五年徒刑加罚款，埃菲尔两年徒刑，至于议员嘛，太多了，又没证据，都无罪吧。

议会认为他们无罪，可民众都看出了其中的猫腻。涉案的议员每天出现在报纸上受老百姓调侃，日子过得也挺狼狈。有几个脸皮薄的就直接辞职了，而克列孟梭硬着老脸坚持了一阵，在大选中败北，暂时离开了权力中心。

好在这个事件牵连了不少激进派，所以温和派的政府没有被他们借机打击，算是又逃过一劫。事不过三啊，第三次就怎么也躲不过了。

第三次危机就大发了，前后绵延了十二年才水落石出。起因是法国派了个间谍到德国驻巴黎大使馆。这位充当清洁工的间谍，专门负责从大使馆每天的办公室废纸中发现端倪。这天，清洁工发现了一张署名"D"的便笺纸，写给德国驻巴黎的武官施瓦茨考本，上面是法国陆军参谋部的绝密资料，关于法军布防等情报。

第三共和国规定，军官不能参与政治，这些军官也许不会公开表示自己的政治意向，可内部派系纵横，跟政界一样复杂。法国陆军参谋部抓内鬼，看着都有背景，都不敢动，正好有个叫德雷福斯的上尉军官，是个犹太后裔。当时正好欧洲流行排犹主义，就他吧，而且他的名字正好是"D"开头的，谁当间谍传情报还用自己的真名啊？

不到一个月就了结了此案，德雷福斯被革职，发配到法属圭亚那的"魔鬼岛"服刑。内奸被除，按说消息就不会泄露了，可法国的情报还是在向德国流动。这时，有些法国军官就怀疑德雷福斯可能是被冤的，而他的家人也到处发帖子喊冤。

法国的反间谍处处长皮卡尔是个有良知的军官，从怀疑到调查，他很快锁定了真正的内奸，埃斯特拉齐。虽然他手上的证据足够钉死嫌疑人，可陆军参谋部绝对不能承认自己的错误，还把皮卡尔赶到突尼斯去打阿拉伯人了。

皮卡尔可不愿意这件事就此湮灭，他将他的调查结果告诉了他的朋友，很快这个事又引发了全民热议。迫于压力，参谋部重审此案，维持原判，埃斯特拉齐无罪。

普通老百姓可能容易被糊弄，可有思想有见识的知识分子是不会被蒙蔽的。当时很多有良知的知识分子开始发起了对这个事件的讨论，挺身而出冲在最前面的，就是著名的作家左拉。

左拉出名是描写比较大胆，经常被保守派说他写淫书。他在法国文学史上还是很有地位的，《小酒店》《娜娜》《萌芽》都是我们应该熟悉的作品。

参谋部维持原判的判决一下来，左拉就在当时的《震旦报》上发表文章，他写的是给总统的一封信，开头用了"我控诉"三个黑体字，信中指名道姓地指责参谋部的军官。影响太恶劣了，法院判处左拉一年徒刑，罚款三千法郎，左拉因此被迫流亡英国。

左拉的行为刺激了报纸销量，法国进入了报业的高速增长期，一个知识分子的良知是会对社会有明显影响的。左拉跟德雷福斯不认识，可他却因为仗义执言为之获罪，在民众中引发很大的反响，也让这个案子引起了所有人的关注。每天老百姓都在等着案件的新进展，看报纸，尤其是看不同报纸的不同态度，成为生活中一件很重要的事。民众根据自己的分析分成了两派，一派认为德雷福斯可能冤枉，应该重审，一派认为绝对不能重审，政府和军队的面子放哪里啊。不愿重审的除了高级军官，还有就是排犹分子、君主派和教会等。

1898年至1899年，德雷福斯的案子是法兰西社会生活的重要内容。两派意见对峙，激烈论战，除了打嘴仗，有些地方还动手，朋友邻里甚至夫妻都有可能因为对这个事态度不一发生争吵和矛盾，法国吵翻天了。好在1899年，这个事稍微缓解了，应该感谢当时的总统福尔。他看社会情绪太紧张太激动，决定牺牲自己娱乐一下大家。他居然在跟情妇鬼混时心脏病突发死掉了，标准的"牡丹花下死"。

新上任的总统卢贝本来是倾向重审的，可他现在的位置注定了他必须和稀泥。他提出个折中的方案，德雷福斯罪名成立，但是可以特赦。

德雷福斯是从"魔鬼岛"回来的，谁也不知道过去五年他遭了什么样的罪，头发花白，神情苍老而倦怠。他愿意接受特赦，也就意味着，他接受了自己有罪这个事实。

直到1906年，要求重审派的骨干克列孟梭当上了法国总理，才重开此案，宣布了德雷福斯无罪。德雷福斯蒙冤十二年后，恢复了名誉和军籍。若干年后，德国的当事人施瓦茨考本逝世，他的回忆录披露了真相，真正的内奸正是埃斯特拉齐。作为一个德国人的立场，明知道德雷福斯是冤枉的，他又能做什么呢？

从上面的记述大家已经感觉到，法国的民众对政府真有不少的怀疑和失望。德雷福斯事件成为打晕温和派的最后一块板砖。1899年大选，激进派取得了众议院的多数。1906年，刺儿头克列孟梭做上了总理，一算时辰，"一战"就在眼前，这样一个脾气暴躁的政府很危险啊。

激进派上台，做了一件他们一直想做的大事，也就是政教分离，教会不能再影响法国的政治生活。法国的自由民主斗争一直以去教会化为重要工作。但因为第二帝国搅和了一阵，让本已被大革命整得有点衰的教会又复活了，而整个法兰西的政治斗争政局混乱中，一直有一支叫教权派的力量。

1903年，曾经做过神学院学生的孔勃成为总理。不知道是不是早年在教会混得不如意，脱离教会后，他的意见比谁都大，他处理政教分离这个事就更加果断：吊销所有教会学校的执照，也不许再批准教会办学，宗教团体的财产被查封出售，法国政府和梵蒂冈一刀两断。

虽然当时的教皇很想收拾法国，还到法国去号召教徒造反，不过大约是法国人的思想已经被调教得比较进步开放了，没跟着教皇他老人家闹事，政教分离这个事，办的时候有些阻滞，事后过了也就过了，再以后天主教不过是个宗教而已了。

老百姓不反对政教分离，可工人要反对事多钱少啊。20世纪初，随着集会、罢工这些自由的确定，工人运动开始多了，当然不是早年动不动就抢武器在街上乱打那种。他们现在有了自己的政党和组织，所以就有诉求有目的地组织有序的罢工或者游行。

克列孟梭成为总理，本来是工作努力，要求严格，雷厉风行，表现挺好的，结果暴脾气没扛住考验，镇压了几次工人运动，被归入"屠夫"一类，不得不暂停了自己的政治生涯。克列孟梭的经历再次证明，在野骂人比在朝执政容易多了。

三十六　那些花儿之四

老杨几乎没有详细介绍过共和国的总统或者总理，因为介绍不过来，从共和国成立到"一战"，法兰西的内阁换得太多太快，写出来大家全得迷糊。好在，这段时间出现的科学文化等领域的人物要比总统总理之类的有用多了。

法国是个放高利贷的

这一篇大致介绍一下法国的经济。第二帝国经历了经济的高速发展，而后是资本主义世界生产过剩引发的经济危机，接着就是皇帝御驾亲征再没回来，全体老百姓勒紧裤腰带还赔款，19世纪末又遭遇经济危机。基本上，第三共和国温和派掌权的阶段，经济疲软，大约也就是因为经济不行，才引发那么多政治问题。

从1870年开始，欧美等国家进入第二次工业革命，而法国也在磕磕绊绊中完成了这个过程。进入20世纪，法国的经济又找到了感觉，开始回暖，重新上升。就是在这个时期，雷诺、雪铁龙、标志三大汽车厂成立，当时法国的汽车产量仅次于美国；虽然美国的莱特兄弟发明了飞机，可后来创下飞行高度、飞行距离等世界纪录，并为"一战"生产出大量战机的，却是法国的法尔芒兄弟；法国第一个建成了水力发电站，并实现了远距离送电。这些工业要求的煤、铁、钢等原料产量当然也是成倍增长。相伴随的，一些垄断公司也就形成了。

不过，要看整个经济全局，法国跟当时的美国、德国是不能比的。法国人保守还胆小，依旧很小农。农民每人守一小块地养活一家，农业无法规模化，农业科技也就发展缓慢；工业上中小企业大量存在，得过且过，工业设备和技术也无法大规模更新。而且，法国的企业家喜欢赚快钱，实体赢利后，他们更愿意投资金融行业。

19 世纪至 20 世纪，法国因为第二帝国的银行业基础好，所以产生了大量的金融巨头。他们喜欢把钱往国外放。人家英国对外投资吧，都是选择实体，法国人觉得太累，还是放贷来钱快、省心。法国人的钱都流向各国放贷，利息日进斗金，都说法兰西是个放高利贷的，法国人自己还挺得意，殊不知，大量的资金流到国外，本国的工业因为资金的匮乏就难以做大。这些，恐怕就不是金融家愿意考虑的问题了。

1889 年，为了庆祝法国大革命一百周年，巴黎举办了盛大的世界博览会，吸引了三十五个国家三千多万人。这次博览会的大明星是专为这次盛会建起的埃菲尔铁塔。工程师埃菲尔的方案在七百多个设计方案中脱颖而出，这个幸运的伙计得以用自己的名字来命名这座法国的象征。庞然大物耗用了七万多吨钢铁，显示了这段时间法国冶金工业的巨大实力。

这一段时期，法国富裕，请客送礼出手都挺大方的。为了庆祝美国独立一百周年，法国人还制作了一个巨大的自由女神像运过去，这礼物看着是相当体面。

居里夫人的郁闷

1868 年，居里夫人——玛丽出生于波兰华沙。当时的波兰处于沙俄的统治下，作为女性，她不能在俄国或者波兰接受高等教育。为了出国念书，玛丽做了整整八年家庭教师，终于得以进入巴黎大学学习。

在巴黎大学，二十七岁的玛丽跟讲师皮埃尔·居里结婚，从此成为居里夫人。两口子的生活重心就是一起做研究。

18 世纪，一位德国的科学家从沥青铀矿中分离出了铀。居里夫人发现，沥青铀矿的总放射性要大于其中铀的放射性，于是得出结论，沥青铀矿中一定含有放射性比铀更强的物质。此后，二人的工作就是分析分离沥青铀矿，终于在 1898 年发现两种天然放射性元素镭和钋。

1903 年，居里夫人获得诺贝尔物理学奖。这是诺贝尔奖史上第一位女性获奖者。1906 年，皮埃尔·居里意外被马车撞死，居里夫人非常坚强地选择了继续完成两人未竟的事业。

知道了有镭这种东西存在，居里夫人下一个目标就是将其提炼出来。用沥青铀矿提炼镭是很烧钱的，因为沥青铀矿很贵，居里两口子一直不富裕，大量的沥青铀矿他们根本负担不起。

这位高智商人士很快想到了，沥青铀矿是用来提炼铀的，取走了铀，剩下的就是矿渣，矿渣不用那么贵嘛。而且她认定，要找的物质，一定是存在于矿渣中的。皮埃尔去世后，居里夫人独立完成的绝对是体力活。每次把二十多公斤的废矿渣放入冶炼锅熔化，连续几小时不停地用一根粗大的铁棍搅动沸腾的材料，而后从中提取含量仅百万分之一的微量物质。1898 年至 1902 年，这个动作的几万次的重复，消耗了几十吨矿石残渣，终于得到 0.1 克的镭，还测定出了它的原子量是 225。

1911 年，居里夫人因为镭的提炼，获得当年的诺贝尔化学奖。一个女科学家跨界获得两次诺贝尔奖，人类有史以来她是独一无二的。而在丈夫死后，她还成为巴黎大学的第一位女讲师。

居里夫人一生的研究为人类的科学开辟了一片新天地，并由此诞生了一门"放射学"的学科。

虽然获得了两次诺贝尔奖，居里夫人却从没有富裕过，她的奖金都用来做研究了。她提炼出的那一点儿镭，应该说是价值连城，可她发现了放射性物质可以治疗癌症后，就毫不犹豫将之捐赠给相应的组织。最了不起的是，她完全可以为镭的发现申请专利，可她没有，她慷慨地送给了全人类。

因为长期的放射性物质研究，居里夫人在晚年健康状况极差，最后死于恶性贫血。好在她培养出来的接班人很多，比如她的大女儿在 1935 年就获得了诺贝尔化学奖，小女儿写成了《居里夫人传》，我们从小对居里夫人的许多故事都耳熟能详，大约就是出自这本书。

居里夫人无疑是世界上的伟大女性之一，生命中唯一的瑕疵，可能是在四十五岁时因绯闻而名声受损，被法国人称为"波兰荡妇"。

守寡的女科学家爱上了丈夫的学生，比自己小五岁的著名物理学家朗之万。朗之万家有恶妻，想离婚而不遂。老婆盯梢跟踪，检查短信，终于缴获了重要物证——居里夫人的情书。恶妻将之公布给报社，这段不伦之恋成为好长一段时间巴黎娱乐版的头条。

居里夫人是科学家，情书写得颇为直观，不会明喻、暗喻之类的修辞，文字玉体横陈，让法国人觉得看不下去。而在朗之万老婆的添油加醋中，居里夫人的形象极恶劣。本来法国男女之间的关系挺浑浊的，面对居里夫人事件，他们突然集体清澈了，于是，"波兰荡妇"这个绰号就出现了。

居里夫人因此消沉了很长时间，朗之万也是个没担当的男人，躲在恶妻身后，任由其撒泼，好在没有因此毁掉一个伟大的女人。从这件事中恢复后，居里夫人继续投入工作，一直到生命的终结。

居里夫人的成就，让同期的很多男科学家都相形见绌，可他们的成果也不能被埋没，尤其是巴斯德。

巴斯德绝对是世界医学史的顶端人物，他帮我们发现了疾病是细菌引起的。巴斯德是理论和实践一样厉害的人，不仅发现了细菌，还知道怎么杀死它们。牛奶和啤酒里的细菌导致其极易腐坏、不可储存，可如果用常规方式高温加热，又影响味道，巴斯德发明了在 50℃~60℃ 的环境中保持半个小时的杀菌方式，也就是著名的"巴氏消毒法"。到今天，我们吃的喝的很多东西都得益于这种办法。一个科学家，致力于研究杀死致病细菌，是值得敬重的。

印象中的印象派

整个法国历史，这一篇是老杨最喜欢的，因为以下介绍的这几位大哥，一直让老杨顶礼膜拜。

这篇我们介绍印象画派。

原来我们介绍过古典主义、浪漫主义、枫丹白露之类的文艺名词，潮流变化得很快。艺术的演变不是孤立的，它往往受到政治经济或者科技的影响，与时俱进。

教廷当道时，绘画是为他们服务，内容都是神仙，尤其喜欢画在墙上或者屋顶上，讲究气势宏大，宝相庄严；文艺复兴，以人为本了，普通人也成为模特，《蒙娜丽莎》就跑到画上去了；到 19 世纪，绘画面临了一个很大的挑战，很多人当时都觉得，恐怕以后画画找不到饭吃了，如同大家都开始玩iPad了，卖实体书的也要吃不上饭了一样。

给绘画业一个突然打击的，是法国一位叫达盖尔的小伙子，发明了照相机！都能拍成相片了，要画画的干吗啊，我要是蒙娜丽莎，每天傻子一样坐在那里一个表情僵一天，等你画四年，我脑子里有水啊？达·芬奇的面子也不能给啊！

绘画的出路在哪里，能不能以全新的思路和风格崛起？ 1863 年，在巴黎一个沙龙上展出了一幅画，把大家都看傻了——《草地上的午餐》，作者马奈。

这幅画原名为"浴"，这是一幅树林中的野餐图，两男两女，三角构图。最吸引人眼球的是画面的中心，在两个衣冠楚楚的绅士之间，从容淡定姿态优雅地坐着一位裸女。

裸女这个题材，法国的画家都画腻歪了，马奈这幅，不过是个裸女的侧面，怎么会把大家看傻呢？是啊，裸女是见过了，裸男也没问题，可是女的裸得这么彻底，男的穿得这么整齐，这个搭配还真是没见过。除了题材有点惊人，对比强烈的整块涂抹的色块，也让传统的学院画派觉得很粗糙、很草率，整个法国绘画界，反感或是赞美，分成两派，开始了激烈的辩论和讨论。马奈在这段时间里被称为焦点人物，当时肯定好多门户网站重金邀请他去开微博。

都说马奈是印象派的奠基人，应该就是来源于这幅画。他自己也没正式宣布成为哪个门派的旗手，但他开辟的这条路线，自有后人来发扬光大。

1874 年，有几个被学院派鄙夷的年轻画家组织了一场集体展览，其中有一幅叫《日出·印象》的画，描绘了法国一个港口的早晨。晨曦微启，海面被染成淡紫，逆光的小船在荡漾，远处是依稀隐约轮廓模糊的码头和工厂，这是一个薄雾的早晨，万物笼罩在柔和的水汽中。

来看展览的批评家冷笑地打量了半天，然后评价，这幅画，还真是印象派。这就是印象派最正式的开宗立派了，虽然此时"印象派"三个字代表的是不知所云的乱涂乱画。

看了《日出》就知道到底什么是印象派，一言以蔽之，油画开始用写意的手法了。之前那几个门派，不管他们在技法或者是理论上有什么区别，他们一直有个共同的追求，那就是：写实，逼真。画得好像真的哦，是一个很重要的标准。现在不一样了，现在有相机了，再像也不过是跟摄影作品一样，画那么像没有意义啊。

批评家看不起《日出》，恐怕可以断言，这个老伙计从没早起到码头去看过这个情景，光和影的瞬间变化，让每一个刹那都有独特的美丽，而要抓住这些瞬间，需要画家快速地表达。不可能再像过去一样，勾勒线条，根据明暗阴影之类的填充颜色。《日出》这样的画不能近看，近看就是一团团的油彩，但如果退后几米欣赏，谁说这不是一个薄雾如烟、空气清新的早晨。

莫奈是印象画派的创始人，印象派的大部分理论和技法都由他发扬出来，很多的印象画家都有个共同特点，就是生前穷得叮当响，死后作品成为至宝。莫奈的妻子在另一个城市生孩子，他甚至没有钱买一张过去的车票。

进入老年后，莫奈突然对睡莲的题材很有兴趣，创作了大量名画。2008年，莫奈的一幅《睡莲》在伦敦的克里斯蒂拍卖行以四千一百万英镑拍出。

贝多芬的不幸是作为一个音乐家耳聋了，一样不幸的是莫奈，他患上了白内障，几近失明。作为光和影的大师，他的好几幅《睡莲》居然是在几乎看不见的情况下完成的。那些清波和睡莲、光影和变幻都已经深深地刻在他心里了，难得的是，面对这么大的痛苦，莫奈笔下的睡莲池，依然如此静谧。

大多数印象派画家都喜欢画风景，只有一位，将印象派的人物画推上了高峰，他就是雷诺阿。

雷诺阿是很受欢迎的画家，因为他的画，颜色很温暖，画面都很甜美。他喜欢画女人，年轻的女人，柔润的皮肤，丰满有弹性，带着自然的光泽，很快乐、很明朗。

《红磨坊的舞会》应该算是雷诺阿最著名的作品之一，描绘了巴黎红磨坊街一个露天的舞会。这么多人物挤在一幅画里，人头攒动，可每个人都有不同的表情，热闹狂欢的气氛迎面而来。

1899年红磨坊酒吧在巴黎蒙马特地区开业，很快名声就传遍了欧洲。蒙马特高地在19世纪是巴黎最多姿多彩的地区，因为有大量艺术家在这里混杂，作画之类的。艺术家扎堆的地方，绝对不能缺少酒和女人，渐渐地蒙马特地区就成为所谓的"红灯区"。普法战争的失败，全民情绪低迷，"红灯区"的作用就在于振奋大家的精神，轻快活泼露大腿的康康舞风靡一时。红磨坊能这么出名，雷诺阿的这幅名画也有宣传的功劳。1990年，这幅画的拍卖价格是七千八百一十万美元，那时候美元还没像废纸呢。

介绍印象派画家，一把眼泪一把鼻涕的。雷诺阿晚年因为严重的风湿病，几乎瘫痪，手指僵硬不能作画，他只好将画笔绑在手上，雷诺阿到死都维持着作品温暖、明亮、美好的风格，病痛也没在画布上留下任何痕迹。

经过莫奈、雷诺阿等人的努力，印象派被嘲笑被鄙视被习惯而后终于有一天被接受和喜爱，并取代学院派成为艺术世界的主流画派。印象派在不断地创新发展变化中，产生了一群所谓后印象主义的大家。

后印象主义对印象主义就有点质疑和怀疑了，最明显的态度就是收藏在美国波士顿美术馆的名画《我们从何处来，我们是谁，我们向何处去》。但凡有人问你这样的问题，你一定要警惕，问话的人会不会自杀，这种哲学问题最容易把人引入绝途。

作者叫高更，一个很"作"的男人，过了很"作"的一生。他本来是个股票经纪，还娶了个好人家的闺女，是生活安逸富足的中产阶级。人到中年，生了四个孩子，上有老下有小的时候，他居然辞掉工作，说是要专心画画。

因为少年时曾游历过秘鲁，又当过一阵子远洋船员，高更爱上了热带海岛的生活，于是跑到塔希提创作。为了去塔希提，他几乎倾家荡产。在热带的阳光海风中，灵感洋溢，高更自我感觉画出了不少优秀的作品。回到巴黎，他在塔希提岛的创作只有一小撮人表示了认同。失望的高更只好回到海岛，还患上了严重的疾病。祸不单行，就在此时，他听说了他儿女的死讯，尤其是钟爱的小女儿去世后，高更彻底崩溃了。他服毒自尽，没死，这种死去活来的过程让他脑子突然清楚了，接着，就完成了这幅伟大的作品。

画面中都是岛上的土著，自然地赤裸着身体，热带的阳光照耀着健康的肤色。右边是婴儿，左边是老头，中间是摘苹果的年轻人，形体和轮廓都很简化，大块艳丽的涂色，气氛有点儿神秘，内涵很哲学，大家自己理解吧。

高更自杀没死成，这个幸运不是谁都有。大家应该猜到了，我们要说到的，是凡·高。严格说，凡·高是荷兰人，但是因为他总在法国混，最精华的作品出在法国，又死在法国，我们就在法国画家中介绍他吧。

说到凡·高，就一定要讨论，到底后印象主义跟印象主义有什么不同。莫奈抓住光影的瞬间变化，写意描绘景致，很美好。而且无论是莫奈还是雷诺阿都很少将自己的情绪表达在画作上。后印象主义画家就问了，无论你画的景物多么美，那也只是客观的存在，画家自己在哪里呢？一幅画只要反映景物就够了吗？画家充其量只是个机械的临摹者或者记录者？

凡·高之所以成为凡·高，就是因为他每一幅画都带着他自己。

都说凡·高是疯子、精神病人或者癫痫患者，这个事也不用定论，不是天才的疯子不是好疯子，不是疯子的天才不是真天才。

最早凡·高是个可正常的孩子了，还立志当教士呢。揣着单纯的善良，凡·高自费到比利时的一个矿区去当教士，跟矿工同吃同住，同甘共苦。他是个教士，教士不用这么深入基层，教会和矿区都觉得这小子这么投入，可能有阴谋，将他炒了鱿鱼。

这以后凡·高到了巴黎，开始全心画画，也开始了由弟弟提奥供养资助的日子。凡·高和提奥演绎了古今中外最令人感动的兄弟情。

凡·高在巴黎认识了印象画派的诸多名人，尤其是高更。高更从塔希提岛带来的阳光灿烂的油画感动了凡·高，他疯狂地向往那些鲜亮的阳光和阳光中的万物，他决定到法国南部去找到他需要的阳光。

凡·高到了法国南部的阿尔小城，并向高更发出邀请，想跟他共同作画切磋。比遇上一个疯子更麻烦的事就是两个疯子凑到一起。阿尔城毋庸置疑是凡·高创作的巅峰时代，他几乎全部的优秀作品都出在这里，那些疯狂的故事也发生在这里。

两人最早还能和平共处，还共同完成了一幅作品《阿尔的舞厅》，这幅画上海世博会期间曾经来参展。时间长了就有分歧，谁也说服不了谁。这两人吵什么呢？高更认为，画家应该凭记忆加点想象作画，凡·高觉得应该画自己看到的。这点事有什么好吵的，各画各的呗。可两人就是吵，甚至动手。

高更觉得一天到晚陪着个疯子吵架没意思，就说要离开阿尔回巴黎去。凡·高像被抛弃的女人一样发起疯来，又哭又闹，一会儿哀求，一会儿恐吓，一会儿威胁，就是不准高更走。高更比凡·高大几岁，多少能容忍点儿，于是决定暂时不走。后来有几次高更半夜醒来，发现凡·高一声不响地在床边看他。

太吓人了，高更觉得还是离开为好。有天，高更出去散步，突然听到身后有急切的脚步声，一回头，看到凡·高拿着把打开的剃刀，想对高更丢过来。可能是高更阴沉严厉的脸色吓住了凡·高，他拿着剃刀跑了。为安全起见，高更决定还是在外面住一夜。清晨起来，他听到了惊人的消息，凡·高割下自己一个耳朵，用手帕包着邮给了妓女蕾切尔，还嘱咐人家好好保存！

高更知道，凡·高这是犯病了，赶紧打电话给提奥，通知家属将凡·高送进了精神病院，自己逃之夭夭了。后来，两人再没有见面。

新的说法是，高更和凡·高为争夺妓女大打出手，高更是个玩剑的高手，一剑出手，砍掉了朋友的一只耳朵，自切耳朵这番说辞，完全是凡·高为了保护朋友。

都不重要了，几个月后，凡·高开枪打死了自己，死时三十七岁。又过了几个月，他那情深意笃的兄弟提奥也死去了，就像有人说的，提奥是为凡·高而生的，凡·高离开了，他也跟着去了。

凡·高一生画了不少画，卖出去的只有一幅《红葡萄园》，现藏于莫斯科博物馆。其他的画作，在他和提奥死后被弟媳乔安娜收藏。提奥和乔安娜结婚，让凡·高挺不高兴，以为弟弟对自己的照顾以后就要摊薄了。他没想到的是，他能有今天的地位，全赖乔安娜在他死后的推广和宣传。

南部阿尔小城的阳光都被凡·高收在画里。很多人都不理解，到底那幅神作《向日葵》好在哪里，可以随便就卖几个亿出来。试试盯着看一阵儿吧，你会发现那幅画中每朵花都是活的，每片花瓣都饱含阳光和激情。凡·高现在已经是向日葵的化身了，因为他像向日葵一样痴迷而热烈地追求阳光。写这段文字的时候，正逢诗人海子卧轨自杀的纪念日，网上很多人在怀念，面朝大海，春暖花开，这两个悲剧的天才一样地追求明亮和温暖，只是，内心深处的孤独和寒冷，多少阳光都不够⋯⋯

整个后印象主义时代有三杰，凡·高、高更和塞尚。塞尚的成就不逊于前面这两位，他甚至被称为"现代绘画之父"。他最著名、特点最鲜明的画作应该是《圣维克多山》，都说这幅作品气象庄严庞大雄浑，老杨没看出来，总感觉画面乱糟糟的。貌似这个老伙计很喜欢这座山，画了好几十幅。塞尚认为景物不是看到什么就是什么，还应该带有画家的自我意识，看山不是山，塞老这个境界挺高深。

塞尚死后，巴黎为他办了个大型作品展，有个西班牙的小伙子在展览上深受触动，他觉得他可以把塞尚对于结构的探索发扬光大，并延伸出属于自己的艺术风格，这个小伙子就是毕加索。而他一手开创的那个门派，就是所谓的立体主义。

印象主义当道时，新的流派也在不断地挑战大家的品位。进入 20 世纪，因为后印象主义的尝试，画家就觉得，画画可以更主观，想怎么画就怎么画，谁都看不懂一点儿也不要紧。

1905 年，巴黎的秋季沙龙，九名青年画家展出了他们的作品，更大胆，更狂躁，没有空间也没有造型，颜色随意涂抹，鲜艳得刺目，仿佛是打翻了颜料罐子。批评家又感觉被雷了，当时展厅中央有一座意大利雕塑家多那太罗的雕塑，就讽刺说：这简直是把多那太罗放置在野兽的包围中啊！从此，这群画画如宣泄的家伙就被称为"野兽派"。他们的代表人物就是现在大名鼎鼎的马蒂斯，最著名的作品是《舞蹈》。

这个时期法国还出了一位雕塑家，从绘画界这么多巨星的光芒中显身出来，毫不逊色，创造了米开朗琪罗之后雕塑界的另一个巅峰，他就是"思想者"罗丹。

必须打住了，在法国介绍画家就像在德国介绍音乐家一样，刹不住车就能写出一本书来。眼看就要进入"一战"了，算我们战前的放松吧。

三十七　高卢的复仇

复仇之火，即将燎原

"兄弟啊！咱们别执着于门口这点破事好不好？地球很大呢，还有好多好多可好玩的地方呢，我们出去玩好不好？"

"坑爹呢？家门口的事你都处理不好，你上哪丢人现眼去啊？人家割走你那么大一片地，你还出去玩，玩个头啊你！"

这就是第三共和国成立之初那几年，温和派和激进派经常发生的争吵，到底是先抢殖民地还是先找德国报仇。温和派觉得争夺殖民地对法国的资产阶级发展无疑是有利的，还可以将国内战争失利后的一肚子鸟气宣泄到外面去；激进派则认为，忙于海外的战事，会转移对德国的复仇之心。这两派谁也不知道，发展到最后，这两件事合并为一件事，两派的目标都能实现。

温和派先掌权，他们说了算，所以法国这阵子满世界忙着抢地盘。挺有收获的，到"一战"前，法国的殖民地面积达到一千零六十万平方公里，统治着超过五千万的殖民人口。

在亚洲，1887 年法国将越南、柬埔寨、老挝三国合并成为印度支那联邦，想以此为基地进占东南亚或者中国。值得一提的是，1885 年，中越军队曾在镇南关—谅山一线大败法军，还直接导致了当时法国内阁倒台，可惜这样的神勇在那个时代并不多见。

更大的动作还是在非洲，从地中海到几内亚湾，整个西非基本都沦陷，法属西非要比法国本土大了好几倍。

殖民地的收益是很明显的，到 20 世纪初，激进派虽然还是叫嚣着报仇，可对殖民地扩张却是不反对了，要知道，法国在殖民地的贸易额已经远远超过他家跟欧洲几个陆上近邻规模的总和了。

殖民地扩张也不容易，当地的百姓不会坐视国破家亡，哪里都有强度不等的反抗，法国的军队在国外一点不轻松。而更要戒备的，是其他殖民帝国的敌意和遏制，比如在非洲，法国人就要跟英国打好商量，要不然，强盗之间的火并是随时会发生的。

英法两国在非洲的地盘大致是这样，英国掌握南部和东北，法国重点在西部和北部。在英国篇里介绍过，英国人搞了个双 C 计划，预备打通埃及到开普敦，殖民地纵贯非洲连成一片；法国也有个计划，双 S 计划，他家想的是打通塞内加尔到索马里，横贯非洲地盘连接成片。

这两个强盗计划终于在苏丹的法绍达城（现在的科多克）狭路相逢了。法军和英军对峙，法国人此时最恨的是德国佬，对于跟自家结怨近千年的英格兰感觉还好，而且法国人也想到，万一有一天要找德国人报仇，这头先得罪了英国人是何其不智啊。于是，法国人选择了撤退。

英国人绅士啊，听说人家主动撤了，还挺不好意思的。哥俩好吃杯酒吧，好好商量一下以后咱哥俩怎么分非洲这块大蛋糕。

1904 年，代表着英法彻底和解，并在未来共同进退的《谅解协约》签署。本来双方就商量好以刚果河和尼罗河的中心点划分地盘，现在更细地规定，法国绝对不骚扰英国的埃及，英国承认摩洛哥的事务是法国的责任。

英法这哥俩在非洲玩得痛快，就忘了欧洲大陆上还有个伙计。《德意志：铁与血的历史》里介绍了，俾斯麦下台后，德皇威廉二世终于可以闯祸了，他最闹心的就是自家窝在中欧，地盘忒小，现在打出去也有点来不及，因为好地方都被英法两家占了，现在再想玩殖民地，就只有一个办法，黑吃黑，从其他强盗手里抢。

德皇在非洲的冒险，就是那两次摩洛哥危机，法国最后以出让法属刚果的一部分安抚了威廉二世，在法德的宿怨上又加了一层。非洲的纠纷，恐怕还是要回到欧洲才能从根源上解决。

法国拉拢了英国，还是觉得心里没底，要想收拾德国，最好的办法是跟沙俄联手，两边夹击。俾斯麦在位，就知道法国人一直打这个主意，所以非常小心地维持与俄国的关系。威廉二世不动这个脑筋，他跑去跟奥匈帝国联手了。沙俄可不受德意志的鸟气，你不跟我玩，我去找高卢人玩。就这样，

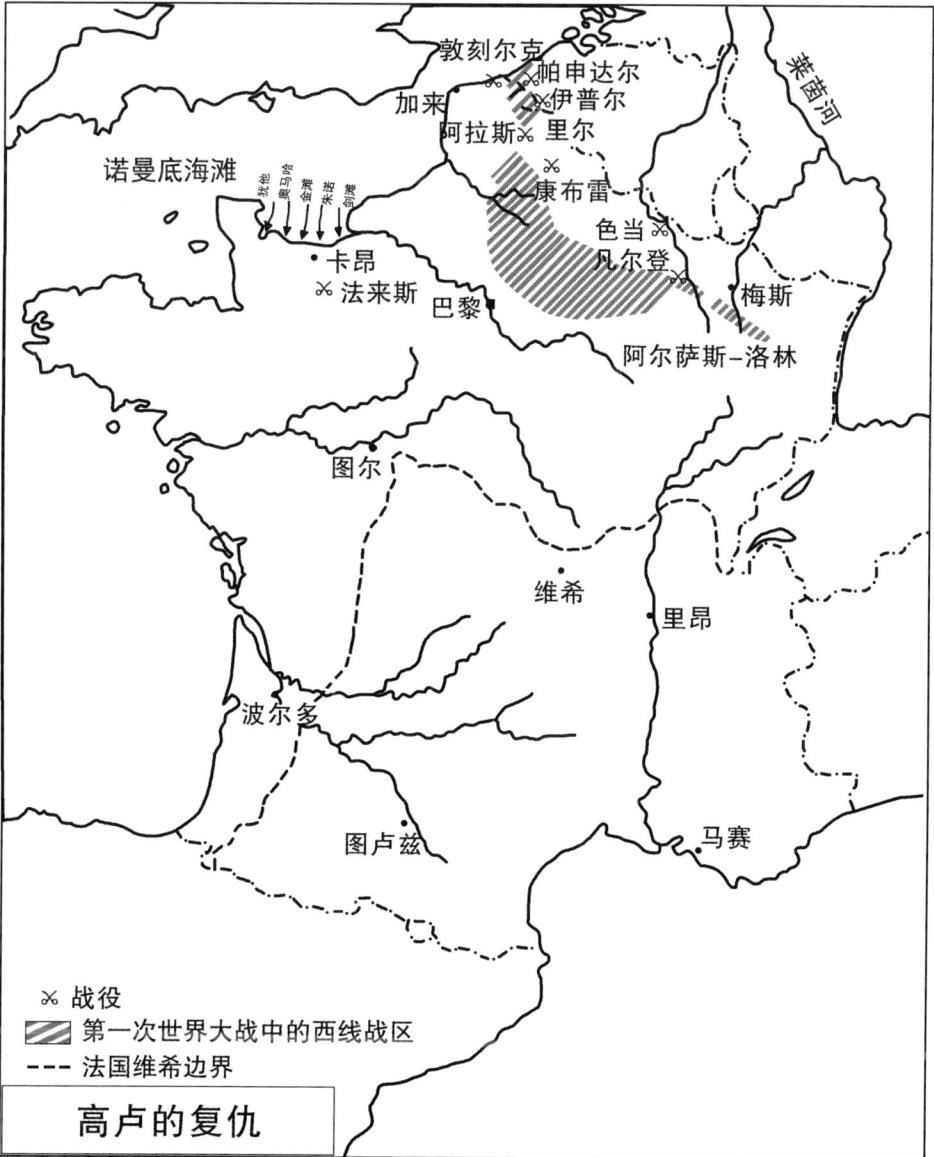

诺曼底海滩

敦刻尔克
帕申达尔
加来
伊普尔
阿拉斯
里尔
莱茵河

犹他
奥马哈
金滩
朱诺
剑滩

康布雷

卡昂
法来斯
巴黎

色当
凡尔登
梅斯

阿尔萨斯-洛林

图尔

维希
里昂

波尔多

图卢兹
马赛

⚔ 战役

▨ 第一次世界大战中的西线战区

--- 法国维希边界

高卢的复仇

法国如愿跟沙俄接上了头。

法国的主营业务不是放高利贷吗？现在看俄国人，越看越爱，于是，法国人决定，大把地向俄国放款，一百多亿法郎，流水般东去，进了沙俄的各个行业。这笔法郎好有一比啊，那可是滚滚长江东逝水，奔流到海不复回。

法国和俄国一伙，德国和奥匈一伙，刚刚法国和英国喝了和解酒，土耳其站在德国一边。都不是一个人战斗，所以谁也不怕战斗，只要有人跳起来，大家都敢上。

德国人准备好了，有大军百万，法国人还没有，只有五十四万军队。所以主战的激进派就要求，将原来屡次改革变成的两年兵役恢复为三年。此时的法国总统是普恩加莱，虽然议会制的国家总统基本是摆设，但在此时，普恩加莱被选举上位，则是因为他坚定主战。在他主持下，法国修改了兵役法，法国扩军成功。

到 1914 年，欧洲的空气压抑着冲动，都知道大战一触即发，法国内部，大部分人摩拳擦掌想报仇雪恨，反战者大都是社会主义分子。

前面说法国的工人运动开始有组织有系统地行动，原因就是他们有了自己的政党性组织，社会党，而该党派的创始人之一饶勒斯就是此时法国最反战的一位。1914 年的夏天，老饶到处奔走联络，又是撰文又是演讲，就是想把法国从战争边缘拖回来。

1914 年 6 月 28 日，巴尔干的火药桶先炸了，奥匈帝国的王储遇刺。而在法国，加速这一过程的则是饶勒斯遇刺，那是 7 月 31 日。老饶一死，整个法国失去了冷静的力量，剩下的就是战斗的冲动了。

8 月 3 日，因为比利时不给借道，德军向比利时宣战，当天夜里，法国向德国宣战。法国的子弟兵从来没有像今天这么骄傲，出征那天，留在家里的妇孺都走上街头，向士兵献花欢呼，光荣得一塌糊涂。最了不起的是，从来没有团结友爱的各政党派系空前的融合，社会主义者、保守派、激进派紧密围绕在政府周围，成立了一个囊括所有力量的"神圣联合"政府，一切为了胜利！

血染的风采

（本篇内容请拿出《德意志：铁与血的历史》配套阅读）

两次大战，法兰西大地都是西线的主要战场，不管是德国人、英国人还是后来的美国人，在别人家打架肯定是不会小心轻放、保护公物的。让我们看看美丽的法兰西如何度过这场浩劫。

我们已经知道德国那边的战斗总指挥是参谋总长小毛奇，而法国这边的总参谋长就是霞飞。霞飞我们不陌生，上海的淮海中路，早先叫霞飞路，就是用他的名字命名的，这伙计在法国还有个昵称"老爹"。

老爹不仅有个女里女气的芳名，还是个做派懒散的人，喜欢睡觉，为人保守，但这样的人，一般遇上大事都比较镇定，尤其适合在最危险的时刻主掌大局。

大家猜，法国一对德国下手，先打哪里？当然是阿尔萨斯和洛林地区。对法国人来说，报仇的目的就是收复故土，当然是先下手，占住了再说。

法国这个动作正中小毛奇下怀，因为他家主力的进攻方向快速经过比利时，从背后绕道进入巴黎。谁能想到德国人会出这么损的招啊，这边厢边境上几次战役都没占到便宜，那边厢敌人已经逼近了塞纳河。

巴黎危殆，平民开始逃难，八天中有五十万人逃离了巴黎，到处都是耸人听闻的传闻，怀疑到处都是敌人，所有跟日耳曼沾边的东西都被攻击和损毁。前线的总参谋长霞飞保持镇定清醒，先保住政府部门吧，内阁和政府先到波尔多去办公。

德军进展太顺，意气风发的，距巴黎只有十五英里。登陆的英军已经不敢恋战，节节败退，德军的先头部队追击得十分兴奋，根本等不及兄弟部队的协同支援，孤军深入。法国的飞行员从空中看到这支纵队的冒险急进，报告给了当时巴黎的驻防司令加利埃尼。加利埃尼马上作出判断，可以与德军在马恩河大战一场。霞飞经过考虑，同意了加利埃尼的作战申请，并说服忙着逃跑的英军掉头坚持战斗。

加利埃尼征调了巴黎一千二百多辆出租车，将巴黎的法军连夜送上了战场，这是人类战争史上第一次用小汽车运送士兵，让·雷诺出租车成为一个传奇，从此被称为"马恩河出租车"。

从 9 月 6 日凌晨开始到 9 月 11 日，德军统帅部终于下令全线撤退。英法联军取得了开战以来第一场胜利，并以此战的胜利，保住了巴黎，改变了战争的进程。当年 12 月，法国政府搬回了巴黎。

马恩河战役击退了德军，联军乘胜追击。德军渡过埃讷河后，不跑了，挖战壕，筑工事，预备跟联军长期对峙。打了几次，占不到便宜，联军也只好认了，也跟着挖战壕，筑工事，最折磨人的堑壕战开始了。

堑壕战就是消耗，看哪边人多，看哪边先耗尽。德国将土耳其拉下水，英法人手不足，只好屡屡找意大利做工作，拉他来帮忙。摇摆不定的意大利终于决定了自己的归宿，不过他不打德国人，他只对奥匈帝国宣战。好在东线的战事也开始了，德国人的注意力被俄国人拉过去一部分。

"一战"开始前，所有人都感觉，可能跟欧洲历史上的战斗一样，一两次战役分出了胜负就结束了，没想到一转眼就快一年了。战壕里的法国兵满身泥泞，风吹雨淋，日晒寒冷，简陋的伙食，一身的虱子，每天都要死人，每天都在战斗。这么多生命也没换来实质上的胜利或者收获，两边就是在各条战壕里胶着。

人的消耗可以补充，弹药装备很快就跟不上了。不得不从军队抽回技术人员，还雇用大量的女工，加紧军工生产。

最难的是坚持，坚持中最难的是受人非议。战事黏滞，损失惨重，一开始全民斗志激昂的巴黎出现了松动和抱怨，议员把马恩河的功劳归于加利埃尼，然后就指责霞飞，忙活了一年，没有任何效果。霞飞是强悍而且有实力的，在巴黎民众中声望颇高，虽然饱受压力，还是顽强地领导着法军的战斗。为了对抗德军新采用的芥子气，法国人也毫不示弱地将窒息性毒气弹投入生产。1915 年的核心内容就是，变着法子让对手家里多死人。

西线黏滞的战事让法国人抓狂，让德国人更闷躁，接替小毛奇的德军参谋总长预备毕其功于一役，直接将英法联军打废。1916 年，德国人选择了凡尔登，并布下了一千多门大口径炮。

霞飞任命了贝当将军来统领凡尔登的战役。这是一名老将，开战前他就已经预备退休了，主持凡尔登大战时，老爷子正好六十岁，自己也没想到，自己的事业要从六十岁以后才开始。

1916 年 2 月 21 日，德军正式动手，那一千门大炮在寒冷的空气中轰鸣，漫天都是穿梭呼啸的炮弹，德军这次是狠了心痛下杀手，一点儿不节省弹药，法军的阵地顿时血肉横飞，德军踏着法国人破碎的尸体攻克了第一道防线。

贝当接手时，凡尔登周围已经被炸成月球表面了，补给线也被切断。老将出马第一件事就是恢复给养，一边下令战士死顶，一边赶修被毁坏的公路。这条生命线以惊人的速度恢复了，近万人的运输大队开始疯狂地夜以继日地向战场输送援兵和物资，每天这条路上要经过几千辆卡车。十九万援军，上万吨的军火源源不断地注入凡尔登的阵地。法军在每一条战壕里搏命，高卢人的血性让他们一步都不退。

德军预备在凡尔登给法军放血，没想到把人家切得鲜血淋漓，自己也失血过度，两边都葬送了几十万好儿郎的性命，战场已是地狱。可是，凡尔登还在法国人手里，德军没能突破这道血肉长城。

凡尔登全靠搏命死磕，因为贝当知道，他要不到更多的援军，英法的大部队此时正在索姆河上游集结，预备发起一场对德军的大战，希望能一举突破眼下堑壕战的胶着。当然，索姆河一开打，凡尔登的压力能减轻不少。

7 月，索姆河战役终于启动了。英法联军的突然进攻，打了德军一个措手不及。德军的军事素养让他们在最短的时间就重组了纵深防御，跟英法对峙，将战役变成了拉锯战。

从夏天打到秋天，连绵的阴雨中，道路泥泞。也不知道到底算谁赢了，英法联军以八十万人的代价，将自己的阵地向前推进了五至十公里。德军死了五十三万多人，虽然丢失了大片阵地，可还算是挡住了联军的脚步，没让他们突破成功。

12 月，凡尔登的战事也结束了，跟索姆河战役的状态相反，德军以巨大的代价将阵地推进了七至十公里，没能突破法军的防线。

这一年，两场血战，法国、英国、德国伤亡人数共计两百万人，弹药之类的东西就根本无法统计了。要说收获，应该是德军已经渐露疲态，貌似坚

• 三十七　高卢的复仇 •

305

持不了多久了。

1916 年，所有人都累了，哪有这么打的啊，什么样的绞肉机也没这个效率啊。几个主要参战国内，呼吁和平的声音越来越高，打成这样，胜负还重要吗？停手吧！

年底，法国议会为了平息舆论，撤掉了霞飞，他被授予法国元帅称号，交出了法国军队的指挥权。1917 年 5 月，在协约国屡屡受挫的情况下，被称为"凡尔登英雄"的贝当上任成为法军的总司令。

这不是谁指挥军队的问题，现在重要的是有人安抚国民。坚实的联合政府出现了裂痕，社会主义者中又有人出来用各种办法张罗着要停战，法国又出现了罢工潮。最要命的是，3 月，俄国革命了，沙皇被罢黜，临时政府根本无法要求士兵继续作战。

虽然战争中，法国对出版物和各种消息实行了一定的控制和封锁，俄国的消息还是传到了法国军中，前线部队有九十多个团发生了哗变。贝当上任，第一件工作就是镇压这些哗变。

军队哗变，胜利无期，物价昂贵，食品限制，这些都让社会动荡不安，"神圣联合"内部出现了分歧，终于在 1917 年 8 月彻底散伙。

此时的法国需要强硬派，需要重新凝聚百姓和士兵的力量，坚持并打赢这场战争，带法兰西渡过这道难关。法国谁最强硬？所有人同时想到了"老虎"克列孟梭，还有比他还又臭又硬的家伙吗？虽然议会没人喜欢他，可必须是他才能力挽狂澜。

1917 年 11 月，克列孟梭出任法国总理，他的上台宣言是：对内作战，对外作战，我就是作战！

七十六岁的克列孟梭戴上法国兵的钢盔视察前线，亲自鼓舞士兵的士气，惩罚贪生怕死的人。对国内的局势，所有宣扬反战的，一律镇压；派专人监督军工物资的生产，扩大征兵。老头的意思很明确，谁也别想阻挡我打赢这一仗。

因为英法联军在开战以来协作上总是出现问题，让德军占了不少便宜，他们总结教训后，由法国的福煦将军出任了联军的最高指挥。几次战斗，检验出统一指挥的联军是好用多了。

克列孟梭上台组阁时，俄国那边突然"一声炮响"，接着德军的东线战场突然不见了。德国人冲列宁同志会心地一笑，非常利落地将兵力从东线调往西线，预备决战。

因为之前德国的无限制潜艇战得罪了美国人，美军已经预备登陆欧洲参战。现在对法国来说，到底德军和美军谁先出现，这是个问题。

显然德国人效率更高，1918 年，再一次，德国人兵临巴黎城下，德国的大炮已经开始对巴黎轰炸。在又一次的全城混乱中，克列孟梭发表讲话，表示，即使巴黎失守，他也将领导法国人战斗到最后一刻。"老虎"的煽动功夫是一流的，法国力量重新凝聚，大战初期众志成城的精神再次出现在巴黎。

美国人来晚了，好歹还是来了。随着美军登陆，德国人走到了尽头。11 月 9 日，德皇退位。两天后，整个西线的大喇叭都宣布，战争结束，协约国取得了最后的胜利。

老人家你伤不起

打完了到巴黎开会是传统，克列孟梭肯定会想法维持这个传统。在巴黎开会，第一是让法国有面子，显得像个欧洲领导；第二是在自家的地盘上开会，吵嘴动手都有主场之利。

巴黎和会，克列孟梭是个少数派，因为英美都不愿意把德国往死里整，尤其是整个和会，美国人更愿意讨论如何对付和遏制东边突然冒出来的叫布尔什维克的那家人。克列孟梭本来就是个不怕闹事的刺儿头，还生姜之性，老而弥辣，根本不介意难看和翻脸，大家没见过这么为老不尊的老爷子，快八十岁的人穷凶极恶的，也实在不好意思把话说得太过。据说美国总统威尔逊差点被他气得坐船回家，英国首相劳合·乔治差点跟老头打起来。

克列孟梭果然有主场优势，配合他在和会撒泼的是法国的报纸《晨报》。他们发起了一个"德国佬应该赔款"的运动，告诉所有的法国人，必须让德国人赔钱，因为此时法国的物价昂贵、物品匮乏、货币崩溃这些事，都需要德国人的赔款来埋单。法国人集体支持赔款。

后来的巴黎和约大部分项目达到了克列孟梭的要求，最大的成功是拿回了阿尔萨斯和洛林，法国开采萨尔地区的煤矿十五年，摩洛哥危机时被德国人讹去的非洲殖民地也要回来了。德国军队减到十万人，莱茵河以西全部及以东五十公里成为永久非军事区等。

赔款这个事不好定夺，天文数字吧，法国人恨不得把德国砸碎了变卖呢。后来实际点儿，第一期，在1921年5月21日前必须拿出两百亿金马克，其中百分之五十归法国。

说是这么说，和约也签字了，赔款这些东西怎么保障呢？克列孟梭说了，有盎格鲁—撒克逊联盟的诺言，一旦德国人反悔捣乱，英美联军随时跟法国人一起揍它。

法国人不都像总理这么天真，他们都感觉，《凡尔赛和约》既无抵押，也无保证，随时有可能变成一张草纸。

三十八　战争不是你想躲，想躲就能躲

"一战"胜利了，带给法国什么呢？失去了十分之一的人口，四分之一的产业遭受严重的损失。1918 年，预算赤字高达一百八十亿法郎，欠美国一百六十亿法郎，欠英国一百三十亿法郎，物价成倍地上涨，战前对外的高利贷借款大部分都有去无回，尤其是对沙俄的那部分，几乎所有法国人的生活都陷入艰难。

前面说过，老杨回避介绍第三共和国总理或者总统之类的政府首脑，因为介绍不起，划根火柴的工夫，他家就能换好几次内阁。其实人还是那几个人，翻来覆去，一会儿退休，一会儿又上班，一会儿当总统，一会儿当总理，都有点一脑袋糨糊，看着战后破破烂烂的法兰西大地，一筹莫展。

克列孟梭老爷子没想到，战后第一次大选他角逐总统之位居然就失手。老爷子战时对国家有功，大家领情，可老爷子这种又臭又硬又爱放炮的脾气，谁都烦他，和平社会他影响和谐啊。老头气急败坏地退出政坛，又操起了在野骂人这个主营业务。

不论多少人组阁，战后的十年里，法国的领导人就揣着一个想法，法国的问题，一定要靠德国的赔款才能解决。

德国人没说不赔啊，可确实没钱啊。你每天在我门口骂街要债没用啊，没钱就是没钱，你咬死我，我也是个没钱的穷鬼。

穷疯了的法国人抓狂了，不给钱，老子只好动手抢了！1923 年 1 月，法国带着比利时集合了十万人的军队开进了德国的鲁尔区。

德国政府号召德国人民"消极反抗"，占领区的企业停工、居民不纳税、不执行占领当局的命令，不替占领当局运送货物或者传递文件。一个挺兴旺的工业区进入假死状态，法国人看着这具"尸体"也毫无办法。

很显然，德国的赖账行为得到了英美的支持，法国在这件事上基本孤立。

所以，想从德国那里要出钱来挽救法国经济，基本上就不用指望了，自己想办法吧。

大战时的总统普恩加莱再次成为法国总理，因为战时的形象，他让民众对政府的信心稍有恢复，而他也非常果断地改革货币制度，发行了新的法郎，将法郎稳定在当时极低的价值上。稳定而低廉的法郎正好可以刺激出口，让法国产品更有国际竞争力。终于，遏制了经济的进一步恶化，并且由此时起，经济开始逐步恢复。到1929年，工农业的生产达到了战前水平，有的部门甚至还超过了。

战后的法国政治界还有一件大事，上篇说到的法国社会党分裂了。因为共产国际的产生，要不要加入共产国际成为社会党的一个争论议题，坚持加入共产国际的那部分，离开社会党，成立了法国共产党。

1929年，法国人很高兴，华尔街的股票崩盘，整个资本主义世界陷入经济危机，法国感觉自家毫无影响，一切都蒸蒸日上。因为普恩加莱刚刚稳定了货币，家里黄金储备还不错，加上法国基本上还是个农业国家，华尔街的股票崩溃暂时威胁不到种地的。所以，经济危机席卷而来时，法国人暗喜自家得以幸免。

当然没有幸免，对法国这样的国家来说，经济危机来得晚但可能影响得更长远。20世纪30年代初开始，法国人终于看到传说中的经济危机了，汽车业、纺织业都遭受重创，连带农业、农产品，甚至是招牌产品的葡萄酒，价格都严重下跌。1935年，钢产量减少了一半，铁少了三分之二，棉纱和汽车减产百分之三十五，失业人口超过四十万。

从第三共和国建立，大家就有一个感觉，管事的特别肉。除了战时的联合政府和后来的"老虎"克列孟梭，所有的内阁都疲软，出现问题时就一副茫然的表情。这次危机让很多人没有了工作，没有寄托了，有些想法偏激的人就开始聚在一起，试图通过外界施压，让议会振作点，有个新面貌。

其实，经济危机后，欧洲很多国家都开始出现想法偏激的人，有两个最偏激的还成了气候，让很多人崇拜，一个叫墨索里尼，一个叫希特勒。法国

310

一些激进的右翼分子就感觉，自己国家也应该有类似这样更强有力的政府，法西斯也不坏啊。

所谓右翼，我们通常对他们没啥好感，比如喜欢参拜靖国神社的日本人，都叫作右翼军国主义分子。法国这段时间出现的右翼团体最引人注目的则是"火十字团"，他们可是人见人爱的，因为大部分的成员都是"一战"的退伍军人，法国人对他们怀着敬意。

"火十字团"的想法可能是推翻议会建立某种独裁法西斯统治，不过他们表达得很平静，就是每个星期天沿着爱丽舍的田园大街游行。

共和国的议会有个特点，就是越危机的时候它越掉链子。"火十字团"在街上踱步，也许哪天人家一高兴就能掏出家伙冲进市政厅，解散议会成立一个新政府。可偏偏就在这个很敏感的时刻，议会又搞出了个大丑闻。

有个法籍的俄国人，也是个犹太人，叫斯塔维斯基。长期在法国销售某种债券。其实这家伙是个开皮包公司的骗子，从事的是金融诈骗的活动。但他一直混得风生水起，自然是上面有人，政府有人罩他。

骗子总有被揭露的一天，露馅后，斯塔维斯基就跑到阿尔卑斯山一个小别墅躲起来，可法国对他的逮捕和审判却迟迟没有定论，显得很猫腻很腐败。后来有一天，斯塔维斯基突然死掉了。警方鉴定为自杀，但大多数人却认为他是被杀人灭口了。

此案的检察官是当时的内阁总理肖当的亲戚。之前已经有证据显示，部分众议员跟斯塔维斯基勾结得很深。所以，斯塔维斯基"被自杀"后，右翼团体就在巴黎多个地点聚众示威，声讨"跟盗窃犯勾结的议员"。大家知道法西斯分子最恨犹太人，这个骗子还恰好是犹太人，所以让右翼分子更是激愤。

示威行动有些失控，开始有人冲击议会大楼，引发了警察的镇压，造成了十七个人死亡、几千人受伤的结果。这件事发生在 1934 年 2 月 6 日，被称为"二六事件"。这本来是"火十字团"推翻共和国最好的机会，可不知为什么，他们就撤退了。共和国经历了一次巨大的危机，居然没有倒。不过，这样的打击，还能挺住几次呢？

右翼帮派因为这个事件空前团结。左翼呢？反对法西斯，反对独裁，维持民主共和国的人总是有的。本来共产党和社会党分裂后，两边挺不友好的，看到眼下这个局势，只好抛弃前嫌，重新携手。

社会党和共产党联手，就将左翼的团体都吸引到自己周围。1935 年 7 月 14 日，庆祝国庆节，社会党、共产党以及代表资产阶级的激进党派联手也组织了大游行，五十万人从巴士底狱走到了共和国广场。这个游行是法国政治历史上的重要事件，它标志着一个叫"人民阵线"的组织成立了。

此时的法国，左翼右翼已经壁垒分明，右翼组织了"民族阵线"与"人民阵线"对抗，大家都感觉这两边早晚会打一架引发内战，不过好在他们暂时希望在议会选举上决出胜负。

左翼赢了，社会党取得了组阁的机会，这可是法国政坛一个全新的开始。组阁的是法国历史上一个挺悲情的人物，勃鲁姆。

新内阁新气象，社会党人上台，当然要照顾广大工人群众的利益。勃鲁姆内阁搞了几项改革措施，社会主义者嘛，最重要的就是将大型的工业先收归国有。针对普通民众的改革中，有几样到现在法国人都很感激。比如说：从此法国人每周工作四十个小时；增加工资；周日或者假日，卢浮宫之类的地方可以对民众开放；最牛最人性的一条是，可以享受每年两周的带薪假期。带薪假期啊，之前贫困的法国人一辈子都不敢想象有休假这种事，不上班还有工资拿。大家可以注意一下，20 世纪 30 年代法国的一些出版物，经常有一家老小在海边度假这样的画面，都是带薪休假的福利。

勃鲁姆的改革目的的确是想惠及大众。不过，这样的恩施，首先要以一个富裕的国家经济为基础，法国的国库空荡荡，法国的平民百姓还没到能实现这种幸福生活的阶段。因为无以为继，勃鲁姆的改革只能暂停。

不久，勃鲁姆在外交问题上再次遭遇无奈。西班牙出事了！现在整个欧洲，大多数国家都存在着法西斯分子和人民阵线两大帮派，西班牙的法西斯分子头目叫佛朗哥。他发动叛乱，要推翻西班牙的人民阵线控制的政府，并获得了他这一派两位大哥希特勒和墨索里尼的支持。

都说西班牙的内战是"二战"的预演，两种意识形态终于在这里公开地交锋。左翼的人民阵线现在也有大哥啊，苏联和共产国际。斯大林愿意帮忙，苏联的武器一批批进入西班牙，斯大林可不做赔本的慈善事业，武器不免费，西班牙用自家的黄金换来的。鉴于西班牙是内战，斯大林也不可能派苏军进入西班牙帮忙，所以通过共产国际在全世界号召同志，组成志愿军到西班牙参战。五十多个国家的热血青年，怀着激情和正义感，或者还有些浪漫的理想主义，组成了大名鼎鼎的"国际纵队"进入西班牙，帮助人民阵线战斗。

法国不也是人民阵线当政吗？跟西班牙的政府是革命同志啊，西班牙的人民阵线向着法国深情地呼唤，希望这个邻居能施以援手。可是，无论是英国还是法国，甚至美国，他们都决定"不干涉"西班牙的内政，任由德意联合佛朗哥荼毒了西班牙。

为什么"不干涉"？英法这两个国家貌似挺喜欢"干涉"的啊，佛朗哥在西班牙也杀人无数，引发人道危机，怎么这两个主张自由平等人权的国家不帮忙呢？

原因有两个：一、恐共；二、恐德。恐共是"一战"后资本主义世界的主流思想了，现在五十多个国家的共产党聚集在西班牙，如果他们成功干掉佛朗哥，一个共产党领导的西班牙就诞生在地中海上、欧洲主要国家的身旁。英法美心中，共产党是一种高速扩张蔓延的超级病菌，它出现在东北欧，已经引发恐慌，如果出现在西欧，大家还过不过了？

至于恐德，这也不是秘密了。"一战"把英法的经济打得一塌糊涂，法国疮痍满目，损失最大的却是打掉了高卢人尚武好战的血性。对法国人来说，身边希特勒的崛起，就如同家门口开了个黑社会的社团，别惹他，凡事赔笑脸，出门最好绕道走。黑社会要找人火并，你还能往跟前凑吗？有多远躲多远啊。英法都怀着对希特勒小心伺候的心，他们敢帮忙吗？

勃鲁姆也很无奈，他代表人民阵线上台，打心底里还是支持人民阵线的。可民选的政府和法西斯最大的不同是，不是你心里怎么想就能怎么做，要掂量所有的利弊关系。法国的所有派系中，右翼肯定是一致支持佛朗哥的，左翼有分歧，社会党和激进党都觉得应该"不干涉"，共产党是支持西班牙政府的。勃鲁姆权衡再三，激进党又屡屡以退出内阁要挟他，所以他最终选择了"不干涉"。

"不干涉"的做法完全不照顾共产党的感受，共产党人也不干了。人民阵线开始动摇分裂，勃鲁姆看着形势不好，只能挂冠而去。法国的人民阵线就此终结。激进党上台组阁，战前法国的著名人物达拉第成为政府总理。

法国对西班牙法西斯放纵的结果，是让自家陷在了德国、意大利、西班牙三个法西斯政权的包围里。在对待法西斯崛起的问题上，法国基本可以算是窝囊透顶。

上篇介绍过，"老虎"克列孟梭在巴黎和会上，差点跟英国首相打起来。当时他们对骂而后动手的主要议题是，"老虎"坚持将莱茵左岸开辟为非军事区。可 1936 年，当德军提着鞋子踮着脚悄悄进入这一地区时，人数和装备都不如附近的法国军队，只要高卢人敢开火，就能将德军赶回去。可法国表现得像傻小子，他们看着德军过来驻下后就知道咧着嘴哭，一边哭一边找到国联告状。国联说，别哭啊，看我帮你骂他！骂了两句，德国人淡淡一笑，这个事就算过去了。

也就是这个试探的动作，坚定了希特勒的进取心。1938 年，他全取了奥地利。法国人这次连哭都没哭。

现在，达拉第政府上台，希特勒很客气地过来通知他们：德意志想要肢解法国的盟友捷克斯洛伐克，法国人是接受呢还是接受呢？

"一战"结束后，为了自家的安全，法国在欧洲范围内到处赔笑脸交朋友。为了挟制德国，捷克斯洛伐克跟法国烧了黄纸拜了兄弟成为盟国。

这可愁死人了。墨索里尼组织所有人到慕尼黑开会，讨论捷克的问题。听说要开会，巴黎人欢欣鼓舞啊。为啥高兴？狂人取得奥地利直截了当就动手，现在人家居然先开会，说明人家讲道理，不想打了，和平有望啊。只要达拉第在会上好好表现，希特勒拿到他想要的东西，欧洲就安静了，和谐了，祥和了，以后谁也不打架，都好好活着。

达拉第是带着这样的民意到了慕尼黑。1938 年 9 月 30 日，《慕尼黑协议》正式签署。这个协议的内容大家都很熟悉了，连签了字的达拉第自己都有点不好意思。签完后，在回家的飞机上，他非常忐忑，他认为，他会收到很多法国人的鄙视和责骂，也许一走下飞机，一个臭鸡蛋就会迎面砸在脸上，他甚至想是不是打把雨伞挡挡。

事实与他想象的正相反，他以一个英雄的面目降落巴黎，全巴黎用欢呼和赞美、献花与笑声来迎接他，都说他拯救了和平，拯救了全法国，是古往今来最大的英雄。

这个满城欢腾的画面我们好熟悉啊，那是 1914 年，法国人送自己的子弟兵上战场，高卢的勇士要找德意志复仇的时候。从这两个画面对比大家可以看出，"一战"这三十年来，法国的胆量和勇气几乎已经消失殆尽了，而西班牙和捷克的事件，也伤透了之前想依附法兰西的小国的心，这个曾经的欧洲霸主，如今的形象窝囊得可怜。

咱家的历史教训最深刻，最明白，从来没有一个民族是因为谦恭和退让而不受欺凌的，也从来没有一个国家因为害怕战争就能躲避战争。法兰西，将因为它的"举国怯懦"，迎来史上最大的屈辱和不幸。

三十九　亡国的岁月

温泉水能安抚亡国的心

1939 年 9 月 1 日，纳粹德国闪袭波兰。9 月 3 日，达拉第几次厚着老脸求希特勒谈判无效后，只好硬着头皮宣战，法兰西无奈地进入了"二战"。

欧洲所有国家的"二战"史都是厚厚的一本书，法国的比较简单，因为德国人在他家真没花什么工夫。

法国怕德军怕得要命，"一战"之后自然也要做点准备工作。态度决定一切，"一战"后对法国来说，能避免战争是最好的，实在要打，最好是将敌人防范于大门外，挡着别让他们进来就行了，反正我们也不准备打出去。根据这个思路，1929 年新上任的国防部长马其诺就提出，干脆起个栅栏造个长城吧。伟大的马其诺防线从北边的法国比利时边境到南边的法国意大利边境拔地而起，全长七百公里。

马其诺防线绝对不是豆腐渣工程，1929 年正好是法国经济兴旺的日子，工程不差钱，也不想省钱，花掉了法国一年的财政预算，大约超过五十亿法郎。工程怎么样？工程实在是高，它由一组组相互独立的筑垒式防御工事群构成。每一组工事包括一个主体工事和一些观察哨所，相互间以电话联系。主体工事距地面三十米，指挥部、炮塔、发电设备、修理设备、医院、食堂、宿舍设施一应俱全，工事外则密布金属柱、铁丝网。工事内粮食和燃料的储存一般可坚持三个月。全线共部署三百四十四门火炮，建有一百五十二个炮塔和一千五百三十三个碉堡，所建地下坑道全长达一百公里，道路和铁路总长四百五十公里。综上所述，马其诺防线绝对当得起"固若金汤"四个大字。

看到这么一个庞然大物竖在门口，法国很放心。他们都想啊，要是正面进攻马其诺防线，日耳曼人肯定是鸡蛋碰石头，说不定，就在马其诺防线，法军就把来犯的德军全灭了。

所以，虽然宣战了，法国人心态还很放松。波兰也是盟国，因为事先有约定有承诺，被迫无奈只好宣战，可宣了不一定要战。波兰那边炮火隆隆，法军躲在马其诺防线后面，为波兰呐喊助威。

德军有五十个师就在马其诺防线对面，法国人决定没事不骚扰他们。最闹心的就是，在马其诺防线跟德军对看，日子也挺无聊的，好在政府和军方都了解基层部队的疾苦，组织了丰富多彩的军营文化活动。有演出、有电影、有舞会、有牌局，总理还发了一万足球过来，驻军可以组队搞个小型联赛。总之在马其诺防线驻守的岁月，跟带薪休假差不多，法国大兵都长胖了。

从英法宣战开始，波兰那边就等待着西线战事启动分担自己的压力。从1939 年 9 月到 1940 年 8 月，史上称为"奇怪的战争"，西线的英法军队，完全不进入战争状态。

英法不怕闲着，德国人可没闲着。1940 年 5 月 10 日，他们按计划在西线发动了全面进攻。德国人跟法国人脑子长得不一样，法国人觉得，我既然修了个防线，德军就应该对着防线撞上来；可德国人想的是，我好好的干吗跟一堵墙过不去啊，碰上挡道的，我可以绕道走啊。

漂亮的"曼斯坦因计划"，德军大兵压境，佯攻比利时和荷兰，德国名将古德里安率一千五百辆坦克克服重重困难通过了阿登山区。荷兰、比利时相继缴械，装甲师节节推进一直到海边，摩托化步兵紧随其后。这不到一个月的时间里，盟军最有效的工作就是敦刻尔克的完美撤退。二十七万英军和十万法军，借着英格兰强大的舰队力量，逃离了这个即将沦陷的国度。这十万法军是幸运的，因为没赶上船的其他北方部队全部成为德军的俘虏。

6 月 10 日，政府再次迁往波尔多。就在这一天，意大利向法国宣战，在背后捅了一刀子。在阿尔卑斯山，法军的六个师成功阻挡了三十二个师的意大利军队，说明法军的战斗力是不差的。不过，最怕的是精神被打垮。大批的百姓逃亡到南方，难民阻塞着道路，所有车辆都不够用，沿途一片混乱，物价暴涨，连水都成了奢侈品。

德国人要来了，他们天上有飞机，地上有坦克，打是打不赢的，只有投降才能结束这噩梦般的日子。一小队德军就能让一个城市投降，所有人都想，

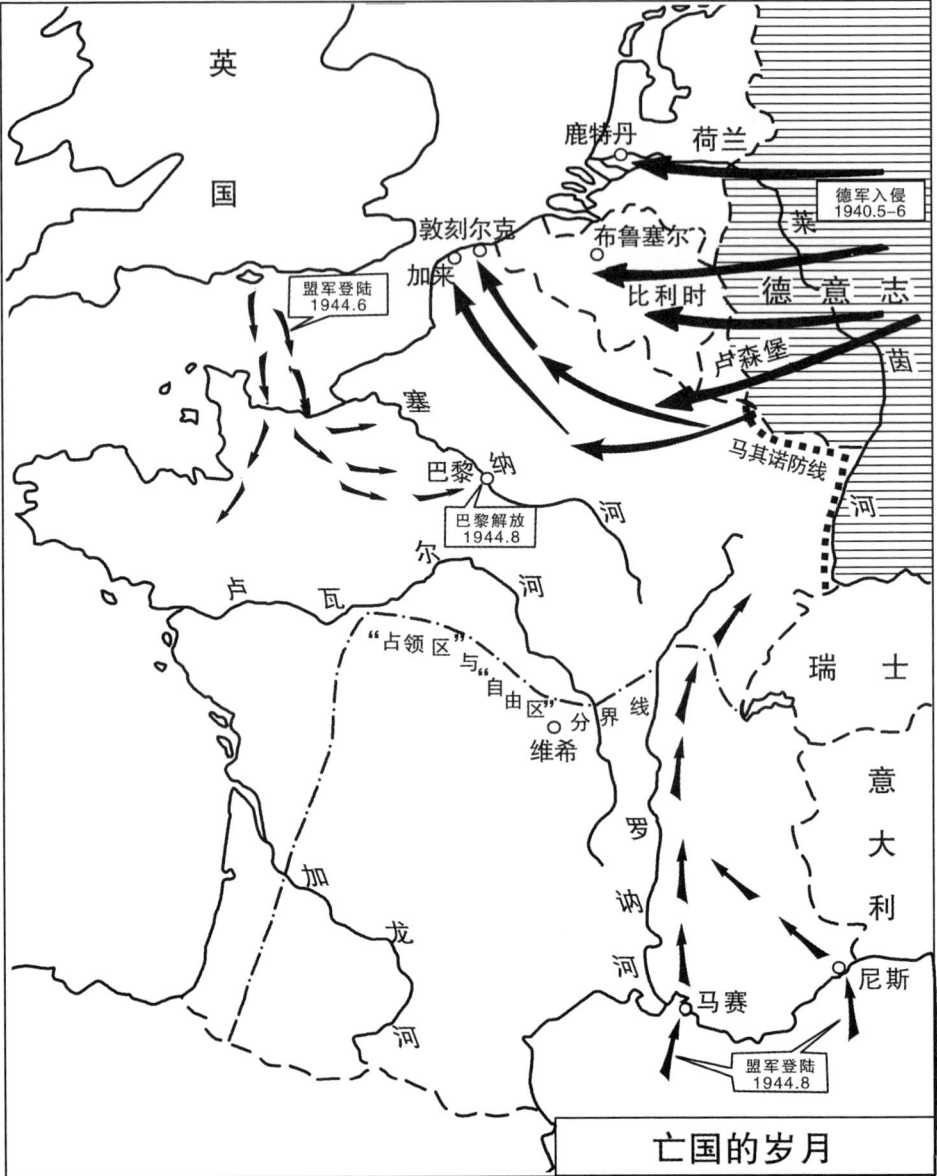

英国

荷兰

鹿特丹

德军入侵
1940.5-6

莱

敦刻尔克

布鲁塞尔

加莱

比利时

德 意 志

盟军登陆
1944.6

卢森堡

茵

塞

马其诺防线

纳

巴黎

河

河

巴黎解放
1944.8

卢

瓦

尔

河

瑞 士

"占领区"与"自由区"

分 界 线

维希

罗

意 大 利

加

讷

戈

河

河

马赛

尼斯

盟军登陆
1944.8

亡国的岁月

只要投降，我们就不会被轰炸，被屠杀。偶尔还有几个人大声呼喊着让法国人团结起来，抗战反侵略，不当亡国奴，可这些声音太小了。有一个叫戴高乐的准将，他自己躲在伦敦号召法国人民反抗，这不是站着说话不腰疼吗？

赶紧投降！这是1940年6月，全法国人的心声。世界史上恐怕没有哪一个国家，如此上下同心地希望被亡国。6月18日，时任总理的贝当元帅向德国请求停战，不知道当年在凡尔登战场血拼德国人的英雄贝当，当时有没有想到自己有乞降的这一天。

6月21日，在距巴黎北部八十公里的贡比涅森林小车站雷通得，1919年11月11日签署法德停战协议的地方，当年协约国部队总司令福煦将军的专列车厢内，法国签下了屈辱的停战协定。前后大概就是一个月，欧洲曾经的霸主、曾号称西欧最强的高卢人就被纳粹德国踏在脚下。也许亡国对法国人来说不算什么，可亡得这么快，就有点像神话了。

6月25日，条约生效，法国被一分为二：北方，大约国土的五分之三属于纳粹德国的占领区，他们挂着刺刀按自己想法管理；南方的五分之二允许法国人自己管自己吧，这么大一个国家，说没就没了也不合适。

波尔多城也被划给德国，所以政府还要迁出去，现在当家掌舵的是贝当元帅，他带着大家搬到了维希。

维希在哪里？法国中部一个小城，它的特产大家都见过，"药妆"化妆品薇姿（Vichy），就是来自这里。维希是法国旅游的热门景点，最著名的就是温泉，传说这里的温泉对皮肤病、风湿甚至肠胃病有奇效。薇姿能成为所谓的"药妆"，广告说也是来自这里的温泉水。

投降时，贝当老爷子八十四岁了。大部分老头子都有个特点，怕死还渴望权力。因为老爷子又救了大家，所以搬到维希的"法国议会"被要求授予贝当全权以制定新的宪法。法国真是好久没有新宪法了，既然重新制宪了，那就又是一个新的国家了。第三共和国正式死亡，龟缩在维希的这个国家也不知道算什么，后来就叫"维希法国"了，老贝当大权独揽，成为"元首"。老头耄耋之年还过了一把独裁的瘾，真是幸福的晚年生活啊。

维希政府老少爷们儿泡在温泉里偶尔伤心，偶尔江山北望，偶尔还会唱起家乡小调，好在维希的温泉能治病，亡国导致的心病恐怕也能治，日子也不是不能过。

在没有温泉的地方

现在的法国人分成了三个部分。第一部分是纳粹德国占领下的北方法国，巴黎上空飘扬着"卍"字旗。德国人好像正有组织地将德国人迁居到这里，开展工农业生产活动。阿尔萨斯和洛林更离谱，德军一进入，他们就表示了欢迎，还说愿意回到"祖国的怀抱"，这两地的年轻人争先恐后加入了德国军队。最开始逃难离开北部的法国人，看着德国人挺懂礼貌的，彬彬有礼的，也都陆续回到了占领区，成为德国统治下的高卢顺民。顺民的日子并不好过，德国人在自己家都"要大炮不要黄油"，要求老百姓为了战争勒紧裤腰带，他们更不可能让法国人吃饱喝足了。在占领区，所有的生活资料一律实行配给，吃饭凭票，很难见到肉类，甚至衣服鞋袜也都是配给的。相比之下，农村人的生活比城市略微好过点。

第二部分是南部的维希法国。虽然还号称是法国，基本跟德国的殖民地没区别，工业产品和农业产品优先向德国人纳贡，而因为原料匮乏，工农业也没什么有规模的生产。士兵复员找不到工作，生活贫困而艰难。

除了法国本土这两块吃不饱穿不暖的法国人，还有一部分法国人，他们不愿意做顺民，也不愿意泡温泉，他们要收复国土，要跟纳粹作战。于是，他们选择过海到英国去，那里是反击德国的大本营，有个叫戴高乐的家伙在等着接应他们。

戴高乐，男，生于 1890 年，籍贯法国里尔，家庭出身教会学校教师。参加过"一战"，受过伤做过战俘当过军校教师。1940 年，戴高乐被任命为法兰西的陆军次长。从宣战开始，就一直张罗着跟德军拼命。法国节节败退时，他建议法国政府应迁往法属北非，并继续领导抗战。当时主战派在所有法国人看来是脑残兼非主流。

1940 年 6 月 17 日，戴高乐送一位英国将军回伦敦，飞机即将关闭舱门那一刻，他突然跳上了飞机，跟着英国人一起到了伦敦。英国首相现在是好战的丘吉尔，戴高乐知道去找他才有前途（老杨沿用主流历史书的写法，但在很多历史书中，国家尚未完全沦亡，作为一个高级军官这样跑到英国去，可以定性为叛逃，所以后来贝当政府定他"叛国罪"，判处他死刑）。

戴高乐到达伦敦的当天夜里，贝当就向德国人要求停战。当天戴高乐就在英国广播电台发表了他那篇著名的"6·18"讲话：我是戴高乐将军，我现在在伦敦。我向目前正在英国领土上和将来可能来到英国领土上的持有武器或没有武器的法国官兵发出号召，向目前正在英国领土上和将来可能来到英国领土上的一切军人、工厂的工程师和技术工人发出号召，请你们和我取得联系。无论发生什么情况，法兰西抵抗的火焰绝不应该熄灭，也绝不会熄灭。

刚到伦敦时，丘吉尔首相真没把一个法国准将看在眼里，戴高乐口口声声说自己"代表法国"也让丘吉尔很不以为意。法国高瘦子和英国矮胖子后来成为"二战"中著名的一对伙伴冤家，他们离奇地互相吸引又互相嫌弃。

没有被泯灭了血性的法国人，不愿意当亡国奴的法国人，知识分子、技术人员、学生、学者想方设法来到伦敦，聚集在戴高乐组建的"自由法国"麾下。不久，丘吉尔就不得不承认，戴高乐可以代表"法国"，他将成为法国抵抗运动的唯一领袖。

7月，戴高乐号称他已经拥有了一支七千人的军队。带着这支军队杀回法国去显然是不现实的，戴高乐决定先到法属北非地区，想在那里先站稳脚跟。

戴高乐在北非的工作，不仅是军事上的，还有政治上的，因为1942年底登陆的美国人貌似并不愿意让他成为法国的唯一代表。对美国人来说，法国已经沦陷，战后要不要让法国恢复还要重新考虑，所以，美国人扶持了自己看中的法国代表。戴高乐看出他未来的工作，不仅要对抗德国占领法国，还要防止继德军之后盟军占领法国。好在戴高乐是穿军装的人中间最会玩政治的，他成功地将美国人扶持的"法国代表"排挤出局，自己成为法国海外抗战的唯一老大。就是在北非这段钩心斗角，让戴高乐和美国存了芥蒂，以后的戴高乐什么时候都不给美国佬好脸色。

1943年，"法兰西民族解放委员会"在阿尔及利亚成立，它实际上就相当于一个法国的海外战时政府。

在海外闹腾没用，在盟军登陆前，只有法国本土才算真正的抗战。大约从 1941 年开始，也许是生活所迫，也许是终于感觉到了屈辱，或者是一时激愤，渐渐开始有人组团对抗德军了。到 1942 年，随着盟军在海外战场有了成绩，各种法国国内的反抗团体越来越多，简单合并后，成为法国的抗德游击队。

对戴高乐来说，取得海外抗战的领导权是空洞的，能够收编国内的游击队，法国本土认可他领导抗战才是实在的。这时，他得到了一个优秀的帮手，让·穆兰。

照片上的让·穆兰清隽俊朗，喜欢戴条围巾。生于大学教授家庭的穆兰前半生异常顺遂，学习法律，进入政界，先是法国最年轻的区长，后来成为法国最年轻的省长。

德国人来的时候，法国政界降声四起，让·穆兰是不肯降的。德军开进了他主持的厄尔—卢瓦尔省，因为拒绝跟德军合作，穆兰被关进了监狱。在狱中，他想自杀殉国，用意外发现的玻璃碎片割了喉咙。德国人发现得及时，救了他，脖子上留下一个疤痕，所以后来戴着围巾就成为他的标志。德国人怕他再寻死，只好将其释放，他辗转逃出国境，来到伦敦找到了戴高乐。

1941 年 12 月 31 日晚至 1942 年 1 月 1 日，作为戴高乐和自由法国的代表，四十三岁的穆兰只身伞降到法国南部萨龙地区。穆兰这次冒险出差的使命是：建立自由法国与国内抵抗组织的联系。

穆兰潜回国的工作业绩可能大大超过了戴高乐对他的预期，他在法国各地穿梭游说，居然将支离破碎各自为战、有点土匪习气的各路游击人马整合在一起，而且这些"土匪头子"都愿意奉戴高乐为老大，以"战斗法国"为战旗有系统有组织地抗战（本来是叫"自由法国"，后来戴高乐改成了更有煽动性的"战斗法国"）。后人说："在让·穆兰到来之前，法国曾有一些抵抗者。在让·穆兰到来之后，法国有了抵抗运动。"

在法国从事这种地下活动危险重重，半年后，穆兰终于没能逃脱德军的围捕，被盖世太保酷刑折磨而死。让·穆兰的牺牲是戴高乐和战斗法国的巨大损失，好在法国的抵抗运动很快就不用孤军奋战了。

解放

1944 年 6 月 6 日，盟军登陆诺曼底，开辟了斯大林望眼欲穿的第二战场。随着盟军的迫近，法国各地的抵抗组织开始了陆续发动起义，法国共产党则非常聪明地组织了巴黎的起义。

8 月 19 日起义开始，巴黎人唯一有点杀伤力的武器是燃烧瓶，再就是他们祖传已久的街垒战功夫。8 月 23 日巴黎的德军就投降了。

戴高乐一听说巴黎起义，下令火速增援。他的人马到达时，巴黎已经解放。戴高乐毫不客气地摘取了胜利的果实，他以正规军司令的姿态进入巴黎，接受来自全城的欢呼和欢迎。

戴高乐是一流的政治家，任何时候都头脑清楚，当时有人建议他，赶紧到市政厅去宣布成立新的共和国。他说，法兰西共和国一直存在，"战斗法国"是它的化身，我是共和国的总统，干吗还要再宣布成立一个共和国呢？如此一来，什么手续也不费，戴高乐自己将自己任命为战后法国的最高领导了。

8 月 26 日，巴黎举行盛大的游行，庆祝重生，而法国全境是一直到 1945 年 5 月才取得了最后的解放。整整沦陷了五年的法兰西重新站起来了。

对于法国沦陷期间的地下抗战，不同的历史书说法各异，很多人并不认可，法国真有自己所说的"声势浩大"的民间反德运动吗？真有各种可歌可泣的大量牺牲故事吗？大家想想，1940 年是举国要求投降，怎么会过了几年就转了脾气，找回了自尊心，开始大规模民间抗战了呢？所以，老杨一直阴暗地认为，恐怕是德国治下，战争期间为生活所迫的小规模暴乱而已。让·穆兰统一的那支所谓游击大军，貌似也没看到什么特别的抗战事迹。倒是在听说盟军登陆后，法国游击队英勇出击，炸铁路，炸桥梁，算是帮了点忙。

至于巴黎起义，更让老杨迷惑。传说巴黎城内有数万德军和几十辆坦克，英勇的巴黎人民居然用燃烧瓶让他们在三天之内投降了，到底是巴黎人的神勇，还是德军的日暮西山，失去战意？而且，在德军已经陆续撤退的情况下，法国共产党不等正规军过来，就率领平民百姓肉搏德军的全副武装，也许是为了早日解放首都，也许更多地是为了后来的政治资本？

听上去有点刻薄，只是，对于"二战"中的法国，老杨一直有点恨铁不成钢的感觉。作为一个世界著名的革命圣地，我们一直对高卢人桀骜不驯尚武好斗的品性大为欣赏，谁能想到它给我们上演了"二战"中最令人垂头丧气的一幕呢？

四十　第四共和国——失败的试验

美国的计划本来是，扶持法国复国，而后将之发展为自家的附庸。可戴高乐有办法让美国的算盘打散。先进入巴黎宣布复国，取得大权，而后组织所有的法国军队，全力配合盟军的战斗，最后甚至很积极地跟着打到了德国境内。

人家办了事出了力，不能不给报酬，戴高乐先上车后买票，逼着同盟国承认他是盟军的一员，当然顺理成章地成为战胜国的一员。

1944 年 8 月 21 日至 10 月 7 日，美、英、苏、中各国的代表在华盛顿附近的一座古老庄园敦巴顿橡树园举行会议。会议规划了联合国宪章的基本轮廓，解决了联合国建立的主要问题。大家注意，这时还没法国什么事呢。谁知道一年以后，联合国五大常任理事国确定，其中就有刚复国的法兰西，不能不说戴高乐战后这一轮玩国际政治玩得很高明。

又是战后重建，第一个建什么？工业还是农业还是金融业？都不是，建立法国人的自尊心。"一战"是纯粹的法德战争，"二战"不一样，这期间更多是法国人对法国人的战争，所有在战中为德国人服务过的、当过翻译的，都要抓出来。维希政府大小头目更是要好好审判。贝当本来被判了死刑，戴高乐考虑到他至少为法国守住了半壁江山，后改为终身监禁，将他流放一个海岛。据说，这个流放地各种条件比当年拿破仑的强多了，老贝当活了九十五岁。

清洗很正常，可渐渐不正常的就来了。很多在"二战"期间委身了德国人的女子，被清理出来，头发剃光，衣服剥光，游街示众。法国男人对于这些投靠了敌人的女子愤恨无比。奇怪的是，他们对这些女人的仇恨还超过他们恨德国人或者是投降的法国男人。貌似他们觉得只有尽力羞辱这些女人，才能找回高卢男人的尊严。男人的劣根性表现在，他们自己都做不到的事，却要求女人做到，如果女人没有做到，则罪过要大于男人的一倍。投降已经很悲哀，此时的法国男人更悲哀。

清洗工作基本结束，要考虑一下国内政权的问题了。以后的法兰西怎么走？大多数法国人觉得，第三共和国不好，乱糟糟的，换内阁比女人换衣服还勤快。再修一部宪法吧，再给法国一个全新的开始。这次终结第三共和国是采用的全民公决，最大的亮点是，在这个很早就宣扬人权的国度，此时才第一次出现女性的选民。

然而并没有所谓全新开始，原来说过，第三共和国的问题在哪里？政府太肉。为什么肉？议会制的国家，议会掌握大权，议会有好多人，好多党派啊，而且法国的政党，历史又不长，根基又不深厚，没有可以出来独当一面独挑大梁的党派，于是就"乱纷纷你方唱罢我登场"。

戴高乐很明白症结所在，所以他认为，法国要建立强有力的政府，必须提升总统的权力，让权力集中一点，不要让政府总是被政党控制，这样行政效率就会高一点。

法国人不干，被德军占领了五年，被禁锢、被压迫、没有自由，现在好不容易是法国人自己的天下了，法国人需要自己的政治权利，他们希望看到各党派针锋相对，互相斗嘴，能随时产生"思想碰撞的火花"，让法国人感觉终于获得了"真正的自由"。

就这样，导致第三共和国惨败的议会制又回到了法国。戴高乐没能实现自己的理想，而且认定这个制度会再次惨败，所以非常拽地辞职走人了。他自信法国人早晚还会请他回来，只是没想到，他在科隆贝乡下的隐居时间会这么久。

1946 年 5 月，新宪法又出炉了。别算这是第几部宪法了，老杨自己都晕了。最晕的是，这部宪法跟原来那部几乎没有区别，一个毫无权力的总统，一个必须在议会党派之间玩跷跷板的总理。早知如此，何必换呢？第三共和国死得比窦娥还冤呢！死了就死了吧，这个借尸还魂的，叫法兰西第四共和国。

第四共和国存在了十二年，换了二十二届内阁，平均在岗不到半年。这对法国人和世界上其他人的记忆力是个巨大的挑战，主要国家的外交官早上起来上班的第一件事是问秘书：今天法兰西的总理还是昨天那个不？最麻烦的是刚记住这个总理的名字，还没记住模样高矮胖瘦，下一位总理又出现了。

老杨不是外交官，不能受这个折磨，记不住就不记了，我们找这十二年的重要事件简单说说吧。

经济方面又走了一条抛物线。战后几年，法国经济再次经历了一场快速的经济复兴。第四共和国成立之前，戴高乐的临时政府就已经将法国几乎所有的大型企业收归国有。这一轮经济复兴奇迹的制造者叫作让·莫内。

让·莫内是个国际谈判专家，所以他的经济计划带有全球化的视角。他认为法国工业设备陈旧，法国人头脑顽固僵化，所以，一定要加快现代化建设，提高生产率，要从物质的角度来改造国家。实现这个计划，最重要的办法就是增加投资，改良法国的工业基础硬件。投资就是要钱，钱从哪里来？"二战"后法国的一穷二白基本不用介绍了。

有钱！美国人有钱，而且他必须给钱！美国人一定要在西欧取得自己的大佬地位，如果美国不拉扯这些小弟，他们人穷志短倒向苏联就麻烦了。美国向欧洲输血的"马歇尔计划"，法国是最大的受惠国之一，从美国获得了二十亿美元的黄金作为自己的国家储备。欧洲局势越是不确定，美国人越是要大把大把地撒钞票，美金源源不断地进入法国这片几乎被榨干的土地，终于滋养它复苏并成长。

在这段时间里，法国外交上最重要的突破是跟德国和解。西德和法兰西都是美国的小弟，美国老大说，一家人不计前嫌，两边也就不好再横眉冷对。而在让·莫内看来，既然法德都可以和好，和平共处，那么整个西欧，完全可以团结成一个大家庭嘛。

欧洲历史上有很多大人物都设想过，将欧洲统一为一个整体，西欧各国都不大，切得细密，导致很多资源都不能最大化地使用，而中间人为的障碍和壁垒都会阻碍发展。以前谈统一欧洲，都感觉应该是将西欧大地整合为一个国家，由拿破仑那样的人物来完成。莫内心想，不需要将国家主权统一啊，比如法德两国，阿尔萨斯、洛林的问题纠结了上千年，也不过是些资源上的争执，尤其是煤和钢这些战争资源的问题。如果所有国家的煤和钢合并起来使用，大家还打什么呢？如果西欧的资源都合并了，那该地区就不会有战争，而西欧对外战争时，这些资源不可以协调得更有效率吗？

1951 年 4 月，在法国的主导下，西德、意大利、荷兰、比利时、卢森堡和法国签约成立了"欧洲煤钢共同体"。第二年，合作扩大，"欧洲经济共同体""欧洲原子能共同体"相继成立。这标志着欧盟最终成立已经进入流程。法国的莫内因为在其中的重要作用，被人称为"欧洲之父"。

法国的经济复兴没坚持太久，因为又遭遇了资本主义世界周期性的经济危机。1952 年至 1953 年，又一轮工业生产下降，失业人口激增。

第四共和国的政府，从成立之初就遭人埋怨，因为效率低下，还总乱糟糟的，几个党派谁也辖制不住谁，天天内耗。这中间耐不住寂寞的戴高乐还跳出来组建了一个法兰西人民联盟，将局面搞得更加混乱。

国内有矛盾向外转移，这个是执政的金律。往哪转啊？不还有殖民地嘛！

法国人说到殖民地，也颇为心酸。其实"二战"之后，很多其他国家的殖民地都陆续脱离了宗主国得到了独立。法国人看不开，就是不肯放手。他们放不下的原因有两个：一、"二战"后法国地位沦落，在欧洲已经很二流，这点殖民地代表着过去大国的荣光，所以不愿意放弃；二、法国政坛的右翼分子坚持要保留殖民地，并对殖民地的反抗活动果断镇压。殖民地独立是大势所趋，如今的法兰西能驾驭这些大势吗？

第一个把法国人拉下水并焦头烂额的就是印度支那。"二战"后，英国人从日本人手中解放了印度支那，又将其转还给法国政府。1949 年，法国人将印度支那上升为法兰西联邦的附属国。谁知，越南人毫不领情。

有个在巴黎混了很长时间的越南共产党，大号叫胡志明，"二战"末期组建了一个叫"越盟"的政党，趁日本人撤退在河内成立了政府还代表越南宣布独立。当然，当时根本不会有国家承认他。胡志明多次跟法国人谈判想达到目的，被拒绝后，两边的战争就全面展开。

越南的抗法斗争打了八年，比"二战"时间还长，越南那么个小国怎么能扛住这样的战争呢？胡志明是共产党，背后当然有苏联和中国帮忙。法国呢？它也有美国帮忙。看出来了吧，这不是个小小的越南要独立的问题，这又是个反共的大问题。

1954年，在河内以西两百多公里处的奠边府小村，法军大规模集结，准备毕其功于一役，一举歼灭越军主力，取得战场控制权。这场越南独立战争最惨烈的奠边府战役，被人称为"血战"，因为打到最高潮时，战场进入类似冷兵器时代的肉搏战。而法军也根本没有想到，一直以游击战形态出现的越军，居然拥有火力强大的炮群。

奠边府战役以法军投降告终，当时的法国内阁因此下台。现在的问题是，法军在越南肯定是个烂摊子了，哪个人能大着胆子上来接手，并处理善后呢？

弗朗斯上台了，激进党左翼的领袖。在第四共和国的二十二届内阁中，他值得记录，因为他临危受命，而且放下了，果断了结了印度支那的战事，并签署了《日内瓦协定》，越南以北纬17度为界，北方由胡志明政府控制，南方则由越南的末代君主保大皇帝组建的政府掌握。虽然越南的事远远没有结束，后面的战事甚至更残酷更浩劫，可法国人逃出来了，终于从这个泥潭中抽身了。为了这场毫无必要的越南战事，法国用掉了几万亿法郎，死了近十万人。

弗朗斯政府看得开，在谈判之下，突尼斯和摩洛哥都获得了独立。可是，谁都可以走，阿尔及利亚不能走。同样是殖民地，法国人对这几个地区的感情是不一样的。"二战"时戴高乐的"战斗法国"政府曾设在阿尔及利亚。在法国人看来，阿尔及利亚是法国领土在非洲大陆的延伸，它不是殖民地，它就是法国，它实实在在是自己的土地。

阿尔及利亚人对法国人的深情是从来不领情的。1954年11月，争取阿尔及利亚独立的"民族解放阵线"（简称"民解"）开始跟法国人动手。为了镇压，法国也不断向阿尔及利亚增兵，又导致了一场更为惨烈且后患无穷的阿尔及利亚独立战争。

到1956年，大约有四十万法军在阿尔及利亚疲倦地应付"民解"的游击战，天文数字的法郎砸在这片人口不过两千万的土地上。

阿尔及利亚战争期间，埃及预备将苏伊士运河收归国有，英法和以色列想借此出兵找埃及打架。结果被美苏两位大佬压制住。这趟出兵又是花钱兼丢人的军事冒险。法国军界右翼认为，苏伊士运河没了，阿尔及利亚就更不能丢了，而法国人大部分则认为，政府办事是越来越不着调了。

"民解"大本营和根据地都设在边境，法国对这些据点的轰炸就很容易伤及他人，周围的国家比如突尼斯就到联合国告状，说法军的飞机炸了他家的平民。闹得联合国头痛，于是英美两家出面劝阻法国，别打了，收手吧。

法国政府愿意收手，在阿尔及利亚的法国军团却不干。你们说收手就收手，那我们之前的玩命战斗都是二傻子行为了。他们发动叛乱，占领了总督府，还搞了个古怪的"救国委员会"，说要反攻到法国去。眼看为了阿尔及利亚这点破事，法国又要打内战。这时，叛乱分子突然打出了"戴高乐万岁"的旗号，叛军的意思是，他们需要戴高乐代表政府来解决争端，而他们认为，以戴高乐的行事风格，一定会不惜一切将阿尔及利亚留在法国。迫于压力，1958 年，戴高乐被选为总理。

四十一　古稀的智慧和青春的风暴

戴高乐看到他又成了法国人的大救星，心里暗爽却不表露出来。等局势不能控制了，要打内战了，他才以救世主的面孔降临。这次出山，是别人请他来的，他当然可以开条件坐地叫价。

这都火烧眉毛了，等您老出来解决阿尔及利亚的事呢！戴高乐说，先不急，不解决根本问题，什么事也做不了，老夫十二年前就说你们的宪法不着调，看，果然出乱子了吧。来来来，少安毋躁，咱们先把宪法改了再说啊！

这时候戴高乐说什么就是什么，修宪就修宪吧。1958年9月，新宪法又出炉了，这家人捣鼓一本宪法，比网上写手写一部穿越小说快多了。全民公决，不错，百分八十以上的支持，新的共和国诞生了，这是法兰西第五共和国。

新宪法最大的特点就是总统的权力极大，国家元首兼三军统帅。总统任命总理，各部官员由总理向总统推荐等。最牛的是有一条，碰上紧急事件，总统可以专断独裁。1959年1月8日，戴高乐成为第五共和国第一届政府总统。

目的达到了，快办正事吧！不就是阿尔及利亚嘛，让他们独立好了。戴高乐自己是军人出身，知道怎么对付军人，一定要顺着毛摸。亲临阿尔及利亚安抚当地各路人马，戴高乐当年在阿尔及利亚曾带领"战斗法国"抗战，不管是土著，还是法国军队，都给他面子。

历经重重考验，戴高乐甚至是顶着死亡和再次内战的威胁，终于在1962年7月，承认了阿尔及利亚的独立。这是一场大解脱，全法国人都松了一口气。尽管还是有些不愿意接受这个结局的人继续闹，甚至戴高乐依然是他们刺杀的对象。阿尔及利亚问题流毒无穷，一直到20世纪末都在困扰着法国。虽然是从一个泥潭里拔出了脚，可脚上的泥总是甩不掉。

说说大权在握的戴高乐总统的统治吧。法国已经今非昔比，是二流国家，可骨子里的骄傲放不下。这个情结，戴高乐尤甚，所以他任内最主要的工作就表现在外交上的特立独行，希望借此重塑大国形象。

戴高乐老爷子在咱家的形象极好，因为1963年，法国承认了中华人民共和国，并在第二年正式让中法建交。随后，老爷子还走访拉美，多次公开表示支持卡斯特罗。

做了这两件事，基本上就看出戴高乐的立场了，这伙计从"二战"跟盟军混开始，就不爽美国，连带着不爽美国最亲密的小弟——英国。对美的强硬让戴高乐在很多人心中被视为偶像。

1949年，美国一手设计并成立了北大西洋公约组织，法国肯定要给大哥面子，当然是成员之一。戴高乐不愿意在北约仅仅是个"成员国"，他就跟美国要求，成立一个英法美三国的领导机构，三家有平等的指挥权。看着美国人不搭理自己，戴高乐老爷子也火了：我说了不算，以后你说的也不算，以后北约不准用法国的军队，还通知美国，把法国领土上北约的驻军和基地全撤走。当然，戴高乐也不敢做绝，他最后也没敢说让法国正式退出北约。

本来戴高乐对欧洲一体化这个事是非常不以为意的，还嘲笑当时的各种条约。他上台后，发现这种联合对经济很有益啊。而且他马上想到，如果深化紧密这个合作，西欧各国联成一体，就有实力抗衡美国了。既然要做，就做得更好一点。法国和德国原来仅仅是和解了，现在完全可以更亲密嘛。戴高乐和西德总理阿登纳实现了互访，真正抛弃前嫌并修好。法国和德国的关系是后来欧盟成立最重要的基础。不过，戴高乐嫌弃英国人，英国人几次要求加入欧洲大家庭一起玩，戴高乐就是不准他们进门。

戴高乐敢这么硬，他是有底气的。他是军人出身，看重武备。"二战"后，他就坚持认为，没有核武器的国家绝对是不安全的，1960年法国爆炸了原子弹，八年后，又引炸了氢弹，在当时的国际上引发不少反对浪潮。核武器这件事，你只要能扛住刚开始的舆论谴责，以后大胆持有，基本没人敢管你了。

戴高乐外交工作挺漂亮，都说他搞经济差点，其实也不算很差。跟之前所有的阶段一样，第五共和国一开局，又是十年的黄金时代，经济腾飞。而法国这段时期的经济发展，有一个很重要的原因是摆脱了阿尔及利亚的战争，加上戴高乐将法郎贬值刺激出口等政策，经济自然就上来了。

前面说过，可能在工业创新或者规模化方面，法国比不上美国和德国，可这家人的特点是能玩出精品来，比如"协和"超音速喷气式客机，让法国领跑欧洲的航空业。

戴高乐执政的头几年，20世纪60年代，法国人已经拥有大房子、电视机、电冰箱、小汽车，还偶尔举家出门度假。

1965年，戴高乐通过大选获得连任。这次，他是被全体人民选为总统的。之前的宪法规定，总统是被议会选举的，法国人一直不能接受全民选总统这个事，因为他们记得原来的拿破仑三世就是民选的。可议会忘了，如今法国总统权力很大的，他想做的事，一般都可以实现。其实民选总统很好嘛，人家美国总统不就是民选的吗？

这次大选的成功标志着戴高乐个人声望和民众支持率都到了极高位，跟他竞选并失败的人中，有一位叫密特朗，时年四十九岁。

一转眼，戴高乐执掌法兰西十年了，差不多也该遭遇危机了。进入1965年后，法国的经济发展又出现停滞，也可以看作资本主义周期性的经济危机又发作了（这病是没治了）。"二战"中法国人吃够了苦头，大多数父母都不会让"二战"后出生的孩子太吃苦，而战后法国乃至欧洲的经济都是一个高速发展的状态，战后出生的孩子不愁吃穿，很懂享受。不仅生活没有压力，升学也没压力，法国大学扩招了，十年时间，大学数量增加了两倍，大学生很多。

经济发展停滞，大学生越来越多，毕业后能找到工作吗？前途在哪里？人生应该如何规划呢？年轻人一迷茫，就容易受外界影响，20世纪60年代后期，全世界的年轻人都迷茫啊！1967年，美国的年轻人反越战；1968年，意大利和英格兰的学生反对现有教育体制。

法国学生的血液里从来不缺少上街的勇气。1968年3月，学潮从巴黎大学的楠泰尔分校开始，学生占领了学校的行政大楼，5 月，运动蔓延到巴黎大学。校方请来了警察，警察一出面，事态就不容易控制，导致了更加声势浩大的游行。大学生为了表示他们尊重法兰西的传统，在街上筑起了街垒，准备跟警察对抗。

街头活动在法国从来不会冷清，学生运动很快吸引了工人和知识分子参与其中，工人发动了全国总罢工，有八十多万人上街游行。工厂、商店、银行、邮局等能关门的都关门了，电话、公交之类的当然也不通了。

虽然警察上了街，学生还说警察是党卫军，可实际上警察并不敢跟示威人群真动手。共和国的政府也知道，这次的行动，并不是要推翻政府或者是支持什么新政权，游行不过是想表达诉求而已。可他们的诉求又有点含糊不清，更多的像是情绪发泄，所以这个局面对第五共和国和戴高乐总统来说，都是不知道如何解决的一场危机。

如果说之前历史上所有的法国革命起因都是无法温饱，这次的运动还真不是，戴高乐也纳闷儿啊，不缺吃少穿啊，这闹什么呢？"这场革命不是因为面包，而是因为玫瑰"。法国的年轻人在温饱之外，出现了信仰上的迷茫，他们努力寻找属于自己这一代人的价值观，他们想要更自由、更宽松、更有激情和想象的生活，他们想要颠覆眼前的一切。

20 世纪 60 年代，在欧美的历史里，是个固定词组，包含丰富的概念，它可能象征了释放、浪漫、理想主义或者还带着点革命的激情，当然更多的还有吸毒、性解放、摇滚或者扰乱社会治安。可这就是一段激情燃烧的岁月，一段青春岁月最闪亮的记忆。也许当时的年轻人，现在回想起这段日子会有年少轻狂不堪回首的感觉，可我相信，他们中的很多人，会因为经历过那样一个时代而觉得此生无悔。

戴高乐七十八岁了，能想象这个年纪的老人家如何面对这一场突然怒放的青春焰火吗？他中止在罗马尼亚的访问提前回国，发表电视讲话，遗憾的是，他苍老的声音在这片焰火中如此不和谐。戴高乐从来没像今天这么虚弱过，他选择带了家小远走德国。

冷静下来的法国人开始担忧了，总统都走了，这个国家会怎么样？好在戴高乐很快又回来了，他因为取得了军队的支持，终于也淡定了，再次发表讲话，说自己绝对不会离职。随后，他组织自己的支持者发动了一场反示威，人数也近百万，终于让这场著名的"五月风暴"平息了。

戴高乐和他的政府经历了这场大风暴，虽然表面上还完好，但根基已经被毁坏。1969年4月，根据民意测验的结果，戴高乐已经失去了一半人以上的爱戴和支持。老人家非常识时务地引咎辞职，再次下野，回到科隆贝终老。

1970年9月，戴高乐因心脏病去世。他曾留下遗嘱，不要国葬，不要任何仪式，不要授予荣誉。法国人根据他的要求，给了他一个简陋得几乎寒酸的葬礼，可是他出殡那天，巴黎五十万市民冒着大雨走到凯旋门，寄托自己的哀思，全法国的教堂都响起了钟声，接替他的蓬皮杜总统说，法兰西失去了亲人。在雨中，很多法国人可能都在想，没有戴高乐的法国，会是什么样子呢？

四十二　四天王、女人和政治

继承——蓬皮杜

蓬皮杜总统应该说是戴高乐的门生，教师出身，一直是戴高乐的重要幕僚。1962年，他做了六年法国总理，领导了三届政府，在前两个共和国的历史上，这简直不可想象。所以，在戴高乐离开后，他是接班最好的人选。

门生的作用就是继承，蓬皮杜延续了戴高乐的外交政策，保持法兰西的独立而自尊的形象，不向美国人低头，也不搭理英国人。

蓬皮杜是第一位造访中国的西欧在位的领导人。那是1973年9月，六十二岁的蓬皮杜已经重病在身。但是他很兴奋，去中国访问，这是当年戴高乐就很向往的事情。这不是老杨意淫啊，大家想想，既然戴高乐和蓬皮杜都愿意跟社会主义国家交往，一个古老神秘的东方大国，谁不想去看看呢，他家还收着早年从中国"请"回去的奇珍异宝呢，肯定会想看看那些东西的原产地吧。

迎接蓬皮杜总统的是周恩来总理和邓小平副总理，此时的邓小平刚从江西回京，恢复职务。而不管是对戴高乐，还是对蓬皮杜来说，他们更愿意见到的是毛泽东主席。

1974年，蓬皮杜在任内死于白血病。虽然只做了五年总统，但这五年法国政府是稳定而和谐的。蓬皮杜成功地稳定了戴高乐辞职前后整个法兰西的躁动和不安，让法兰西第五共和国平安地走上了正轨。

1969年，为了纪念戴高乐领导法国人民在"二战"中复国成功，蓬皮杜建议建造一座现代艺术馆。恐怕是因为卢浮宫、枫丹白露宫之类的古老城堡显得太老派了，所以这座现代艺术馆一定要大胆、前卫、出位。

建筑成型后，把颇有品位的法国人雷得不轻，显然是设计师的思路跑太远了，一般的地球人跟不上。大楼所有的钢骨管线之类的全部暴露在外，那些错综复杂游走在墙体外的管道，突兀乖张，好多人感觉整体像炼油厂。

这，就是著名的蓬皮杜艺术中心，在塞纳河右岸的博堡大街上，怎么看都不太像地球人造的，好不好看需要自己去体会一下。它与卢浮宫、奥赛博物馆并称为巴黎三大艺术博物馆，在其怪诞的外表下，藏在内里的东西应该是不会让大家失望的。

危机——德斯坦

德斯坦说他是"世界上屈指可数的财政金融权威之一"，恐怕没人会反对。成为总统前一直是财长，而他能在大选中获胜，跟他在经济工作方面的专业和经验分不开。他战胜的对手，还是那个叫密特朗的家伙。

1979年，德斯坦和当时的德国总理施密特共同倡议建立欧洲货币联盟，是欧元诞生的重要推手之一。后来2002年，他成为欧盟的制宪委员会主席，主持起草了《欧盟宪法条约》，所以他很牛地被称为"欧盟宪法之父"。

不论这个家伙在法国或者欧盟的历史上有什么样的显赫地位，让他大出风头的肯定是绯闻，还是他自己招认的绯闻。

2009年，八十三岁的老德斯坦出版了一部新小说，老爷子爱好文学，写点小说防止智力退化挺好的。不过，一个八十三岁的老人家写这么火爆的内容，不知道会不会影响养生。

这部《王妃与总统》，小说名字像是文学网站骗未成年少女的，但如果故事写得绘声绘色，天衣无缝，加上作者本人的身份，就让人怀疑它可能是事实，是某种当事人忍不住的爆料。它讲的是一位20世纪80年代的法国总统，在英国遇上了美丽的王妃，两人一见倾心。王妃因为王子另有所爱，婚姻失意，所以一直在不同的男人身上寻找真爱。年轻英俊的法国总统义不容辞地用自己的爱和身体抚慰了这位受伤的王妃。有不少场景描述得很生动，看过的人都说，像是一个八十三岁老头的甜蜜回忆，而不是癞蛤蟆想吃天鹅肉的凭空虚构。因此，老德在晚年，成功地让自己和戴安娜王妃产生了美妙的联系。

德斯坦不介意爆猛料，别人更不介意。法国著名的艳星碧姬·巴铎也曾出自传，讲述过德斯坦总统跟她的风流秘事。

千万不要认为老杨动辄喜欢挖人私生活，偷窥政治人物的卧室，实在是法国的总统在这些事上几乎从不避讳，后来的几位，大有争先恐后之势，比起成为一个优秀的总统，貌似这几位更看重风流老男人这个形象。

1981 年，德斯坦再次大选，失败。20 世纪 70 年代的中东石油危机，法国本土几乎是不产石油的，进口一受阻，生产生活都非常困难。经济状况不好并不是德斯坦落败的唯一原因，他还是毁于法国遗留在非洲的事务。

中非共和国有位狂人叫博卡萨。关于他的故事已经被编得神乎其神了，说他穷奢极侈到了变态的程度。这个博卡萨在 1977 年搞了个中非帝国，一掷千金，铺张奢华地自己安排了个加冕仪式登基为皇帝。中非一向奉法国为主，德斯坦刚开始挺支持博卡萨的，后来这伙计骄奢淫逸太过了，还搞大屠杀，引发了人道灾难，法国人不能不管，就动手推翻了博卡萨。

博卡萨觉得自己是被德斯坦阴了，于是就说当年德斯坦曾经收受过他赠送的一颗钻石，肯定是价值不菲的。德斯坦因为"钻石事件"在大选中落败，败给了老对手密特朗。顺便说一句，对博卡萨来说，他送人几万法郎的钻石在感觉上，就是在抽烟时随手送出了一个打火机而已。

新潮——密特朗

说密特朗新潮，有多层解读。这位总统绝对为法国的时尚产业出力了，他的衣服鞋袜都是巴黎顶尖的品牌，所有人都认为他有无可挑剔且非常高端的着装品位。

另一层意思说新潮，就是他的治国方式，他玩了一把法国式的社会主义。随着资本主义世界一轮轮遭遇经济危机，有的人就认为，社会主义是治疗这种慢性病的良药。

密特朗两次大选分别输给戴高乐和德斯坦，此次再出征，已经六十岁了。而他能够最后获胜，也是因为他在德斯坦政府的经济危机中承诺的社会主义，对所有法国人来说，这个值得试试。

一上任就是大张旗鼓的企业国有化进程。资源、军工、科技类等一些关键的大企业逐步收归国有。把私企变为国企，总不能硬抢吧，还是要掏钱买啊。一下子买这么多企业，哪有钱啊？没钱就分期付款，因而又产生一笔利息费用。这还不光是花钱的问题，人家不干啊，我经营得好好的企业，为啥要卖给国家啊？法国的企业主怨声载道的，对密特朗很不满。

既然是社会主义国家，就要对人民好一点。扩大社会保障，减少上班时间，延长带薪休假时间，废除死刑，放宽移民政策，等等。社会主义好，社会主义也挽救不了一个老牌的资本主义国家。经济没有好转，失业人数还屡创新高。密特朗在第一任总统任期，日子并不好过。

1986年，议会选举，密特朗为代表的左翼失守。总统是左翼的，议会是右翼的，怎么办？只好将反对派领袖希拉克任命为总理。这样一来，法兰西第五共和国的政坛上第一次出现了非常戏剧性的左右共治。

还是那句话，反对派在野特别嚣张，一上台就容易露怯。本来大家都觉得密特朗不行了，要让他下课呢，谁知道，这个希拉克上来更不中用。相比之下，密特朗沉稳踏实有城府，希拉克张牙舞爪很浮躁。就是靠着希拉克这种反向衬托的帮助，1988年，密特朗就奇迹般大选连任了，他应该非常感谢希拉克。

其实，密特朗在第一次当选时，已经发现身患癌症。第一任期还能坚持，第二任期就非常勉强了。在第二任期的后一段，左翼再次遭遇大选失败，密特朗不得不又任命了反对派的总理。

密特朗一直被认为是坚强的抗癌勇士，跟疾病战斗了近二十年。但最让人佩服的，是这位身患前列腺癌之人，百忙之中、病痛之余，还兢兢业业地扑在找情人、养情人这件事上，引发了巨大的丑闻。

总统养情人不是丑闻，窃听别人的私生活才是丑闻。1982年，借口一场针对犹太人的恐怖爆炸案，密特朗成立了爱丽舍宫的反恐小组，主要工作就为了防止恐怖事件发生。怎么防止呢？窃听重要人物的电话呗。

在那个没有网络的时代，反恐工作真是简单，1983年至1986年，反恐小组利用爱丽舍宫的电话窃听系统，对一百五十多位政要、记者、作家、法律界人士和艺术家进行电话窃听并录音，有的甚至牵连了他们的亲友。三年中被反恐小组窃听和录音的，达一千三百六十八人，电话录音近六千份。在许多窃听记录上，都有密特朗总统留下的"已阅"字样。

说是反恐，其实内部人都知道，这个小组是密特朗一个很好用的私人工具，可以帮他掩饰丑闻，也可以帮他猎艳。密特朗有个跟他从战争年代一起成长的志同道合的老婆，还有个一直甘居地下的情人，"一夜情"无数。据总统的司机说，一晚上带着总统辗转不同的地方，非常辛苦，当然，是司机辛苦，总统不觉得辛苦。

密特朗的情人生了个女儿，这个私生女成了法国的最高机密。爱丽舍宫反恐小组窃听电话的主要目的，就是防止私生女被曝光，因此衍生出来的工作内容，就是窃听总统喜欢的明星电话，以满足他老人家永不疲倦的色心。

1993年，爱丽舍宫的窃听风云被公布，被窃听的人要讨个说法，这桩公案令巴黎检察机关不得不重视，开始调查。检察机关遭遇了重重阻挠，一直不能审理，最后拖到了2004年才算有了大致的结论，十二名当事人将受到严惩。不过，主犯逃脱了，因为他死了。

1996年，在密特朗的葬礼上，总统的情人带着私生女和总统夫人及孩子一起现身。法国人表示了对这种状况大度而开放的心态，他们对遗孀表达了相同的慰问和哀思，并一致认为那个一直不能见光的私生女挺可爱，也挺可怜的。而让情人和正室一起出殡为自己送终，显见密特朗真是个很新潮的老爷子。

落网——希拉克

在法国，一个政府首脑的婚外情似乎不算丑事，相反，可能一个没有情人的政府首脑更让法国人不放心。法国人一直标榜，在性爱这件事上，他们自然开放且健康，比其他国家鬼鬼祟祟，总想着起床后立个牌坊的高尚好几等。

希拉克情人众多，自以为花花公子形象很成功，其实他很惨。曾有爆料，当年他的政敌密特朗总统，约会过他的女人，显然这两位"左右共治"的总统和总理，在法兰西政府之外，还有共用的东西。希拉克手下的女雇员对这位花花公子上司的工作，做过悲剧的技术统计：三分钟，包括沐浴。这才是法国第一等的国家机密，希拉克居然不组织一个小组控制这个数据外传。

希拉克能赢得大选，并不是他有帮助法国的妙招，而是因为在总理的位置上交过学费了，所以非常清楚选民喜欢听到什么，看到什么。从 20 世纪 90 年代开始，法国经济一直没什么起色，在西方诸国中，法国的高失业率一直是头痛的问题。希拉克的政府也没创造什么奇迹。21 世纪的头几年，经济有缓慢的恢复，也不算发展得很好。希拉克在做总理期间，就忙着把刚刚被国有的企业再私有化，亏得他们这么折腾，国家都没给折腾散了。

希拉克任内，有一件事让他很露脸，那就是 2003 年，联合国安理会上，希拉克正面对抗小布什，对伊拉克战争说"不"，在国际上赢得了很多国家叫好。如今他的接班人萨科奇领头打进利比亚，大有跟希拉克争风之势，让我们看看萨科奇此举能不能获得更牛的政治资本。

然而希拉克卸任后却有一件事让他很丢脸，他成为法国历史上第一个可能要出庭受审的政府首脑。希拉克涉嫌贪腐，有人指控他在 1977 年至 1995 年任巴黎市长期间，设立多个"虚假公职"，用市政府资金为所属政党工作人员发放薪水，这些人并不是真正的雇员，"薪水"也就成了希拉克所属党派的一笔黑色收入。两名拥有独立调查和指控资格的法官先前各自对希拉克展开调查，2011 年 3 月 8 日，本来希拉克要出庭受审，打一场法兰西的世纪官司，可在 3 月 9 日，不知道哪个环节出了问题，案件延期了，说是延迟到 2011 年 6 月再处理，结果我们只能拭目以待。据说如果罪行成立，希拉克将面临十年监禁和十五万欧元的罚款。

根据希拉克卸任总统时的财务审计，其全部家产一百三十万欧元，在欧洲，不过就是个中产阶级而已。贪腐案之前，法国的民调结果显示，在法国所有的政府首脑中，希拉克受欢迎的程度名列前茅。对待这样一位老同志，不知道法国的司法机构会不会高抬贵手，手下留情，或者发个五百人的调查问卷，看看民意是不是可以放老希一马。（2011 年 12 月 17 日，巴黎法院宣判：希拉克在担任巴黎市长期间虚设职位、滥用公款，被判两年徒刑，缓期执行。——编者按）

四十三　那些花儿之五

终于最后一篇了，用艺术之香开头，就必须以文化的清香来收尾，至少感觉上，整个法国历史花开一路。

人生是一场无休、无歇、无情的战斗

这句名言，出自罗曼·罗兰。20世纪的法国文学，罗曼·罗兰显然是不能忽略的人物。搞笑的是，老杨最早注意这个家伙，是因为觉得他名字好听，很可能还是个美女。

罗曼·罗兰1866年1月出生于法国中部的一个律师家庭，从小就喜欢文学和音乐。十五岁后迁居巴黎，研究生毕业后在巴黎大学和巴黎高等师范学院教艺术史，并开始文学创作。

2011年2月初老杨看到深圳中学生的一份阅读清单，各学校都有不同，但是大部分的学校，《名人传》赫然都排在前列。这部《名人传》就是罗曼·罗兰最著名的作品之一。

《名人传》由三位名人的传记组成，一位是贝多芬，一位是米开朗琪罗，一位是托尔斯泰。罗曼·罗兰为什么会选择这三位来立传呢？第一个原因，当然是这三位够伟大，在自己的专业领域里，无疑都是顶端的人物、宗师级的大家；另一个原因则是，这三位的人生，都算是坎坷重重，不幸连连，成长的每一步都要克服和战胜不同的阻碍。

整部《名人传》，三位主人公的生平和事业轨迹都不是重要的，最重要的是记录这三位不懈的斗争，不仅要战胜命运还要战胜自己。在罗曼·罗兰的笔下，这三位是真正的英雄。同时，作者也阐明了什么才是真正的英雄。那就是拥有强大的精神力量，无论历程多么艰苦，道路多么黑暗，总是保持一个明朗向上的心境和永不言败的精神，而真正的英雄，也从不会因为自己的痛苦放弃对人类的爱和信心，他们最后的成果也必然是服务和美好了整个人类。从这个意义上看，在物质建设和精神建设严重不对等不匹配的今日中国，让孩子读《名人传》是有积极的意义的。

挑战自我完善自我，在逆境中提升自己是罗曼·罗兰的生命追求，所以他同时创作了小说《约翰·克利斯朵夫》（以下简称《约翰》）。

《约翰》几乎是励志小说的代名词了，老杨知道的百分之九十的成功人物，介绍自己的阅读经历，其中一本一定是这个。这是一部关于一个丑陋的小男孩儿，历经艰苦，终于成为一个大音乐家的故事。很明显，主人公的原型肯定是贝多芬。

整部小说共有十卷，一百二十多万字，不仅是一个音乐家的史诗，更是法兰西和德意志两个民族的记录。小说涉及国家、民族、理想、奋斗、友情、爱情、亲情等各个方面，宏大而且磅礴，洋溢着奋斗的激情和不屈的力量。老杨本人最喜欢小说的结尾，一直拿来做各种签名之用，偶尔它也能振奋老杨的精神：

圣者克利斯朵夫渡过了河。他在逆流中走了整整的一夜。现在他结实的身体像一块岩石一般矗立在水面上，左肩上扛着一个娇弱而沉重的孩子。圣者克利斯朵夫倚在一株拔起的松树上；松树屈曲了，他的脊骨也屈曲了。那些看着他出发的人都说他渡不过的。他们长时间地嘲弄他，笑他。随后，黑夜来了。他们厌倦了。此刻克利斯朵夫已经走得那么远，再也听不见留在岸上的人的叫喊。在激流澎湃中，他只听见孩子的平静的声音，——他用小手抓着巨人额上的一绺头发，嘴里老喊着："走吧！"——他便走着，伛着背，眼睛向着前面，老望着黑洞洞的对岸，削壁慢慢地显出白色来了。

早祷的钟声突然响了，无数的钟声一下子都惊醒了。天又黎明！黑沉沉的危崖后面，看不见的太阳在金色的天空升起。快要倒下来的克利斯朵夫终于到了彼岸。于是他对孩子说：

"咱们到了！哎，你多重啊！孩子，你究竟是谁呢？"

孩子回答说："我是即将来到的日子。"

变成中文后还能如此细腻真挚，要感谢我国著名的翻译家傅雷。在另一个世界里，法国的作家更应该深深感谢傅雷先生，没有他精彩的翻译，就没有巴尔扎克之流在中国的地位。像《约翰》这样的作品，如果译者本人对罗曼·罗兰的思想和精神没有些许共鸣，也不可能翻译得如此到位，感动了好几代中国人。

在《约翰》开篇的译者献词中，傅雷写道："这不止是一部小说，而是人类一部伟大的史诗。它所描绘歌咏的不是人类在物质方面而是在精神方面所经历的艰险，不是征服外界而是征服内界的战迹。它是千万生灵的一面镜子，是古今中外英雄圣哲的一部历险记，是贝多芬式的一阕大交响乐。愿读者以虔敬的心情来打开这部宝典吧！"

罗曼·罗兰是个文学家、音乐评论家，也是思想家，更是一位充满爱心的人道主义者，他追求自由民主平等和光明。对于资本主义制度，他有很多不满，所以俄国的十月革命时，他成为布尔什维克的支持者，后来更成为斯大林的"粉丝"。

终于有一天，罗曼·罗兰决定亲自去苏联看看。他失望了，虽然没有公开宣布他之前错了，私下却写下了偶像崩塌后的愤慨和悲哀。

罗曼·罗兰获得 1915 年的诺贝尔文学奖，"二战"期间，巴黎被德军占领，他一直被严密监视，生活在禁锢和压抑中。可惜他没有等到完全的复国，1944 年底，七十八岁的罗曼·罗兰逝世。

20 世纪的法国文坛还有一位人物应该认识，他叫马塞尔·普鲁斯特，最著名的作品是《追忆似水年华》。不熟悉他的名字和作品都不要紧，他代表的一个写作流派大家都知道，也就是著名的"意识流"。这位大仙的作品老杨就不介绍了，因为每次看都有点头晕，意识不清晰的人，不要随便研究"意识流"，容易被带进沟里。

人应对自己的行为负责

前面介绍笛卡儿时说过，有人认为笛卡儿"我思故我在"是荒谬的，因为所有的事，第一件肯定是存在，人被无缘无故地丢在世界上，稀里糊涂地长大，成为什么样的人、结成什么样的果都是自己的行动造成的，跟思不思的一点关系都没有。持有这个观点的人，他叫萨特，他代表的这一派哲学，叫存在主义。

启蒙思想之后，法兰西的哲学界在数量和质量上都比德意志输了一筹。所以，20世纪，他家最招牌的哲学家萨特就不能不提。

老杨不知道什么是存在主义，德国卷讲到过尼采，他倡导的个人意识可能是这个流派的某种基础。而萨特的存在主义，很明显就是标榜个人自由，自我的存在和自我的实现是放在第一位的。而老杨一直阴暗地认为，萨特的哲学思想恐怕是为他自己放荡不羁的生活提供一个强词夺理的解释和借口。

说到萨特就不能不说到西蒙·波伏娃。西蒙·波伏娃是女权运动的创始人，她最著名的作品《第二性》被认为是有史以来探讨女性最全面最理性的作品，是一本全球化的超级畅销书，甚至被人称作西方女人的"圣经"。

萨特和波伏娃相识于巴黎高等师范学院。在一次教师资格考试上，萨特第一名，波伏娃紧随其后，两人就产生了传奇般的爱情。

这两位的爱情被认为是20世纪两性关系的经典，他们肯定不是因为"纯爱"被人铭记。萨特戴个厚眼镜，一副木讷的样子，骨子里却跟其他法国男人一样，在女人方面永远没有端正的态度。好在波伏娃也是特立独行的女人，一个女人混成哲学家，我们就不能以普遍标准来要求了。

两人从确立关系那一刻开始，就有约定，不结婚、不生子、不承诺、不纠结，甚至，不用忠诚。个人自由嘛，身体和思想都是自由的，想在一起两人就在一起，想和别人在一起时，就大胆去，要尊重自我内心的想法和意识。双方不仅可以按自己的需要发展任何关系，最好还能跟自己分享细节，貌似萨特还特别喜欢了解波伏娃和其他男人的故事。

萨特和波伏娃的私生活混乱，情人名单很长，作为女性先锋代表的波伏娃当然也不介意尝试同性恋之类的行为。波伏娃是 20 世纪 20 年至 30 年代的女人，她的行为拿到今天，依然还可以被当作"先锋"。不过，根据最新的法国人的研究，波伏娃这个"先锋"的形象，恐怕是她刻意打造的。

因为萨特的地位，他在很多人心目中是"大神"一般的存在。要说萨特"神"到什么程度呢，1964 年，他拒绝了当年的诺贝尔文学奖。理由是，萨特这个名字够惊天动地了，不需要一个官方荣誉来点缀。诺贝尔奖这东西，能发给你，你就是牛人，如果给你你还不要，那你就不是人了，那绝对是"神"。

作为存在主义的追随者，波伏娃是萨特最忠实的"粉丝"。萨特提出了"协约爱情"的要求，要培养"同志情侣"这种新型关系，波伏娃不敢不答应，不答应显得自己不够进步，跟不上偶像的思路啊。对于波伏娃跟不同男人的关系，后世有研究认为，她纯粹就是为了配合萨特或者是有点负气，至于她还根据萨特的要求为他介绍年轻的女学生，落下"拉皮条"这样的名声，则不能不说是波伏娃的悲哀。作为女性大知识分子和女权主义的代表，波伏娃的所作所为貌似没有明显提高女性的地位啊。

无论如何，波伏娃的牺牲也算有价值，萨特一生阅女无数，但一直视波伏娃为灵魂伴侣，不离不弃，而且很多人都认为，此二人的成就有很大一部分原因来自彼此的激励。他们奇特的爱情整整维持了五十年，一直到生命的终结，死后葬入同一墓穴。

萨特认为，人在这个世界上是自由的，人的行动选择也是自由的。人的选择既没有任何先天模式，也没有上帝的指导（他是无神论者），也不能凭借别人的判断，人是自己行动的唯一指令者，但是人应该对自己的行为负责。

闷骚的艺术——法国电影

很早以前，谁跟老杨说他喜欢看法国电影，老杨绝对认为他装得不可救药。这几年，沉下心好好看了几部，发现这种电影虽然节奏缓慢，剧情平淡，但如果以一种很文艺很感性的心态欣赏，其实是不错的，最适合黄小琥歌曲中的意境：周末晚上，关上手机，窝在沙发里，一杯红酒配电影。

其实，不要说看电影的人很"装"，电影本身拍得就很"装"。有人告诉我，法国人知道拍商业大片肯定赶不上好莱坞了，又要维持他家电影发源地的地位，所以打造了艺术电影的招牌，刻意留下这些"装"的痕迹。

1895 年 12 月 28 日，在巴黎卡普辛路 14 号大咖啡馆的"印度沙龙"内，法国的路易·卢米埃尔兄弟用"活动电影机"将自己拍摄的胶片放映至银幕上。活动影像的摄取和放映在技术上成为可能，电影就算是正式诞生了。虽然那段时间有不少人做同类的研究，电影界还是一致公认 1895 年 12 月 28 日是世界电影的发明日。那天放映了《工厂的大门》《火车进站》《水浇园丁》《墙》等几部短片，所有人看得很新奇很过瘾。

在世界电影的发展史上，有一段时光是必须记录的，那就是法国的新浪潮电影。1959 年至 1964 年，"二战"后出生的导演纷纷亮相了。前面说到，欧洲"二战"后出生的这帮人，都有点莫名的失落和迷茫、焦虑而没有方向。尤其是法国人，沦陷的耻辱，战后国家地位的降低，越南战争和阿尔及利亚战争的失利，政府的无力和混乱，法国的文化人开始厌恶政治，痛恨传统，觉得所有事都应该被颠覆。

新浪潮是要干什么呢？是要做自己，要张扬个性，电影要带有明显的主观性和感性；回避政治，关注平常人的平常事；走出摄影棚，拍都市、街景、人的处境等。"没有作品，只有作者"是新浪潮电影人留下的口号。

新浪潮运动的时间虽然不长，但无论是电影意识还是拍摄技术上，都带给后来的电影界以巨大的影响。不过，这些电影有时过于主观和自我，我们又不是导演肚里的蛔虫，他们拍出来的东西可能只有导演一个人看得懂。老杨从不认为晦涩算是高境界，电影让人看不懂，就算是落了下品了。

法国人非常在意法国电影在世界电影界的地位。1932 年，意大利举办了威尼斯电影节，法国人不想让意大利人专美，到意大利被法西斯控制时，法国人就举办了自己的电影节与之对抗，也就是 1939 年开始筹备的戛纳国际电影节。后来因为"二战"爆发，真正开始举办第一届电影节时，已经到了 1946 年。

南部海滨小城戛纳碧海蓝天，阳光明媚，特别适合世界各地的美女过去秀身材，所以，戛纳电影节成为世界上最大的电影节。戛纳国际电影节坚持专业评判的立场和标准，不以票房论输赢。因此，在戛纳获奖的影片，大部分我们是既没看过也没听说过，电影院也不敢放，怕没人看。

　　无论如何，法国电影就是代表着艺术，它是法兰西庞大的艺术氛围中非常重要的一部分。虽然老杨庸俗地认为，电影如果没有全身蓝光的外星人，或者山崩地裂、墙倾楫摧则不能值回票价。但是根据我们对法国文化艺术的了解，这样的国家，貌似就应该拍这样的电影，慢悠悠的，有意境，很抒情很闷骚。那部简单得不能再简单的法国电影《蝴蝶》让老杨看一次感动一次。

四十四　结束

　　所有人都期待老杨写一部香艳华丽的法国史，没想到的是，大部分的篇幅都用来描写错综无聊的法国政治，尤其是大革命之后，一点不好看，一点不好玩，老杨自己也写得厌倦而疲惫。然而有什么办法呢，这就是法国历史，所有人都认为法国的特产是香水、时装和红酒，其实，法国还有一个更大的特产是各种政治理念和政治术语，可以说，过去的两三百年，只要讲到世界政治，法国就必须经常被提及。

　　文化艺术是芳香沁人的，政治斗争就算不是臭的，味道也肯定不好，可惜整个法国的历史，就是这两种气味的混杂缠绕，如同神奇的高卢人在不洗澡的状况下，大力发展香水产业。

　　太阳王路易十四有句名言：言多而废话少，难！已经写了一本废话，就不再废话了吧！

法国历史年表

墨洛温王朝（481—751）

1. 克洛维一世（481—511）

2. 克洛塔尔一世（511—561）

3. 希尔佩里克一世（561—584）

4. 克洛塔尔二世（613—629）

5. 达格贝尔特一世（623—639）

6. 克洛维二世（639—657）

7. 丕平二世（687—714）

8. 查理马特（688—741）（"铁锤"查理）

加洛林王朝（751—987）

1. 丕平三世（751—768）

2. 查理一世（768—814）

3. 路易一世（814—840）（"虔诚者"路易）

4. 查理二世（843—877）（"秃头"查理）

5. 路易二世（877—879）（"口吃者"路易）

6. 路易三世（879—882）

7. 卡洛曼（883—884）

8. 查理三世（884—887）（"胖子"查理）

9. 厄德（888—898）

10. 查理三世（898—922）（"傻瓜"查理）

11. 罗贝尔一世（922—923）

12. 鲁道夫（923—936）

13. 路易四世（936—954）（"海外归来者"路易）

14. 洛泰尔（954—986）

15. 路易五世（986—987）（"懒惰者"路易）

卡佩王朝（987—1328）

1. 于格卡佩（987—996）

2. 罗贝尔二世（996—1031）（"虔诚者"路易）

3. 亨利一世（1031—1059）

4. 腓力一世（1059—1108）

5. 路易六世（1108—1131）（"胖子"路易）

6. 路易七世（1131—1180）（"小路易"）

7. 腓力二世（1179—1223）（"奥古斯都"）

8. 路易八世（1223—1226）（"狮子"路易）

9. 路易九世（1226—1270）（"圣路易"）——"十字军"亲征者

10. 腓力三世（1270—1285）（"秃头"腓力）

11. 腓力四世（1285—1314）（"美男子"腓力）

12. 路易十世（1314—1316）（"固执者"路易）

13. 约翰一世（1316）

14. 腓力五世（1316—1322）（"高个子"腓力）

15. 查理四世（1322—1328）（"美男子"查理）

瓦卢瓦王朝（1328—1589）

1. 腓力六世（1328—1350）

2. 约翰二世（1350—1364）（"好人"约翰）

3. 查理五世（1364—1380）（"贤明者"查理）

4. 查理六世（1380—1422）（"疯子"查理）

5. 查理七世（1422—1461）（"胜利者"查理）

6. 路易十一（1461—1483）

7. 查理八世（1481—1498）

8. 路易十二（1498—1515）（奥尔良支）

9. 弗朗索瓦一世（1515—1547）（昂古莱姆支）

10. 亨利二世（1547—1559）

11. 弗朗索瓦二世（1559—1560）

12. 查理九世（1560—1574）

13. 亨利三世（1574—1589）

波旁王朝（1589—1792）

1. 亨利四世（1589—1610）

2. 路易十三（1610—1643）（"正义者"路易）

3. 路易十四（1643—1715）（"太阳王"）

4. 路易十五（1715—1774）.

5. 路易十六（1774—1792）

6. 路易十七（1785.3.27—1795.6.8）（注：挂名国王，由革命政权看管，夭折）

法兰西第一共和国（1789—1804）

其中 1799 年由拿破仑出任终身执政

法兰西第一帝国（1804—1815）

1. 拿破仑一世　拿破仑·波拿巴

2. 拿破仑二世（1811.3.20—1832.7.22）（注：挂名"罗马人国王"）

波旁王朝（复辟）（1814—1830）

1. 路易十八（1755.11.17—1824.9.16）

2. 查理十世（1757.10.9—1836.11.6）（法兰西国王 1824—1830）

七月王朝（1830—1848）

"平民国王"路易·腓力一世（原为大金融家）

法兰西第二共和国（1848—1852）

总统拿破仑三世路易－拿破仑·波拿巴（系拿破仑一世继女之子，拿破仑一世原配约瑟芬亲外孙）

法兰西第二帝国（1852—1871）

拿破仑三世路易－拿破仑·波拿巴

法兰西第三共和国（内阁制）（1871—1940）

法兰西第四共和国（内阁制）（1945—1958）

法兰西第五共和国（总统—总理制）（1958年至今）

夏尔·戴高乐为首任总统